平成30年版

株式実務
株主総会のポイント

三井住友信託銀行 証券代行コンサルティング部 編

財経詳報社

平成30年版　はしがき

　本書は、株主総会運営・株式実務に携わられる方々のご参考に供するために、株主総会実務全般について解説するものです。

　政府の成長戦略の一環として平成27年6月に実施されたコーポレートガバナンス・コードを背景として、複数の独立社外取締役の選任を始め、経営理念や経営計画、取締役等の選任・報酬に係る開示事項を任意に招集通知に記載したり、株主総会の場において積極的に中期経営計画の状況を説明する等、株主総会において株主との対話を一層重視する動きが広まりつつあります。

　また、コーポレートガバナンスを「形式」から「実質」に変える動きも進んでおり、取締役会の機能を向上させるための取締役会の実効性評価の活用や、独立社外取締役を主たる構成員とする任意の指名・報酬委員会の運営の工夫、戦略的な方向付けを議論し監督機能を強化するための取締役会の付議事項の見直し等が検討されるようになっています。

　一方、機関投資家においても、昨年スチュワードシップ・コードの改訂が行われ、アセットオーナーによるスチュワードシップ活動の強化や、パッシブ運用における積極的な対話、他の機関投資家と協働しての集団的エンゲージメント等が促されています。

　今後の主な動きとしては、昨年末公表された経済財政政策である「新しい経済政策パッケージ」において、企業の行動を促すためのガイダンスの策定や、コーポレートガバナンス・コードの一層の浸透を目的とした所要の見直しを行うとしているほか、法制審議会の審議を経て、株主総会資料の電子提供制度の導入や株主提案権の規律の見直し、適切なインセンティブ付与のための取締役の報酬の規律の整備等を内容とする次期会社法改正に関する中間試案が取りまとめられたことなどが挙げられます。

　本書は、従来からある、株主総会の適法・適切な開催、運営の解説を中心に据えながら、スチュワードシップ・コードやコーポレートガバナンス・コードを契機として、対話やエンゲージメントを重視しつつある最近の傾向を踏まえたものになるようにしています。

　本書が株主総会運営・株式実務に携われる方々のご参考に資すれば幸甚に存じます。

　最後に、今回も改訂を快くお引き受けいただいた、株式会社財経詳報社代表取締役宮本弘明氏、専務取締役吉永剛也氏に対し、厚く御礼申し上げます。

　平成30年3月

三井住友信託銀行株式会社
証券代行コンサルティング部
　　部長　西　　洋良
　　　執筆者一同

目　　　次

第1章　平成30年株主総会の留意点と本年株主総会事務日程

第1節　平成30年総会における留意点 ……………………………………… 2

1　「未来投資戦略2017　Society5.0の実現に向けた改革」及びこれに関連する動き ………… 2

 ⑴　スチュワードシップ・コードの改訂 ……………………………………… 2

 ⑵　相談役・顧問制度に関する「コーポレート・ガバナンスに関する報告書」への記載 ……………………………………………………………………………… 3

 ⑶　株主総会の開催日の柔軟な設定を可能とするための法人税等の申告期限延長の特例 …………………………………………………………………………… 4

 ⑷　ESG も踏まえた中長期的な企業価値向上に資する情報提供・対話等 …………… 4

 ⑸　次期会社法改正 …………………………………………………………… 5

 ⑹　有価証券報告書等の記載事項の改正 …………………………………… 5

 ⑺　フェア・ディスクロージャー・ルール ………………………………… 6

2　議決権行使方針等 ……………………………………………………………… 7

3　コーポレートガバナンス・コード対応を含めた株主総会日程に関する主な考慮点 ………………………………………………………………………………… 8

 ⑴　株主総会に関係する主な原則の Explain 率の状況 …………………… 8

 ⑵　株主総会開催日 ………………………………………………………… 9

 ⑶　電子投票・議決権電子行使プラットフォーム ……………………… 10

 ⑷　招集通知の早期発送・発送前開示 ………………………………… 10

 ⑸　招集通知の開示の充実 ……………………………………………… 12

4　監査等委員会設置会社 ……………………………………………………… 21

 ⑴　移行会社の概況 ………………………………………………………… 21

 ⑵　移行に伴い実施した定款変更の状況 ……………………………… 22

 ⑶　移行後の監査等委員である取締役の状況 ………………………… 23

5　機関投資家の議決権行使動向 …………………………………………… 24

 ⑴　機関投資家の反対行使の動向 …………………………………… 24

 ⑵　議案別の検討事項 ……………………………………………………… 26

— i —

| 6 | 質問・発言の状況 | 27 |
| 7 | 売買単位の100株への集約 | 29 |

第2節　監査等委員会設置会社の特有の取扱い 31

1　日程等 31

(1) 計算書類等の提出先 31

(2) 監査の日程 31

2　事業報告 32

(1) 会社役員の地位および担当等 32

(2) 辞任した取締役等に関する意見 32

(3) 常勤の監査等委員 33

(4) 会社役員の報酬等の額 34

(5) 内部統制システムの基本方針および運用状況の概要 35

3　監査報告 35

(1) 監査報告の作成 35

(2) 株主総会における監査結果の報告 37

4　株主総会参考書類 38

(1) 監査等委員会の意見陳述権 38

(2) 監査等委員である取締役の地位および担当等 38

(3) 社外役員の就任年数 38

(4) 報酬等に関する議案 39

5　監査等委員である取締役以外の取締役の選任等・報酬等に関する意見陳述権 39

(1) 監査等委員会の意見陳述権 39

(2) 招集通知への記載と株主総会における対応 40

(3) 日本監査役協会のアンケート調査等 42

第3節　平成30年株主総会事務日程 44

定時株主総会（平成30年3月期）日程表モデル案(1)～(3) 44

1　定時株主総会の日程と主要手続の概要 49

(1) 会社法による計算書類等と監査日程の概要 49

(2) 公開会社・上場会社（会計監査人・監査役会設置会社）の定時株主総会日程 52

(3) 公開会社・非上場会社（会計監査人・監査役会非設置会社）の定時株主総会
日程 63

(4) 非公開会社・非上場会社（会計監査人・監査役会非設置会社）の定時株主総

会日程 ………………………………………………………………… 63

２　株券電子化制度関係 ……………………………………………………… 78

　(1)　総株主通知の標準日程（株主確定日程）………………………… 78

　(2)　情報提供請求の制度概要等 ……………………………………… 79

　(3)　個別株主通知の制度概要等 ……………………………………… 80

３　大会社（上場会社）の具体的な３月決算事務日程例………………… 82

第２章　株主総会の準備

第1節　株主総会の権限………………………………………………………… 86

１　株主総会の権限 …………………………………………………………… 86

　(1)　総　説 …………………………………………………………………… 86

　(2)　法定の権限 ……………………………………………………………… 86

　(3)　定款による権限 ………………………………………………………… 93

２　株主総会の種類 …………………………………………………………… 96

　(1)　定時株主総会と臨時株主総会 ………………………………………… 96

　(2)　種類株主総会 …………………………………………………………… 96

第2節　議決権……………………………………………………………………… 98

１　株主の議決権 ……………………………………………………………… 98

　(1)　自己株式 ………………………………………………………………… 98

　(2)　単元未満株式 …………………………………………………………… 98

　(3)　相互保有株式 …………………………………………………………… 98

　(4)　議決権制限株式 ………………………………………………………… 99

　(5)　その他 …………………………………………………………………… 100

２　議決権を行使することができる株主の確定 …………………………… 100

　(1)　議決権を行使することができる株主 ………………………………… 100

　(2)　株主の確定方法 ………………………………………………………… 101

　(3)　基準日・株主総会開催日設定の柔軟化に向けた動き ……………… 102

第３章　株主総会の招集

第1節　株主総会招集の決定…………………………………………………… 106

— iii —

| 1 招集決定の取締役会決議事項 | 106 |

招集に際しての法定事項 ··106

2 招集決定の取締役会決議の実務	109
3 株主提案権	112
(1) 議題提案権と議案提案権	112
(2) 株主提案があった場合の会社の対応	113
(3) 株主提案の株主総会参考書類への記載	114
(4) 持株要件	114
4 監査役会の手続	122

第2節　株主総会の招集通知 ··126

1 株主総会の招集権者	126
2 招集通知の発送時期	127
3 通知の方法	128
4 招集通知を発すべき株主の範囲	128
5 招集通知の発送先	129
6 招集の中止と変更	129
(1) 招集の中止	129
(2) 招集の変更	130
7 近時における株主提案の状況	142
(1) 株主提案権行使の状況	142
(2) 株主提案の内訳	142
(3) 株主提案の賛成率	143

第3節　招集通知の記載事項と添付書類 ····································144

1 招集通知の記載事項	144
(1) 発信日付	144
(2) 宛先および招集者	144
(3) 本　文	144
(4) 日　時	145
(5) 場　所	145
(6) 株主総会の目的事項	146
(7) 代理人に関する事項	146
(8) 不統一行使の通知方法の記載	146

(9) 議決権行使書面との重複記載の省略 ································· 147

⑽ その他の記載事項 ··· 147

2 添付書類 ·· 152

(1) 株主総会参考書類 ·· 152

(2) 添付書類 ·· 153

3 インターネット開示（ウェブ開示）によるみなし提供 ·············· 153

(1) 概　要 ·· 153

(2) 留意事項 ·· 157

4 修正事項の通知方法（ウェブ修正） ······························ 158

5 招集通知の記載例 ·· 159

6 CG コード対応を含めた近時みられる任意の記載事項 ··············· 190

(1) 役員候補者一覧表 ·· 192

(2) 候補者指名に関する社外取締役の関与等 ·························· 193

(3) 取締役候補者の選任理由 ·· 193

(4) 独立役員である旨 ·· 193

(5) 兼職の状況その他の記載 ·· 193

(6) 選任基準・方針 ·· 194

(7) 独立性基準 ·· 194

(8) 役員報酬議案 ·· 194

第 4 節　事業報告 ··· 195

1 事業報告記載事項の総論 ·· 195

2 事業報告モデル ·· 196

　事業報告モデルの解説 ··· 196

3 CG コードを意識した任意記載の傾向と事業報告等の構成 ·········· 224

4 事業報告等と有価証券報告書の一体的開示 ························ 228

(1) 本件取組の経緯および実施時期 ·································· 228

(2) 一体的開示の内容 ·· 229

第 5 節　議決権の行使 ··· 235

1 制度の概要 ·· 235

2 書面による議決権の行使 ·· 236

3 書面による議決権の行使と委任状の勧誘の選択 ···················· 237

第 6 節　議決権行使書等の事務 ····································· 270

1 行使書（委任状）用紙の作成 ……………………………………………………… 270

2 集計事務 ………………………………………………………………………………… 270

3 議決権の不統一行使 ……………………………………………………………… 271

  (1) 議決権不統一行使の手続 ……………………………………………………… 271

  (2) 不統一行使の件数と株主構成 ……………………………………………… 272

4 行使書の有効・無効等の判定基準 …………………………………………… 273

  (1) 無効説と棄権説 ………………………………………………………………… 275

  (2) 「議決権行使書」の有効・無効等判定基準 …………………………… 276

第4章　株主総会の開催と準備

第1節　総会会場の運営準備 ………………………………………………………… 278

1 総会会場の選定 ……………………………………………………………………… 278

2 レイアウト ……………………………………………………………………………… 278

3 諸設備の準備 ………………………………………………………………………… 279

4 事務局の準備 ………………………………………………………………………… 280

5 受付の準備 …………………………………………………………………………… 280

  (1) 受付事務責任者の決定 ……………………………………………………… 280

  (2) 責任者と受付メンバーとの打合せ ……………………………………… 281

  (3) 用具類の準備と点検 ………………………………………………………… 281

第2節　株主総会の受付事務 ………………………………………………………… 285

1 株主総会受付事務の概要 ……………………………………………………… 285

  (1) 受付事務 ………………………………………………………………………… 285

  (2) 担当者の心構え ………………………………………………………………… 285

2 事前準備 ………………………………………………………………………………… 285

  (1) 会場および受付窓口、集計、記録場所の確認 …………………… 285

  (2) 担当者の職務分担 …………………………………………………………… 286

  (3) 配付物および事務用品等 ………………………………………………… 286

  (4) その他 …………………………………………………………………………… 287

3 受付事務 ………………………………………………………………………………… 287

  (1) 出席資格の審査・確認 ……………………………………………………… 287

  (2) 具体的な審査・確認方法 ………………………………………………… 288

(3)	出席資格確認後入場を認めた場合の処理	294
(4)	退場・再入場株主の確認	294
(5)	受付における申出事項に関する対応	295
(6)	株主総会関係者以外の入場	296
(7)	携帯品の制限	296
4	集計事務	297
(1)	当日出席の議決権数の集計	298
(2)	前日（期限）までの議決権数および株主数の修正	298
(3)	議決権数の締切り時刻	298
(4)	当日出席する役員、従業員等の議決権数の集計	298
(5)	途中退場株主の管理	299
5	記録・管理事務	299
(1)	出席状況の記録	299
(2)	管　理	299

第5章　株主総会の運営

第1節	**株主総会の議長**	304
1	議長の選任方法	304
2	議長の職務権限	304
3	議長と回答者	305
第2節	**株主総会の運営と準備**	307
1	議事進行の順序	307
2	開会と出席議決権数等の報告	309
(1)	開会宣言	309
(2)	出席議決権数等の報告	309
3	監査役の監査報告	309
4	質問状への説明回答	310
(1)	質問状の通数、質問項目が多い場合	310
(2)	質問状の通数等がそれほど多くない場合	311
5	取締役等の説明義務	313
6	想定問答の作成	316

7　最近の質問の傾向 ··317

　(1)　平成29年6月株主総会での質問 ·······················317

　(2)　最近のトレンド ···318

8　役員への説明、社内勉強会の開催 ·························320

9　リハーサルの実施 ··320

10　警察への臨場要請 ··321

11　包括委任状 ···321

12　前日の宿泊 ···322

13　株主の諸請求 ···322

　(1)　書類の閲覧・謄写・交付の請求 ······················322

　(2)　対応方針 ··323

14　株主総会のお土産 ··323

第3節　議案の審議等 ···340

1　議案の上程と議事の進行 ·····································340

2　報告事項の報告と議案の審議 ·····························341

　(1)　報告事項の報告 ··341

　(2)　議案の審議 ···342

3　質疑打ち切り ···343

4　議案の採決 ···344

5　閉会宣言 ··346

第4節　動議の取扱い ···347

1　総　説 ···347

2　手続的な動議 ···348

　(1)　動議の種類 ···348

　(2)　動議の取扱い ···348

3　実質的な動議 ···349

　(1)　動議が提出され得る議案 ·····································349

　(2)　動議の取扱い ···349

　(3)　議決権行使書の取扱い ··351

4　実際の傾向 ···351

第5節　延会と継続会 ···354

1　延会・継続会とは ···354

— viii —

2　延期・続行の決議・手続 ……………………………………………………354

　3　延会・継続会の議事手続 ……………………………………………………355

　4　最近の傾向（計算書類の修正）……………………………………………355

　5　議事録 ………………………………………………………………………356

第6章　株主総会議事進行要領

株主総会議事進行要領 ………………………………………………………358

　株主総会議事進行要領作成上の留意点 ……………………………………358

1．一般的な留意点 ……………………………………………………………358

2．株主提案があった場合のシナリオ作成上の留意点 …………………359

第7章　株主総会の事後処理

第1節　株主総会議事録 ……………………………………………………392

1　株主総会議事録の作成 ……………………………………………………392

　(1)　議事録の作成義務者 …………………………………………………392

　(2)　記載事項 ………………………………………………………………392

2　議事録の備置 ………………………………………………………………394

第2節　決議通知の発送 ……………………………………………………401

1　決議通知の意義 ……………………………………………………………401

2　決議通知の記載事項 ………………………………………………………401

3　その他同封書類 ……………………………………………………………405

　(1)　配当金関係書類 ………………………………………………………405

　(2)　報告書等 ………………………………………………………………405

第3節　議決権行使書等の備置 ……………………………………………407

第4節　決算公告 ……………………………………………………………408

第5節　金融商品取引法および金融商品取引所規則による開示書類の提出 …………409

1　有価証券報告書および確認書 ……………………………………………409

2　内部統制報告書 ……………………………………………………………409

3　議決権行使結果の開示に関する臨時報告書 ……………………………410

4　コーポレート・ガバナンスに関する報告書 ……………………………410

第6節　臨時報告書による議決権行使結果の開示 ………………………………413

1　臨時報告書による議決権行使結果の開示 …………………………………413

2　臨時報告書の記載事項 …………………………………………………………413

　(1)　株主総会が開催された年月日 ……………………………………………413

　(2)　決議事項の内容 ……………………………………………………………414

　(3)　決議の結果等 ………………………………………………………………414

　(4)　出席株主の議決権数の一部を加算しなかった理由 …………………415

　(5)　修正動議等の取扱い ………………………………………………………416

　(6)　株主総会当日の採決 ………………………………………………………416

3　臨時報告書の提出時期 …………………………………………………………417

第7節　取締役会・監査役会（監査役の協議） …………………………………422

1　定時株主総会後の取締役会 …………………………………………………422

　(1)　取締役会の招集 ……………………………………………………………422

　(2)　取締役会の議長 ……………………………………………………………422

　(3)　取締役会の主な決議事項 …………………………………………………422

2　定時株主総会後の監査役会 …………………………………………………425

　(1)　監査役会の招集 ……………………………………………………………425

　(2)　監査役会の議長 ……………………………………………………………426

　(3)　監査役会の主な決議事項 …………………………………………………426

第8節　変更登記 ……………………………………………………………………432

1　株主総会の決議事項と登記事項 ……………………………………………432

2　役員等の変更登記 ……………………………………………………………432

　(1)　株主総会議事録・取締役会議事録 ……………………………………432

　(2)　就任を承諾したことを証する書面 ……………………………………432

　(3)　社外取締役および社外監査役の登記 …………………………………433

　(4)　監査役の監査の範囲を会計に関するものに限定する旨の登記 ……433

　(5)　旧姓の登記 …………………………………………………………………434

　(6)　株主リストの添付 …………………………………………………………434

　(7)　登記簿の附属書類の閲覧請求手続き …………………………………434

目　　次

ひな型、書式およびその他資料

資料1－1－1	コーポレートガバナンス・コード……………………………………13	
書式1－3－1	社外役員に関する事業報告の法定記載事項照会確認依頼書（例）………68	
書式1－3－2	社外役員候補者に対する「株主総会参考書類および独立役員届出書等」	
	の作成資料ご提供依頼書（例）………………………………72	
書式1－3－3	辞任監査役への通知（例）………………………………………76	
書式3－1－1	計算書類等の承認および定時株主総会の招集決定のための取締役会議事	
	録記載例…………………………………………………109	
書式3－1－2	会社法第343条第1項・第3項の規定に係る監査役会議事録記載例…………122	
書式3－1－3	会社法第343条第1項・第3項の規定に係る監査役会同意書記載例…………123	
書式3－1－4	監査報告書作成に関する監査役会議事録記載例…………………………124	
資料3－2－1	（参考）東日本大震災による法務省のお知らせ…………………………133	
書式3－2－1	株主総会の招集手続省略についての同意書………………………………136	
書式3－2－2	株主総会の書面決議・書面報告実施についての取締役会議事録……………137	
書式3－2－3	株主総会の書面決議・書面報告についての提案書………………………139	
書式3－2－4	株主総会の書面決議・書面報告についての株主からの同意書……………140	
書式3－2－5	書面決議・書面報告の場合の株主総会議事録記載例…………………141	
書式3－3－1	ウェブサイトに掲載する訂正文例…………………………………158	
書式3－3－2	定時株主総会招集通知（ひな型A　上場大会社・書面投票制度のみ採用）……160	
書式3－3－3	定時株主総会招集通知（ひな型B　上場大会社・委任状勧誘採用）…………184	
書式3－4(1)	事業報告モデル・表題部…………………………………………196	
書式3－4(2)	事業報告モデル・企業集団の現況に関する事項…………………………196	
書式3－4(3)	事業報告モデル・会社の株式に関する事項………………………………203	
書式3－4(4)	事業報告モデル・会社の新株予約権等に関する事項……………………205	
書式3－4(5)	事業報告モデル・会社役員に関する事項（取締役および監査役等の氏名	
	等）………………………………………………………207	
書式3－4(6)	事業報告モデル・会社役員に関する事項（取締役等の報酬等の額）………209	
書式3－4(7)	事業報告モデル・会社役員に関する事項（社外役員に関する事項）…………212	
書式3－4(8)	事業報告モデル・会計監査人に関する事項………………………………217	
書式3－4(9)	事業報告モデル・業務の適正を確保する体制に関する事項………………220	

書式3－4⑽	事業報告モデル・会社の支配に関する基本方針に関する事項	222
書式3－4⑾	事業報告モデル・剰余金の配当等の決定に関する事項	223
書式3－5－1	委任状勧誘府令に基づく委任状および参考書類	242
書式3－5－2	議事運営上の動議に対応するための包括委任状	244
書式3－5－3	議決権行使書のひな型	246
書式3－5－4	会社が勧誘する場合の委任状のひな型	249
書式3－5－5	インターネットによる議決権行使に関する説明文書	254
書式3－5－6	電子投票制度を採用した場合の議決権行使書のひな型	256
書式3－5－7	招集通知の電子メールによる受取の案内例	262
書式3－5－8	電子メールによる狭義の招集通知見本	265
書式3－6－1	議決権の不統一行使事前通知書様式	273
書式3－6－2	議決権行使書・委任状に添付する書類様式	274
資料4－2－1	ガイドライン上の実質株主であるグローバル機関投資家等の出席方法	290
書式4－2－1	職務代行通知書等	291
書式4－2－2	株主出席票例および入場票例	300
書式4－2－3	株主総会入場者リスト	301
書式5－2－1	各種法定備置書類一覧表	334
書式5－2－2	法定書類閲覧謄写等取扱要領（例）	337
書式5－2－3	法定書類の閲覧・謄写・謄抄本交付請求書ひな型	339
資料6－1	シナリオ1（個別審議方式）	361
資料6－2	退職慰労金議案を付議する場合（個別審議方式の場合）	382
資料6－3	シナリオ2（一括審議方式）	384
資料6－4	一括審議方式の場合の修正動議対応例	388
書式7－1－1	定時株主総会議事録記載例（個別審議方式の場合）	395
書式7－1－2	定時株主総会議事録記載例（一括審議方式の場合）	398
書式7－2－1	株主総会決議通知記載例	402
書式7－2－2	株主メモ欄の記載例	406
書式7－6－1	（参考）臨時報告書記載例	418
書式7－7－1	定時株主総会による取締役全員改選後の取締役会議事録記載例	423
書式7－7－2	定時株主総会終結後の監査役会議事録記載例	427
書式7－7－3	常勤監査役選定通知書	429
書式7－7－4	特定監査役選定通知書	429

目　　　次

書式7－7－5　退職慰労金協議書 …………………………………………………430

書式7－7－6　賞与支給額協議書 …………………………………………………430

書式7－7－7　報酬額協議書 ………………………………………………………431

書式7－8－1　就任承諾書 …………………………………………………………436

書式7－8－2　辞任届 ………………………………………………………………436

【Point】

1　監査役監査報告と監査役会監査報告 ……………………………………………51

2　各種の監査報告の提供・備置について …………………………………………51

3　事業報告の監査 ……………………………………………………………………52

4　招集権者に事故がある場合の措置 ………………………………………………126

5　株主数が少ない非公開会社における株主総会の招集手続 ……………………127

6　招集通知の送付先 …………………………………………………………………129

7　招集通知発送後、議案の修正、撤回した場合の会社の対応例 ………………131

8　招集通知発送後、緊急事態が発生した場合の会社の対応 ……………………131

9　議題、議案、議案の概要（要領）と招集通知への記載 ………………………151

10　株主総会の招集権者 ………………………………………………………………152

11　定時株主総会における招集通知の添付 …………………………………………181

12　監査報告書の謄本 …………………………………………………………………182

13　会計限定監査役を置く会社（旧小会社）の監査報告 …………………………182

14　株券電子化における委任状勧誘（争奪戦）と本人確認の問題 ………………237

15　議決権行使書面採用の上場会社が重ねて委任状を勧誘する場合の委任状勧誘府令の適

　　用 …………………………………………………………………………………240

16　外国人株主（国内非居住の株主）の議決権行使の流れ ………………………251

17　議決権行使プラットフォーム制度 ………………………………………………260

18　議決権行使書の余事記載として株主から質問事項が記載されていた場合の対応 ……276

19　質問者用マイク（ワイヤレス方式とスタンドマイク方式） …………………279

20　来場株主へのお土産の取扱い ……………………………………………………281

21　第二会場の運営方法 ………………………………………………………………283

22　議長の交代 …………………………………………………………………………305

23　連結計算書類の監査報告 …………………………………………………………310

24 社外取締役を置くことが相当でない理由についての説明義務 …………………………314

25 子会社についての説明義務の範囲 ………………………………………………………315

26 想定問答の作り方・意義（位置付け）…………………………………………………317

27 リハーサル実施方法……………………………………………………………………………320

28 資料請求・閲覧・謄写請求に対する対応 ………………………………………………324

29 株主総会における議長、役員および事務局の心得 ……………………………………326

30 株主総会リハーサルのチェックポイント ………………………………………………327

31 事業報告等のビジュアル化…………………………………………………………………341

32 審議方式（個別審議方式と一括審議方式）………………………………………………342

33 採決の方法……………………………………………………………………………………345

34 株主懇談会の開催……………………………………………………………………………346

35 総会場における動議の取扱い ………………………………………………………………352

36 ビジュアル化を導入する場合のシナリオ作成上の留意点 ……………………………360

37 株主総会関係の情報についてのインターネット公開 …………………………………404

■判　例■

1 会社法305条1項にいう「議案の要領」…………………………………………………115

2 株主提案権行使要件の「6か月前より引続き」所有の意義 …………………………115

3 株主総会招集通知への株主提案議案記載等仮処分命令申立事件………………………116

4 株主総会招集通知への株主提案議案記載等仮処分命令申立事件………………………117

5 いわゆる「株主提案権」を侵害されたという株主の会社ないし取締役に対する損害賠償
請求に一部理由があるとした原判決が控訴審において全部理由がないとして取り消された
事例………………………………………………………………………………………………118

6 ある議案を否決する株主総会等の決議の取消しを請求する訴えの適否……………………118

7 社債、株式等の振替に関する法律の振替株式を有する株主が同法154条の定める個別株
主通知を行っていないため、株式会社に対して株主であることを対抗できないとして、募
集株式発行差止仮処分命令の申立てを却下した原判決が維持された事例………………119

8 全部取得条項付種類株式の取得決議があったことに伴い反対株主が価格決定申立てする
場合における個別株主通知の時期および個別株主通知の要否に関し、裁判所における審理
終結までの間に個別株主通知が必要であるとした事例…………………………………120

9 振替株式を取得した少数株主が株主提案権を行使するためには、株主総会の8週間前に

— xiv —

会社に対して個別株主通知を要し、右制限後の通知があっても株主提案権の行使は許され
　　ないとされた事例 ……………………………………………………………………………121

10　株主総会の招集手続を欠く場合であっても、株主全員がその開催に同意して出席したい
　　わゆる全員出席総会において、株主総会の権限に属する事項につき決議したときは、その
　　決議は有効に成立する ………………………………………………………………………126

11　招集の通知は会日の前日より、さかのぼって2週間の期間の満了する日の前日以前に発
　　することを要する ……………………………………………………………………………128

12　いわゆる1人会社においては、その1人の株主が出席すれば招集手続がなくても総会は
　　成立する ………………………………………………………………………………………128

13　招集通知に記載した場所を当日変更して開催した総会の決議の効力 …………………130

14　剰余金の配当決議が基準日から3か月以内になされていれば、剰余金の配当の効力発生
　　日までの期間が3か月以内でなかったことは会社法124条3項の規定に違反しないとされ
　　た事例 …………………………………………………………………………………………134

15　定款を変更して株式の譲渡制限を定める場合、総会招集通知に「定款一部変更の件」と
　　のみ記載するのは不十分である ……………………………………………………………151

16　取締役から引き続き監査役に就任した場合の取締役在任期間中の監査報告書の記載方法
　　と監査適格 ……………………………………………………………………………………183

17　賛否の記載のない場合に会社提案と株主提案とで異なる取扱をすることの可否 ………236

18　株主が勧誘した委任状の取扱いと決議の違法性の有無 …………………………………238

19　会社による議決権代理行使の勧誘に関する内閣府令違反と株主総会決議の瑕疵 ………240

20　議決権を行使する株主の代理人の資格を当該会社の株主に制限する旨の定款の規定は有
　　効と解すべきである …………………………………………………………………………241

21　白紙委任状の所持者と受任者たる資格………………………………………………………250

22　株主提案と会社提出の議題が同一で相反議案となる場合の提案株主が勧誘した委任状の
　　集計方法及び議決権を行使した株主に会社が金券（500円相当）を送付することが利益供
　　与の禁止規定に該当するとされた事例 ……………………………………………………250

23　第二会場と株主質問権の行使…………………………………………………………………282

24　株式会社が定款で株主総会における議決権行使の代理人資格を株主に限定している場合
　　においても、株主である地方公共団体又は株式会社が職員又は従業員に議決権を行使させ
　　ても右定款の規定に反しない…………………………………………………………………292

25　会社が定款をもって総会における議決権行使の代理人資格を株主に限る旨定めた場合………292

26　株主総会の不正入場が建造物侵入罪に当たるとされた事例 ………………………………292

27 株主でない弁護士の代理出席の拒絶と決議の違法性の有無 ……………………293

28 決議取消訴訟 ……………………………………………………………………296

29 株主総会にビデオカメラやマイク等を持ち込むことを禁止する仮処分決定が保全異議事
   件においても認可された事例 ………………………………………………………296

30 株式会社が同社の株主に対して株主総会に出席することの禁止を求めた仮処分申請を認
   容した仮処分決定が異議審において認可された事例 …………………………………297

31 議長による出席株主の退場措置が不法行為を構成しないとされた事例 …………………304

32 商法237条ノ3（現会社法314条）と一括回答の可否 …………………………………311

33 会社が質問事項を一方的に整理して一括回答のうえ質疑を打切っても取締役の説明義務
   違反とはならない …………………………………………………………………312

34 株主名簿閲覧・謄写が権利の濫用に当たるとされた事例 ………………………………324

35 説明義務の範囲と決議の取消し …………………………………………………325

36 役員退職慰労金贈呈決議と取締役の説明義務 …………………………………………325

37 株主の差別的な取扱いに関する損害賠償請求事件 ……………………………………330

38 従業員株主による株主総会への関与 …………………………………………………331

39 説明義務違反の判断基準・議長の議事整理権の限界 …………………………………332

40 従業員株主による質問・事前質問に対する不適切な回答がなされたこと等に対する株主
   総会決議取消請求事件 ………………………………………………………………333

41 会議の目的事項の審議順序の変更 ………………………………………………340

42 総会の決議の成立と議長による採決手続を経ることの要否 …………………………344

43 決議の方法が法令違反に当たるとされた事例 …………………………………………345

44 議長の閉会宣言後に一部株主による決議は法律上存在するものとは認められない…………346

45 議長不信任の動議を取り上げなかったことによる株主総会決議の瑕疵の有無 ……………352

主な法令等・参考文献の表記

　本書中で複数回記載されている主な法令等および参考文献については、以下の表記で記載している。

1．主な法令等

法令等	本書本文中の記載	本書括弧内の記載
会社法（平成17年7月26日法律第86号）	条数のみ記載	条数のみ記載
会社法施行令（平成17年2月14日政令第364号）	施行令	施行令
会社法施行規則（平成18年2月7日法務省令第12号）	施行規則	施行規則
会社計算規則（平成18年2月7日法務省令第13号）	計算規則	計算規則
平成17年法律第87号による改正前の商法	旧商法	旧商法
株式会社の監査等に関する商法の特例に関する法律（昭和49年4月2日法律第22号）	旧商法特例法	旧商法特例法
上場株式の議決権の代理行使の勧誘に関する内閣府令（平成15年3月28日内閣府令第21号）	委任状勧誘府令	委任状勧誘府令
金融商品取引法（昭和23年4月13日法律第25号）	金融商品取引法	金商法
金融商品取引法施行令（昭和40年9月30日政令第321号）	金融商品取引法施行令	金商法施行令
企業内容等の開示に関する内閣府令（昭和48年1月30日大蔵省令第5号）	企業内容開示府令	開示府令
企業内容等の開示に関する留意事項について（平成11年4月大蔵省金融企画局	開示ガイドライン	開示ガイドライン
社債、株式等の振替に関する法律（平成13年6月27日法律第75号）	社債株式振替法	社債株式振替
社債、株式等の振替に関する法律施行令（平成14年12月6日政令第362号）	社債株式振替施行令	社債株式振替施行令
社債、株式等の振替に関する命令（平成14年12月6日内閣府・法務省令第5号）	社債株式振替命令	社債株式振替命令
東京証券取引所・有価証券上場規程	上場規程	上場規程
東京証券取引所・有価証券上場規程施行規則	上場規程施行規則	上場規程施行規則
コーポレートガバナンス・コード	ＣＧコード	ＣＧコード
証券保管振替機構・株式等の振替に関する業務規程	業務規程	業務規程

法令等	本書本文中の記載	本書括弧内の記載
証券保管振替機構・株式等の振替に関する業務規程施行規則	業務規程施行規則	業務規程施行規則
証券保管振替機構・株式等振替制度に係る業務処理要領（2017年11月）第5.2版	業務処理要領	業務処理要領

２．主な参考文献

参考文献略称	参考文献
相澤・論点解説	相澤哲＝葉玉匡美＝郡谷大輔編著『論点解説　新・会社法』（商事法務、2006）
江頭・株式会社法	江頭憲治郎『株式会社法〔第7版〕』（有斐閣、2017）
弥永・コンメ施規	弥永真生『コンメンタール会社法施行規則・電子公告規則〔第2版〕』（商事法務、2015）
大隅＝今井・会社法中	大隅健一郎＝今井宏『会社法論中巻〔第3版〕』（有斐閣、1992）
全株懇総覧	全国株懇連合会編『全株懇株式実務総覧』（商事法務、2011）
全株懇モデルⅡ	全国株懇連合会編『全株懇モデルⅡ―株主総会に関する実務』（商事法務、2017）
2007年版株主総会白書	商事法務研究会編「株主総会白書　2007年版」商事法務1817号（2007）
2014年版株主総会白書	商事法務研究会編「株主総会白書　2014年版」商事法務2051号（2014）
2015年版株主総会白書	商事法務研究会編「株主総会白書　2015年版」商事法務2085号（2015）
2016年版株主総会白書	商事法務研究会編「株主総会白書　2016年版」商事法務2118号（2016）
2017年版株主総会白書	商事法務研究会編「株主総会白書　2017年版」商事法務2151号（2017）
全株懇調査	全国株懇連合会「平成29年度全株懇調査報告書～株主総会等に関する実態調査集計表～」（平成29年10月）

第1章

平成 30 年株主総会の留意点と
本年株主総会事務日程

第1節　平成30年総会における留意点

1　「未来投資戦略2017　Society5.0の実現に向けた改革」及び これに関連する動き

　平成29年6月、政府の新たな成長戦略である「未来投資戦略2017　Society5.0の実現に向けた改革」（以下「未来投資戦略2017」という）が閣議決定された。

　コーポレートガバナンスに関連するものとしては、『「形式」から「実質」へのコーポレートガバナンス・産業の新陳代謝』として次の項目が示されている。

①　コーポレートガバナンス改革による企業価値の向上

②　経営システムの強化、中長期的投資の促進

③　企業の情報開示、会計・監査の質の向上

④　事業再編の円滑化

⑤　家計の安定的な資産形成の促進と市場環境の整備等

⑥　金融仲介機能の質の向上

⑴　スチュワードシップ・コードの改訂

　①に関しては、平成29年5月、「日本版スチュワードシップ・コード」（以下「SSコード」という）が改訂され、議決権行使結果の個別開示、運用機関のガバナンス・利益相反管理等の強化、アセットオーナーによる実効的なチェック、パッシブ運用におけるエンゲージメント、集団的エンゲージメント等の点が改訂された（SSコードを受け入れている機関投資家は、平成29年11月末までに改訂を踏まえて公表項目を更新することになっている）。

　議決権行使結果の個別開示により、企業が議案に反対した機関投資家を特定できるようになったため、議決権行使基準や反対理由について十分に分析し、特に否決リスクが懸念される議案を上程する場合には、予め議決権行使予測シミュレーションや機関投資家への個別説明を行うといった準備が必要になる。

　集団的エンゲージメントについては、SSコード改訂を踏まえ、平成29年10月、複数の機関投資家による企業との協働対話の支援を目的に、協働対話に関する各種プログラムの主宰・支援を主な事業として、一般社団法人機関投資家協働対話フォーラムが設立され、企業年金連合会、三井住友

信託銀行、三井住友アセットマネジメント、三菱 UFJ 信託銀行、りそな銀行の5社が参加している。参加する機関投資家から企業に共通見解のレターを送付し、ミーティングの設定を依頼し、共通見解や背景となる投資家の考え方や理論を説明するとともに、企業の考え方や方針等を尋ねることが想定されている。

その他、①に関しては、透明性のある社長・CEO の選解任、取締役会の運営とその評価、政策保有株式に関する方針の開示と合理性のない保有の縮減も取組み項目として挙げられている。そのような中、平成29年10月以降、金融庁の「スチュワードシップ・コード及びコーポレートガバナンス・コードのフォローアップ会議」が再開され、現預金の形での内部留保・研究開発投資等の水準、経営環境の変化に応じた果断な経営判断、社長・CEO の育成・選任に向けた取組み、社外取締役の機能の発揮、政策保有株式の縮減、アセットオーナーによる SS コードの受入れ等について議論が開始された。同年12月に閣議決定された「新しい政策パッケージ」では、平成30年の株主総会シーズンまでに(1)事業ポートフォリオの機動的な組替え等の果断な経営判断、(2)企業が保有する現預金等の資産の設備投資、研究開発投資、人材投資等への有効活用、(3)独立した指名・報酬委員会の活用を含め、 CEO の選解任・育成および経営陣の報酬決定に係る実効的なプロセスの確立ならびに経営陣に対する独立社外取締役による実効的な監督・助言、(4)政策保有株式の縮減に関する方針の明確化等、(5)企業年金のアセットオーナーとして期待される機能の発揮等に関する「ガイダンス」を策定するとともに、CG コードの見直しを行うこととされている。また、ESG 投資の重要性に鑑み、環境情報等の企業経営に係る情報開示基盤の整備、投資家と企業が対話する「統合報告・ESG 対話フォーラム」の速やかな創設を行うことも明記されている。同フォーラムは、これを受け、平成29年12月に立ち上げられ、企業の統合的開示の好事例の分析、投資家の投資手法に関する検討が行われる予定である。

さらに、平成29年3月には、経済産業省に設置された「コーポレート・ガバナンス・システム（CGS）研究会」（第1期）の報告書を基に、企業がコーポレートガバナンス改革に取り組むための実務的な指針として「コーポレート・ガバナンス・システムに関する実務指針（CGS ガイドライン）」が公表されていたが、同年12月に CGS 研究会（第2期）が開始された。第1期で課題として残された国内外の子会社を含めたグループ経営におけるガバナンスや限られた経営資源を適切に配分する事業ポートフォリオ・マネジメント等、コーポレートガバナンスを「形式から実質」へと深化させる観点から CGS ガイドラインのフォローアップのための議論が行われ、平成30年春を目途に中間整理が行われ、平成31年3月頃までに報告書が取りまとめられる予定である。

⑵　相談役・顧問制度に関する「コーポレート・ガバナンスに関する報告書」への記載

ISS は、平成29年2月総会から適用する平成29年版日本向け議決権行使助言方針において相談役制度を定める定款変更に反対推奨するとの変更を行い、 CGS ガイドラインにおいても相談役・顧

問制度の課題、社内での役割の明確化および情報発信の意義が指摘されていた。

そのような中、未来投資戦略2017では、②に関して、退任した社長・CEO が就任する相談役・顧問等について、氏名、役職・地位、業務内容等を開示する制度を東京証券取引所（以下「東証」という）において平成29年夏頃を目途に創設し、平成30年初頭を目途に実施することが明示された。

これを受けて、平成29年8月に東証の「コーポレート・ガバナンスに関する報告書」（以下「CG報告書」という）の記載要領が改訂され、平成30年1月1日以降に提出する CG 報告書から、元代表取締役社長等である相談役・顧問等の(1)氏名、(2)役職・地位、(3)業務内容、(4)勤務形態・条件（常勤・非常勤、報酬有無等）、(5)社長等の退任日、(6)任期、(7)相談役・顧問等の合計人数、(8)その他任意の記載事項を任意に開示することができるようになった。ただし、東証の Q&A によると、平成30年1月1日以後最初に到来する定時株主総会後に CG 報告書を更新する際に記載するか検討することでよいとされている。

なお、相談役・顧問制度については、平成28年9月の経済産業省のアンケート（「コーポレートガバナンスに関する企業アンケート調査結果」（「CGS 研究会報告書　実効的なガバナンス体制の構築・運用の手引（CGS レポート）」の参考資料）・平成29年3月10日公表）によると、東証第一部・第二部上場企業で同制度を置いているまたは過去に置いていた企業の約24% の企業で見直しが実施または検討されており、株主総会で「相談役・顧問を置くことができる」旨の定款規定の削除を決議する会社や、同制度を廃止する株主提案議案が一定の賛成率を集める事例も現れている。

(3)　株主総会の開催日の柔軟な設定を可能とするための法人税等の申告期限延長の特例

例えば3月決算会社が4月末に議決権の基準日を設定して7月に定時株主総会を開催できるように、株主総会の基準日を決算日後に変更する際の考え方や実務について、経済産業省（「株主総会プロセスの電子化促進等に関する研究会報告書—対話先進国の実現に向けて—」・平成28年4月21日公表）や全国株懇連合会（「企業と投資家の建設的な対話に向けて—対話促進の取組みと今後の課題—」・平成28年10月27日公表）の検討結果が示され、平成29年度税制改正において法人税の申告期限の延長の特例についても見直しがされ、平成29年4月には経済産業省から「法人税の申告期限延長の特例の適用を受けるに当たっての留意点」も示された。環境が整いつつある中、株主総会の基準日を決算日後とする会社も少数ながら現れている。

未来投資戦略2017では、②に関し、「株主総会の開催日の柔軟な設定を可能とするための法人税等の申告期限延長の特例の適用等について、手続等の整備・周知を図る」とされている。

(4)　ESG も踏まえた中長期的な企業価値向上に資する情報提供・対話等

②に関しては、平成29年5月に経済産業省から公表された「価値協創のための統合的開示・対話ガイダンス—ESG・非財務情報と無形資産投資—（価値協創ガイダンス）」を踏まえた企業の情報

提供・報告のベストプラクティスの分析およびそれを推進する場の設置などESGも踏まえた中長期的な企業価値向上に資する情報提供・対話等の普及・発展を図るとされている。

価値協創ガイダンスについては、平成29年10月に経済産業省から公表された「伊藤レポート2.0持続的な成長に向けた長期投資（ESG・無形資産投資）研究会報告書」においてその活用が期待されている。

一方、年金積立金管理運用独立行政法人（GPIF）においては、ESG指数に連動したパッシブ運用が開始され、環境指数の公募が進められている。

⑸　次期会社法改正

②、③に関しては、開示情報の充実に向けた環境整備の一環として、株主総会の招集通知添付書類の原則電子提供について法制審議会において検討を行うことが明記されている。法制審議会では、他にも社外取締役設置の義務付け、株主提案権の濫用的な行使の制限、取締役の報酬等に関する規律の見直し、会社役員賠償責任保険（D&O保険）に関する規律の整備、新たな社債管理制度等について検討が進められ、平成30年2月に中間試案が示された。順調に進んだ場合、平成31年（2019年）に改正法が成立し、平成32年（2020年）に施行されるというスケジュールも考えられる。

⑹　有価証券報告書等の記載事項の改正

平成28年4月に公表された金融審議会「ディスクロージャーワーキング・グループ」報告（以下「ディスクロージャーWG報告」という）では、企業と投資家との建設的な対話を促進していく観点から、開示内容の共通化・合理化や非財務情報の開示充実に向けた提言がなされていた。これを受け、平成29年2月、企業内容等の開示に関する内閣府令（以下「開示府令」という）が改正され、決算短信から「経営方針」の記載が削除され、有価証券報告書の記載内容に「経営方針・経営環境」が追加された。

未来投資戦略2017では、③に関し、事業報告等と有価証券報告書の一体的開示を可能とするため引き続き検討し、平成29年中に成案を得るとされており、平成30年1月、改正開示府令が公布された。改正開示府令では、⑴有価証券報告書等の「大株主の状況」における株式所有割合の算定の基礎となる発行済株式について、議決権に着目している事業報告と同様に自己株式を控除することとし、両者の記載内容が共通化される。また、⑵議決権の基準日を事業年度末から変更する会社（例えば3月決算会社が4月末に議決権の基準日を設定して7月に定時株主総会を開催する場合）に対応し、有価証券報告書の「大株主の状況」の記載時点が事業年度末日から議決権の基準日に変更される（これを受けて、事業報告についても、公開会社が事業年度の末日に代えて定時株主総会の議決権の基準日における株式の保有割合が上位10名の株主に関する事項を事業報告の内容とすることができるように会社法施行規則が改正され、平成30年3月31日以後に終了する事業年度に係る事業

第1章　平成30年株主総会の留意点と本年株主総会事務日程

報告から適用される見込みである）。その他、⑶有価証券報告書の「新株予約権等の状況」、「ライツプランの内容」、「ストックオプション制度の内容」が「新株予約権等の状況」に統合され、⑷有価証券報告書等の「業績等の概要」、「生産、受注及び販売の状況」が「財政状態、経営成績及びキャッシュ・フローの状況の分析」に統合され、事業全体およびセグメント別の経営成績等に重要な影響を与えた要因について経営者の視点による認識および分析、経営者が経営方針・経営戦略等の中長期的な目標に照らして経営成績等をどのように分析・評価しているかの2点について記載が求められる。これらの改正は、平成30年3月31日以後に終了する事業年度に係る有価証券報告書等から適用される。

　また、平成29年12月には、事業報告等と有価証券報告書の一体的開示を行いやすくするため、各項目について法令解釈の明確化等が行われることが公表されている。これは、平成29年度中を目途に行われ、平成30年3月31日以後に終了する事業年度に係る事業報告等と有価証券報告書から適用される見通しである。

　なお、未来投資戦略2017では、③に関して、四半期開示についても触れられており、義務的開示の是非を検証しつつ、更なる重複開示の解消や効率化のための課題や方策等について検討し、平成30年春を目途に一定の結論を得るとされている。

⑺　フェア・ディスクロージャー・ルール

　公平・公正な情報開示のためにフェア・ディスクロージャー・ルール（以下「FDルール」という）の導入が必要とのディスクロージャーWG報告を受け、平成29年5月、改正金融商品取引法が公布され、「上場会社等が公表されていない重要な情報をその業務に関して証券会社、投資家等に伝達する場合、意図的な伝達の場合は同時に、意図的でない伝達の場合は速やかに、当該情報をホームページ等で公表する」とのFDルール（金融商品取引法2章の6）が新設された。

　未来投資戦略2017では、⑤に関し、FDルールの導入に取り組むとされており、平成29年12月、⑴改正金融商品取引法施行令、⑵重要情報の公表に関する内閣府令が公布され、平成30年2月、⑶金融商品取引法第27条の36の規定に関する留意事項（フェア・ディスクロージャー・ルールガイドライン）が示され、FDルールの内容が明確化された。⑴では、FDルールの対象となる上場会社等の範囲が金融商品取引所に上場する株券、投資証券および社債券等の発行者とされている。⑵では、FDルールの対象となる情報受領者の範囲として、金融商品取引業者および登録金融機関等ならびにIR業務に関して情報伝達を受ける株主および機関投資家等が規定され、公表前の重要な情報を証券アナリスト等に提供した場合の当該情報の公表方法として、EDINET等のほか、自社ホームページが規定されている。⑶では、上場企業等の情報管理の方法等について留意点が示されている。

　FDルールの対象となる「重要情報」は「当該上場会社等の運営、業務又は財産に関する公表さ

れていない重要な情報であって、投資者の投資判断に重要な影響を及ぼすもの」と定義され、インサイダー取引における重要情報のほか、発行者または金融商品に関係する未公表の確定的な情報であって、公表されれば発行者の有価証券の価額に重要な影響を及ぼす蓋然性があるものが含まれ、典型的には、有価証券の価額に重要な影響を与える決算情報が想定されている。具体的には、今後の中長期的な企業戦略・計画等に関して投資家との間で交わされる情報や公表済みの情報の補足説明等は、一般的には「重要情報」には当たらないが、それぞれ中期経営計画の内容である営業利益・純利益に関する具体的な計画内容等が投資判断に活用できるような、公表されれば有価証券の価額に重要な影響を及ぼす蓋然性のある情報であり、その計画内容を中期経営計画の公表直前に伝達する場合、契約済みの為替予約レートなどその後の実体経済の数値と比較することで容易に企業の業績変化が予測できるような、それ自体として公表されれば有価証券の価額に重要な影響を及ぼす蓋然性のある情報が含まれる場合には、「重要情報」の伝達に当たる可能性があるとされている（金融庁「金融商品取引法第27条の36の規定に関する留意事項（フェア・ディスクロージャー・ルールガイドライン）」（問4））。株主総会における情報提供の範囲については、従前から、実務上、未公表の決算情報その他の重要な情報は慎重に取り扱われているため、FDルールの導入自体で大きく影響を受けることは少ないと思われるが、FDルールを踏まえ想定問答を改めて見直しておくとよいと思われる。

　なお、平成29年11月には、一般社団法人日本IR協議会から、『情報開示と対話のベストプラクティスに向けての行動指針（案）―フェア・ディスクロージャー・ルールを踏まえて―（「開示と対話のベスプラ指針（案）」）』が公表され、主要な情報ごとの建設的対話の対応方針等が示されている。

2　議決権行使方針等

　ISSは、平成30年の議決権行使助言方針において、指名委員会等設置会社および監査等委員会設置会社において、平成31年2月から取締役の3分の1を社外取締役とすることを求め、株主総会後の取締役会に占める社外取締役（独立性は問わない）の割合が3分の1未満である場合、経営トップである取締役選任議案への反対を推奨する方針としており、今後、社外取締役の増員を求める機関投資家が増える可能性がある。

　また、ISSの平成30年の議決権行使助言方針では、同年2月から買収防衛策の導入・更新の議決権行使助言方針のうち第1段階の形式基準に総継続期間が3年以内であることを追加するとされている。買収防衛策は、業績悪化等で企業評価が一時的に下がり、本質的価値を下回る金額で株式が取引され、敵対的買収に対する脆弱性が高まるといった特別な状況に対応するための一時的な手段であるという理由によるものである。平成29年1月から現在までの株主総会で提案された買収防衛策議案のうち、ISSが現行の議決権行使助言方針に基づき賛成を推奨した事例は0件であり、この

改定により賛否の推奨が大きく変化することは想定されていないが、機関投資家の議決権行使基準に影響を与える可能性は否定できない。もとより、平成29年に入り国内機関投資家が買収防衛策議案の議決権行使基準を厳格化する動きが見られ、全体的に否決リスクが高まる傾向にあるため、議決権行使予測シミュレーションや機関投資家への個別説明等の準備がこれまで以上に重要になると考えられる。

　一方、グラスルイスは、平成30年の議決権行使助言方針について、(1)剰余金の配当等の決定機関について株主総会による決議を排除する定款変更議案に原則反対推奨する、(2)買収防衛策議案に係る取締役会の独立性の基準を過半数とし、これを満たさない場合は原則反対推奨する、(3)取締役又は監査役の兼務基準における企業数の数え方について、上場グループ会社の取締役または監査役を兼務している場合は上場グループ会社を個々に数えるのではなく1社として数える、との改定を行っている。また、(4)2019年からは、TOPIX Core 30およびTOPIX Large 70の構成企業について、女性取締役または監査役がいない場合は会長、社長等の選任議案に原則反対推奨する、との改定を行う予定である。

3　コーポレートガバナンス・コード対応を含めた 株主総会日程に関する主な考慮点

(1)　株主総会に関係する主な原則の Explain 率の状況

　株主総会に関係する CG コードの主な原則の Explain 率の状況は【図表1－1－1】のとおりである。

　全体的に Explain 率は引き続き低下しているが、大きく低下したものはなく、株主総会関連の CG コード対応は落ち着きつつあるようである。今後も当面は同じようなペースで徐々に低下していくものと予想される。

【図表１－１－１】株主総会に関係する主な原則の Explain 率の状況

各原則を Explain した会社の割合			
株主総会に関連する主な原則	平成28年７月調査	平成29年７月調査	増減
＜補充原則1-2②＞ 招集通知の早期発送、発送前開示	5.5%	3.4%	-2.1%
＜補充原則1-2③＞ 株主総会関連日程の適切な設定	2.4%	1.9%	-0.4%
＜補充原則1-2④＞ 議決権行使の電子化、招集通知の英訳	52.4%	49.7%	-2.6%
＜補充原則1-2⑤＞ 株主総会出席希望機関投資家への対応	6.4%	5.9%	-0.4%
＜原則3-1＞ 情報開示の充実	9.3%	6.1%	-3.2%
＜補充原則4-1②＞ 中期経営計画へのコミット	12.8%	11.2%	-1.6%
＜原則5-2＞ 経営戦略や経営計画の策定・公表	8.5%	7.1%	-1.3%

（出所）　調査対象は本則市場に上場する３月決算会社1,778社のCG報告書（平成28年７月29日時点、平成29年７月28日時点）。

(2)　株主総会開催日

　【図表１－１－２】のとおり、平成29年６月総会においては、第一集中日の集中率が初めて３割を下回った。また、第三集中日が従来の傾向よりも早い６月23日（金）となった点も特徴的である。

　CGコード補充原則１－２③（株主総会関連日程の適切な設定）において、株主総会開催日をはじめとする株主総会関連の日程の適切な設定が要請されていることもあり、開催日の集中率は低下傾向が続くと考えられる。

　従来の傾向からすると、平成30年６月総会の第一集中日は28日（木）、第二集中日は27日（水）と予想され、第三集中日については平成29年の特徴が継続すれば22日（金）と予想されるが、26日（火）も一定の集中率になると思われる。

第1章　平成30年株主総会の留意点と本年株主総会事務日程

【図表１－１－２】３月決算東証上場会社の定時株主総会開催日の状況

	平成27年6月総会			平成28年6月総会			平成29年6月総会		
	開催日	社数	割合	開催日	社数	割合	開催日	社数	割合
第1集中日	6/26(金)	977社	41.3%	6/29(水)	759社	32.2%	6/29(木)	696社	29.6%
第2集中日	6/25(木)	444社	18.8%	6/28(火)	470社	20.0%	6/28(水)	421社	17.9%
第3集中日	6/24(水)	321社	13.6%	6/24(金)	409社	17.4%	6/23(金)	384社	16.4%
第4集中日	6/23(火)	199社	8.4%	6/23(木)	228社	9.7%	6/27(火)	330社	14.1%
第5集中日	6/19(金)	169社	7.2%	6/22(水)	121社	5.1%	6/22(木)	162社	6.9%
第6集中日	6/18(木)	55社	2.3%	6/17(金)	99社	4.2%	6/21(水)	101社	4.3%
その他	—	198社	8.4%	—	269社	11.4%	—	254社	10.8%
合　計	—	2,363社	100.0%	—	2,355社	100.0%	—	2,348社	100.0%

（出所）　日本取引所ウェブサイト掲載の各年の3月期決算会社の定時株主総会開催日集計結果に基づき作成。

(3)　電子投票・議決権電子行使プラットフォーム

　CGコード補充原則１－２④（議決権行使の電子化、招集通知の英訳）では、自社の株主における機関投資家や海外投資家の比率等も踏まえ、議決権の電子行使を可能とするための環境作り（議決権電子行使プラットフォームの利用等）を進めるべきとされている。これを踏まえて、電子投票制度や加えて議決権電子行使プラットフォームを新たに利用する場合には日程上の考慮が必要である。

　議決権電子行使プラットフォームに参加する場合、決算月の第2金曜日を目途として運営会社の株式会社ICJに「参加意向表明書」を提出する必要があるため、平成30年3月末決算会社の場合、同年3月9日（金）が目途になることが見込まれる（その年の状況により延長される可能性もあるので、最終的には同社への確認が必要である）。また、この前提として電子投票の採用が必要になるため、その場合、併せて株主名簿管理人にも相談が必要である。

　議決権電子行使プラットフォームに参加せず、電子投票制度のみ採用する場合でも、議決権行使書のフォームに影響するため、3月決算会社であれば、4月中旬頃までに株主名簿管理人に相談することになる。

　なお、上記のとおり、法制審議会では、株主総会資料の電子提供制度が議論されており、その動向も注視される。

(4)　招集通知の早期発送・発送前開示

　東証のアンケート調査によると、平成29年6月総会においては、【図表１－１－３】のとおり、

発送期間を18日以上27日以下とする会社の割合が増えて平均発送期間が伸長し、発送前開示（招集通知発送前にTDnetや自社ウェブサイトに電子的に開示すること）を行う会社も前年比242社増の1,796社となった。平成28年に比較してペースは落ち着いたものの、引き続きCGコード補充原則1－2②の要請する早期発送および発送前開示が進んでいる。発送前開示といっても、発送の1日前に開示する会社の割合が25.8％と依然最も多いが、2、3日前に開示する会社の割合（22.9％）が減少し、4～7日前に開示する会社の割合（41.3％）が増加している。

　経済産業省の報告書では、取締役会決議直後や印刷原稿校了直後に開示している企業もあることも踏まえた「適切なWeb開示のタイミングの検討」や機関投資家への周知性・一覧性のある「TDnetへの提出」などが期待されている。また、グローバルな投資家の視点からは株主総会の1か月以上前の通知期間を確保することが望ましいとされているが（経済産業省「持続的成長に向けた企業と投資家の対話促進研究会報告書—対話先進国に向けた企業情報開示と株主総会プロセスについて—」・平成27年4月23日公表）、30日以上の公開期間を設ける会社も前期比27社増の116社となっている（東証のCG報告書の記載要領では、「早期発送」とは直近の定時株主総会についての招集通知を法定期日よりも3営業日以上前に発送した場合をいうとされているが、CGコード補充原則1－2②における「早期発送」の定義を示すものではないとされている）。

　ただし、近年、会計監査人が慎重に監査を行うために監査報告の提出が従来よりも遅くなる会社も見られるため、会計監査人との事前のスケジュール調整が重要になる。

【図表1－1－3】 3月決算東証上場会社の招集通知の発送期間、発送前開示を行う場合の招集通知の公開期間

発送期間	平成28年3月期		平成29年3月期		公開期間	平成28年3月期		平成29年3月期	
	社数	割合	社数	割合		社数	割合	社数	割合
14日	295社	14.6%	294社	13.2%	14日	—	—	—	—
15日～17日	593社	29.3%	628社	28.1%	15日～17日	169社	10.9%	203社	11.3%
18日～20日	644社	31.8%	745社	33.4%	18日～20日	349社	22.5%	391社	21.8%
21日～27日	481社	23.8%	556社	24.9%	21日～27日	820社	52.8%	927社	51.6%
28日以上	11社	0.5%	10社	0.4%	28日以上	216社	13.9%	275社	15.3%
合　計	2,024社	100.0%	2,233社	100.0%	合　計	1,554社	100.0%	1,796社	100.0%
平　均	18.2日		18.3日		平　均	22.7日		22.9日	

（出所）　日本取引所グループウェブサイト「3月期決算会社株主総会情報」掲載のアンケート結果に基づき作成。発送期間とは招集通知発送日の翌日から株主総会開催日の前日までの日数を指し、公開期間とは招集通知を証券取引所ウェブサイトに公開する日の翌日から株主総会開催日の前日までの日数を指す。

第1章　平成30年株主総会の留意点と本年株主総会事務日程

⑸　招集通知の開示の充実

　近年、個人株主への親しみやすさ、分かりやすさ等に配慮した表紙・インデックスの作成、カラー化、役員選任議案の候補者の顔写真の掲載や、機関投資家の議決権行使の便宜に配慮した議案・報告事項の記載の順序の工夫、役員選任議案の候補者一覧表の掲載など、任意の工夫を行う招集通知が見られるようになっている。

　このような状況下、CGコード原則3－1（情報開示の充実）において、経営理念やコーポレートガバナンスの基本方針、取締役候補の指名・報酬に係る方針と手続等の開示の充実が求められ、CGコード原則4－9（独立社外取締役の独立性判断基準及び資質）において、独立性判断基準の策定・開示が求められていることもあって、図表1－1－4のとおり、CGコードに対応したと見られる記載も行われるようになっている。

　以上の対応は任意のものであるが、仮に新たに対応するとした場合、招集通知の検討・作成期間に影響する場合が考えられるので、注意が必要になる。

【図表1－1－4】招集通知の主な任意の対応事項

項目	上場会社全体		うち本則市場上場会社	
	社数	割合	社数	割合
①表紙	394社	40.3%	354社	46.7%
②インデックス	476社	48.7%	426社	56.2%
③カラー化	338社	34.6%	315社	41.6%
④議案→事業報告の順	269社	27.5%	248社	32.7%
⑤経営理念	230社	23.5%	213社	28.1%
⑥中期経営計画等	323社	33.1%	305社	40.2%
⑦ガバナンスの基本方針	87社	8.9%	81社	10.7%
⑧指名の方針・手続	67社	6.9%	66社	8.7%
⑨役員候補者一覧	164社	16.8%	159社	21.0%
⑩個々の選任理由	581社	59.5%	545社	71.9%
⑪社外取締役の独立性判断基準	163社	16.7%	162社	21.4%
対象社数	977社	100.0%	758社	100.0%

（出所）　三井住友トラスト・グループ受託会社（平成29年3月決算上場会社977社）に対する調査結果に基づき作成。なお、カラー化はフルカラーでないものも含む。

第1節　平成30年総会における留意点

【資料１－１－１】コーポレートガバナンス・コード

第１章　株主の権利・平等性の確保

【基本原則１】

　上場会社は、株主の権利が実質的に確保されるよう適切な対応を行うとともに、株主がその権利を適切に行使することができる環境の整備を行うべきである。

　また、上場会社は、株主の実質的な平等性を確保すべきである。

　少数株主や外国人株主については、株主の権利の実質的な確保、権利行使に係る環境や実質的な平等性の確保に課題や懸念が生じやすい面があることから、十分に配慮を行うべきである。

考え方

　上場会社には、株主を含む多様なステークホルダーが存在しており、こうしたステークホルダーとの適切な協働を欠いては、その持続的な成長を実現することは困難である。その際、資本提供者は重要な要であり、株主はコーポレートガバナンスの規律における主要な起点でもある。上場会社には、株主が有する様々な権利が実質的に確保されるよう、その円滑な行使に配慮することにより、株主との適切な協働を確保し、持続的な成長に向けた取組みに邁進することが求められる。

　また、上場会社は、自らの株主を、その有する株式の内容及び数に応じて平等に取り扱う会社法上の義務を負っているところ、この点を実質的にも確保していることについて広く株主から信認を得ることは、資本提供者からの支持の基盤を強化することにも資するものである。

【原則１－１．株主の権利の確保】

　上場会社は、株主総会における議決権をはじめとする株主の権利が実質的に確保されるよう、適切な対応を行うべきである。

補充原則

１－１① 　取締役会は、株主総会において可決には至ったものの相当数の反対票が投じられた会社提案議案があったと認めるときは、反対の理由や反対票が多くなった原因の分析を行い、株主との対話その他の対応の要否について検討を行うべきである。

１－１② 　上場会社は、総会決議事項の一部を取締役会に委任するよう株主総会に提案するに当たっては、自らの取締役会においてコーポレートガバナンスに関する役割・責務を十分に果たし得るような体制が整っているか否かを考慮すべきである。他方で、上場会社において、そうした体制がしっかりと整っていると判断する場合には、上記の提案を行うことが、経営判断の機動性・専門性の確保の観点から望ましい場合があることを考慮に入れるべきである。

１－１③ 　上場会社は、株主の権利の重要性を踏まえ、その権利行使を事実上妨げることのないよう配慮すべきである。とりわけ、少数株主にも認められている上場会社及びその役員に対する特別な権利（違法行為の差止めや代表訴訟提起に係る権利等）については、その権利行使の確保に課題や懸念が生じやすい面があることから、十分に配慮を行うべきである。

【原則１－２．株主総会における権利行使】

　上場会社は、株主総会が株主との建設的な対話の場であることを認識し、株主の視点に立って、株主総会における権利行使に係る適切な環境整備を行うべきである。

補充原則

１－２① 　上場会社は、株主総会において株主が適切な判断を行うことに資すると考えられる情報については、必要に応じ適確に提供すべきである。

１－２② 　上場会社は、株主が総会議案の十分な検討期間を確保することができるよう、招集通知に記載する情報の正確性を担保しつつその早期発送に努めるべきであり、また、招集通知に記載する情報は、株主総会の招集に係る取締役会決議から招集通知を発送するまでの間に、TDnetや自社のウェブサイトにより電子的に公表すべきである。

１－２③ 　上場会社は、株主との建設的な対話の充実や、そのための正確な情報提供等の観点を考慮し、株主総会開催日をはじめとする株主総会関連の日程の適切な設定を行うべきである。

１－２④ 　上場会社は、自社の株主における機関投資家や海外投資家の比率等も踏まえ、議決権の電子行使を可能とするための環境作り（議決権電子行使プラットフォームの利用等）や招集通知の英訳を進めるべきである。

１－２⑤ 　信託銀行等の名義で株式を保有する機関投資家等が、株主総会において、信託銀行等に代わって自ら議決権の行使等を行うことをあらかじめ希望する場合に対応するため、上場会社は、信託銀行等と協議しつつ検討を行うべき

— 13 —

第1章　平成30年株主総会の留意点と本年株主総会事務日程

である。

> **【原則１－３．資本政策の基本的な方針】**
> 上場会社は、資本政策の動向が株主の利益に重要な影響を与え得ることを踏まえ、資本政策の基本的な方針について説明を行うべきである。

> **【原則１－４．いわゆる政策保有株式】**
> 上場会社がいわゆる政策保有株式として上場株式を保有する場合には、政策保有に関する方針を開示すべきである。また、毎年、取締役会で主要な政策保有についてそのリターンとリスクなどを踏まえた中長期的な経済合理性や将来の見通しを検証し、これを反映した保有のねらい・合理性について具体的な説明を行うべきである。
> 上場会社は、政策保有株式に係る議決権の行使について、適切な対応を確保するための基準を策定・開示すべきである。

> **【原則１－５．いわゆる買収防衛策】**
> 買収防衛の効果をもたらすことを企図してとられる方策は、経営陣・取締役会の保身を目的とするものであってはならない。その導入・運用については、取締役会・監査役は、株主に対する受託者責任を全うする観点から、その必要性・合理性をしっかりと検討し、適正な手続を確保するとともに、株主に十分な説明を行うべきである。

補充原則
１－５① 上場会社は、自社の株式が公開買付けに付された場合には、取締役会としての考え方（対抗提案があればその内容を含む）を明確に説明すべきであり、また、株主が公開買付けに応じて株式を手放す権利を不当に妨げる措置を講じるべきではない。

> **【原則１－６．株主の利益を害する可能性のある資本政策】**
> 支配権の変動や大規模な希釈化をもたらす資本政策（増資、ＭＢＯ等を含む）については、既存株主を不当に害することのないよう、取締役会・監査役は、株主に対する受託者責任を全うする観点から、その必要性・合理性をしっかりと検討し、適正な手続を確保するとともに、株主に十分な説明を行うべきである。

> **【原則１－７．関連当事者間の取引】**
> 上場会社がその役員や主要株主等との取引（関連当事者間の取引）を行う場合には、そうした取引が会社や株主共同の利益を害することのないよう、また、そうした懸念を惹起することのないよう、取締役会は、あらかじめ、取引の重要性やその性質に応じた適切な手続を定めてその枠組みを開示するとともに、その手続を踏まえた監視（取引の承認を含む）を行うべきである。

第２章　株主以外のステークホルダーとの適切な協働

> **【基本原則２】**
> 上場会社は、会社の持続的な成長と中長期的な企業価値の創出は、従業員、顧客、取引先、債権者、地域社会をはじめとする様々なステークホルダーによるリソースの提供や貢献の結果であることを十分に認識し、これらのステークホルダーとの適切な協働に努めるべきである。
> 取締役会・経営陣は、これらのステークホルダーの権利・立場や健全な事業活動倫理を尊重する企業文化・風土の醸成に向けてリーダーシップを発揮すべきである。

考え方
　上場会社には、株主以外にも重要なステークホルダーが数多く存在する。これらのステークホルダーには、従業員をはじめとする社内の関係者や、顧客・取引先・債権者等の社外の関係者、更には、地域社会のように会社の存続・活動の基盤をなす主体が含まれる。上場会社は、自らの持続的な成長と中長期的な企業価値の創出を達成するためには、これらのステークホルダーとの適切な協働が不可欠であることを十分に認識すべきである。また、近時のグローバルな社会・環境問題等に対する関心の高まりを踏まえれば、いわゆるＥＳＧ（環境、社会、統治）問題への積極的・能動的な対応をこれらに含めることも考えられる。
　上場会社が、こうした認識を踏まえて適切な対応を行うことは、社会・経済全体に利益を及ぼすとともに、その結果とし

第1節　平成30年総会における留意点

て、会社自身にも更に利益がもたらされる、という好循環の実現に資するものである。

【原則２－１．中長期的な企業価値向上の基礎となる経営理念の策定】
　　上場会社は、自らが担う社会的な責任についての考え方を踏まえ、様々なステークホルダーへの価値創造に配慮した経営を行いつつ中長期的な企業価値向上を図るべきであり、こうした活動の基礎となる経営理念を策定すべきである。

【原則２－２．会社の行動準則の策定・実践】
　　上場会社は、ステークホルダーとの適切な協働やその利益の尊重、健全な事業活動倫理などについて、会社としての価値観を示しその構成員が従うべき行動準則を定め、実践すべきである。取締役会は、行動準則の策定・改訂の責務を担い、これが国内外の事業活動の第一線にまで広く浸透し、遵守されるようにすべきである。

補充原則
２－２①　取締役会は、行動準則が広く実践されているか否かについて、適宜または定期的にレビューを行うべきである。その際には、実質的に行動準則の趣旨・精神を尊重する企業文化・風土が存在するか否かに重点を置くべきであり、形式的な遵守確認に終始すべきではない。

【原則２－３．社会・環境問題をはじめとするサステナビリティーを巡る課題】
　　上場会社は、社会・環境問題をはじめとするサステナビリティー（持続可能性）を巡る課題について、適切な対応を行うべきである。

補充原則
２－３①　取締役会は、サステナビリティー（持続可能性）を巡る課題への対応は重要なリスク管理の一部であると認識し、適確に対処するとともに、近時、こうした課題に対する要請・関心が大きく高まりつつあることを勘案し、これらの課題に積極的・能動的に取り組むよう検討すべきである。

【原則２－４．女性の活躍促進を含む社内の多様性の確保】
　　上場会社は、社内に異なる経験・技能・属性を反映した多様な視点や価値観が存在することは、会社の持続的な成長を確保する上での強みとなり得る、との認識に立ち、社内における女性の活躍促進を含む多様性の確保を推進すべきである。

【原則２－５．内部通報】
　　上場会社は、その従業員等が、不利益を被る危険を懸念することなく、違法または不適切な行為・情報開示に関する情報や真摯な懸念を伝えることができるよう、また、伝えられた情報や懸念が客観的に検証され適切に活用されるよう、内部通報に係る適切な体制整備を行うべきである。取締役会は、こうした体制整備を実現する責務を負うとともに、その運用状況を監督すべきである。

補充原則
２－５①　上場会社は、内部通報に係る体制整備の一環として、経営陣から独立した窓口の設置（例えば、社外取締役と監査役による合議体を窓口とする等）を行うべきであり、また、情報提供者の秘匿と不利益取扱の禁止に関する規律を整備すべきである。

第３章　適切な情報開示と透明性の確保

【基本原則３】
　　上場会社は、会社の財政状態・経営成績等の財務情報や、経営戦略・経営課題、リスクやガバナンスに係る情報等の非財務情報について、法令に基づく開示を適切に行うとともに、法令に基づく開示以外の情報提供にも主体的に取り組むべきである。
　　その際、取締役会は、開示・提供される情報が株主との間で建設的な対話を行う上での基盤となることも踏まえ、そうした情報（とりわけ非財務情報）が、正確で利用者にとって分かりやすく、情報として有用性の高いものとなるようにすべきである。

考え方
　　上場会社には、様々な情報を開示することが求められている。これらの情報が法令に基づき適時適切に開示されることは、

— 15 —

第1章 平成30年株主総会の留意点と本年株主総会事務日程

投資家保護や資本市場の信頼性確保の観点から不可欠の要請であり、取締役会・監査役・監査役会・外部会計監査人は、この点に関し財務情報に係る内部統制体制の適切な整備をはじめとする重要な責務を負っている。

また、上場会社は、法令に基づく開示以外の情報提供にも主体的に取り組むべきである。

更に、我が国の上場会社による情報開示は、計表等については、様式・作成要領などが詳細に定められており比較可能性に優れている一方で、定性的な説明等のいわゆる非財務情報を巡っては、ひな型的な記述や具体性を欠く記述となっており付加価値に乏しい場合が少なくない、との指摘もある。取締役会は、こうした情報を含め、開示・提供される情報が可能な限り利用者にとって有益な記載となるよう積極的に関与を行う必要がある。

法令に基づく開示であれそれ以外の場合であれ、適切な情報の開示・提供は、上場会社の外側にいて情報の非対称性の下におかれている株主等のステークホルダーと認識を共有し、その理解を得るための有力な手段となり得るものであり、「『責任ある機関投資家』の諸原則《日本版スチュワードシップ・コード》」を踏まえた建設的な対話にも資するものである。

【原則３－１．情報開示の充実】

上場会社は、法令に基づく開示を適切に行うことに加え、会社の意思決定の透明性・公正性を確保し、実効的なコーポレートガバナンスを実現するとの観点から、（本コードの各原則において開示を求めている事項のほか、）以下の事項について開示し、主体的な情報発信を行うべきである。

(ⅰ) 会社の目指すところ（経営理念等）や経営戦略、経営計画

(ⅱ) 本コードのそれぞれの原則を踏まえた、コーポレートガバナンスに関する基本的な考え方と基本方針

(ⅲ) 取締役会が経営陣幹部・取締役の報酬を決定するに当たっての方針と手続

(ⅳ) 取締役会が経営陣幹部の選任と取締役・監査役候補の指名を行うに当たっての方針と手続

(ⅴ) 取締役会が上記(ⅳ)を踏まえて経営陣幹部の選任と取締役・監査役候補の指名を行う際の、個々の選任・指名についての説明

補充原則

３－１① 上記の情報の開示に当たっても、取締役会は、ひな型的な記述や具体性を欠く記述を避け、利用者にとって付加価値の高い記載となるようにすべきである。

３－１② 上場会社は、自社の株主における海外投資家等の比率も踏まえ、合理的な範囲において、英語での情報の開示・提供を進めるべきである。

【原則３－２．外部会計監査人】

外部会計監査人及び上場会社は、外部会計監査人が株主・投資家に対して責務を負っていることを認識し、適正な監査の確保に向けて適切な対応を行うべきである。

補充原則

３－２① 監査役会は、少なくとも下記の対応を行うべきである。

(ⅰ) 外部会計監査人候補を適切に選定し外部会計監査人を適切に評価するための基準の策定

(ⅱ) 外部会計監査人に求められる独立性と専門性を有しているか否かについての確認

３－２② 取締役会及び監査役会は、少なくとも下記の対応を行うべきである。

(ⅰ) 高品質な監査を可能とする十分な監査時間の確保

(ⅱ) 外部会計監査人からCEO・CFO等の経営陣幹部へのアクセス（面談等）の確保

(ⅲ) 外部会計監査人と監査役（監査役会への出席を含む）、内部監査部門や社外取締役との十分な連携の確保

(ⅳ) 外部会計監査人が不正を発見し適切な対応を求めた場合や、不備・問題点を指摘した場合の会社側の対応体制の確立

第４章 取締役会等の責務

【基本原則４】

上場会社の取締役会は、株主に対する受託者責任・説明責任を踏まえ、会社の持続的成長と中長期的な企業価値の向上を促し、収益力・資本効率等の改善を図るべく、

(1) 企業戦略等の大きな方向性を示すこと

(2) 経営陣幹部による適切なリスクテイクを支える環境整備を行うこと

(3) 独立した客観的な立場から、経営陣（執行役及びいわゆる執行役員を含む）・取締役に対する実効性の高い監督を行うこと

をはじめとする役割・責務を適切に果たすべきである。

― 16 ―

こうした役割・責務は、監査役会設置会社（その役割・責務の一部は監査役及び監査役会が担うこととなる）、指名委員会等設置会社、監査等委員会設置会社など、いずれの機関設計を採用する場合にも、等しく適切に果たされるべきである。

考え方

　上場会社は、通常、会社法（平成26年改正後）が規定する機関設計のうち主要な3種類（監査役会設置会社、指名委員会等設置会社、監査等委員会設置会社）のいずれかを選択することとされている。前者（監査役会設置会社）は、取締役会と監査役・監査役会に統治機能を担わせる我が国独自の制度である。その制度では、監査役は、取締役・経営陣等の職務執行の監査を行うこととされており、法律に基づく調査権限が付与されている。また、独立性と高度な情報収集能力の双方を確保すべく、監査役（株主総会で選任）の半数以上は社外監査役とし、かつ常勤の監査役を置くこととされている。後者の2つは、取締役会に委員会を設置して一定の役割を担わせることにより監督機能の強化を目指すものであるという点において、諸外国にも類例が見られる制度である。上記の3種類の機関設計のいずれを採用する場合でも、重要なことは、創意工夫を施すことによりそれぞれの機関の機能を実質的かつ十分に発揮させることである。

　また、本コードを策定する大きな目的の一つは、上場会社による透明・公正かつ迅速・果断な意思決定を促すことにあるが、上場会社の意思決定のうちには、外部環境の変化その他の事情により、結果として会社に損害を生じさせることとなるものが無いとは言い切れない。その場合、経営陣・取締役が損害賠償責任を負うか否かの判断に際しては、一般的に、その意思決定の時点における意思決定過程の合理性が重要な考慮要素の一つとなるものと考えられるが、本コードには、ここでいう意思決定過程の合理性を担保することに寄与すると考えられる内容が含まれており、本コードは、上場会社の透明・公正かつ迅速・果断な意思決定を促す効果を持つこととなるものと期待している。

【原則4－1．取締役会の役割・責務(1)】
　取締役会は、会社の目指すところ（経営理念等）を確立し、戦略的な方向付けを行うことを主要な役割・責務の一つと捉え、具体的な経営戦略や経営計画等について建設的な議論を行うべきであり、重要な業務執行の決定を行う場合には、上記の戦略的な方向付けを踏まえるべきである。

補充原則

4－1①　取締役会は、取締役会自身として何を判断・決定し、何を経営陣に委ねるのかに関連して、経営陣に対する委任の範囲を明確に定め、その概要を開示すべきである。

4－1②　取締役会・経営陣幹部は、中期経営計画も株主に対するコミットメントの一つであるとの認識に立ち、その実現に向けて最善の努力を行うべきである。仮に、中期経営計画が目標未達に終わった場合には、その原因や自社が行った対応の内容を十分に分析し、株主に説明を行うとともに、その分析を次期以降の計画に反映させるべきである。

4－1③　取締役会は、会社の目指すところ（経営理念等）や具体的な経営戦略を踏まえ、最高経営責任者等の後継者の計画（プランニング）について適切に監督を行うべきである。

【原則4－2．取締役会の役割・責務(2)】
　取締役会は、経営陣幹部による適切なリスクテイクを支える環境整備を行うことを主要な役割・責務の一つと捉え、経営陣からの健全な企業家精神に基づく提案を歓迎しつつ、説明責任の確保に向けて、そうした提案について独立した客観的な立場において多角的かつ十分な検討を行うとともに、承認した提案が実行される際には、経営陣幹部の迅速・果断な意思決定を支援すべきである。
　また、経営陣の報酬については、中長期的な会社の業績や潜在的リスクを反映させ、健全な企業家精神の発揮に資するようなインセンティブ付けを行うべきである。

補充原則

4－2①　経営陣の報酬は、持続的な成長に向けた健全なインセンティブの一つとして機能するよう、中長期的な業績と連動する報酬の割合や、現金報酬と自社株報酬との割合を適切に設定すべきである。

【原則4－3．取締役会の役割・責務(3)】
　取締役会は、独立した客観的な立場から、経営陣・取締役に対する実効性の高い監督を行うことを主要な役割・責務の一つと捉え、適切に会社の業績等の評価を行い、その評価を経営陣幹部の人事に適切に反映すべきである。
　また、取締役会は、適時かつ正確な情報開示が行われるよう監督を行うとともに、内部統制やリスク管理体制を適切に整備すべきである。
　更に、取締役会は、経営陣・支配株主等の関連当事者と会社との間に生じ得る利益相反を適切に管理すべきである。

第1章　平成30年株主総会の留意点と本年株主総会事務日程

補充原則

4－3①　取締役会は、経営陣幹部の選任や解任について、会社の業績等の評価を踏まえ、公正かつ透明性の高い手続に従い、適切に実行すべきである。

4－3②　コンプライアンスや財務報告に係る内部統制や先を見越したリスク管理体制の整備は、適切なリスクテイクの裏付けとなり得るものであるが、取締役会は、これらの体制の適切な構築や、その運用が有効に行われているか否かの監督に重点を置くべきであり、個別の業務執行に係るコンプライアンスの審査に終始すべきではない。

【原則4－4．監査役及び監査役会の役割・責務】

　監査役及び監査役会は、取締役の職務の執行の監査、外部会計監査人の選解任や監査報酬に係る権限の行使などの役割・責務を果たすに当たって、株主に対する受託者責任を踏まえ、独立した客観的な立場において適切な判断を行うべきである。

　また、監査役及び監査役会に期待される重要な役割・責務には、業務監査・会計監査をはじめとするいわば「守りの機能」があるが、こうした機能を含め、その役割・責務を十分に果たすためには、自らの守備範囲を過度に狭く捉えることは適切でなく、能動的・積極的に権限を行使し、取締役会においてあるいは経営陣に対して適切に意見を述べるべきである。

補充原則

4－4①　監査役会は、会社法により、その半数以上を社外監査役とすること及び常勤の監査役を置くことの双方が求められていることを踏まえ、その役割・責務を十分に果たすとの観点から、前者に由来する強固な独立性と、後者が保有する高度な情報収集力とを有機的に組み合わせて実効性を高めるべきである。また、監査役または監査役会は、社外取締役が、その独立性に影響を受けることなく情報収集力の強化を図ることができるよう、社外取締役との連携を確保すべきである。

【原則4－5．取締役・監査役等の受託者責任】

　上場会社の取締役・監査役及び経営陣は、それぞれの株主に対する受託者責任を認識し、ステークホルダーとの適切な協働を確保しつつ、会社や株主共同の利益のために行動すべきである。

【原則4－6．経営の監督と執行】

　上場会社は、取締役会による独立かつ客観的な経営の監督の実効性を確保すべく、業務の執行には携わらない、業務の執行と一定の距離を置く取締役の活用について検討すべきである。

【原則4－7．独立社外取締役の役割・責務】

　上場会社は、独立社外取締役には、特に以下の役割・責務を果たすことが期待されることに留意しつつ、その有効な活用を図るべきである。

　(i)　経営の方針や経営改善について、自らの知見に基づき、会社の持続的な成長を促し中長期的な企業価値の向上を図る、との観点からの助言を行うこと

　(ii)　経営陣幹部の選解任その他の取締役会の重要な意思決定を通じ、経営の監督を行うこと

　(iii)　会社と経営陣・支配株主等との間の利益相反を監督すること

　(iv)　経営陣・支配株主から独立した立場で、少数株主をはじめとするステークホルダーの意見を取締役会に適切に反映させること

【原則4－8．独立社外取締役の有効な活用】

　独立社外取締役は会社の持続的な成長と中長期的な企業価値の向上に寄与するように役割・責務を果たすべきであり、上場会社はそのような資質を十分に備えた独立社外取締役を少なくとも2名以上選任すべきである。

　また、業種・規模・事業特性・機関設計・会社をとりまく環境等を総合的に勘案して、自主的な判断により、少なくとも3分の1以上の独立社外取締役を選任することが必要と考える上場会社は、上記にかかわらず、そのための取組み方針を開示すべきである。

補充原則

4－8①　独立社外取締役は、取締役会における議論に積極的に貢献するとの観点から、例えば、独立社外者のみを構成員とする会合を定期的に開催するなど、独立した客観的な立場に基づく情報交換・認識共有を図るべきである。

4－8②　独立社外取締役は、例えば、互選により「筆頭独立社外取締役」を決定することなどにより、経営陣との連絡・調整や監査役または監査役会との連携に係る体制整備を図るべきである。

第1節　平成30年総会における留意点

【原則４－９．独立社外取締役の独立性判断基準及び資質】

　取締役会は、金融商品取引所が定める独立性基準を踏まえ、独立社外取締役となる者の独立性をその実質面において担保することに主眼を置いた独立性判断基準を策定・開示すべきである。また、取締役会は、取締役会における率直・活発で建設的な検討への貢献が期待できる人物を独立社外取締役の候補者として選定するよう努めるべきである。

【原則４－10．任意の仕組みの活用】

　上場会社は、会社法が定める会社の機関設計のうち会社の特性に応じて最も適切な形態を採用するに当たり、必要に応じて任意の仕組みを活用することにより、統治機能の更なる充実を図るべきである。

補充原則

4－10①　上場会社が監査役会設置会社または監査等委員会設置会社であって、独立社外取締役が取締役会の過半数に達していない場合には、経営陣幹部・取締役の指名・報酬などに係る取締役会の機能の独立性・客観性と説明責任を強化するため、例えば、取締役会の下に独立社外取締役を主要な構成員とする任意の諮問委員会を設置することなどにより、指名・報酬などの特に重要な事項に関する検討に当たり独立社外取締役の適切な関与・助言を得るべきである。

【原則４－11．取締役会・監査役会の実効性確保のための前提条件】

　取締役会は、その役割・責務を実効的に果たすための知識・経験・能力を全体としてバランス良く備え、多様性と適正規模を両立させる形で構成されるべきである。また、監査役には、財務・会計に関する適切な知見を有している者が１名以上選任されるべきである。

　取締役会は、取締役会全体としての実効性に関する分析・評価を行うことなどにより、その機能の向上を図るべきである。

補充原則

4－11①　取締役会は、取締役会の全体としての知識・経験・能力のバランス、多様性及び規模に関する考え方を定め、取締役の選任に関する方針・手続と併せて開示すべきである。

4－11②　社外取締役・社外監査役をはじめ、取締役・監査役は、その役割・責務を適切に果たすために必要となる時間・労力を取締役・監査役の業務に振り向けるべきである。こうした観点から、例えば、取締役・監査役が他の上場会社の役員を兼任する場合には、その数は合理的な範囲にとどめるべきであり、上場会社は、その兼任状況を毎年開示すべきである。

4－11③　取締役会は、毎年、各取締役の自己評価なども参考にしつつ、取締役会全体の実効性について分析・評価を行い、その結果の概要を開示すべきである。

【原則４－12．取締役会における審議の活性化】

　取締役会は、社外取締役による問題提起を含め自由闊達で建設的な議論・意見交換を尊ぶ気風の醸成に努めるべきである。

補充原則

4－12①　取締役会は、会議運営に関する下記の取扱いを確保しつつ、その審議の活性化を図るべきである。

　　　（ⅰ）取締役会の資料が、会日に十分に先立って配布されるようにすること

　　　（ⅱ）取締役会の資料以外にも、必要に応じ、会社から取締役に対して十分な情報が（適切な場合には、要点を把握しやすいように整理・分析された形で）提供されるようにすること

　　　（ⅲ）年間の取締役会開催スケジュールや予想される審議事項について決定しておくこと

　　　（ⅳ）審議項目数や開催頻度を適切に設定すること

　　　（ⅴ）審議時間を十分に確保すること

【原則４－13．情報入手と支援体制】

　取締役・監査役は、その役割・責務を実効的に果たすために、能動的に情報を入手すべきであり、必要に応じ、会社に対して追加の情報提供を求めるべきである。

　また、上場会社は、人員面を含む取締役・監査役の支援体制を整えるべきである。

　取締役会・監査役会は、各取締役・監査役が求める情報の円滑な提供が確保されているかどうかを確認すべきである。

補充原則

4－13①　社外取締役を含む取締役は、透明・公正かつ迅速・果断な会社の意思決定に資するとの観点から、必要と考える

第1章　平成30年株主総会の留意点と本年株主総会事務日程

場合には、会社に対して追加の情報提供を求めるべきである。また、社外監査役を含む監査役は、法令に基づく調査権限を行使することを含め、適切に情報入手を行うべきである。

4－13②　取締役・監査役は、必要と考える場合には、会社の費用において外部の専門家の助言を得ることも考慮すべきである。

4－13③　上場会社は、内部監査部門と取締役・監査役との連携を確保すべきである。また、上場会社は、例えば、社外取締役・社外監査役の指示を受けて会社の情報を適確に提供できるよう社内との連絡・調整にあたる者の選任など、社外取締役や社外監査役に必要な情報を適確に提供するための工夫を行うべきである。

【原則4－14．取締役・監査役のトレーニング】

　新任者をはじめとする取締役・監査役は、上場会社の重要な統治機関の一翼を担う者として期待される役割・責務を適切に果たすため、その役割・責務に係る理解を深めるとともに、必要な知識の習得や適切な更新等の研鑽に努めるべきである。このため、上場会社は、個々の取締役・監査役に適合したトレーニングの機会の提供・斡旋やその費用の支援を行うべきであり、取締役会は、こうした対応が適切にとられているか否かを確認すべきである。

補充原則

4－14①　社外取締役・社外監査役を含む取締役・監査役は、就任の際には、会社の事業・財務・組織等に関する必要な知識を取得し、取締役・監査役に求められる役割と責務（法的責任を含む）を十分に理解する機会を得るべきであり、就任後においても、必要に応じ、これらを継続的に更新する機会を得るべきである。

4－14②　上場会社は、取締役・監査役に対するトレーニングの方針について開示を行うべきである。

第5章　株主との対話

【基本原則5】

　上場会社は、その持続的な成長と中長期的な企業価値の向上に資するため、株主総会の場以外においても、株主との間で建設的な対話を行うべきである。

　経営陣幹部・取締役（社外取締役を含む）は、こうした対話を通じて株主の声に耳を傾け、その関心・懸念に正当な関心を払うとともに、自らの経営方針を株主に分かりやすい形で明確に説明しその理解を得る努力を行い、株主を含むステークホルダーの立場に関するバランスのとれた理解と、そうした理解を踏まえた適切な対応に努めるべきである。

考え方

　「『責任ある機関投資家』の諸原則《日本版スチュワードシップ・コード》」の策定を受け、機関投資家には、投資先企業やその事業環境等に関する深い理解に基づく建設的な「目的を持った対話」（エンゲージメント）を行うことが求められている。

　上場会社にとっても、株主と平素から対話を行い、具体的な経営戦略や経営計画などに対する理解を得るとともに懸念があれば適切に対応を講じることは、経営の正統性の基盤を強化し、持続的な成長に向けた取組みに邁進する上で極めて有益である。また、一般に、上場会社の経営陣・取締役は、従業員・取引先・金融機関とは日常的に接触し、その意見に触れる機会には恵まれているが、これらはいずれも賃金債権、貸付債権等の債権者であり、株主と接する機会は限られている。経営陣幹部・取締役が、株主との対話を通じてその声に耳を傾けることは、資本提供者の目線からの経営分析や意見を吸収し、持続的な成長に向けた健全な企業家精神を喚起する機会を得る、ということも意味する。

【原則5－1．株主との建設的な対話に関する方針】

　上場会社は、株主からの対話（面談）の申込みに対しては、会社の持続的な成長と中長期的な企業価値の向上に資するよう、合理的な範囲で前向きに対応すべきである。取締役会は、株主との建設的な対話を促進するための体制整備・取組みに関する方針を検討・承認し、開示すべきである。

補充原則

5－1①　株主との実際の対話（面談）の対応者については、株主の希望と面談の主な関心事項も踏まえた上で、合理的な範囲で、経営陣幹部または取締役（社外取締役を含む）が面談に臨むことを基本とすべきである。

5－1②　株主との建設的な対話を促進するための方針には、少なくとも以下の点を記載すべきである。

　　(i)　株主との対話全般について、下記(ii)～(v)に記載する事項を含めその統括を行い、建設的な対話が実現するように目配りを行う経営陣または取締役の指定

　　(ii)　対話を補助する社内のIR担当、経営企画、総務、財務、経理、法務部門等の有機的な連携のための方策

（ⅲ）　個別面談以外の対話の手段（例えば、投資家説明会やIR活動）の充実に関する取組み

（ⅳ）　対話において把握された株主の意見・懸念の経営陣幹部や取締役会に対する適切かつ効果的なフィードバックのための方策

（ⅴ）　対話に際してのインサイダー情報の管理に関する方策

5－1③　上場会社は、必要に応じ、自らの株主構造の把握に努めるべきであり、株主も、こうした把握作業にできる限り協力することが望ましい。

【原則５－２．経営戦略や経営計画の策定・公表】

　経営戦略や経営計画の策定・公表に当たっては、収益計画や資本政策の基本的な方針を示すとともに、収益力・資本効率等に関する目標を提示し、その実現のために、経営資源の配分等に関し具体的に何を実行するのかについて、株主に分かりやすい言葉・論理で明確に説明を行うべきである。

4　監査等委員会設置会社

(1)　移行会社の概況

　平成29年6月末日までに監査等委員会設置会社へ移行することを開示した上場会社（以下「移行会社」という）は825社となった。移行会社のうち東京証券取引所および名古屋証券取引所の本則市場（市場第一部・市場第二部）に上場する会社は580社と7割以上を占めている。また、移行会社のうち新規上場会社3社と指名委員会等設置会社から移行した3社の計6社を除く819社において、移行前に社外取締役の員数が1名以下であった会社は639社と8割近くにのぼっている（【図表1－1－5】参照）。

　上述の状況から、監査等委員会設置会社制度創設の理由の一つとして挙げられてもいた、監査役会設置会社において社外監査役の半数以上を社外監査役とする必要があるところ更に社外取締役を選任することには会社に重複感や負担感があるという点が、少なくとも現時点においては、移行会社に少なからず考慮されたと考えることができる。

【図表1－1－5】移行会社の移行前における社外取締役の選任状況

上場市場	移行会社数	0名	1名	2名	3名以上
東証1部	410社	92社	209社	84社	25社
東証2部	152社	58社	62社	29社	3社
東証マザーズ	48社	14社	24社	7社	3社
東証JASDAQ	180社	94社	58社	23社	5社
名証2部	18社	11社	6社	1社	0社
名証セントレックス	1社	1社	0社	0社	0社
福岡証券取引所	8社	6社	2社	0社	0社

第1章　平成30年株主総会の留意点と本年株主総会事務日程

| 札幌証券取引所 | 2社 | 1社 | 1社 | 0社 | 0社 |
| 計 | 819社 | 277社 | 362社 | 144社 | 36社 |

（出所）　公開情報に基づき三井住友信託銀行にて作成。
（注）　平成29年6月末日までに監査等委員会設置会社へ移行することを開示した上場会社のうち新規上
　　　場会社3社と指名委員会等設置会社から移行した3社の計6社を除く819社の状況。

⑵　移行に伴い実施した定款変更の状況

　監査等委員会設置会社においては、取締役の過半数が社外取締役である場合に加えて、定款に定めることにより重要な業務執行の決定を取締役に委任することができる（399条の13第5項・6項）。平成29年6月開催の株主総会の決議により監査等委員会設置会社に移行した74社のうち、当該会社法の規定に基づき定款の規定を置くこととした会社は73社（98.6％）であった。平成28年6月開催の株主総会の決議により監査等委員会設置会社に移行した297社においては約9割が当該定款規定を設けており、従前よりも重要な業務執行の決定の委任を視野に移行する会社が増加していることがわかる。

　補欠の監査等委員である取締役の選任決議の有効期間は選任後1年内に終了する事業年度に関する定時株主総会の開始の時までであるが、定款の規定により2年に伸長することができる（施行規則96条3項）。補欠の監査等委員である取締役の選任の有効期間を伸長する定款変更を実施した会社は、平成29年6月開催の株主総会の決議により監査等委員会設置会社に移行した74社のうち31社（41.9％）であった。なお、平成28年6月開催の株主総会の決議により監査等委員会設置会社に移行した297社においては120社（40.4％）であった。

　監査等委員会設置会社の監査等委員でない取締役の任期は選任後1年以内に終了する事業年度のうち最終のものに関する定時株主総会の終結の時までであることから（332条3項）、監査等委員会設置会社においては剰余金の処分の決定機関を定款の規定により取締役会とすることができる(459条1項)。剰余金の処分の決定機関を取締役会とする定款変更を実施した会社は、平成29年6月開催の株主総会の決議により監査等委員会設置会社に移行した74社のうち10社（13.5％）であった。（【図表1－1－6】参照）。

【図表１－１－６】移行会社における定款変更の状況

定款規定		平成28年６月に総会決議		平成29年６月に総会決議	
		社数	割合	社数	割合
重要な業務執行の決定の委任		270社	90.9％	73社	98.6％
補欠の監査等委員である取締役の選任決議の有効期間２年		120社	40.4％	31社	41.9％
剰余金の処分の決定を取締役会に委任	総会排除	21社	7.1％	0社	0％
	総会排除せず	33社	11.1％	10社	13.5％

(出所) 各社招集通知に基づき三井住友信託銀行にて作成。

(3) 移行後の監査等委員である取締役の状況

平成29年６月開催の株主総会の決議により監査等委員会設置会社に移行した74社のうち、監査等委員である取締役の員数を３名とする会社は43社（58.1％）であった（【図表１－１－７】参照）。監査等委員である社外取締役には社外監査役であった者が就任した会社が多いが、社外監査役であった者が一人も監査等委員である社外取締役に就任しなかった会社が8社（10.8％）、社外監査役であった者で監査等委員である社外取締役に就任した者が1名にとどまる会社が25社（33.8％）と、監査等委員会設置会社への移行に伴い監査機能を担う社外役員に交代のある例が4割以上の割合で認められる（【図表１－１－９】参照）。機関設計の変更を機に在任年数等を考慮して交代した例、社外監査役と監査等委員である社外取締役の担う職務の性質が異なることに起因して交代する例等が考えられる。

【図表１－１－７】監査等委員である取締役の員数

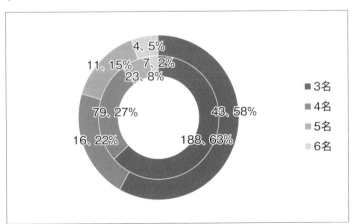

(出所)、(注) は【図表１－１－７】、【図表１－１－８】、【図表１－１－９】共通。
(出所) 各社招集通知に基づき三井住友信託銀行にて作成。
(注) 内側の円グラフは平成28年６月開催の株主総会の決議により移行した297社の状況。
外側の円グラフは平成29年６月開催の株主総会の決議により移行した74社の状況。

第1章　平成30年株主総会の留意点と本年株主総会事務日程

【図表1－1－8】監査等委員である社外取締役の員数

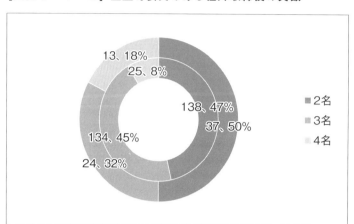

【図表1－1－9】監査等委員である社外取締役のうち社外監査役であった者の員数

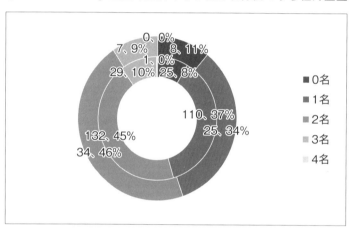

5　機関投資家の議決権行使動向

(1)　機関投資家の反対行使の動向

　機関投資家の議決権行使基準は各機関投資家により異なるが、機関投資家の反対行使が多くみられる議案は、取締役選任議案、監査役選任議案、退職慰労金支給議案である点は例年の傾向と変わらない。

　国内の機関投資家株主は、取締役選任議案の25.0％、監査役選任議案の17.2％、退職慰労金支給議案の41.6％に反対行使を行っている（【図表1－1－10】参照）。

【図表１－１－10】国内機関投資家の議決権行使状況

属性等 / 総会議案	信託銀行（4社）			投資顧問会社（31社）			国内機関投資家（35社）		
	平成28年 反対比率	平成29年 反対比率	平均 増減	平成28年 反対比率	平成29年 反対比率	平均 増減	平成28年 反対比率	平成29年 反対比率	平均 増減
剰余金処分案等	3.7%	4.6%	0.8%	6.8%	8.5%	1.7%	6.4%	8.1%	1.7%
取締役選任	19.2%	9.9%	-9.3%	27.3%	25.6%	-1.7%	26.4%	25.0%	-1.3%
監査役選任	15.3%	10.0%	-5.4%	22.8%	17.1%	-5.7%	21.9%	17.2%	-4.8%
定款一部変更	2.0%	3.6%	1.6%	5.6%	3.6%	-2.0%	5.2%	3.7%	-1.5%
退職慰労金支給	47.9%	42.3%	-5.6%	51.1%	38.5%	-12.6%	50.7%	41.6%	-9.1%
役員報酬改定等	1.5%	11.4%	9.9%	6.5%	8.0%	1.5%	5.9%	8.4%	2.5%
新株予約権発行	22.5%	17.1%	-5.4%	19.9%	20.1%	0.3%	20.2%	20.3%	0.1%
会計監査人選任	0.0%	0.0%	0.0%	0.5%	1.2%	0.7%	0.5%	1.1%	0.6%
再構築関連等	1.0%	0.0%	-1.0%	2.0%	4.0%	2.0%	1.8%	3.4%	1.6%
買収防衛策関連	39.7%	64.1%	24.5%	76.8%	91.1%	14.3%	66.2%	85.4%	19.3%
その他会社提案	18.6%	17.6%	-1.0%	41.8%	27.7%	-14.2%	39.1%	27.4%	-11.7%
会社提案全体	12.6%	9.9%	-2.7%	17.7%	16.8%	-0.9%	17.1%	16.7%	-0.4%
株主提案	97.8%	96.5%	-1.2%	92.6%	89.5%	-3.1%	93.2%	93.2%	-0.1%

（出所）平成28年、平成29年ともデータは依馬直義「機関投資家による議決権行使の状況～2017年の株主総会を振り返って～」商事法務2150号18頁～19頁。

注1　信託銀行は原則として前年7月～当年6月に開催された株主総会を対象とし、投資顧問会社は原則として当年5月・6月に開催された株主総会を対象とする。

注2　監査役選任議案に補欠監査役選任議案を含めている機関投資家を含む。

注3　再構築関連等には、合併、営業譲渡・譲受、株式交換、株式移転等を含む。

注4　その他会社提案には、自己株式取得、法定準備金減少、第三者割当増資、株式併合、補欠監査役選任、役員賞与支給、買収防衛策等を含む。

注5　平成29年の反対比率は、個別開示の開始に伴い集計対象とする株主総会の時期が当年4月～6月に開催された株主総会に変更されたケース、取締役選任議案と監査役選任議案については候補者が複数の選任議案では1名でも反対した場合に当該議案に反対として集計する方法から、1候補者につき1議案として集計する方法に変更するケースがある。

第1章　平成30年株主総会の留意点と本年株主総会事務日程

(2)　議案別の検討事項

●剰余金処分・配当関連議案

　反対行使の少ない議案であるが、潤沢な資金を有しているにも拘わらず株主への還元が十分でない、ROE（株主資本利益率）と配当性向の水準が低位である、株価のパフォーマンスがベンチマークに比べて一定水準以上にアンダーパフォーム、PBR（株価純資産倍率）が低位などの理由で反対行使がなされる場合がある。

　ISS は通常の場合、配当性向が15％～100％の範囲内であれば賛成推奨を行う。

●取締役選任議案

　会社法の改正、CG コードの適用を踏まえ、取締役選任議案においては当該議案可決後に社外取締役を1名も置くこととならない場合に、経営トップである取締役の再選議案に反対行使を行うこととする国内機関投資家が一般的になった。ISS が、平成28年2月より、複数の社外取締役がいない企業の経営トップに反対推奨を行う方針としたことや、CG コードで社外取締役の複数選任が求められたこともあり、2名以上の社外取締役の選任がない場合に経営トップまたは代表権のある取締役候補者に反対するケースも見られた。また、グラスルイスは、2017年により、監査役会設置会社において、取締役会と監査役会の合計人数のうち独立社外役員が3分の1以上いない場合、経営トップ（会長）、さらに3分の1に達する人数まで非独立社外取締役、非独立社外監査役、または社内取締役、社内監査役に対し反対推奨する方針としたことから、反対する海外の機関投資家もみられた。

　業績面では、国内機関投資家においては、株価のパフォーマンスや業績が一定水準に満たない場合に取締役の再任議案に反対行使を行う例が従前より見られたが、平成27年2月より、ISS が、過去5期平均の ROE が5％を下回り、かつ直近期の ROE が5％以上でない場合に経営トップに反対推奨を行うこととしたことから、海外機関投資家おいては低 ROE 企業の経営トップに反対行使を行う例が増加した。

　社外取締役の選任については、その独立性を精査することが一般化している。独立性判断基準は各機関投資家により異なるものの、親会社・大株主、取引先、主要な借入先、顧問契約のある弁護士・公認会計士・コンサルタント、株式の持ち合い先、役員を相互に派遣している先、親族関係等が一般に考慮されている。取締役会への出席の面については、ISS が、従来より、社外取締役の取締役会への出席率が75％に満たない場合には、当該取締役の再選議案に賛成推奨を行わないとしている。CG コード補充原則4－11②において他社の役員の兼任状況を合理的な数の範囲にとどめるよう求められており、グラスルイスは、平成29年より、上場企業の業務執行者が3社以上、または非業務執行者が6社以上の上場会社において取締役または監査役を兼務する場合、取締役または監査役の選任議案に反対推奨するように厳格化したことから、この点も留意すべきであろう。

●監査役選任議案

　社外監査役の選任については、独立性がないと認められる場合には、国内機関投資家、海外機関投資家のいずれからも反対行使がなされる傾向にある。独立性の判断において考慮される要素は社外取締役と異ならない。ISSの場合、クーリングオフ・ピリオド（退職後の経過期間）の適用はないが、グラスルイスは退職後一定の期間が経過していることが開示されていれば独立性があるものと判断している。

　また、ISSは、社外監査役の取締役会もしくは監査役会への出席率が75％に満たない場合には再選議案に賛成推奨を行わないとしている。

●役員報酬関連議案

　賞与に関し、支給額過大として反対行使をする機関投資家はほとんど見られない。業績・株価パフォーマンスの低迷や不祥事の発生等を考慮して反対行使を行う例が見られる。キャッシュリッチ企業で剰余金の処分が不十分と判断されて反対行使を行う例も見られる。

　信託型株式報酬制度導入に関する議案については、①希薄化率、②交付対象者、③交付時期、④交付を可能とする業績条件等を判断のポイントとしており、交付する上限株数が開示されておらず希薄化率が計算できない場合、退職前の交付が禁止されていない場合等で反対行使を行う例が見られる。

　なお、グラスルイスは、これまで１円ストック・オプションについては付与対象者に社外取締役または社外監査役が含まれている場合に反対助言としていたが、平成29年より、含まれている場合でも希薄化やコストの水準を考慮したうえで行使可能となる日程が付与日から２年以上経過していれば許容する方針に変更した。また、業績連動型報酬であることが明確な場合、付与対象者に社外取締役または社内外監査役が含まれていれば反対推奨となるが、業績連動型報酬であることが明確でない場合には、付与日から２年以内の行使または退職前の行使が禁止されていれば、例外的に許容する方針とした。

●監査等委員会設置会社への移行

　監査等委員会設置会社への移行に関する定款変更議案に対して機関投資家が反対行使を行う例はほとんど見られないが、社外取締役に独立性がないと判断される場合には当該候補者、取締役会に独立性のある社外取締役が一定の割合を占めない場合には経営トップに対し、反対行使を行う例が見られる。

6　質問・発言の状況

　株主からの質問・発言は、78.1％の会社で見られ、昨年の76.2％と比べ1.9ポイント増と増加した。

第1章　平成30年株主総会の留意点と本年株主総会事務日程

質問・発言の内容は、「経営政策・営業政策」に関するものが最も多く、以下多いものから順に「配当政策・株主還元」、「財務状況」、「株価動向」、「リストラ・人事・労務」、「子会社・関連会社関係」と続く（2017年版株主総会白書128頁～129頁）。「リストラ・人事・労務」に関する質問が出された会社の割合が高まったのが平成29年の特徴の１つであり、「働き方改革」への関心の高まりが背景にあるものと推測される。

　なお、最近の質問の傾向とその考え方については、第５章第２節７も参照。

●経営政策・営業政策に関する検討事項

　・業績、今後の戦略、経営計画の進捗状況

　・長期経営ビジョン・中期経営計画の内容

　・競合会社、自社の強みと課題

　・AI・IoT・仮想通貨への取り組み

　・店舗の禁煙への取り組み

　・東京オリンピックに向けた取り組み

　・海外戦略

　・海外スタッフへの経営理念の徹底

　・テロ等への対策

●配当政策・株主還元に関する検討事項

　・配当政策、配当性向

　・中間配当の予定

　・自己株式の取得・消却・活用方法

　・株主還元率の目標水準

　・保有株式数・期間による株主優待制度の見直し

●財務状況に関する検討事項

　・ROE 等経営指標の有無、ROE の目標水準

　・内部留保の使途

　・マイナス金利下での借入方針

　・為替変動の業績に与える影響、リスク管理方針

　・原油価格変動の影響、リスク管理方針

　・米国の金利引き上げの影響

　・政策保有株式の保有の方針

　・特別損失の内容・経緯

●株価動向に関する検討事項

　・株価に対する考え方、株価向上策、役員の株式保有

・1単元の株式数に対する考え方

●リストラ・人事・労務に関する検討事項

　・役員候補者の推薦理由

　・経営トップの後継者育成

　・役員の評価の方針・プロセス

　・中長期的な業績に連動する報酬の考え方

　・女性の役員・管理職への登用状況、登用の考え方

　・相談役・顧問制度

　・時間外労働の管理状況

　・介護休職制度の有無

　・社員のメンタルヘルスへの対応

●子会社・関連会社関係に関する検討事項

　・子会社、関係会社の業績

　・関係会社の再編・整理の方針

　・国内外の子会社管理

●社外役員・独立役員関係に関する検討事項

　・社外取締役の在任期間に関する考え方

　・社外取締役の選任基準

　・社外取締役の活動状況

　・社外取締役から見た会社の評価

●内部統制状況・リスク管理方法に関する検討事項

　・情報セキュリティ対策

　・地震・災害への対応、BCP プラン

　・国内外の子会社のリスク管理と監査方法

7　売買単位の100株への集約

　全国証券取引所は、投資家にとってわかりやすく売買しやすい証券市場とするために売買単位を100株に統一する取り組みを進めている。平成26年4月1日に売買単位を100株と1000株とに集約する期間が終了し、現在は全ての上場株式の売買単位を100株とする移行期間にある。平成27年12月17日付にて「売買単位の100株への移行期限の決定について」が全国証券取引所より公表され、売買単位を100株とする最終期限は平成30年10月1日とすることが示された。

第1章　平成30年株主総会の留意点と本年株主総会事務日程

　平成28年12月現在において、売買単位を100株とする会社は2,794社（79.6％）、売買単位を1000株とする会社は714社（20.4％）である（【図表1－1－11】参照）。

　売買単位を1000株から100に変更するに当たっては、今後の流動性や投資単位（最低購入代金）が全国証券取引所が「望ましい投資単位の水準」とする50万円以下となるかを検討しながら決定していく必要がある。

　東京証券取引所は、平成26年7月1日に売買単位の引き下げをしやすくするための施策として株式併合に関する上場規程の改正を行い、「単元変更と同時に行うことにより、株主総会における議決権を失う株主が生じない株式併合は、流通市場に混乱をもたらすおそれまたは株主の利益の侵害をもたらすおそれのある株式併合には含まない」（上場規程433条）としている。上述の「望ましい投資単位の水準」を実現するために、株式併合も一つの手段として考慮される事項となろう。

【図表1－1－11】売買単位の分布状況の推移（全国取引所ベース）

平成19年11月（行動計画策定時）

売買単位	会社数	比率
100	1,402社	35.6％
1000	1,706社	43.4％
1	690社	17.5％
500	82社	2.1％
10	40社	1.0％
50	13社	0.3％
200	1社	0.0％
2000	1社	0.0％

平成29年12月（現在）

売買単位	会社数	比率
100	3,351社	94.3％
1000	204社	5.7％
1	0社	0.0％
500	0社	0.0％
10	0社	0.0％
50	0社	0.0％
200	0社	0.0％
2000	0社	0.0％

（出所）　全国証券取引所「売買単位の100株への移行期限の決定について」（平成27年12月17日）2頁および日本証券取引所グループホームページにおける公開情報に基づき三井住友信託銀行にて作成。

【図表1－1－12】売買単位の変更と株式併合の実施状況（東京証券取引所　平成29年1月～平成29年12月に効力発生分）

併合比率	実施社数
併合せず	72社
10対1	257社
5対1	135社
2対1	33社
計	497社

（出所）　東京証券取引所　単元株式数（売買単位）の変更会社一覧に基づき作成。

第2節　監査等委員会設置会社の特有の取扱い

　平成26年の会社法改正により、監査役を置くことができないかわりに、3人以上の取締役から成り、かつ、その過半数を社外取締役とする監査等委員会を置く新たな機関設計として、監査等委員会設置会社制度（2条11号の2）が創設された。

　平成29年6月末までに移行した会社は、前節とおり825社、上場会社の約23％が採用するに至っている。

　監査等委員会設置会社においても、招集決定、招集通知の作成・発送および株主総会の運営に至るまで、監査役会設置会社と共通する部分が多いが、特に監査役会と監査等委員会の権限等の違いによって、監査等委員会設置会社特有といえる部分も存在する。

　本節は、監査等委員会設置会社が定時株主総会を開催するにあたって、監査等委員会設置会社特有となる部分について触れるものである。なお、株主総会そのものに関する部分や株主総会について監査役会設置会社と共通する部分については、次節以降の内容を適宜参照していただきたい。

1　日程等

(1)　計算書類等の提出先

　監査等委員会設置会社においても、監査役会設置会社同様、計算書類およびその附属明細書・連結計算書類は、監査等委員会および会計監査人の監査を受けなければならず、また、事業報告およびその附属明細書は、監査等委員会の監査を受けなければならない（436条2項・444条4項）。

　もっとも、監査役会設置会社の場合、監査を行うのは各監査役であるのに対して（381条1項）、監査等委員会設置会社の場合、各監査等委員でなく監査等委員会の職務として監査を行うことになるため（399条の2第3項1号）、計算書類等の提出先は監査等委員会である。

(2)　監査の日程

　具体的な計算書類等・会計監査報告・監査報告の授受および会計監査報告・監査報告の通知期限の変更の合意は、監査等委員会設置会社においても「特定監査役」が行うが、「特定監査役」は、監査等委員会が定めた監査等委員、または、定めなかった場合は、監査等委員のうちいずれかの者である（施行規則132条5項3号、計算規則130条5項3号）。

第1章　平成30年株主総会の留意点と本年株主総会事務日程

　このように、法文上は「特定監査役」とされているが、紛らわしさを避けるために、実務上は、「特定監査等委員」と称することが考えられる（日本監査役協会の「監査等委員会規則（ひな形）」（平成27年7月23日制定）10条1項柱書参照）。また、日本監査役協会の監査等委員会規則（ひな形）10条2項では、特定監査等委員は常勤の監査等委員とするとしており、同協会の調査によれば、調査対象会社189社中180社（95.3％）の会社が常勤の監査等委員を選定していることから（日本監査役協会　監査等委員会実務研究会「選任等・報酬等に対する監査等委員会の意見陳述権行使の実務と論点—中間報告としての実態整理—」（平成28年11月24日）6・26頁）、ほとんどの会社が常勤の監査等委員を選定し、「特定監査役」を定めていると考えられる。

　なお、会計監査人の監査期間・監査等委員会設置会社の監査期間も、監査役会設置会社同様、4週間を経過した日・1週間を経過した日を原則とするものになっており（施行規則132条1項、計算規則130条1項・132条1項）、監査終了後、取締役会の承認を要する点、株主総会への提供等も同じである（436条3項・437条・438条・444条5項〜7項）。

2　事業報告

(1)　会社役員の地位および担当等

　会社役員の地位および担当（施行規則121条2号）に関して、監査役には地位はあるが担当はないのに対して（同規則76条2項3号）、監査等委員である取締役には当該会社における地位および担当がある（同規則74条の2第2項3号）。この点、監査等委員会は、独任性の機関である監査役と異なり、会議体として組織的な監査を行うため（399条の2第3項参照）、その構成員である監査等委員には「担当」があり得ることを踏まえたものとされている（坂本三郎ほか「会社法施行規則等の一部を改正する省令の解説〔Ⅱ〕」商事法務2061号15頁）。もっとも、担当を決めていないのであれば、事業報告に特段記載しないことになる。

(2)　辞任した取締役等に関する意見

　辞任した監査等委員である取締役がある場合、監査役同様、監査等委員である取締役は株主総会において意見を述べることができ、また、辞任した監査等委員である取締役は辞任後最初に招集される株主総会に出席して辞任した旨およびその理由を述べることができることから（345条1項2項4項・342条の2第1項2項）、述べられる予定または述べられた意見等があれば、事業報告に記載することになる（施行規則121条7号ロハ）。

　ただし、監査等委員会設置会社の場合、監査等委員である取締役の選任・解任・辞任に関する意

— 32 —

見（342条の2第1項）のほか、監査等委員である取締役以外の取締役についても、監査等委員会が選定する監査等委員は、株主総会において監査等委員会の意見を述べることができるので（342条の2第4項）、こちらについても、述べられる予定または述べられた意見等がある場合、事業報告に記載することになる（施行規則121条7号ロ）（この意見の取扱いについては後記5参照）。

(3)　常勤の監査等委員

　監査役会の場合、常勤の監査役の選定が義務付けられているが（390条3項）、監査等委員会の場合、常勤の監査等委員の選定は義務付けられていない。しかしながら、会社法改正に関する法制審議会会社法制部会において、監査を行う機関による社内の情報の把握につき常勤者が重要な役割を果たしているとの指摘がされたことを受けて（坂本三郎ほか「会社法施行規則等の一部を改正する省令の解説〔Ⅲ〕」商事2062号41頁）、常勤の監査等委員の選定の有無およびその理由を事業報告に記載することになっている（施行規則121条10号イ）。この事業報告への記載については、常勤の監査等委員を選定していない場合だけでなく、選定している場合にも、その理由の開示を求めるものとなっているので（坂本ほか・前掲41頁）、注意が必要である。

　具体的な記載内容として、招集通知の事業報告において、常勤の監査等委員を選定している場合に、「監査等委員以外の取締役等からの情報収集・内部統制部門との連携が重要であること」、「監査等委員会の実効性確保が重要である」等の記載、常勤の監査等委員を選定していない場合に、「監査等委員会が内部統制システム通じた組織的監査を実施している」、「常勤の補助使用人を配置している」等について記載している例がある。なお、平成29年7月末時点における監査等委員会設置会社822社のうち、定款に常勤の監査等委員を選定するまたは選定することができる旨規定した会社は411社（50.0％）で、実際に選定している会社は691社（84.1％）。また、監査等委員会の議長を社外取締役とする会社は296社（36.0％）であったが（【図表1-2-1】参照）、日本監査役協会のアンケート集計結果によれば、監査等委員会の委員長、議長について、社内常勤監査等委員が務める会社の割合は全体の65.3％を占め、社外常勤監査等委員が務める会社が23.3％、社外非常勤監査等委員が務める会社は9.9％となっている（日本監査役協会「役員等の構成の変化などに関する第17回インターネット・アンケート集計結果（監査等委員会設置会社版）」（平成29年5月10日）27頁）。

第1章　平成30年株主総会の留意点と本年株主総会事務日程

【図表１－２－１】　常勤の監査等委員に関する定款規定・選定状況・監査等委員会の議長

①常勤の監査等委員に関する定款規定

	社数	割合
選定する（置く）	33社	4.0%
選定する（置く）ことができる	378社	46.0%
小計	411社	50.0%
規定なし	411社	50.0%
合計	822社	100%

②常勤の監査等委員の選定状況

員数	社数	割合
1名	619社	75.3%
2名	66社	8.0%
3名	5社	0.6%
4名	1社	0.1%
小計	691社	84.1%
0名	131社	15.9%
合計	822社	100%

③監査等委員会の議長

員数	社数	割合
社内取締役	496社	60.3%
社外取締役	296社	36.0%
小計	792社	96.4%
なし	30社	3.6%
合計	822社	100%

（出所）　平成29年7月末時点で監査等委員会設置会社としてコーポレート・ガバナンス報告書を提出した822社の同報告書、定款、招集通知等の公表情報に基づき三井住友信託銀行にて作成。

⑷　会社役員の報酬等の額

　会社役員の報酬等の総額開示（施行規則121条4号イ）については、監査役会設置会社の場合に取締役と監査役とを区別して開示するのと同様、監査等委員である取締役とそれ以外の取締役とを区別して開示することになる。これに関連して、社外役員の報酬の総額開示（施行規則124条1項5号イ）は、社外役員をまとめて開示することになるので、社外取締役が監査等委員である取締役である者しかいない場合は、監査等委員である取締役の内訳として、社外取締役の報酬等の総額を事業報告記載することになる。

　他方、監査等委員である取締役以外の社外取締役がある場合、監査等委員である社外取締役とそれ以外の社外取締役を区別して記載する場合と、これらをまとめて社外役員に対する報酬等の額として記載する場合が考えられる。監査役会設置会社の多くが、社外取締役と社外監査役を区別して記載しているが、これに準じて、多数の会社が監査等委員でない取締役と監査等委員である取締役とを区分したうえで、それぞれの社外取締役について内訳記載をしている。

　また、事業年度末日において会社役員が保有する新株予約権等（施行規則123条1号）については、

― 34 ―

監査等委員である取締役以外の社外取締役、監査等委員である取締役、およびこれらの取締役以外の取締役に区分して記載することになる。

(5) 内部統制システムの基本方針および運用状況の概要

「株式会社の業務の適正を確保するための体制」（いわゆる内部統制システムの基本方針）については、取締役会の専決事項であり（399条の13第1項1号ロハ・施行規則110条の4第1項2項）、基本方針の決議内容の概要とその運用状況の概要を事業報告に記載する必要がある（施行規則118条2号）。移行に関する定時株主総会、その後の取締役会において、移行に関する手続きの一環としてこの基本方針が見直しされるものである。

移行した事業年度においては、監査等委員会設置会社としての当該基本方針、運用状況の概要をまず記載することとなるが、移行した事業年度は移行前・移行後の期間が含まれるので、当該事業年度中の移行前の期間も厳密には記載の対象に含まれる。実際、移行後初年度の株主総会を平成28年6月末までに迎えた会社177社の事業報告では、運用状況の概要の中で移行前の監査役会の開催回数、注記として監査等委員会設置会社に移行したこと、あるいは移行前の監査役の職務執行について記載している例がある。

3　監査報告

(1) 監査報告の作成

監査役会設置会社の場合、監査報告は、各監査役が監査報告を作成した後に、監査役会の監査報告が作成される（施行規則129条1項・130条1項、計算規則122条1項・123条1項・127条・128条1項）。監査等委員会設置会社の場合、監査の主体は各監査等委員でなく監査等委員会であるので、監査等委員会の監査報告のみが作成される（施行規則130条の2、計算規則128条の2）。ただし、監査役会の監査報告同様、監査報告の内容が監査等委員の意見と異なる場合は、その意見を付記できることになっている（施行規則130条2項柱書後段・130条の2第1項柱書後段、計算規則123条2項柱書後段・128条2項後段・128条の2第1項柱書後段）。

監査報告は、監査役会の場合と同様、次の事項を内容とすることになる（施行規則129条1項・130条2項・130条の2第1項、計算規則122条1項・123条2項・127条・128条2項・128条の2第1項）。

第1章　平成30年株主総会の留意点と本年株主総会事務日程

【図表1－2－2】監査等委員会の監査報告の内容

1．事業報告およびその附属明細書

① 監査等委員会の監査の方法およびその内容

② 事業報告およびその附属明細書が法令または定款に従い当該株式会社の状況を正しく示しているかどうかについての意見

③ 取締役（当該事業年度中に指名委員会等設置会社であった場合にあっては、執行役を含む）の職務の遂行に関し、不正の行為または法令もしくは定款に違反する重大な事実があったときは、その事実

④ 監査のため必要な調査ができなかったときは、その旨およびその理由

⑤ 業務の適正を確保するための体制（監査の範囲に属さないものを除く）がある場合において、当該事項の内容が相当でないと認めるときは、その旨およびその理由

⑥ 会社の支配に関する基本方針もしくは親会社等との間の取引に関する事項が事業報告の内容となっているときまたは当該事項が事業報告の附属明細書の内容となっているときは、当該事項についての意見

⑦ 監査報告を作成した日

2．計算書類およびその附属明細書・連結計算書類

① 監査等委員会の監査の方法およびその内容

② 会計監査人の監査の方法または結果を相当でないと認めたときは、その旨およびその理由（会計監査人が通知をすべき日までに会計監査報告の内容を通知しない場合にあっては、会計監査報告を受領していない旨）

③ 重要な後発事象（会計監査報告の内容となっているものを除く）

④ 会計監査人の職務の遂行が適正に実施されることを確保するための体制に関する事項

⑤ 監査のため必要な調査ができなかったときは、その旨およびその理由

⑥ 監査報告を作成した日

　もっとも、監査等委員会設置会社の場合、上記1①および2①の監査等委員会の監査の方法およびその内容については、例えば、内部統制部門を利用して監査を行う等、監査役自ら監査を行う監査役の監査の方法と異なる場合がありうる。この点、日本監査役協会の「監査等委員会監査報告ひな型」（平成27年11月10日制定）も、同協会が監査役または監査役会が作成する際の参考に供する目的で示された「監査報告ひな型」（平成27年9月29日最終改正）とは、「1．監査の方法及びその内容」の記載ぶりは異なるものになっている。

— 36 —

また、同協会の「監査等委員会監査報告ひな型」（平成27年11月10日制定）において、移行初年度については、事業年度開始時から定時株主総会終結時までの間の事項に関する監査の方法等について、特段の記載が考えられる旨付されている。この点については、従前、監査役設置会社から指名委員会等設置会社への移行に当たって、監査報告に特段の注記をする事例は多くなく、監査役会設置会社から監査等委員会設置会社への移行に当たって監査体制、監査の質・内容の実質的な変更があった場合においては特段の記載を行うことも考えられるが、独任制が変更されたことや内部監査部門との連携の方法や内容について若干の変更があった程度であれば、特段の記載を行う必要はないとされている（三浦亮太「監査等委員会設置会社への移行および移行後の株主総会の留意点」商事法務2097号19頁）。

⑵　株主総会における監査結果の報告

　株主総会における監査報告は、単体の監査報告については、法令・定款違反ないしは著しく不当な事項がない限り報告義務はないが（384条後段）、ほとんど会社が株主総会の招集通知に添付し、過去からの実務慣行に従い監査役が監査結果の報告を行っている。一方、連結計算書類を作成する会社には、取締役に監査結果の報告義務があることから（444条7項）、実務上は任意に招集通知に監査報告書を添付し、株主総会において、議長がこれを監査役に委ね、監査役の監査報告終了後に議長が追認する場面（第5章第2節第3項、第6章参照）も多数見受けられる。

　この連結計算書類の監査結果の報告について、監査等委員会設置会社における監査等委員は取締役であることから、この監査報告は監査等委員である取締役の職務であり、監査役会設置会社と異なり議長が監査等委員に委ねたり、追認する必要は必ずしもない。監査報告の際に、議長が個別の監査等委員あるいは監査等委員会議長を指名し、この者が監査結果の報告を行うことでよいことになる。

　なお、監査等委員会設置会社の場合も、監査等委員は株主総会提出議案および書類についての株主総会に対する報告義務がある（399条の5）。ただし、監査等委員は取締役会の構成員として議案を検討しているため、監査役のように必ず議案につき調査するものとなっていない（384条対比）（堀越健二ほか「会社法施行規則及び会社計算規則の一部を改正する省令の解説」商事法務2090号16〜17頁）。株主総会では、報告すべき事項がないのが通例であるが、監査報告の場面において報告すべき内容がないことを念のため報告している場合も多いことから、監査等委員会の監査報告においても、報告すべき内容がないことを念のため報告する例もある。

第1章　平成30年株主総会の留意点と本年株主総会事務日程

4　株主総会参考書類

⑴　監査等委員会の意見陳述権

　監査等委員会設置会社においては、監査等委員である取締役以外の取締役の任期は1年であることから（332条3項）、毎年当該取締役の選任議案が提出されることになる。

　株主総会参考書類上の、監査等委員である取締役以外の取締役の選任議案の内容は、監査役会設置会社の場合の取締役選任議案のものと共通であり（施行規則74条）、基本的に異なるところはないが、監査等委員会設置会社特有のものとして、監査等委員である取締役以外の取締役の選任・解任・辞任についての監査等委員会の意見がある場合、その意見の内容の概要を記載することになっている（同条1項3号）。

　監査等委員である取締役以外の取締役の報酬等に関する議案は、毎年提出されるものではないが、監査役会設置会社の場合の取締役の報酬等に関する議案と共通しており（施行規則82条）、また、監査等委員である取締役以外の取締役の報酬等についての監査等委員会の意見がある場合、その意見の内容の概要を記載する点は監査等委員以外の取締役の選任・解任・辞任に関する議案と同様である（同条1項5号）（これら意見の取扱いについては後記5参照）。

⑵　監査等委員である取締役の地位および担当等

　監査等委員である取締役の任期は2年であることから（332条1項・3項）、監査等委員である取締役の選任議案は毎年提出されるとは限らないが、株主総会参考書類上の当該議案の内容は、基本、監査役選任議案と同様である（施行規則74条の3・76条）。ただし、候補者が現に監査等委員である取締役であるときは、会社における地位および担当を記載することになっている（施行規則74条の3第2項3号）（同76条2項3号により監査役の場合は、会社における地位）。前述のとおり、監査等委員会は、独任性の機関である監査役と異なり、会議体として組織的な監査を行うため（399条の2第3項参照）、その構成員である監査等委員に「担当」があり得ることを踏まえたものとされているが（坂本三郎ほか・前掲商事法務2016号15頁）、担当を決めていないのであれば、事業報告における会社役員の地位および担当と同様に特段記載しないことになる。

⑶　社外役員の就任年数

　監査役設置会社（および指名委員会等設置会社）の取締役選任議案ならびに監査等委員会設置会

社における監査等委員である取締役以外の取締役選任議案の場合、社外取締役の候補者であって現に当該会社の社外取締役または監査役であるときは、これらの役員に就任してからの年数を記載することになっているのに対して（施行規則74条4項7号）、監査等委員である取締役選任議案の場合、社外取締役の候補者であって現に当該会社の社外取締役または監査等委員である取締役であるときは、これらの役員に就任してからの年数を記載することになっている（同74条の3第4項7号）。移行に際して、社外監査役が監査等委員である社外取締役に就任しているケースが多い中、法令上は、監査役の就任年数の記載は求められていないが、監査等委員会設置会社に移行する際の株主総会における株主総会参考書類では、監査等委員である取締役選任議案に現に当該会社の監査役である場合の監査役の就任年数を任意に記載した事例は多くみられる。しかしながら、法文上「現に」となっていることを鑑みると、移行後の株主総会における株主総会参考書類では、監査等委員である取締役以外の取締役選任議案および監査等委員である取締役選任議案のいずれにおいても過去監査役であった場合の監査役の就任年数を記載する必要はないと考えられる。

(4) 報酬等に関する議案

監査等委員である取締役の報酬等に関する議案も、監査役の報酬等に関する議案と同様である（施行規則82条の2・84条）。なお、監査等委員会設置会社に移行する際、すでに株主総会において決議されているストック・オプションとしての新株予約権に係る報酬等の上限の決議も改めて行うことになる可能性があり、すでに発行した既存のストック・オプションとしての新株予約権の内容について、株主総会決議によって変更すべき点がないかも検討する必要がある。また、移行する前に監査役の退職慰労金制度が存在している会社においては、退職慰労金の打切り支給について決議するか、取締役の退職慰労金制度に係る規程に附則等を設けて対応するなどなされているものと思われる（三浦亮太「監査等委員会設置会社移行実務の要点」商事法務2067号31頁）。

5　監査等委員である取締役以外の取締役の選任等・報酬等に関する意見陳述権

(1) 監査等委員会の意見陳述権

監査役設置会社の監査役や指名委員会等設置会社の監査委員会にはない、監査等委員会独自の職務として、監査等委員会は、監査等委員である取締役以外の取締役の選任・解任・辞任およびその報酬等についての意見を決定し（399条の2第3項3号）、監査等委員会が選定する監査等委員が株主総会において当該意見を述べることができることになっている（342条の2第4項・361条6項）。当該意見陳述権は、監査等委員会が承認した場合の、取締役（監査等委員であるものを除く）との

第1章　平成30年株主総会の留意点と本年株主総会事務日程

利益相反取引に係る取締役の任務懈怠推定規定の適用除外（423条4項）と併せて、監査等委員会が、監査機能にとどまらず、監督機能をも担っていると説明されている（坂本三郎ほか「平成26年改正会社法の解説〔Ⅱ〕」商事法務2042号20頁）。

　従来からある、監査役の選任・解任・辞任およびその報酬等についての監査役の意見陳述権（345条1項4項・387条3項）については、特段の意見がないこと等から、株主総会で意見が述べられたケースはほとんどない。この点、監査等委員である取締役以外の取締役の選任・解任・辞任およびその報酬等についての監査等委員会の意見陳述権は、常に意見を述べる義務があるというわけではないとされており（江頭・株式会社法593頁）、上記の監査役の意見陳述権と同様の取扱いとすることは可能であると考えられる。また、この報酬等については、指名委員会等設置会社における報酬委員会に準ずる経営評価の役割が期待されているものであるから、ここでいう監査等委員である取締役以外の取締役の報酬等は、その全員に支給する総額ではなく、個人別報酬等を意味すると解すべきである（江頭・前掲593頁）とされている。一方、事業報告において開示が求められているのが総額に留まることからすれば、総額で足りると解すべきであるとする見解もある（森・濱田松本法律事務所『新・会社法実務問題シリーズ6　監査役・監査委員会・監査等委員会』（中央経済社、2016年）294頁）。

　しかしながら、監査役の選任・解任・辞任およびその報酬等についての監査役の意見陳述権は、監査役の独立性を確保するためのものであるのに対して、監査等委員である取締役以外の取締役の選任・解任・辞任およびその報酬等についての監査等委員会の意見陳述権は、監査等委員会による業務執行者の業績に対する評価を経て行使されるものであって、監査等委員会の能動的な行動を伴うものであるから、何らの意見を述べないという対応を取ることもできると一応解することができるものの、現経営陣に対して否定的な意見であれ肯定的な意見であれ、何らかの意見を述べるのが適切であるとの指摘もある（塚本英巨『監査等委員会導入の実務』（商事法務、2015）228～229頁（同227頁によると「特段の意見はない」と述べるケースもあり得るとする））。また、日本監査役協会の調査の中では、「妥当である」、「指摘すべき事項はない」等のいずれにせよ、結論に至った理由や検討のプロセスも株主にとっては有益な情報であり、何らかの概要の開示を検討することも考えられ、監査等委員会での検討の結果、議案に肯定的な結論となった場合でも、株主総会にて意見を陳述することは、選任等、報酬等の決定プロセスに監査等委員会として正当性を与える効果があることから、株主への情報提供の観点からも株主総会で陳述することが望ましいのではないかとの議論がなされている（日本監査役協会　監査等委員会実務研究会・前掲14頁）。

(2)　招集通知への記載と株主総会における対応

　監査等委員会が何らか意見を述べるとした場合、株主総会運営上は、監査等委員会の監査報告、

または、任期は1年であるため毎年提出される監査等委員である取締役以外の取締役選任議案の上程のいずれかにおいて、適宜報告する場面を選択することが考えられる。

ただし、意見を述べるとした場合、前述のとおり、監査等委員である取締役以外の取締役の辞任・解任について、事業報告の記載事項になるほか（施行規則121条7号）、監査等委員である取締役以外の取締役の選任・解任・辞任およびその報酬等についても、株主総会参考書類の記載事項になるため（施行規則74条1項3号・78条3号・82条1項5号）、それらの記載内容を検討することが必要になる。

移行後初年度の株主総会を平成28年7月から平成29年6月末までに迎えた会社491社の監査等委員である取締役以外の取締役選任議案について、株主総会参考書類を調査した結果、330社（67.2％）の会社において、監査等委員会の意見に関する記載がされている（【図表1－2－3】参照）。具体的には、「監査等委員会で審議の結果、相当である」、「任意の委員会についての言及」、あるいは監査等委員会で検討した結果、意見がなかった」旨など、また、平易な記載としては、「監査等委員会に意見がないことを確認した」、「監査等委員会から意見はない」旨などの記載がある。また、項目だてした上で、取締役の選任・報酬について、監査等委員である社外取締役全員が出席する任意の会議体、常勤監査等委員による算定方法の確認および監査等委員会における報告・協議などのプロセスを踏まえた上で、監査等委員会の意見を記載している会社もある。なお、株主参考書類の記載場所としては、提案理由、注記するなど各社各様であるが、意見（表明）を記載する場合は提案理由の中で記載する会社が多いようである。

【図表1－2－3】取締役（監査等委員を除く）選任議案に関する監査等委員会の意見（意見陳述）の記載状況

①取締役（監査等委員を除く）選任議案に関する参考書類への監査等委員会の意見の概要

意見の概要	社数	比率
①妥当（適切・適任・相当）である	189社	—
②指摘すべき事項（意見）がないとの意見表明（意見）を受けている	36社	—
③検討（審議）したが、意見（指摘すべき事項）がない	71社	—
④特段意見（異論）がない	30社	—
⑤同意を得ている	4社	—
小計	330社	67.2％
意見の記載なし	161社	32.8％
合計	491社	100％

第1章　平成30年株主総会の留意点と本年株主総会事務日程

②参考書類への意見の記載箇所

記載場箇所	社数	比率
提案の理由	298社	90.3%
注記	23社	7.0%
その他	9社	2.7%
合計	330社	100%

（出所）　監査等委員会設置会社として移行初年度の株主総会を平成28年7月から平成29年6月末までに
開催した491社の招集通知に基づき三井住友信託銀行にて作成。

　監査等委員会がこの意見の決定する時期としては、通常は毎年、定時株主総会に先立ち、監査等
委員会において、指名・報酬に関する株主総会における意見陳述権陳述権の行使の要否およびその
内容について審議することになるものと思われる。会社法における「意見を述べることができる」
という文言を踏まえると、株主総会において意見を述べることは義務ではないが、監査等委員会に
おいて、監査等委員以外の取締役の選任・解任議案または報酬議案に関する監査等委員会の意見が
あるときは、その意見の内容の概要を株主総会参考書類に記載しなければならないことから、実務
上、監査等委員会において「指摘すべき点はない」という意見に至った場合は、その旨株主総会参
考書類に記載するか否か、株主総会において「指摘すべき点はない」旨述べるか否かは監査等委員
会の判断に委ね、監査等委員会において意見がある場合は、株主総会参考書類において意見の内容
の概要を記載するとともに、株主総会において意見の内容を述べる、いずれかの取扱いが考えられ
る。意見を陳述するタイミングとしては、監査等委員会の監査報告と合わせて行うことや、監査等
委員以外の取締役の選任議案・報酬議案の説明に際して述べることが考えられる（三浦・前掲商事
法務2097号18～19頁）。

⑶　日本監査役協会のアンケート調査等

　日本監査役協会の監査等委員会監査等基準（平成27年9月29日制定）の第9章には、取締役の人
事及び報酬に関する意見として、監査等委員会としての意見をもつに至ったときは、必要に応じて
取締役会又は株主総会において当該意見を述べなければならないとされている。これらを踏まえる
と、現状の株主総会において、監査役の選任・解任・辞任およびその報酬等について意見が述べら
れたケースはほとんどない状況下、監査等委員である取締役以外の選任・解任・辞任に関する取締
役会での審議等を踏まえ、監査等委員会として特段意見がないなどの結論に至った場合には、前述
のとおり監査等委員会として意見を述べないことも考えられる。

　日本監査役協会の調査によれば、意見陳述については、「妥当である」、「適切である」といった
積極的な評価を示す意見、「指摘すべき事項はない」等の消極的意見、反対意見（否定的意見又は

限定意見）などが挙げられるが、アンケート調査では、選任等、報酬等のいずれについても、議案内容につき「妥当である」または「適切である」旨の意見、「指摘すべき事項はない」旨の意見を合わせるとほぼ全てとなり、議案内容について反対・補足意見を形成した例は見られなかったとされている（日本監査役協会　監査等委員会実務研究会・前掲14頁）。また、総会経験会社では選任等の総会意見表明については、株主総会参考書類（議案）への記載が60.7％（37社）、特段記載していないとの回答が34.4％（21社）となっており、総会において選任等に関する口頭の陳述を行っていない会社が過半数（51.7％、31社）を占める一方、口頭での陳述を行う場合には、監査報告に付随して行われたケースがほとんど（27社中22社）である（日本監査役協会　監査等委員会実務研究会・前掲15〜16・35頁）。

　なお、取締役の報酬等に関する議案は、監査等委員でない取締役の選任議案と異なり、毎年株主総会に提出されないが、報酬についての異見陳述の対象を株主総会に提出される役員報酬議案に限定するかについて、同アンケート調査では、検討対象を株主総会提出議案に関する範囲に限定するとのした会社（47.2％）と報酬に関する全体的な制度設計や決定プロセスに至るまでを検討範囲とした会社（38.9％）が拮抗する結果となったが、報酬については毎年総会付議されるわけでもないことから、報酬議案が総会付議されるか否かにかかわらず、意見形成を行っていく実務が今後進んでいくべきではないかとの意見もなされている。一方、監査等委員会の意見陳述権の対象は、株主総会に提出されている議案に関する事項に限定されているわけではなく、監査等委員でない取締役の選任等・報酬等に関する制度設計やプロセス等について広く意見の対象とすることも可能であり、選任等に対する意見陳述を総会に付議される役員に限定するのが良いかについては議論があり、今後同研究会でも論点整理していきたいとされている（日本監査役協会　監査等委員会実務研究会・前掲7・9頁）。

第1章　平成30年株主総会の留意点と本年株主総会事務日程

第3節　平成30年株主総会事務日程

【図表1－3－1】定時株主総会日程

定時株主総会（平成30年3月期）日程表モデル案(1)

（公開会社・上場会社：会計監査人・監査役会設置会社）　　　　　　　総会日6月28日

法 定 期 限	期間の計算方法	事務日程	主 要 項 目
2週間前 （124条3項）	基準日の前日（3/30）から2週間前（3/16）	3/14(水)	・基準日公告（定款規定により任意。公告しない例が多い）
		3/16(金)	①－①社外役員に対する事業報告記載事項の照会 ①－②辞任監査役に対する株主総会での意見陳述有無等の照会
3箇月以内（124条2項）	事業年度末日	3/31(土)	・事業年度末日（124条1項）
		4/ 4(水)	②社債株式振替法による総株主通知の受領と株主確定
		4/13(金)	①－③新任役員候補者に対する参考書類記載事項等の照会
4週間経過 （計算規則130条、 施行規則132条）	計算書類等の提出	4/19(木)	③－①取締役：事業報告（附属明細書を含む）を監査役に提出
		〃	④－①取締役：計算書類（附属明細書を含む）を監査役、会計監査人に提出（計算規則125条）
		〃	⑤－①取締役：連結計算書類を監査役、会計監査人に提出（計算規則125条）
8週間前 （303条、305条）	総会の前日(6/27)から8週間前(5/2)	5/ 2(水)	⑥株主提案権行使期限（株主総会の目的事項（議題）・議案を会社に提案）
	計算書類・連結計算書類・事業報告を受領した日の翌日（4/20）から4週間経過した日迄に提出（5/18）	5/10(木)	④－②会計監査人：計算書類の会計監査報告の内容を特定監査役・特定取締役に通知（計算規則130条1項1号）
		〃	⑤－②会計監査人：連結計算書類の会計監査報告の内容を特定監査役・特定取締役に通知（計算規則130条1項3号）
1週間経過 （計算規則132条）		5/11(金)	⑦－①決算取締役会（定時株主総会招集事項および付議議案の決定（計算書類の承認が前提）（298条、施行規則63条、93条））
		〃	・決算取締役会の決定内容を証券取引所へ通知
	会計監査人の監査報告を受領した日の翌日（5/11）から1週間経過した日迄に提出（5/18）	5/17(木)	⑧決算発表
		〃	③－②特定監査役：事業報告の監査役会監査報告の内容を特定取締役に通知（施行規則132条1項）
		〃	④－③特定監査役：計算書類の監査役会監査報告の内容を特定取締役・会計監査人に通知（計算規則132条1項1号）
		〃	⑤－③特定監査役：連結計算書類の監査役会監査報告の内容を特定取締役・会計監査人に通知（計算規則132条1項2号）
		5/18(金)	⑦－②決算取締役会（計算書類・事業報告・これらの附属明細書、連結計算書類の承認（436条3項、444条5項）
	総会の前日（6/27）から2週間前（6/13）	6/ 5(火)	⑨招集通知を電磁的方法により提出（証券取引所へ）
2週間前 （299条1項、 442条1項・2項）		6/ 7(木)	⑩独立役員届出書の提出（変更が生じる場合に証券取引所へ）
		〃	⑪定時株主総会招集通知の発送 ・事業報告・計算書類・連結計算書類（437条、444条6項） ・計算書類・事業報告に係る会計監査報告および監査役会の監査報告（437条） ・連結計算書類に係る会計監査報告および監査役会の監査報告（計算規則134条2項：株主への提供を定めたとき）
前日 311条1項、312条1項、 施行規則63条3号、69条、 70条		〃	⑫計算書類、事業報告、これらの附属明細書、監査報告（監査役・監査役会）・会計監査報告を本店・支店（写し）に備置、役員退職慰労金規程を本店に備置（慰労金支給議案があるとき）
	株主総会の前日	6/27(水)	⑬議決権行使の期限
	定時株主総会の日	6/28(木)	⑭定時株主総会開催・決議通知発送（株主総会終結後） ・取締役会（代表取締役・業務執行取締役選定等）

第3節　平成30年株主総会事務日程

法定期限	期間の計算方法	事務日程	主要項目
本店：2週間以内（915条1項） 支店：3週間以内（930条3項）			・監査役会（監査方法、報酬配分の協議等）
		6/29(金)	⑮株主総会議事録を作成・備置、議決権行使書（委任状等）備置
		〃	⑯決算公告（有価証券報告書提出会社は不要）（440条、939条、計算規則136条〜148条）
3箇月間 （310条6項 311条3項 312条4項）		〃	⑰有価証券報告書・確認書および内部統制報告書提出（EDINET）
	総会の翌日（6/29）から2週間以内（7/12）	7/ 3(火)	⑱商業登記申請（役員および会計監査人等の登記）
3箇月以内（831条1項）	総会の翌日（6/29）から3箇月間（9/28）	9/28(金)	⑲臨時報告書による議決権行使結果の開示（EDINET）
		〃	⑳−①議決権行使書（委任状等）の本店備置期限
	総会の翌日（6/29）から3箇月以内（9/28）	〃	⑳−②決議取消しの提訴期限

（注）　上記事務日程は、いずれも法定期限をもとに実状を勘案して作成してあるが、総会の準備は余裕のある日程が望ましい。

本表は、会計監査報告受領後に決算取締役会を開催し、株主総会付議議案等の決定と決算発表を行い、その後、監査役会の監査報告受領後に計算書類等承認取締役会を開催するモデルである（二度の取締役会）。
なお、一度の決算取締役会とするには、後記の「参考①、参考②」を参照。

【図表1−3−2】参考①：決算発表時には取締役会を開催せず、その後の取締役会で計算書類等の承認と株主総会付議議案等の決定を行う場合

（連結計算書類・事業報告の提出日を計算書類（単体）提出日の後としている事例）（監査日程関連部分日程）

法　定　期　限	期間の計算方法	事務日程	主　要　項　目
	事業年度末日	3/31(土)	・事業年度末日
	計算書類の提出	4/19(木)	①−①取締役：計算書類（附属明細書を含む）を監査役、会計監査人に提出（計算規則125条）
4週間経過 （計算規則130条、 施行規則132条）	連結計算書類の提出	4/26(木)	②−①取締役：連結計算書類を監査役、会計監査人に提出（計算規則125条）
	事業報告の提出	〃	③−①取締役：事業報告（附属明細書を含む）を監査役に提出
	計算書類・連結計算書類・事業報告を受領した日の翌日（4/20・4/27）から4週間経過した日（5/18・5/25）迄に提出	5/10(木)	①−②会計監査人：計算書類の会計監査報告の内容を特定監査役・特定取締役に通知（計算規則130条1項1号）（期限5/18）
1週間経過 （計算規則132条）			②−②会計監査人：連結計算書類の会計監査報告の内容を特定監査役・特定取締役に通知（計算規則130条1項3号）（期限5/25）
		5/11(金)	④決算発表
	会計監査人の監査報告を受領した日の翌日（5/11）から1週間経過した日迄に提出（5/18）	5/17(木)	③−②特定監査役：事業報告の監査役会監査報告の内容を特定取締役に通知（施行規則132条1項）
		〃	①−③特定監査役：計算書類の監査役会監査報告の内容を特定取締役・会計監査人に通知（計算規則132条1項1号）
		〃	②−③特定監査役：連結計算書類の監査役会監査報告の内容を特定取締役・会計監査人に通知（計算規則132条1項2号）
		5/18(金)	⑤決算取締役会（定時株主総会招集事項および付議議案の決定（298条、施行規則63条、93条）、計算書類・事業報告・これらの附属明細書、連結計算書類の承認（436条3項、444条5項）
		〃	・決算取締役会の決定内容を証券取引所へ通知

— 45 —

第1章　平成30年株主総会の留意点と本年株主総会事務日程

【図表１－３－３】 参考②：計算書類・連結計算書類・事業報告を同一日に提出し監査役会監査報告受領後に決算発表する場合

（監査日程関連部分日程）

法　定　期　限	期間の計算方法	事務日程	主　要　項　目
	事業年度末日 計算書類の提出	3/31(土) 4/19(木)	・事業年度末日 ①－①取締役：計算書類（附属明細書を含む）を監査役、会計監査人に提出（計算規則125条）
４週間経過 （計算規則130条、 　施行規則132条）	連結計算書類の提出	〃	②－①取締役：連結計算書類を監査役、会計監査人に提出（計算規則125条）
	事業報告の提出	〃	③－①取締役：事業報告（附属明細書を含む）を監査役に提出
	計算書類・連結計算書類・事業報告を受領した日の翌日（4/20）から４週間経過した日迄に提出（5/18）	5/ 9(水)	①－②会計監査人：計算書類の会計監査報告の内容を特定監査役・特定取締役に通知（計算規則130条１項１号）
１週間経過 （計算規則132条）		〃	②－②会計監査人：連結計算書類の会計監査報告の内容を特定監査役・特定取締役に通知（計算規則130条１項３号）
	会計監査人の監査報告を受領した日の翌日（5/10）から１週間経過した日迄に提出（5/17）	5/10(木)	③－②特定監査役：事業報告の監査役会監査報告の内容を特定取締役に通知（施行規則132条１項）
		〃	①－③特定監査役：計算書類の監査役会監査報告の内容を特定取締役・会計監査人に通知（計算規則132条１項１号）
		〃	②－③特定監査役：連結計算書類の監査役会監査報告の内容を特定取締役・会計監査人に通知（計算規則132条１項２号）
		5/11(金)	④決算取締役会（計算書類・事業報告・これらの附属明細書、連結計算書類の承認（436条３項、444条５項）と定時株主総会招集事項および付議議案の決定（298条、施行規則63条、93条）
		〃	・決算取締役会の決定内容を証券取引所へ通知
		〃	⑤決算発表

－ 46 －

【図表1−3−4】定時株主総会（平成30年3月期）日程表モデル案(2)

（公開会社・非上場会社：会計監査人・監査役会非設置会社）　　　総会日6月28日

法定期限	期間の計算方法	事務日程	主要項目
2週間前（124条3項）	基準日の前日(3/30)から2週間前(3/16)	3/14(水)	・基準日公告（定款規定により任意。公告しない例が多い）
	事業年度末日	3/31(土)	・事業年度末日（124条1項）
		4/ 5(木)	①−①社外役員に対する事業報告記載事項の照会
			①−②辞任監査役に対する株主総会での意見陳述有無等の照会
4週間経過（計算規則124条、施行規則132条）	計算書類等の提出	4/19(木)	②−①取締役：事業報告（附属明細書を含む）を監査役に提出
		〃	③−①取締役：計算書類（附属明細書を含む）を監査役に提出
	総会の前日（6/27）から8週間前(5/2)	5/ 2(水)	④株主提案権行使期限（株主総会の目的事項（議題）・議案を会社に提案）
		〃	①−③新任役員候補者等に対する参考書類記載事項等の照会
	計算書類等を受領した日の翌日(4/20)から4週間経過した日迄に提出(5/18)	5/10(木)	②−②特定監査役：事業報告の監査報告の内容を特定取締役に通知（施行規則132条1項）
		〃	③−②特定監査役：計算書類の監査報告の内容を特定取締役に通知(計算規則124条1項1号)
8週間前（303条、305条）		5/11(金)	⑤決算取締役会（計算書類・事業報告・これらの附属明細書の承認と定時株主総会招集事項および付議議案の決定）
	総会の前日(6/27)から2週間前(6/13)	6/13(水)	⑥定時株主総会招集通知の発送 ・事業報告・計算書類（437条） ・計算書類・事業報告に係る監査役の監査報告（437条）
2週間前（299条1項、442条1項2項）		〃	⑦計算書類、事業報告、これらの附属明細書、監査報告（各監査役の監査報告を含む）を本店・支店（写し）に備置、役員退職慰労金規程を本店に備置（慰労金支給議案があるとき）
前日（311条1項、312条1項、施行規則63条3号、69条、70条）	株主総会の前日	6/27(水)	⑧議決権行使の期限
	定時株主総会の日	6/28(木)	⑨定時株主総会開催・決議通知発送（株主総会終結後）
本店：2週間以内(915条1項) 支店：3週間以内(930条3項)		〃	・取締役会（代表取締役・業務執行取締役選定等）
		〃	・監査役（監査方法、報酬配分の協議等）
3箇月間（310条6項、311条3項、312条4項）		6/29(金)	⑩株主総会議事録を作成・備置、議決権行使書（委任状等）備置
		〃	⑪決算公告（440条、939条、計算規則136条～147条）
	総会の翌日(6/29)から2週間以内(7/12)	7/ 3(火)	⑫商業登記申請（役員その他の登記）
	総会の翌日(6/29)から3箇月間(9/28)	9/28(金)	⑬−①議決権行使書（委任状等）の本店備置期限
3箇月以内(831条1項)	総会の翌日(6/29)から3箇月以内(9/28)	〃	⑬−②決議取消しの提訴期限

第1章　平成30年株主総会の留意点と本年株主総会事務日程

【図表１－３－５】定時株主総会（平成30年３月期）日程表モデル案(3)

（非公開会社・非上場会社：会計監査人・監査役会非設置会社）　　　　　　総会日６月28日

法　定　期　限	期間の計算方法	事務日程	主　要　項　目
２週間前（124条３項）	基準日の前日（3/30）から２週間前（3/16）	3/14(水)	・基準日公告（定款規定により任意。公告しない例が多い）
	事業年度末日	3/31(土)	・事業年度末日（124条１項）
３箇月以内（124条２項）	計算書類等の提出	4/19(木)	①－①取締役：事業報告（附属明細書を含む）を監査役に提出
４週間経過（計算規則124条、施行規則132条）		〃	②－①取締役：計算書類（附属明細書を含む）を監査役に提出
	総会の前日（6/27）から８週間前（5/2）	5/ 2(水)	③株主提案権行使期限（株主総会の目的事項（議題）・議案を会社に提案）
	計算書類等を受領した日の翌日（4/20）	5/10(木)	①－②特定監査役：事業報告の監査報告の内容を特定取締役に通知（施行規則132条１項）
８週間前（303条、305条）	から４週間経過した日迄に提出（5/18）	〃	②－②特定監査役：計算書類の監査報告の内容を特定取締役に通知（計算規則124条１項１号）
		5/11(金)	④決算取締役会（計算書類・事業報告・これらの附属明細書の承認と定時株主総会招集事項および付議議案の決定）
２週間前（442条１項・２項）	総会の前日（6/27）から２週間前（6/13）	6/13(水)	⑤計算書類、事業報告、これらの附属明細書、監査報告（各監査役の監査報告を含む）を本店・支店（写し）に備置
	総会の前日（6/27）から１週間前（6/20）	6/20(水)	⑥定時株主総会招集通知の発送 　・事業報告・計算書類（437条） 　・計算書類・事業報告に係る監査役の監査報告（437条） 〔備置〕
１週間前（299条１項）		〃	・役員退職慰労金規程を本店に備置（慰労金支給議案があるとき）
本店：２週間以内（915条１項）支店：３週間以内（930条３項）	定時株主総会の日	6/28(木)	⑦定時株主総会開催・決議通知発送（株主総会終結後）
		〃	・取締役会（代表取締役・業務執行取締役選定等）
		〃	・監査役（監査方法、報酬配分の協議等）
		6/29(金)	⑧株主総会議事録を作成・備置、委任状備置
３箇月間［310条６項、311条３項、312条４項］		〃	⑨決算公告（440条、939条、計算規則136条～147条）
	総会の翌日（6/29）から２週間以内（7/12）	7/ 3(火)	⑩商業登記申請（役員その他の登記）
３箇月以内（831条１項）	総会の翌日（6/29）から３箇月間（9/28）	9/28(金)	⑪委任状の本店備置期限
	総会の翌日（6/29）から３箇月以内（9/28）	〃	⑫決議取消しの提訴期限

（注）　本日程は、委任状採用会社の事例。

－ 48 －

1　定時株主総会の日程と主要手続の概要

　上場会社における定時株主総会日程とその主要な諸手続につき、監査役（会）設置会社における個別計算書類・事業報告および連結計算書類を中心とした監査・承認・株主への提供・株主総会への提供・報告等の日程および一連の諸手続について解説する。なお、日程については監査等委員会設置会社（固有の取り扱いについては第２節参照）および指名委員会等設置会社においても、日程は基本同様の規律であることから、以下の解説では触れていない。

⑴　**会社法による計算書類等と監査日程の概要**（【図表１－３－８】計算書類と事業報告、【図表１－３－９】連結計算書類、【図表１－３－10】監査期限参照）

　a　作成すべき計算書類等と監査対象

　　作成すべき計算書類等は、計算書類（貸借対照表・損益計算書・株主資本等変動計算書・個別注記表）および事業報告ならびにこれらの附属明細書とされる（435条２項、計算規則59条１項）。

　　会計監査人設置会社の計算書類（附属明細書を含む）は、監査役および会計監査人の監査（会計監査人非設置会社は監査役の監査）を受け、事業報告（附属明細書を含む）は、監査役の監査を受けなければならない（436条１項２項）。

　　また、連結計算書類は、「連結貸借対照表」「連結損益計算書」「連結株主資本等変動計算書」「連結注記表」とされ（444条１項、計算規則61条）、監査役および会計監査人の監査を受けなければならない（444条４項）。

　b　計算書類等の提供時期

　　計算書類等の監査役および会計監査人への提供時期を規定する定めはない。したがって、その後の会計監査人や監査役（会）の監査日程および決算発表時期等を勘案して提供時期を決定することとなる。

　c　計算書類等の監査と取締役会の承認の先後

　　計算書類等の監査と取締役会の承認の先後は、取締役会設置会社の場合、監査役および会計監査人の監査を受けた（436条１項２項）後に、取締役会の承認を受けなければならない（436条３項）。連結計算書類も同様である（444条５項）。

　d　会計監査期間、期限の合意

　　監査期間については、会計監査人設置会社における会計監査報告の通知期限は原則「４週間」、監査役（会）監査報告については原則「１週間」である（事業報告については原則「４週間」）。会計監査人非設置会社の監査役監査報告の通知期限も、原則「４週間」とされる。

第 1 章　平成30年株主総会の留意点と本年株主総会事務日程

　計算書類等については、特定取締役・特定監査役・会計監査人の合意により、所定の監査期限と異なる期限を定めることができるが、連結計算書類の監査期限に関する合意と異なり、所定の監査期限を短縮することができないことに留意する必要がある。ただし、監査が結果として早く終了した場合には、例えば、会計監査人の監査が計算書類等を受領してから3週間以内で終了したような場合に、監査役はその監査結果の内容の通知を受けて早めに監査役としての監査を進めることができる。実務上は、多数の会社がこの取扱いになるものと思われる。

　特定取締役・特定監査役（特定取締役：施行規則132条4項、計算規則124条4項・130条4項、特定監査役：施行規則132条5項、計算規則124条5項・130条5項）は、必ず定めなければならないというものではないが、定めた場合には、上述の期限の合意権限を有するほか監査報告の内容の通知を行う（あるいは通知を受領する）役割を担う。

　特定取締役を定める場合、特に制限が設けられていないことから、必ずしも取締役会決議が必要というわけではなく、適宜定めることができると解されている。一方、特定監査役を定める場合は、監査役会の決議（監査役会非設置会社の場合で二以上の監査役が存する場合は当該監査役間）で選定しなければならないことに留意する必要がある。

e　監査期間の徒過

　会計監査人や監査役が、監査期間内に監査を行うことができず、かつ、監査期限の伸長につき合意が得られないような場合には、監査期間の満了によって監査を受けたものとみなされる（施行規則132条3項、計算規則124条3項・130条3項・132条3項）。具体的には、会計監査人が監査期間を徒過した場合には、監査役は会計監査報告を受領していない旨を明らかにする（計算規則127条2号・128条2項2号・128条の2第1項2号・129条1項2号）。この場合には、計算書類は、その承認の特則規定（439条、計算規則135条）が適用されず、株主総会の決議事項となる（計算規則135条4号）。

　監査役が監査期間を徒過した場合には、その監査期間の満了時点で監査手続は終了し、株主総会の招集に際して監査報告を提供することができないので、監査を受けたものとみなされた旨を記載した書面等を提供することになる（施行規則133条1項2号ハ、計算規則133条1項2号ハ・3号ヘ）。ただし、当該みなされた旨の書面を備え置く規定は存在しないので、結果、本支店に会計監査報告や監査報告を備え置くことができないことになる。

【Point】 1　監査役監査報告と監査役会監査報告

・監査役会設置会社においては、各監査役が監査報告を作成し、それに基づいて監査役会監査報告を作成する（施行規則130条、計算規則123条・128条）。監査役会設置会社では、最少で、各監査役のものが3通、監査役会のものが1通、合計4通の監査報告が作成されることになる。

・ただし、監査報告の作成形式については、会社法に特に規定がないので、各監査役の監査報告を含む形で物理的には1通の監査役会監査報告を作成することや、各監査役分はまとめて1通作成し、それに基づき監査役会監査報告1通を作成することも可能と考えられる。

・また単体の計算書類の監査報告と連結計算書類の監査報告とをまとめることも妨げられない。

・ただし、Point 2で述べるように、株主への提供、備置・閲覧等の取扱いが異なる点に留意が必要である。

【Point】 2　各種の監査報告の提供・備置について

・取締役会設置会社においては、個別計算書類の監査報告を定時株主総会の招集通知に際して提供することが必要である（437条）。

・監査役会設置会社において、提供を要する監査報告は、監査役会監査報告（施行規則133条1項2号ロ、計算規則133条1項2号ロ・3号ホ）である。一方、計算書類等とともに本店備置が求められる監査報告については（442条）、監査役会監査報告との定めがないので、監査役会監査報告に加えて各監査役の作成した監査報告（施行規則129条、計算規則122条・127条）が含まれると解される。

・また、監査役の監査の範囲を会計に限定した非公開会社（389条）でも、計算書類についての監査役の監査報告を定時株主総会の招集の通知に際して提供する必要があるが（計算規則133条1項2号）、事業報告の監査報告の提供は不要である（施行規則133条1項1号）。

・連結計算書類については、備置・閲覧対象ではないし、連結計算書類の監査報告は招集通知とともに株主に提供する必要はない。もっとも、備え置く方が望ましいし、実務的には、連結計算書類の監査報告についても、任意に株主に提供する会社（会社が提供する旨を定める）がほとんどである。

第1章　平成30年株主総会の留意点と本年株主総会事務日程

　　　【Point】3　事業報告の監査

・事業報告は、計算書類ではないので、会計監査人設置会社においても会計監査人の監査を受ける必要はなく、監査役等のみの監査を受けることとなる（436条2項2号）。監査の範囲を会計に関係するものに限定する定款の定めのある非公開会社の監査役には、事業報告の監査権限はないが、監査権限のない旨を明らかにした監査報告の作成が必要である（施行規則129条2項）。

⑵　公開会社・上場会社（会計監査人・監査役会設置会社）の定時株主総会日程

　監査等委員会設置会社および指名委員会等設置会社以外の公開会社・大会社[注]は、機関設計上、会計監査人、監査役会を置かなければならず（328条）、また、公開会社・大会社以外の会社であっても、上場会社は、証券取引所の規程（次表の経過措置等を除く）により、会計監査人・監査役会（または監査等委員会・指名委員会等）を設置することが義務付けられている（上場規程437条）。

（注）公開会社：その発行する全部または一部の株式の内容として譲渡による当該株式の取得について会
　　　　　　　　社の承認を要する旨の定款の定めを設けていない株式会社（2条5号）。
　　　大会社　：資本金5億円以上または負債総額200億円以上の会社（2条6号）。

【図表1－3－6】証券取引所が規定する機関設計の経過措置等

区分	監査役会および会計監査人の設置
東京証券取引所（JASDAQ グロース） 札幌証券取引所（アンビシャス） 福岡証券取引所（Q－Board）	上場日から1年を経過した日以後最初に終了する事業年度に係る定時株主総会の日まで

　会計監査人・監査役会設置会社の定時株主総会における計算書類等は、会計監査人、監査役（会）の監査を受けることとなり、その監査日程を組み込んだ定時株主総会日程となる。連結計算書類を作成する場合も同様である（444条）。なお、本モデルは、次の事項を前提としている。

a　定時株主総会の日をいわゆる集中日である「6月28日（木）」としている。ただし、これは、あくまで解説上の総会日であり、最近は集中日以外の日に開催する会社が増加している（「平成29年3月期決算会社の定時株主総会開催日集計結果（東証上場会社）」によると、平成29年6月総会の集中日の集中率は29.6％）。

　　また、CGコード補充原則1－2③（【資料1－1－1】参照）において、株主総会開催日をはじめとする株主総会関連の日程の適切な設定を行うべきとされている。もっとも、本補充原則の趣旨は、「株主総会の議案に係る検討期間や外部会計監査人による監査期間の確保等、各種の関係要素を考慮に入れた上で、株主総会関連の日程を適切に設定することにある」（油

－52－

布志行ほか「『コーポレートガバナンス・コード原案』の解説〔Ⅰ〕」商事法務2062号54頁）として、「集中日に開催したからといって直ちにコンプライしないことになるわけではない」との見解もある（澤口実ほか「コーポレートガバナンス・コードへの対応に向けた考え方〔Ⅱ〕」商事法務2067号63頁）。しかしながら、本補充原則を考慮して、集中日以外の日に開催する動きがないとはいえないので、留意する必要はある。

b　計算書類（附属明細書を含む）、事業報告（附属明細書を含む）、連結計算書類の会計監査人および監査役への提出日を同日としている。実務対応上は、附属明細書や連結計算書類・事業報告を計算書類の提出日より後とすることも当然に可能である（後述の③④⑤参照）。

c　会計監査人の監査報告受領後に付議議案決定の取締役会および決算発表を行い、その後、監査役会の監査報告受領後に計算書類等の承認取締役会を開催するモデルとしている（決算取締役会を二度開催）。

　　なお、会計監査人および監査役（会）の監査日程次第では、監査役会の監査報告受領後に付議議案決定および計算書類等承認の取締役会を開催し（一度の決算取締役会で対応）、決算発表を行うモデルも考えられる（後述の⑦⑧参照）。

以下、公開会社・上場会社（会計監査人・監査役会設置会社）のモデル【図表１－３－１】「定時株主総会（平成30年３月期）日程表モデル案(1)」（以下【図表１－３－１】「日程表モデル案(1)」という）の各項目に関する法規定の確認や留意点について解説する。

①　会社役員等に対する事業報告・株主総会参考書類の法定記載事項等の照会
　a　社外役員に対する事業報告記載事項の照会（【図表１－３－１】日程表モデル案(1)①－①）
　　　事業報告の社外役員に関する記載事項は多く（施行規則124条）、会社では把握できない事項もある。その場合、どの程度調査等を行うべきかは、調査の結果として知っている場合を指し、十分な調査を行うことなく「知らない」という整理をすることを許容するものではないとされている（相澤哲ほか「事業報告（上）」商事法務1762号11頁）。

　　　なお、平成26年の会社法改正により親会社等の関係者でないことや、いわゆる兄弟会社の業務執行者でないこと、会社の業務執行者等の近親者でないことは社外取締役・社外監査役の要件とされており（２条15号・16号）、要件であることを意識した調査を行うことが必要である。

　　　実務対応としては、事業報告への記載事項であることから、速やかに照会・確認することになる（【書式１－３－１】社外役員に関する事業報告の法定記載事項照会確認依頼書（例）参照）。

　b　辞任監査役に対する株主総会での意見陳述有無等の照会（【図表１－３－１】日程表モデ

第1章　平成30年株主総会の留意点と本年株主総会事務日程

ル案(1)①－②)

　　監査役を辞任した者は、辞任後最初に招集される株主総会に出席して、辞任した旨および
その理由を述べることができ、取締役は、辞任した監査役に対し、株主総会を招集する旨お
よび株主総会の日時・場所を通知しなければならない（345条4項において読み替えて準用
する345条2項3項）。また、当該事業年度中に辞任した監査役に関し辞任監査役の「辞任し
た理由があるときはその理由」が事業報告の記載事項とされる（施行規則121条7号ハ）【図
表1－3－11】監査役の選任・辞任に関する意見陳述および株主総会参考書類、事業報告へ
の記載参照）。

　　この辞任監査役への株主総会招集等の通知は、事業報告への記載との関係から、実務上は、
その記載に間に合う時期(本モデルでは3月下旬頃)に照会・確認することが考えられる（【書
式1－3－3】辞任監査役への通知（例）参照）。なお、この照会・確認により、辞任した
監査役から株主総会に欠席する旨あるいは出席はするが辞任の理由は述べない旨が通知され、
結果として、事業報告に「辞任の理由」の記載がなかったとしても、辞任した監査役は、株
主総会に出席して辞任した旨およびその理由を述べることができ、その述べられた内容は、
翌事業年度の事業報告の記載事項となることに留意する必要がある。

　　このほか、監査役は、株主総会に出席して、監査役の選任もしくは解任または辞任につい
て意見を述べることができ（345条4項において読み替えて準用する同条1項）、述べられる
予定のまたは述べられた意見があるときは、その意見の内容が事業報告の記載事項とされて
いる（施行規則121条7号ロ）。

c　社外役員候補者に対する「株主総会参考書類記載事項」（証券取引所が規定する独立役員
等に係る「属性情報」を含む）等の照会（【図表1－3－1】日程表モデル案(1)①－③)

(a)　会社法上の役員選任議案における株主総会参考書類の記載事項については、候補者として
開示すべき事項として重要な兼職の状況等（施行規則74条1項～3項・76条1項～3項）の
ほか、前述aの事業報告と同様の社外役員に係る記載事項が法定（施行規則74条4項・76条
4項）されている（【書式1－3－2】社外役員候補者に対する「株主総会参考書類および
独立役員届出書等」の作成資料ご提供依頼書（例）（補足1）参照）。

(b)　上場会社は、独立役員届出書やコーポレート・ガバナンス報告書において、独立役員とし
て指定する者につき証券取引所の定める「属性情報」を開示し、また、独立役員として指定
しない社外役員についても独立役員と同様の開示が義務付けられている（【書式1－3－2】
社外役員候補者に対する「株主総会参考書類および独立役員届出書等」の作成資料ご提供依
頼書（例）（補足2）参照）。

(c)　上記(a)および(b)とも社外役員候補者に係る確認・記載事項であることから、一つの方法と
して、社外役員候補者に対して、過去10年の履歴を照会・確認することが考えられる（【書

式1－3－2】社外役員候補者に対する「株主総会参考書類および独立役員届出書等」の作成資料ご提供依頼書（例）参照）。

(d) その確認の時期は、株主総会参考書類、独立役員届出書等への記載事項であることから、それらの記載および提出・提供に間に合う時期（本モデルでは4月中旬頃）に照会・確認することになる。

(e) なお、選任議案に係る重任者については、会社で、すでに基本的な情報を把握しており、新任役員候補者等とは別の方法、例えば、把握済みの情報を示して確認することも考えられる。

② 社債株式振替法による総株主通知の受領と株主確定（【図表1－3－1】日程表モデル案(1)②）

総株主通知は、機構から株主名簿管理人に対して、基準日の翌営業日から起算して3営業日目に通知される（標準日程）（業務規程149条、業務規程施行規則182条・186条）（2．株券電子化制度関係(1)総株主通知の標準日程（株主確定日程）参照）。

③ 事業報告・同附属明細書の提出・監査手続（【図表1－3－1】日程表モデル案(1)③－①～②）

提出時期を規定する定めはない。本モデルでは、事業年度開始月の20日頃（4月20日頃）としているが、当然その日程より早い時期あるいは遅い時期とする会社もある。附属明細書の提出は、事業報告提出後でもよいが、一般的には、同時提出が多いものと思われる。

なお、事業報告は、監査役（会）のみが監査する（監査期限「4週間」）ことから、計算書類および連結計算書類の監査期限「5週間」（会計監査人「4週間」＋監査役（会）「1週間」）より1週間短い。計算書類等と一体化した監査報告を作成する場合には、特定取締役・特定監査役間の合意により、事業報告に係る監査の期限を伸長すべき場合があることに留意する必要がある（日本監査役協会「監査報告のひな型について」（平成27年9月29日最終改正）1頁）。

④ 計算書類・同附属明細書の提出・監査手続（【図表1－3－1】日程表モデル案(1)④－①～③）

会計監査人・監査役への提出時期の定めはない。本モデルでは、事業年度開始月の20日頃（4月20日頃）としているが、当然その日程より早い時期あるいは遅い時期とする会社もある。附属明細書の提出は、計算書類提出後でもよいが、一般的には、同時提出が多いものと思われる。

その後の監査手続は、法定の監査期限（会計監査人「4週間」＋監査役（会）「1週間」）を踏まえた上で進められるが、実務上は、大半の会社が監査期限より早く終了しているものと思われる（特定取締役ほか関係者の合意によって監査期限を短縮することはできないものの、結果として監査が早く終了する形）。

なお、この計算書類や監査報告等の関係者間の通知方法には、特段の規制はなく適宜の方法で行えばよいとされる。しかしながら、関係者が受領することができないような提供方法であ

第1章　平成30年株主総会の留意点と本年株主総会事務日程

る場合には、当然のことながら、適法な提供がなされたことにはならないと解されている（相澤哲ほか「新会社法関係法務省令の解説(8)」商事法務1766号62頁）。

⑤　連結計算書類の提出・監査手続（【図表1－3－1】日程表モデル案(1)⑤－①～③）

　提出時期については、本モデルでは計算書類と同時期としているが、連結計算書類作成上の都合からそれより後、例えば4月下旬～5月上旬とすることも考えられる。また、監査期限については、原則、「5週間」（会計監査人「4週間」＋監査役（会）「1週間」）とされているところ、計算書類と異なり、会計監査人・特定取締役・特定監査役間の合意により、短縮・延長とも認められる。

⑥　株主提案権の行使期限等（【図表1－3－1】日程表モデル案(1)⑥）

　公開会社である取締役会設置会社の株主提案権（議題提案権・議案通知請求権）を行使できる株主は、総株主の議決権の100分の1または300個以上の議決権を6箇月前から引き続き保有していることが必要とされている（303条2項、305条1項但書）。また、議題提案権の行使期限は、株主総会の日の8週間前までであり（303条2項後段）、議案通知請求権も同様とされている（305条1項本文）。この「保有要件」「行使期限」は、定款の定めにより、これを緩和することが認められている（加重は認められない）。

　会社は、株主から提案権行使の申出を受けたときは、法定要件である「保有要件」や、「行使期限」、「提案内容の適法性」等の充足を確認することになるが、「保有要件」は、振替制度上の「個別株主通知」により確認することになる（社債株式振替154条）。したがって同通知も株主総会の日の8週間前までに会社に到達していることが必要となる（2．株券電子化制度関係(3)個別株主通知の制度概要等参照）。

　この「行使期限」の「8週間前の日」が休日に当たる場合、いつまでに受理しなければならないかについては、諸説があるものの、実務対応としては、株主に有利に解釈するという意味からも株主総会の日に向かった翌営業日まで受理するという姿勢で臨むことが妥当な取扱いと考えられる（株主総会実務研究会編「Q&A株主総会の法律実務(1)」（新日本法規出版、2006）582～583頁〔吉田清見・宇佐美雅彦〕）。

　なお、判例（大阪地判平24.2.8金融・商事判例1396号56頁）では、「会社が提案権行使の申出をした株主の保有する株式数等を把握していたときであっても、個別通知は、当該株主が会社に対抗するための要件であることから必要である」としたうえで、「当該通知は、提案権行使の申出に先立って通知する必要はないが、株主総会の日の8週間前までに到達する必要がある」と判示している。さらに、「行使期限日」が休日であることに関して、「原告の利益になるよう解したとしても、本件総会の日の8週間前の日である平成23年5月3日の翌営業日である同月

— 56 —

6日までにされることが必要であった」と判示している。

　会社は、株主提案権行使がなされ、それが法定要件を具備する場合には、株主総会の議題・議案として、会社提案の議題・議案に加えて招集通知に記載しなければならないこととなる（303条、305条）。

⑦　決算取締役会（計算書類等の承認・付議議案の決定）（【図表1－3－1】日程表モデル案(1)⑦－①、⑦－②）

　取締役会による計算書類等の承認は、期日そのものが規定されているわけではなく、単に、「取締役会設置会社である場合には、監査後に取締役会の承認を受けなければならない」とのみ規定されている（436条3項）。連結計算書類も同様である（444条5項）。

　本モデルは、会計監査人の監査報告受領後に付議議案決定の取締役会および決算発表を行い、その後、監査役会の監査報告受領後に計算書類等の承認取締役会を開催する形にしている（取締役会を二度開催することになる）。

　実務上、決算発表の時期等の取扱いは異なるものの（後述⑧参照）、監査役会の監査報告受領後に計算書類等の承認と付議議案の決定を同時期に行う事例（一度の取締役会で対応）も多くみられる（【図表1－3－2】参考①、【図表1－3－3】参考②参照）。なお、決算取締役会で決定した内容は、直ちに証券取引所に通知する必要がある（上場規程施行規則418条10号）。

⑧　決算発表（【図表1－3－1】日程表モデル案(1)⑧）

　事業年度に係る内容が定まった場合は、証券取引所所定の「決算短信（サマリー情報）」により、直ちにその内容を開示しなければならないとされている（上場規程404条）。

　開示時期については、証券取引所の要請（本決算は期末から45日以内（30日以内がより望ましい））に応え、早期に決算発表を行う会社が多く、取締役会の承認前（監査終了前）の発表を行うこともある。その場合には、会計監査人から問題ないことの事実上の了承を得ておくことが多いと思われる。

　連結ベースでは、5月の第2週および第3週に集中している（平成29年3月決算会社の発表ピーク5月12日（金）、平均39.3日：前年比△0.3日）。

第1章　平成30年株主総会の留意点と本年株主総会事務日程

【図表1－3－7】（参考）計算書類等の承認（436条3項）前に決算発表を行う際の社内手続

（単位：社数）

| | 取締役会決議 | | 会計監査人よりクリアランスレター等を受領のみ | その他 | 計算書類等の承認前には決算発表を行っていない | 合計 |
	株主総会招集決議の前	株主総会招集決議と同時				
27年	713	644	12	45	363	1,777
	40.1%	36.2%	0.7%	2.5%	20.4%	100.0%
28年	703	699	15	44	339	1,800
	39.1%	38.8%	0.8%	2.4%	18.8%	100.0%
29年	670	665	12	50	328	1,725
	38.8%	38.6%	0.7%	2.9%	19.0%	100.0%

（出所）全株懇調査125頁。

⑨　招集通知を電磁的方法により証券取引所に提出（【図表1－3－1】日程表モデル案(1)⑨）

　　株主に対して株主総会招集通知およびその添付書類を発送する場合は、発送する書類をその発送日までに電磁的方法により証券取引所に提出することとされており、また、会社は、当該書類を公衆の縦覧に供することに同意するものとされている（上場規程施行規則420条1項）。

　　CGコード補充原則1－2②（【資料1－1－1】参照）において、招集通知に記載する情報は、株主総会の招集に係る取締役会決議から招集通知を発送するまでの間に、TDnetや自社のウェブサイトにより電子的に公表すべきとされたことから、平成29年6月総会ではこれに対応する会社が大幅に増加している。本日程においても、これに対応し、招集通知発送日（6月7日（木））より前（6月5日（火））に証券取引所へ電磁的方法により招集通知を提出する形にしている。

⑩　独立役員届出書の提出（変更が生じる場合）（【図表1－3－1】日程表モデル案(1)⑩）

　　独立役員届出書の内容に変更が生じる場合（「再任」の場合を含む）には、原則として、変更が生じる日の2週間前までに変更内容を反映した当該届出書を証券取引所に提出する（上場規程施行規則436条の2第2項）。

⑪　計算書類等の株主への提供とその時期（定時株主総会招集通知の発送）（【図表1－3－1】日程表モデル案(1)⑪）

　　取締役会設置会社は、株主総会の招集の通知に際して、株主に対し取締役会の承認を受けた計算書類、事業報告および監査報告ならびに会計監査報告を提供しなければならない（437条）。提供時期は、「株主総会招集の通知に際して」とされ、招集通知に記載・添付等する必要があることから、株主総会の日の2週間前（非公開会社の場合1週間前）までとなる（299条1項）。

　　連結計算書類が作成されている場合、これを株主に提供しなければならないが、計算書類等

— 58 —

と異なり、会計監査報告や監査役会の監査報告を提供することまでは要求されておらず、会社が提供する旨を定めた場合に、これを提供することとなる（計算規則134条2項）。もっとも、実態上は、ほぼすべての会社が招集通知に会計監査報告・監査役会の監査報告を添付している。

　また、株主総会参考書類、事業報告および計算書類の一部・連結計算書類（会計監査報告・監査報告を提供する場合の会計監査報告・監査報告を含む）の株主への提供方法については、定款に定めがあれば、ウェブ開示することが認められている（施行規則94条・133条3項〜5項、計算規則133条4項〜6項・134条4項〜6項）。

　CGコード補充原則1－2②（【資料1－1－1】参照）において、株主が総会議案の十分な検討期間を確保することができるよう、招集通知に記載する情報の正確性を担保しつつその早期発送に努めるべきとされており、招集通知の発送時期の早期化が進んでいる。本日程においても、この点を考慮し、招集通知発送日を法定期限の6月13日（水）より前の6月7日（木）としているが、どの程度であれば「早期発送」となるかは各社の判断によるため注意が必要である。

⑫　計算書類等の備置（【図表1－3－1】日程表モデル案(1)⑫）

　会社は、各事業年度に係る計算書類および事業報告ならびにこれらの附属明細書（監査報告または会計監査報告を含む）を定時株主総会の日の2週間前から本店に5年間、その写しを支店に3年間備え置かなければならない（442条1項2項）。この場合、監査役会の監査報告のみならず、監査役各人が作成した監査報告についても備置・閲覧の対象であることに留意する必要がある（相澤・論点解説410頁）。なお、招集通知を株主総会の日の2週間前よりも早期に発送する場合は、招集通知の発送日から備え置くことが考えられる。

　支店の備置については、計算書類等が電磁的記録で作成されている場合であって、支店における閲覧・書面等の交付請求に応じることが可能とされる措置が講じられている場合には、その備置は不要とされる（442条2項柱書但書）。

　なお、連結計算書類については、本支店での備置は不要である。

　また、役員退職慰労金の支給議案が、一定の基準に従い退職慰労金の額を決定することを取締役会・監査役等に一任する方式の場合には、各株主が当該基準等を知ることができるための適切な措置を講じる必要があり（施行規則82条2項但書・84条2項但書等）、そのためには、一定の基準等（役員退職慰労金規程等）を招集通知発送の時から本店に備え置くことになる。

⑬　書面投票・電子投票の行使期限（【図表1－3－1】日程表モデル案(1)⑬）

　書面投票制度採用会社が書面または電磁的方法による議決権行使の期限として「特定の時」を定めた場合は、その時が議決権の行使期限となる（施行規則63条3号ロ・ハ）。定めない場

第1章　平成30年株主総会の留意点と本年株主総会事務日程

合には、株主総会の日時の直前営業時間の終了時となる（施行規則69条・70条）。

　　この「特定の時」を定めた場合、「特定の時は、招集の通知を発した日から２週間を経過した日以後の時に限る」（施行規則63条３号ロ・ハ）とされ（「招集の通知を発した日」と「特定の時の属する日」の間に「２週間」必要）、この特定の時を定めない場合には、「株主総会の日」と「招集の通知を発した日」との間が「２週間」であることに留意する必要がある。なお、委任状勧誘の場合には行使期限の定めはなく、株主総会当日まで有効である。

⑭　計算書類等の定時株主総会への提出等（定時株主総会開催）および同総会決議後の決議通知等の発送（【図表１－３－１】日程表モデル案⑴⑭）

　　取締役会設置会社の取締役は、取締役会の承認を受けた計算書類および事業報告を定時株主総会に提出または提供し、計算書類は、定時株主総会の承認を受けなければならず（438条１項２項）、また、事業報告はその内容を報告しなければならない（438条３項）。ただし、計算書類が会計監査人設置会社の特則（439条前段）に適合する場合は、株主総会の承認を要せず報告事項となる。

　　連結計算書類については、取締役会の承認を受けた連結計算書類を定時株主総会に提出または提供し、連結計算書類の内容を報告および会計監査人・監査役会の監査結果を報告しなければならない（444条７項）。

　　株主総会決議後の決議通知等の発送は、任意の手続であるが、大半の会社で「決議通知」および「株主通信」（名称は任意）を発送している。

⑮　株主総会議事録、議決権の代理行使書面・議決権行使書面等の備置（【図表１－３－１】日程表モデル案⑴⑮）

　　株主総会議事録は、株主総会の日から10年間本店に備え置き、その写しを５年間支店に備え置かなければならない（318条２項３項）。支店における備置については、前述⑫と同様の合理化が図られている（318条３項但書）。

　　株主総会議事録をいつまでに作成しなければならないかについては、備置期間の始期として「株主総会の日から」との定めがあるものの、会社法上特に明記されてはいない（318条１項～３項）。ただし、決議事項が登記すべき事項である場合は、登記の添付書類とされていることから自ずと２週間以内という制約を受ける。

　　代理権を証明する書面（委任状）、議決権行使書面または電磁的方法による議決権行使の電磁的記録は、株主総会の日から３箇月間、本店に備え置く（310条６項、311条３項、312条４項）。

⑯　決算公告（【図表１－３－１】日程表モデル案⑴⑯）

— 60 —

定時株主総会の終結後遅滞なく、貸借対照表（大会社は貸借対照表および損益計算書）を公告しなければならない（連結計算書類については公告不要）（440条1項）。もっとも、金融商品取引法24条1項の規定により有価証券報告書を提出しなければならない会社（上場会社はこれに該当）は、当該公告義務が免除されており（440条4項）、これ以外の会社が決算公告を行うことになる。

公告方法が「官報」または「時事に関する事項を掲載する日刊新聞紙」である場合には、貸借対照表等の要旨を公告することで足りる（440条2項）。

この公告方法に代えて電磁的方法によることも認められる。この場合には、貸借対照表等の内容であるすべての情報（要旨ではない）を、定時株主総会終結の日後5年を経過する日までの間、継続してインターネット上のウェブサイトに表示する（440条3項、計算規則147条）。当該ウェブサイトのアドレスは登記が必要である（911条3項26号、施行規則220条1項1号）。公告方法を「電子公告」とする場合（939条1項3号）の公告方法・公告期間・登記の取扱いも同様である（940条1項2号、施行規則223条・220条1項2号）。

⑰　有価証券報告書・確認書および内部統制報告書の提出等（EDINET）（【図表1－3－1】日程表モデル案(1)⑰）

a　有価証券報告書は、事業年度経過後3箇月以内に内閣総理大臣に提出しなければならない（金商法24条1項・27条の30の2以下・193条の2、開示府令15条以下）。具体的な名宛人および提出先は、開示府令で定める財務局長とされている（開示府令20条1項、開示ガイドライン24－10・5－44）。有価証券報告書に併せて、確認書および内部統制報告書を提出する（金商法24条の4の2第1項、金商法施行令4条の2の5第1項、金商法24条の4の4第1項、同法施行令4条の2の7第1項）。

b　平成21年の企業内容開示府令改正により有価証券報告書等を定時株主総会前に提出することが可能になっている（開示府令17条1項1号ロ）。有価証券報告書等を定時株主総会前に提出した場合において、その決議事項が修正・否決されたときは、臨時報告書においてその旨およびその内容の記載が求められる（開示府令19条2項9号の3）。

c　このほか、証券取引所規則により、内部統制に開示すべき重要な不備がある旨または内部統制の評価結果を表明できない旨を記載する内部統制報告書の提出を行うことについての決定をした場合は、直ちにその内容を開示することが求められている（上場規程402条1号am）。

⑱　登記（【図表1－3－1】日程表モデル案(1)⑱）

登記事項に変更があった場合には、本店の所在地において2週間以内に変更の登記をしなけ

ればならない（915条）。支店登記については、登記期間は３週間以内であり、登記事項は、商号・本店の所在場所・支店（その所在地を管轄する登記所の管轄区域内にあるものに限る）の所在場所に限定されている（930条２項３項）。

なお、会計監査人設置会社の場合、会計監査人の任期は１年とされていることから（定時株主総会において別段の決議がされなかったときは再任されたものとみなされることから、（338条１項２項））、この場合、毎年、会計監査人の再任登記が必要となる。

⑲　臨時報告書による議決権行使結果の開示（EDINET）（【図表１－３－１】日程表モデル案⑴⑲）

臨時報告書をもって議決権行使結果として次の事項を遅滞なく開示しなければならない（開示府令19条２項９号の２）。

ａ　株主総会の開催年月日

ｂ　決議事項の内容

ｃ　決議事項に対する賛成・反対・棄権に係る議決権数、当該決議事項の可決要件、決議結果

ｄ　ｃの議決権数に株主総会に出席した株主の議決権数の一部を算入しなかった理由

なお、有価証券報告書の提出日以前（提出日を含む）に議決権行使結果の開示に係る臨時報告書を提出した場合には、当該有価証券報告書中の第７【提出会社の参考情報】２【その他の参考情報】には、その書類名および提出年月日、提出理由を記載する必要があり（開示府令・第三号様式・記載上の注意(57)ａ・ｂ）、例えば、「企業内容等の開示に関する内閣府令第19条第２項第９号の２の規定に基づき提出」等と記載することになるが、本モデルでは、有価証券報告書提出後に臨時報告書を提出する日程としている。

⑳　議決権行使書（委任状等）の備置期限および決議取消しの提訴期限（【図表１－３－１】日程表モデル案⑴⑳－①～②）

ａ　議決権行使書、委任状および電磁的方法による議決権行使の電磁的記録は、株主総会の日から３箇月間本店に備え置く（310条６項、311条３項、312条４項）。株主は、営業時間内はいつでも閲覧・謄写の請求をすることができる（310条７項、311条４項、312条５項）。

ｂ　株主等は、株主総会決議の日から３箇月以内に訴えをもって当該決議の取消しを請求することができる（831条１項）。その期限日が民事訴訟法95条３項の定める休日等に該当する場合は、その翌日（休日でない日）に満了する。

第3節　平成30年株主総会事務日程

⑶　**公開会社・非上場会社（会計監査人・監査役会非設置会社）の定時株主総会日程**

　公開会社・非上場会社（会計監査人・監査役会非設置会社）の定時株主総会日程は、前述の公開会社・上場会社（会計監査人・監査役会設置会社）と異なり、監査日程が会計監査人「４週間」＋監査役（会）「１週間」ではなく、監査役「４週間」となる。すなわち、監査期間が「１週間」短く、また、連結計算書類に係る監査等の諸手続もない。その他の事項については、異なるところはない（【図表１－３－４】定時株主総会（平成29年３月期）日程表モデル案⑵（公開会社・非上場会社：会計監査人・監査役会非設置会社)」参照）。

⑷　**非公開会社・非上場会社（会計監査人・監査役会非設置会社）の定時株主総会日程**

　非公開会社・非上場会社（会計監査人・監査役会非設置会社）の定時株主総会日程は、前述の公開会社・非上場会社（会計監査人・監査役会非設置会社）と同様である。ただし、招集通知の発送が原則「株主総会の日の１週間前まで」（299条１項かっこ書）となるところ、計算書類等の備置を要する日は「定時株主総会の日の２週間前」（442条１項２項）のままであることに留意する必要がある。

　また、会計監査権限のみに限定された監査役（389条）の監査報告（事業報告の監査権限がない旨も記載する）も株主への提供（株主総会招集通知への添付）が必要であることに留意する必要がある（計算規則133条１項１号２号、施行規則129条２項）。

　その他、提案権行使の継続保有要件がない等、公開会社と異なる取扱いがある（【図表１－３－５】定時株主総会（平成29年３月期）日程表モデル案⑶（非公開会社・非上場会社：会計監査人・監査役会非設置会社)」参照）。

第1章　平成30年株主総会の留意点と本年株主総会事務日程

【図表1－3－8】（個別または単体の）計算書類と事業報告

＜会計監査人・監査役会・取締役会設置会社＞

	計算書類	事業報告（参考）
種類	・貸借対照表 ・損益計算書 ・株主資本等変動計算書 ・個別注記表（435条2項、計算規則59条1項）	・事業報告（435条2項）
監査	・監査役と会計監査人の監査要。附属明細書も同様（436条2項1号）。	・監査役の監査要。附属明細書も同様（436条2項2号）。
取締役会の承認	・計算書類およびその附属明細書につき、監査を受けた（受けたものとみなされた場合を含む）後に承認要（436条3項）。承認特則規定（計算規則135条）の要件を満たせば、この承認により計算書類が確定（439条）。	・事業報告およびその附属明細書につき、監査を受けた（受けたものとみなされた場合を含む）後に、取締役会の承認要（436条3項）。
株主総会の承認	・原則：要（438条2項）。これにより、計算書類が確定。 ・例外：承認特則規定の要件（計算規則135条）を満たせば不要。この場合、株主総会での報告要（439条）。	・不要。株主総会での報告要（438条3項）。
招集通知に際しての提供	・要（437条、計算規則133条1項3号）。提供方法は、計算規則133条2項参照。 ・なお、計算書類のうち株主資本等変動変動計算書または個別注記表に表示すべき情報については、定款に定めがあれば、インターネットを通じて開示することにより、株主に現実に提供しなくても提供したものとみなされる（計算規則133条4項～6項）。	・要（437条、施行規則133条1項2号）。提供方法は、施行規則133条2項参照。 ・なお、事業報告に表示すべき事項の一部については、定款に定めがあれば、インターネットを通じて開示することにより、株主に現実に提供しなくても提供したものとみなされる（施行規則133条3項～5項）。
招集通知に際しての監査報告等の提供	・監査報告および会計監査報告の提供要（437条、計算規則133条1項3号）。	・監査報告の提供要（437条、施行規則133条1項2号）。
備置	・総会日の2週間前の日から要（442条1項1号・2項1号）。本店5年間、支店3年間。附属明細書・監査報告・会計監査報告も同様。一定の要件を満たせば、支店での備置不要（442条2項柱書但書、施行規則227条3号）。	・総会日の2週間前の日から要（442条1項1号・2項1号）。本店5年間、支店3年間。附属明細書、監査報告も同様。一定の要件を満たせば、支店での備置不要（442条2項柱書但書、施行規則227条3号）。
公告	・原則：貸借対照表（大会社では貸借対照表および損益計算書）またはその要旨の公告または電磁的開示要（440条1項～3項）。 ・例外：有価証券報告書提出会社では不要（440条4項）。 ※公告項目や方法の詳細は計算規則136条～148条参照。	・不要。

— 64 —

<監査役・取締役会設置会社（会計監査人非設置会社）＞

	計算書類	事業報告（参考）
種類	・貸借対照表 ・損益計算書 ・株主資本等変動計算書 ・個別注記表（435条2項、計算規則59条1項）	・事業報告（435条2項）
監査	・要。附属明細書も同様（436条1項）。監査の範囲を会計に限定している監査役についても同様。	・要。附属明細書も同様（436条1項）。監査の範囲を会計に限定している監査役については不要。ただし、監査権限のない旨を明らかにした監査報告の作成が必要（施行規則129条2項）。
取締役会の承認	・計算書類およびその附属明細書につき監査を受けた（受けたものとみなされた場合を含む）後に承認要（436条3項）。	・事業報告およびその附属明細書につき監査を受けた（受けたものとみなされた場合を含む）後に承認要（436条3項）。
株主総会の承認	・要（438条2項）。これにより、計算書類が確定。	・不要。株主総会での報告要（438条3項）。
招集通知に際しての提供	・要(437条、計算規則133条1項2号)。提供方法は、計算規則133条2項参照。 ・なお、計算書類のうち株主資本等変動計算書または個別注記表に表示すべき情報については、定款に定めがあれば、インターネットを通じて開示することにより、株主に現実に提供しなくても提供したものとみなされる（計算規則133条4項～6項）。	・要（437条、施行規則133条1項2号）。提供方法は、施行規則133条2項参照。 ・なお、事業報告に表示すべき事項の一部については、定款に定めがあれば、インターネットを通じて開示することにより、株主に現実に提供しなくても提供したものとみなされる（施行規則133条3項～5項）。
招集通知に際しての監査報告の提供	・要(437条、計算規則133条1項2号)。 ・監査役の監査の範囲を会計に関するものに限定する定款の定めのある非公開会社（389条1項）は、監査役設置会社に該当しないが、監査報告の提供は必要である（計算規則133条1項2号）。	・要（施行規則133条1項2号）。監査役の監査の範囲を会計に関するものに限定する定款の定めのある非公開会社（389条1項）では、不要（施行規則133条1項1号）。
備置	・総会日の2週間前の日から要（442条1項1号・2項1号）。附属明細書、監査報告も要。本店5年間、支店3年間。一定の要件を満たす場合は、支店での備置は不要（442条2項柱書但書、施行規則227条3号）。	・総会日の2週間前の日から要（442条1項1号・2項1号）。附属明細書、監査報告も要。本店5年間、支店3年間。一定の要件を満たす場合は、支店での備置は不要（442条2項柱書但書、施行規則227条3号）。
公告	・原則：貸借対照表またはその要旨の公告または電磁的開示要（440条1項～3項）。 ・例外：有価証券報告書提出会社では不要（440条4項）。 ※公告項目や方法の詳細は計算規則136条～147条参照。	・不要。

第1章　平成30年株主総会の留意点と本年株主総会事務日程

【図表1－3－9】連結計算書類

	取締役会・監査役会・会計監査人設置会社
意義	当該会社およびその子会社からなる企業集団の財産・損益の状況を示すために必要かつ適当なものとして法務省令で定めるもの（444条1項）。
目的	株主への情報提供を主目的とし、分配可能額の算定は目的ではない。例外的に、会社が任意に連結配当規制適用会社となった場合には、分配可能額が減少する場合がある（461条2項6号、計算規則2条3項51号・158条4号）。
作成会社	必須の会社：事業年度末日において大会社であって有価証券報告書を提出しなければならない会社（444条3項）。 任意の会社：上記以外の会計監査人設置会社（444条1項）。
種類（右のア、イ、ウ、エのいずれか）	ア　連結貸借対照表、連結損益計算書、連結株主資本等変動計算書、連結注記表（444条1項、計算規則61条1号） イ　国際会計基準に従って作成されるアに相当するもの（444条1項、計算規則61条2号・120条） ウ　修正国際基準に従って作成されるアに相当するもの（444条1項、計算規則61条3号・120条の2） エ　米国基準に従って作成されるアに相当するもの（444条1項、計算規則61条4号・120条の3）
附属明細書	なし。
監査	監査役および会計監査人の監査要（444条4項）。
取締役会の承認	要（444条5項）。これにより、連結計算書類が確定。
株主総会の承認	不要。株主総会での報告要（444条7項）。
招集通知に際しての連結計算書類の提供	要（444条6項、計算規則134条1項）。定款に定めがあれば、連結計算書類のすべてについてインターネット開示が可能（計算規則134条4項～6項）。
招集通知に際しての監査報告の提供	不要。ただし、提供すると定めたときは要（計算規則134条2項）。定款に定めがあれば、書面送付に代えてインターネット開示が可能（計算規則134条4項～6項）。
備置	不要。
公告	不要。

【図表1－3－10】 監査期限

① 会計監査人設置会社（監査役会設置会社）の場合の監査期限

監査対象	会計監査報告の内容の通知期限	監査役（会）監査報告の内容の通知期限
A 個別計算書類 B 同附属明細書 （計算規則130条1項1号・132条1項1号）	次のいずれか遅い日 ① A 全部を受領した日から4週間を経過した日 ② B を受領した日から1週間を経過した日 ③特定取締役・特定監査役・会計監査人間で合意により定めた日	次のいずれか遅い日 ①会計監査報告を受領した日から1週間を経過した日 ②特定取締役・特定監査役間で合意により定めた日
	・関係者間の合意によって伸長は可だが、短縮は不可。 ・通知期限までに、会計監査報告・監査報告の内容の通知がない場合は、通知をすべき日に監査を受けたものとみなされる（計算規則130条3項・132条3項）。	
C 連結計算書類 （計算規則130条1項3号・132条1項2号）	① C 全部を受領した日から4週間を経過した日 ②特定取締役・特定監査役・会計監査人間で合意により定めた日	①会計監査報告を受領した日から1週間を経過した日 ②特定取締役・特定監査役間で合意により定めた日
	・関係者間の合意によって伸長または短縮可。 ・通知期限までに、会計監査報告・監査報告の内容の通知がない場合は、通知をすべき日に監査を受けたものとみなされる（計算規則130条3項・132条3項）。	
D 事業報告 E 同附属明細書 （施行規則132条1項）	（会計監査人の監査対象外）	いずれか遅い日 ① D を受領した日から4週間を経過した日 ② E を受領した日から1週間を経過した日 ③特定取締役・特定監査役間で合意により定めた日
		・関係者間の合意によって伸長は可だが、短縮は不可。 ・通知期限までに、監査報告の内容の通知がない場合は、通知をすべき日に監査を受けたものとみなされる（施行規則132条3項）。

特定取締役：会計監査報告（事業報告の場合、監査報告）の内容の通知を受ける者と定めた場合（取締役会決議で定めなくともよい）はその者。定めない場合は計算書類・事業報告およびこれらの附属明細書の作成に関する職務を行った取締役（計算規則130条4項、施行規則132条4項）。特定取締役は、監査期限の合意権限を有する。

特定監査役：監査役会が会計監査報告の内容の通知を受ける監査役として定めた監査役（監査役会の決議が必要）。定めない場合は、すべての監査役（計算規則130条5項2号）。特定監査役は監査期限の合意権限を有する。なお、事業報告の場合は、監査報告の内容を通知すべき監査役とされる（施行規則132条5項2号）。

② 会計監査人・監査役会非設置会社（監査役設置会社）の場合の監査期限

監査対象	監査役の監査報告の内容の通知期限
a 個別計算書類 b 同附属明細書 （計算規則124条1項1号）	次のいずれか遅い日 ① a を受領した日から4週間を経過した日 ② b を受領した日から1週間を経過した日 ③特定取締役・特定監査役間で合意により定めた日
	・関係者間の合意によって伸長は可だが、短縮は不可。 ・通知期限までに、監査報告の内容の通知がない場合は、通知をすべき日に監査を受けたものとみなされる（計算規則124条3項）。
c 事業報告 d 同附属明細書 （施行規則132条1項）	次のいずれか遅い日 ① c を受領した日から4週間を経過した日 ② d を受領した日から1週間を経過した日 ③特定取締役・特定監査役間で合意により定めた日
	・関係者間の合意によって伸長は可だが、短縮は不可。 ・通知期限までに、監査報告の内容の通知がない場合は、通知をすべき日に監査を受けたものとみなされる（施行規則132条3項）。

特定取締役：監査報告の内容の通知を受ける者と定めた場合（取締役会決議で定めなくともよい）はその者。定めない場合は計算書類・事業報告およびこれらの附属明細書の作成に関する職務を行った取締役（計算規則124条4項、施行規則132条4項）。特定取締役は、監査期限の合意権限を有する。

特定監査役：二以上の監査役が存する場合に監査報告の内容の通知をすべき監査役として定めた監査役（監査役の決議が必要）。定めない場合は、すべての監査役（計算規則124条5項1号、施行規則132条5項1号）。特定監査役は監査期限の合意権限を有する。

第1章　平成30年株主総会の留意点と本年株主総会事務日程

【書式１－３－１】社外役員に関する事業報告の法定記載事項照会確認依頼書（例）

平成○年○月○日

○○○○　殿

○○○○株式会社
代表取締役社長○○○○

社外役員に関する事業報告の法定記載事項のご確認

拝啓　平素は格別のご高配を賜り厚くお礼申し上げます。
　さて、社外役員に関する当社第○期（平成○年○月○日から平成○年○月○日まで）事業報告の記載事項（平成○年3月31日現在）に関しまして、下記の内容をご確認いただき、平成○年○月○日までに別紙にてご回答くださいますようお願い申し上げます。

敬具

記

1　ご確認いただく事項
　(1)　重要な兼職の状況
　　①　他の法人等の業務執行取締役、執行役または使用人等である場合
　　②　他の法人等の社外役員その他これに類するものである場合
　　（上記には、会社のみならず法人その他の団体の役職員も該当しますのでご留意ください）
　(2)　上記の(1)の①および②に該当がある場合は、当社と当該他の法人等との関係
　(3)　配偶者または三親等以内の親族その他これに準ずる者である方が、当社または当社の特定関係事業者（○○株式会社、○○株式会社および○○株式会社）の役員・使用人等であるときは、その事実
　(4)　当社の子会社（○○株式会社および○○株式会社）から役員としての報酬等を受けていたときは、その報酬等の総額（当社の社外役員であった期間に受けたものに限る）
2　お願いとご参考
　別紙の記載をご確認いただき、上記1(1)および(2)につきましては、追加または訂正がありましたらご記入をお願いいたします。また、(3)および(4)につきましては、該当がありましたらご記入をお願いいたします。
3　本件に関するご照会先
　○○○○株式会社　総務部○○課　担当：○○（TEL・・・）

以　上

（注1）「1」については、会社において情報を正確に把握できる事項は、記載を省略することが考えられる。
（注2）「1（3）」については、自然人である親会社等がある場合は、「配偶者または三親等以内の親族その他これに準ずる者である方が、親会社等（○○○○）または当社もしくは当社の特定関係事業者（○○株式会社、○○株式会社および○○株式会社）の役員・使用人等であるときは、その事実」とすることが考えられるが、自然人である親会社等の親族関係が会社で把握できる場合は上記のままとすることでよい。
（注3）「1（4）」については、親会社として子会社における報酬等の状況を把握できる場合は、本設問は不要となる。また、親会社等がある場合、「親会社等（○○株式会社）または親会社等の子会社等（○○株式会社および○○株式会社）から役員としての報酬等を受けていたときは、その報酬等の総額（当社の社外役員であった期間に受けたものに限る）」とすることが考えられるが、会社で把握できる場合は不要となる。
（注4）　社長からの照会としているが、既存役員への事務的内容の照会なので担当役員等からの照会とすることも考えられる。

第3節　平成30年株主総会事務日程

《社外役員に関する事業報告の法定記載事項の照会に対する回答用別紙》（例）

平成○年○月○日

○○○○株式会社
代表取締役社長○○○○　殿

○○○○

　当社第○期（平成○年○月○日から平成○年○月○日まで）事業報告の記載事項について、下記のとおり回答します。

記

1　重要な兼職の状況
　　次の内容に追加または訂正がありましたらご記入ください。
　(1)　他の法人等の業務執行取締役、執行役または使用人等である場合
　　①　○○株式会社　代表取締役会長
　　②　社団法人○○工業会　理事長
　(2)　他の法人等の社外役員その他これに類するものである場合
　　　株式会社○○　社外取締役
　(3)　上記(1)および(2)に該当がある場合は、当社と当該他の法人等との関係

兼職先	当該他の法人等との関係
○○株式会社	当社と○○株式会社とは、…（略）…の関係があります。
社団法人○○工業会	当社と社団法人○○工業会の間には重要な取引その他の関係はありません。
株式会社○○	当社と株式会社○○の間には重要な取引その他の関係はありません。

2　配偶者または三親等以内の親族その他これに準ずる者である方が、当社または当社の特定関係事業者（○○株式会社、○○株式会社および○○株式会社）の役員・使用人等であるときは、その事実をご記入ください。

3　当社の子会社（○○株式会社および○○株式会社）から役員としての報酬等を受けていたときは、その報酬等の総額（当社の社外役員であった期間に受けたものに限る）をご記入ください。

以　上

（注1）　「2」「3」の取扱いについては前頁依頼書（例）（注2）（注3）参照。
（注2）　特定関係事業者や子会社の該当先が多い場合等、別紙に記載し、添付することになる。

第1章　平成30年株主総会の留意点と本年株主総会事務日程

（補足）社外役員に関する事業報告の法定記載事項（施行規則124条1項）と確認依頼書・回答用別紙の取扱い

内容（要旨）	取扱い
1号　社外役員が他の法人等の業務執行者であることが第121条第8号に定める重要な兼職に該当する場合は、会社と当該他の法人等との関係^(※)	回答用別紙1(1)(3)により確認。
2号　社外役員が他の法人等の社外役員その他これに類する者を兼任していることが第121条第8号に定める重要な兼職に該当する場合は、会社と当該他の法人等との関係^(※)	回答用別紙1(2)(3)により確認。
3号　社外役員が親会社等（自然人であるものに限る）、会社または会社の特定関係事業者の業務執行者もしくは役員（業務執行者であるものを除く）の配偶者、三親等以内の親族その他これに準ずるものであることを会社が知っているときは、その事実（重要でないものを除く）^{(※)(注)}	回答用別紙2により確認。
4号 イ　取締役会・監査役会への出席状況	会社で把握できる。
ロ　同上発言状況	会社で把握できる。
ハ　社外役員の意見で会社の事業方針等が変更されたときはその内容（重要でないものを除く）^(※)	会社で把握できる。
ニ　会社における法令・定款に違反する事実その他不当（監査役の場合、不正）な業務執行が行われた事実（重要でないものを除く）があるときは、各社外役員が当該事実の発生の予防のために行った行為および当該事実の発生後の対応として行った行為の概要^(※)	会社で把握できる。
5号　社外役員の当該事業年度に係る報酬等	会社で把握できる。
6号　当該事業年度において受け、または受ける見込みの額が明らかとなった社外役員の報酬等	会社で把握できる。
7号　社外役員が会社の親会社等または当該親会社等の子会社等（親会社等がない場合は当該会社の子会社）から当該事業年度において社外役員であった期間中に役員としての報酬等を受けているときは当該報酬等の総額	回答用別紙3により確認。ないしは別途親会社等・親会社等の子会社等（親会社等がない場合は会社の子会社）に確認。
8号　前各号の内容につき社外役員の意見があればその内容	社外役員本人に確認。

（※）「重要な兼職に該当するか否か」または「重要でないか否か」は会社が判断する。
（注）親会社等、子会社等、特定関係事業者および三親等以内の親族の範囲については、以下参照。
　　　なお、「三親等以内の親族その他これに準ずるもの」における「その他これに準ずるもの」としては、内縁関係にある者等とされている（相澤・論点解説446～447頁）。

親会社等（2条4号の2）	親会社および株式会社の経営を支配している者（法人であるものを除く）として法務省令で定めるもの。 法務省令で定めるものとして、親会社同様の実質支配基準が定められている（施行規則3条の2第2項・3項）。従って、「親会社等」には、親会社（2条4号）のみならず、会社の発行済株式の大部分を有する個人株主もこれに含まれる（坂本三郎ほか「平成26年改正会社法の解説〔Ⅲ〕」商事法務2043号5頁）。		
子会社等（2条3号の2）	子会社および会社以外の者がその経営を支配している法人として法務省令で定めるもの。 法務省令で定めるものとして、子会社同様の実質支配基準が定められている（施行規則3条の2第1項・3項）。従って、「子会社等」には、子会社（2条3号）のみならず、個人株主によって発行済株式の大部分を保有されている会社もこれに含まれる（坂本ほか・前掲5頁）。		
特定関係事業者 （施行規則2条3項19号）	次のいずれかに該当するもの。 ①a（当該会社に親会社等がある場合）当該会社の親会社等ならびに当該親会社等の子会社等（当該会社を除く）および関連会社（当該親会社等が会社でない場合におけるその関連会社に相当するものを含む） 　b（当該会社に親会社等がない場合）当該会社の子会社および関連会社 ②当該会社の主要な取引先である者（法人以外の団体を含む）		
	関連会社 （施行規則2条3項20号、計算規則2条3項18号）	会社が他の会社等の財務および事業の方針の決定に対して重要な影響を与えることができる場合における当該他の会社等（子会社を除く）をいう。	
	主要な取引先	会社の行う仕入れ、販売、資金調達等に関する取引の中心となっている相手方をいい、メインバンクや売上高の大きな部分を占める販売先等がこれにあたるとされている。（相澤・論点解説446～447頁）	

— 70 —

＜(参考) 三親等関係図＞ (網掛け部分が三親等以内の親族)

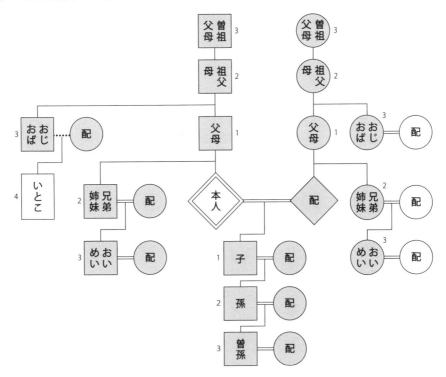

第1章　平成30年株主総会の留意点と本年株主総会事務日程

【書式１－３－２】社外役員候補者に対する「株主総会参考書類および独立役員届出書等」の作成資料ご提供依頼書（例）

平成○年○月○日

○○○○殿

○○○○株式会社
代表取締役社長○○○○

株主総会参考書類および独立役員届出書等の作成資料のご提供について（お願い）

拝啓　平素は格別のご高配を賜り厚くお礼申し上げます。
　さて、ご高承のとおり、会社法の定めにより役員（取締役・監査役）に関する詳細な事項が株主総会参考書類への記載事項として法定されており、また、証券取引所の規則により独立役員届出書等の記載事項が規定されております。
　つきましては、別紙に貴殿の履歴をご記入いただき、平成○年○月○日までにご回答くださいますようお願い申し上げます。

敬具

《本件に関するご照会先》
　　○○○○株式会社
　　総務部○○課　担当：○○（TEL・・・）

（注）　既存の役員（重任者）については、「略歴」のほか「属性情報」を含め、別途の方法で把握できると思われるが、重任者からも提出が可能であれば、新任・重任の区別なく提出を依頼することが考えられる。

第3節　平成30年株主総会事務日程

《社外役員候補者に対する「株主総会参考書類および独立役員届出書等」の作成資料ご提供依頼に対する回答用別紙》（例）

平成○年○月○日

○○○○株式会社
代表取締役社長○○○○　殿

○○○○

　ご照会の株主総会参考書類および独立役員届出書等の作成のための履歴について、次のとおり回答します。

１．氏名等

ふりがな	
氏　　名	
生年月日	

２．略歴

区　　分	他の法人等における略歴、地位、担当（社外役員か否かを含む） ㊟　略歴で法人等に属していた場合は当該法人等の本店所在地（都道府県）もご記入ください。なお、他の法人等には会社のみならず法人その他の団体も該当しますのでご留意ください。また、当社の特定関係事業者（○○株式会社、○○株式会社および○○株式会社）・当社から多額の金銭等を得ているコンサルタント等（○○法人）に属していた場合は、もれなくご記入ください。
平成30年6月 〜 平成29年7月	（近日就任・退任予定を含む）
平成29年6月 〜 平成28年7月	
平成28年6月 〜 平成27年7月	
平成23年6月 〜 平成22年7月	
平成22年6月 〜 平成21年7月	
平成21年6月 〜 平成20年7月	
平成20年6月以前	（主な略歴）

３．他社における不当な業務執行が行われた事実、発生予防および事後対応
　　過去5年間に他の会社の取締役、執行役または監査役に就任していた場合に、その在任中に法令・定款に違反する事実その他不当な業務執行が行われた事実、他の会社における社外取締役または監査役であったときは、当該事実の発生の予防のために候補者が行った行為および当該事実の発生後の対応として行った行為

４．当社の特定関係事業者（○○株式会社、○○株式会社および○○株式会社）からの多額の金銭等の受領
　　多額の金銭その他の財産（これらの者の取締役、会計参与、監査役、執行役その他これらに類する者としての報酬等を除く）を受ける予定があり、または過去2年間に受けていたこと

５．当社、当社の特定関係事業者（○○株式会社、○○株式会社および○○株式会社）または当社から多額の金銭等を得ているコンサルタント等（○○法人）との関係
　　配偶者または三親等以内の親族その他これに準ずる者である方が、現在、当社または当社の特定関係事業者の役員・使用人等であるときは、その旨

　　配偶者または二親等以内の親族である方が、過去、当社もしくは当社の特定関係事業者の役員・使用人等であったとき、または当社から多額の金銭等を得ているコンサルタント等に所属していたときは、その旨

以　上

第1章　平成30年株主総会の留意点と本年株主総会事務日程

（注1）　既存の役員（重任者）については、「略歴」ほか「属性情報」を含め、別途の方法で把握できると思われるが、重任者からも提出が可能であれば、新任・重任の区別なく提出してもらうことが考えられる。

（注2）　上記の「2．略歴」欄の直近10年間は、各年を区切らずに10年分をまとめて設欄することも考えられる。主要株主がある場合、（注）の末尾を「また、当社の特定関係事業者（○○株式会社、○○株式会社および○○株式会社）・当社から多額の金銭等を得ているコンサルタント等（○○法人）・主要株主（○○株式会社）に属していた場合は、もれなくご記入ください。」とすることが考えられる。

（注3）　特定関係事業者等の該当先が多い場合、別紙に記載し、添付することになる。

（注4）　別の方法で候補者本人に確認する場合または特定関係事業者に確認する場合、「3．他社において、不当な業務執行が行われた事実、発生予防および事後対応」および「4．当社の特定関係事業者（○○株式会社、○○株式会社および○○株式会社）からの多額の金銭等の受領」は不要となる。

（注5）　自然人である親会社等がある場合および主要株主がある場合、「5．当社、当社の特定関係事業者（○○株式会社、○○株式会社および○○株式会社）または当社から多額の金銭等を得ているコンサルタント等（○○法人）との関係」は、例えば、以下5のようにしておくことが考えられる。なお、自然人である親会社等の親族関係が会社で把握できる場合、以下5のうち、「親会社等（○○○○）、」「親会社等または」の部分は不要となる。

　　5．親会社等（○○○○）、当社、当社の特定関係事業者（○○株式会社、○○株式会社および○○株式会社）、当社から多額の金銭等を得ているコンサルタント等（○○法人）または主要株主（○○株式会社）との関係
　　　　配偶者または三親等以内の親族その他これに準ずる者である方が、現在、親会社等または当社もしくは当社の特定関係事業者の役員・使用人等であるときは、その旨

　　　　配偶者または二親等以内の親族である方が、現在、主要株主の役員・使用人等であるときは、その旨

　　　　配偶者または二親等以内の親族である方が、過去、当社、当社の特定関係事業者もしくは主要株主の役員・使用人等であったとき、または当社から多額の金銭等を得ているコンサルタント等に所属していたときは、その旨

（補足1）　取締役選任議案に関する株主総会参考書類の法定記載事項（施行規則74条）と回答用別紙の取扱い（監査役も同様。ただし、監査役の選任・辞任に関する意見表明等は【図表1－3－11】参照）

内容（要旨）	取扱い
1項1号　候補者の氏名、生年月日および略歴	回答用別紙1・2により確認。
2号　就任の承諾を得ていないときは、その旨	会社で把握できる。
3号　（監査等委員会設置会社の場合）342条の2第4項による監査等委員会の意見があるときはその意見の内容の概要	会社で把握できる。
4号　候補者と責任限定契約を締結しているときまたは当該契約を締結する予定があるときは、その旨	会社で把握できる。
2項1号　候補者の有する当該会社の株式の数	会社で把握できる。
2号　重要な兼職に該当する事実があることとなるときは、その事実の概要	回答用別紙2により確認、ないしは別途候補者本人に確認。
3号　候補者と会社の間に特別の利害関係があるときは、その事実の概要	会社で把握できる。
4号　現に当該会社の取締役であるときは、当該会社における地位および担当（監査役の場合、当該会社における地位）	会社で把握できる。
（会社が他の者の子会社等であるとき） 3項1号　候補者が現に当該他の者（自然人であるものに限る）であるときは、その旨	会社で把握できる。
2号　候補者が現に他の者（当該他の者の子会社等（当該会社を除く）を含む。以下、この項において同じ）の業務執行者であるときは、当該他の者における地位および担当	回答用別紙2により確認、ないしは別途候補者本人に確認。または会社で把握できる。
3号　候補者が過去5年間に当該他の者の業務執行者であったことを会社が知っているときは、当該他の者における地位および担当	回答用別紙2により確認、ないしは別途候補者本人に確認。または会社で把握できる。
4項1号　当該候補者が社外取締役候補者である旨	－
2号　当該候補者を社外取締役候補者とした理由	－
3号　当該候補者が現に当該会社の社外取締役（社外役員に限る。以下この項において同じ）である場合において、当該候補者が最後に選任された後在任中に当該会社において法令または定款に違反する事実その他不当な業務の執行が行われた事実（重要でないものを除く）があるときは、その事実ならびに当該事実の発生の予防のために当該候補者が行った行為および当該事実の発生後の対応として行った行為の概要 [※1]	会社で把握できる。
4号　当該候補者が過去5年間に他の会社の取締役、執行役または監査役に就任していた場合において、その在任中に当該他の会社において法令または定款に違反する事実その他不当（監査役の場合、不正）な業務の執行が行われた事実があることを当該会社が知っているときは、その事実（重要でないものを除き、当該候補者が当該他の会社における社外取締役または監査役であったときは、当該事実の発生の予防のために当該候補者が行った行為および当該事実の発生後の対応として行った行為の概要を含む。) [※1]	回答用別紙3により確認、ないしは別途候補者本人または当該他の会社に確認。

－ 74 －

第3節　平成30年株主総会事務日程

5号　当該候補者が過去に社外取締役または社外監査役（社外役員に限る）となること以外の方法で会社（外国会社を含む）の経営に関与していない者であるときは、当該経営に関与したことがない候補者であっても社外取締役としての職務を適切に遂行することができるものと当該株式会社が判断した理由	回答用別紙2により確認。
6号　（知っているときは、その旨を記載） イ　過去に当該会社またはその子会社の業務執行者または役員（業務執行者であるものを除く。ハおよびホにおいて同じ）であったことがあること^(※2)	会社で把握できる。
ロ　当該会社の親会社等（自然人であるものに限る。ロおよびホにおいて同じ）であり、または過去5年間に当該会社の親会社等であったことがあること	会社で把握できる。
ハ　当該会社の特定関係事業者の業務執行者もしくは役員であり、または過去5年間に当該会社の特定関係事業者（当該会社の子会社を除く）の業務執行者もしくは役員であったことがあること	回答用別紙2により確認、ないしは別途候補者本人または特定関係事業者に確認。
ニ　当該会社または当該会社の特定関係事業者から多額の金銭その他の財産（これらの者の取締役、会計参与、監査役、執行役その他これらに類する者としての報酬等を除く（監査役の場合、これらの者の監査役としての報酬等を除く））を受ける予定があり、または過去2年間に受けていたこと	回答用別紙4により確認、ないしは別途候補者本人または特定関係事業者に確認。 会社自身の部分は会社で把握できる。
ホ　親会社等、会社または会社の特定関係事業者の業務執行者または役員の配偶者、三親等以内の親族その他これに準ずるものであること（重要でないものを除く）^(※1)	回答用別紙5により確認、ないしは別途候補者本人または特定関係事業者に確認。
ヘ　過去2年間に合併、吸収分割、新設分割又は事業の譲受け（ヘ、施行規則74条の3第4項6六号ヘおよび76条4項6六号ヘにおいて「合併等」という）により他の会社がその事業に関して有する権利義務を当該会社が承継または譲受をした場合において、当該合併等の直前に当該会社の社外取締役または監査役でなく（監査役の場合、社外監査役でなく）、かつ、当該他の会社の業務執行者であったこと	会社で把握できる。
7号　当該候補者が現に当該会社の社外取締役または監査役（監査役の場合、監査役）であるときは、これらの役員に就任してからの年数	会社で把握できる。
8号　前各号につき社外取締役候補者の意見があればその内容	候補者本人に確認（記載後の確認）。

（※1）「重要でないか否か」は会社が判断する。
（※2）過去10年間といった限定はなされていないことに注意する必要がある。
（注）特定関係事業者および三親等以内の親族の範囲については、【書式1-3-1】（補足）参照。

（補足2）独立役員・社外役員に係る属性情報（上場規程施行規則415条1項6号）と回答用別紙の取扱い

内容（要旨）	取扱い
a　過去に当該会社またはその子会社の業務執行者であった者（社外監査役を独立役員として指定する場合にあっては、業務執行者でない取締役であった者または会計参与であった者を含む）	回答用別紙2により確認、ないしは会社で把握できる。
b　過去に当該会社の親会社の業務執行者であった者（業務執行者でない取締役であった者を含み、社外監査役を独立役員として指定する場合にあっては、監査役であった者を含む。）	回答用別紙2により確認、ないしは会社で把握できる。
c　過去に当該会社の兄弟会社の業務執行者であった者	回答用別紙2により確認、ないしは別途候補者本人または兄弟会社に確認。
d　過去に当該会社を主要な取引先とする者の業務執行者であった者または当該会社の主要な取引先の業務執行者であった者	回答用別紙2により確認、ないしは別途候補者本人または主要な取引先に確認。
e　当該会社から役員報酬以外に多額の金銭その他の財産を得ているコンサルタント、会計専門家または法律専門家（法人、組合等の団体であるものに限る）に過去に所属していた者	回答用別紙2により確認。
f　当該会社の主要株主（当該主要株主が法人である場合には、当該法人の業務執行者等（業務執行者または過去に業務執行者であった者をいう）をいう）	回答用別紙2により確認、ないしは別途候補者本人または主要株主が法人である場合、当該法人に確認。主要株主が自然人である場合は会社で把握できる。
g　aから前fまでに掲げる者（重要でない者を除く）の近親者	回答用別紙5により確認、ないしは別途候補者本人または関係先に確認。
h　当該会社の取引先またはその出身者（業務執行者または過去10年内のいずれかの時において業務執行者であった者をいう。以下同じ）	回答用別紙2により確認。
i　当該会社の出身者が他の会社の社外役員である場合の当該他の会社の出身者	回答用別紙2に基づいて、会社で確認。
j　当該会社から寄付を受けている者（当該寄付を受けている者が法人、組合等の団体である場合は、出身者またはそれに相当する者をいう）	回答用別紙2に基づいて、会社で確認。

（注1）aからgにおける「過去」とは、過去10年間に限定するものとされていない。過去の該当状況については、例えば、「過去の主要株主」や「過去の主要な取引先」についての確認が必要になるのでなく、独立役員として指定する者が「現在の主要株主である会社に過去所属していた者」や、「現在の主要な取引先である会社に過去勤務していた者」である場合に、その内容について開示することを想定しており、合理的に可能な範囲の確認を行うことになる。
　　　　なお、aについては、過去10年内はそもそも社外取締役または社外監査役としての社外性が認められず、独立役員と

第1章　平成30年株主総会の留意点と本年株主総会事務日程

して指定できないことから、過去10年以前にそうした関係があった場合が該当する。
　　　fにおける「主要株主」とは、自己または他人の名義をもって総株主等の議決権の10％以上の議決権を保有している株主をいう（上場規程402条2号b、上場規程施行規則2条2項15号の3、金商法163条1項）。
　　　gにおける「近親者」とは、二親等以内の親族をいう（これには配偶者が含まれるとされている）（上場規程施行規則3条の2第1号）。
　（注2）　hからjについては、上場会社単体での関係の有無の確認を行えばよいとされている。取引先、社外役員の相互就任の関係にある先、寄付を行っている先についても、単体で判断する。ただし、連結ベースでの関係も含めて記載することを妨げるものではない。
　　　「出身者」とは、現在を含む直近10年間（株主総会で社外役員に就任されるときから起算）において業務執行者であった場合をいう。ただし、直近10年間よりも過去の職歴も含めて記載することを妨げるものではない。
　　　記載にあたっては、合理的に可能な範囲での確認を行えば足りるとされており、例えば、「出身者」にあたるかどうかを判断するための確認の内容としては、通常は、有価証券報告書の「役員の状況」の略歴に記載する程度の所属先を確認すればよいとされている。ただし、d・eに該当する場合を除き、全ての取引先が記載の対象となるので、留意する必要がある。
　　　独立性に影響を与えるおそれがなく、概要を記載するまでもないと上場会社が判断した場合には、概要の記載に代えて、概要を記載するまでもないと判断した理由を記載することができる。
　　　上場会社が、「取引」または「寄付」について、株主の議決権行使の判断に影響を及ぼすおそれがないものと判断する軽微基準を定め、軽微基準の概要を記載している場合には、基準内の取引や寄付については、その存在自体の記載を省略することもできる。

【書式1－3－3】辞任監査役への通知（例）

<table>
<tr><td colspan="2" style="text-align:right">平成○○年○月○○日</td></tr>
<tr><td>○○○○　殿</td><td></td></tr>
<tr><td></td><td style="text-align:right">○○○○　株式会社
代表取締役社長　○○○○</td></tr>
</table>

第○○回定時株主総会招集に関するご通知

拝啓　平素は格別のご高配を賜り厚くお礼申し上げます。
　さて、ご高承のとおり、会社法第345条第4項により、会社は監査役を辞任された方に対し、その後最初に招集される株主総会について、開催される旨をご通知申し上げることが必要とされ、辞任された監査役は、その総会に出席し「辞任した旨」と「辞任の理由」を述べることができるとされています。
　つきましては、弊社第○○回定時株主総会を下記のとおり開催いたしますのでご通知申し上げます。
　なお、お手数をおかけして恐縮ですが、「辞任の理由」を述べられるか否かを平成○○年○月○○日までに同封の用紙にてご連絡いただきますようお願い申し上げます。

敬　具

記

1．日　時　平成○○年○月下旬（期日未定）
2．場　所　東京都○○区（詳細未定）

以　上

追記：開催日時および場所は未定ですので、決定次第ご通知申し上げます。

《本件に関するご照会先》
　　○○○○株式会社
　　総務部○○課　担当：○○（TEL・・・）

（注1）　本通知は、実務上、事業報告の記載事項の有無を確認するためのもの。出状の時点は、事業報告の作成前であり、その時点では、株主総会の「日時」、「場所」が確定していないため、本通知では、未定で出状することになる。なお、定時株主総会招集決定取締役会決議により、「日時」、「場所」が確定次第、正式な通知を出状する必要がある。
（注2）　当該辞任監査役が株主である場合には、上記「追記」の部分は、「定時株主総会招集ご通知は○月○日頃にご送付させていただく予定です。」の旨を記載することも考えられる。

（回答用の同封書面）

平成○○年○月○○日

○○○○株式会社
代表取締役社長　○○○○殿

辞　任　理　由　陳　述　の　件

　私は、平成○○年○月下旬開催の貴社第○○回定時株主総会において
　　１．辞任の理由を述べません。
　　２．辞任の理由を述べます。
　（いずれか一方に○印をしてください。）

「辞任の理由」

| |
| |

　上記２．に○印をされた場合には「辞任の理由」をご記入ください。
（上記１．に○印をされた場合は不要です。）

住所
氏名　　　　　　　　　　　　　　　　㊞

【図表１－３－11】監査役の選任・辞任に関する意見陳述および株主総会参考書類・事業報告への記載

株主総会における意見陳述	株主総会参考書類への記載	事業報告への記載
１．監査役は、株主総会において、監査役の選任もしくは解任または辞任について意見を述べることができる（345条４項において読み替えて準用する同条１項）。 ２．監査役を辞任した者は、辞任後最初に招集される株主総会に出席して、辞任した旨およびその理由を述べることができる（345条４項において読み替えて準用する同条２項）。 ３．取締役は、監査役を辞任した者に対し、同項の株主総会を招集する旨および株主総会の日時・場所を通知しなければならない（345条４項において読み替えて準用する同条３項）。	１．監査役の選任について、監査役の意見があるときは、その意見の内容の概要（施行規則76条１項５号）。 ２．候補者が社外監査役候補者である場合であって、株主総会参考書類における社外監査役候補者に係る事項の記載について当該候補者の意見があるときは、その意見の内容（施行規則76条４項８号）。	辞任した会社役員または解任された会社役員（株主総会または種類株主総会の決議によって解任されたものを除く）があるときは、次に掲げる事項（当該事業年度前の事業年度に係る事業報告の内容としたものを除く）（施行規則121条７号）。 イ　当該会社役員の氏名（※１） ロ　監査役の辞任または解任について株主総会において述べられる予定のまたは述べられた意見（345条４項において読み替えて準用する同条１項）があるときは、その意見の内容 ハ　辞任した監査役により株主総会において述べられる予定のまたは述べられた辞任の理由（345条４項において読み替えて準用する同条２項）があるときは、その理由（※２）

（※１）辞任した会社役員または解任された会社役員が対象であるので、辞任した監査役（または

第1章　平成30年株主総会の留意点と本年株主総会事務日程

　　解任された監査役）のみならず、辞任した取締役（または解任された取締役）もその氏名を事業報告に記載することになる。なお、任期満了による退任取締役および任期満了による退任監査役の氏名を記載する義務はないが、事業報告上、任意に、取締役および監査役の指名等を記載した一覧表に注記されることも多い。

（※2）辞任した監査役が対象であり、任期満了による退任監査役は対象とならない。なお、施行規則121条7号には「当該事業年度前の事業年度に係る事業報告の内容としたものを除く」との限定が付されているので、一度事業報告に記載された「辞任の理由」等と同一の内容が株主総会で述べられた場合は、翌事業年度に係る事業報告の内容とする必要はないとされている（大野晃宏ほか「会社法施行規則、会社計算規則等の一部を改正する省令の解説」商事法務1862号21頁）。

2　株券電子化制度関係

⑴　総株主通知の標準日程（株主確定日程）

　総株主通知は、機構から基準日等における振替口座簿の記録事項が会社（データ等は株主名簿管理人が受領する。以下同じ）に通知されるものであり、法令で定める場合（社債株式振替151条1項）と会社が機構に対して請求するものがある（同条8項）。

　定時株主総会に係る基準日は、法令に定める場合に該当し、機構は、当該基準日に係る株主等の有する振替株式の銘柄、数等を会社（株主名簿管理人）に対して速やかに通知しなければならないとされている（社債株式振替151条1項柱書）。

　具体的には、この総株主通知は、機構から株主名簿管理人に対して、基準日の翌営業日から起算して3営業日目に通知される（標準日程）（業務規程149条、業務規程施行規則182条・186条）。

　株主名簿管理人から会社に対しては、総株主通知受領日の午後には速報版としての統計表（所有数別統計表等の株式数をもとにしたもの）、大株主一覧表、役員株主一覧表等を提供する。

　その後、所有者区分コードの付け込みや住所レイアウトの編集作業が終了した後に、最終的な株主確定を行い、確定版としての各種統計表、株主一覧表等を出力して提供することとなる（原則として基準日の翌営業日から起算して6営業日目）。

(2) 情報提供請求の制度概要等

　会社は、正当な理由がある場合に、期中の個別の株主を把握する手段としての情報提供請求が認められている（社債株式振替277条後段、社債株式振替施行令84条、社債株式振替命令61条2号）。なお、正当な理由は、関係業界・関係省庁の検討により正当な理由についての解釈指針が定められており、実務上はこれに基づき正当な理由が理解され、運用されている。

（日本証券業協会　証券受渡・決済制度改革懇談会「総株主通知等の請求・情報提供請求における正当な理由についての解釈指針」）
　　　　　　　http://www.jsda.or.jp/katsudou/kaigi/chousa/kessai_kon/index.html

---

　具体的には、情報提供請求対象加入者の口座の範囲を、対象加入者の口座のすべてとし、請求対象期間の株式数の増減記録までの情報を提供請求する「全部情報」の請求と、対象加入者の口座の範囲を、対象加入者の口座のうち機構または直接口座管理機関（機構に口座を開設する口座管理機関）が開設するものに限定し、機構または直接口座管理機関の請求受付日の前営業日の株式数の情報を提供請求する「部分情報」の請求が用意されている（業務規程156条2項、業務処理要領2－11－10）。

　会社が請求する情報提供請求の取扱い概要は、次表のとおりである。

【図表1－3－12】情報提供請求に関する機構の取扱い概要（非典型な振替口座簿の情報提供請求を除く）

（業務規程156条～158条、業務規程施行規則213条～224条）

手続項目	全部情報	部分情報
請求等の委託	機構への請求および機構経由の情報の受領は株主名簿管理人に委託する。	
対象加入者の口座の範囲	対象加入者の口座のすべて。	機構または直接口座管理機関が開設するもの。（※1）
発行会社への情報提供予定日	原則、請求受付日（機構が発行者からの情報提供請求を受け付けた日。以下同じ）の翌営業日から起算して4営業日目の日。（※2）	原則、午後2時30分までの機構に対する請求分は当日。（※3）
発行会社に提供される主な情報	①対象銘柄（銘柄コード） ②対象株主の株主等照会コード ③対象株主の氏名または名称および住所 ④対象期間（請求受付日の前日から前6箇月の期間の範囲で設定）（※4） ⑤対象株主が外国人保有制限銘柄に係る外国人であるか否かの別（外国人区分） ⑥対象日（対象期間中の一の日） ⑦対象日において対象株主が有する対象銘柄である振替株式の数の増加または減少の記録がされたときは、増加または減少の別およびその数（増減数量） ⑧対象日において対象株主が有する対象銘柄である振替株式の数（対象日残高）	①対象株主の株主等照会コード ②請求受付日 ③株主の氏名または名称および住所 ④対象銘柄（銘柄コードおよび銘柄名） ⑤対象日（請求受付日の前日）において対象株主が有する対象銘柄である振替株式の数 ⑥対象株主が外国人保有制限銘柄に係る外国人であるか否かの別（外国人区分） ⑦請求の理由（正当な理由）
対象加入者の特定の方法	原則、株主等照会コードまたは対象加入者の氏名または名称および住所のいずれかで特定する。ただし、請求の理由が「株主と自称する者の確認」に該当する場合は、「あいまい請求機能」（氏名もしくは名称または住所の一部を機構に指示する方法）を利用することができる。	

— 79 —

第1章　平成30年株主総会の留意点と本年株主総会事務日程

手続項目	全部情報	部分情報
機構への請求通知方法	ファイル伝送または加入者情報 Web 端末の「情報提供請求（全部情報）」画面への入力。	加入者情報 Web 端末の「情報提供請求（部分情報）」画面への入力。
正当な理由	解釈指針に規定された6項目の「正当な理由」の類型のいずれかへの該当有無（該当する理由があるときはその内容）および6項目の「正当な理由が認められない場合」の類型のいずれかへの該当有無の双方を申告しなければならない。 機構は、解釈指針に定める「正当な理由」以外の事由により行う情報提供請求については、その取次ぎを行わない。	
機構からの情報の受領方法	ファイル伝送。書面の交付を求めた場合は「振替口座簿記録事項通知書」。	加入者情報 Web 端末の「対象加入者保有株式数通知一覧」画面への表示。

（※1）　間接口座管理機関（機構ではなく他の口座管理機関に口座を開設する口座管理機関）が開設する対象加入者の口座に記録された振替株式の数は含まれないので留意する必要がある。

（※2）　情報提供請求を取り次ぐべき口座管理機関に間接口座管理機関が含まれる場合には、1階層ごとに2営業日ずつ加算される。

（※3）　処理件数等によっては請求受付日当日中に通知されない場合がある。

（※4）　請求受付日の前日から6箇月を超えてさかのぼった日を含む期間を対象として情報提供請求を行うときは、別に機構が定める方法（「振替口座簿情報提供請求書（発行者用）」（書式 ST80-21）を提出する方法）により、情報提供請求を行うことができる。調査対象期間は、請求日の前日から請求日の前10年の期間（機構における取扱開始日前の日を除く）の範囲で指定するとされている。

(3)　個別株主通知の制度概要等

　個別株主通知は、少数株主権等（株主提案権等、基準日を定めて行使される権利以外の権利（社債株式振替147条4項））を行使する際に通知されるものである。振替制度における少数株主権等の行使は株主名簿の記録でなく個別株主通知によるものとされていることから（社債株式振替154条2項）、株主名簿に記録されていない加入者であっても、個別株主通知が通知されることにより少数株主権等の行使をすることができることになる。株主は、その直近上位機関（株主本人の口座が開設されている口座管理機関または振替機関）を経由して申出をする（同条4項）。

　振替機関は、特定の銘柄の振替株式について自己または下位機関の加入者からの申出があった場合には、遅滞なく、当該振替株式の発行者に対し、通知をしなければならないとされている（社債株式振替154条3項、社債株式振替命令25条）。

　また、株主が少数株主権等を行使することができる期間は、個別株主通知が通知された後4週間が経過する日までの間とされている（社債株式振替154条2項、社債株式振替施行令40条）。

　なお、この制度においては、株主が振替制度上保有する個別株主通知対象銘柄である振替株式のすべての数を通知する取扱いだけでなく、個別株主通知の申出の取次ぎの請求をした加入者（これを「申出株主」という（業務規程154条4項））が、理由を提示して、当該請求を受付した口座管理機関または振替機関が当該申出株主のために開設した一の口座に記録された個別株主通知対象銘柄である振替株式の数のみを個別株主通知の対象とする取扱いが用意されており（業務規程154条2項・19項8号、業務規程施行規則199条2号・209条1項3号等）、これを一部通知という（業務処理要領2－10－1）。

第3節　平成30年株主総会事務日程

【図表1－3－13】個別株主通知の概要

（業務規程154条～155条、業務規程施行規則199条～212条、業務処理要領2章10節）

手続項目	内容
通知の申出	株主は口座のある口座管理機関へ個別株主通知の申出を行う
受付票等の受領	株主は申出した口座管理機関より(1)受付票(2)個別株主通知の予定日(3)個別株主通知を行った旨の通知を受領
個別株主通知日（注1）	申出受付日＋4営業日に機構から発行会社（株主名簿管理人）に個別株主通知を通知
通知事項	通知対象期間における対象日（通知対象期間中の一の日をいう）ごとの次に掲げる事項 （注2） (1)　個別株主通知対象銘柄 (2)　申出株主の氏名または名称および住所 (3)　申出受付日 (4)　受付番号 (5)　対象日 (6)　対象日において申出株主が有する個別株主通知対象銘柄である振替株式の数の増加または減少の記載または記録がされたときは、増加または減少の別およびその数 (7)　対象日において申出株主が有する個別株主通知対象銘柄である振替株式の数 (8)　申出株主の株主等照会コード (9)　個別株主通知対象銘柄が外国人保有制限銘柄である場合には、申出株主が外国人等に該当するか否かの別 (10)　申出株主の直近上位機関が当該申出株主のために開設した一の口座に記載または記録がされた個別株主通知対象銘柄である振替株式の数のみを個別株主通知の対象とした場合の、その旨 (11)　申出株主から業務規程33条1項の代理人等の届出の取次ぎの請求を受けているときは、次に掲げる事項 　①　加入者の口座が共有に属する場合の代表者の届出の取次ぎ　代表者の役職名および氏名 　②　代理人の届出の取次ぎ　代理人の氏名または名称および住所ならびに代理人が法人であるときは、その代表者の役職名および氏名 　③　加入者が非居住者である場合の国内連絡先の指定または変更に係る届出（上記②の代理人の選任に代えて行うものに限る）の取次ぎ　国内連絡先の住所 (12)　上記(2)または上記(11)②③に規定する住所が日本国内に所在するものであるときは、その郵便番号 (13)　その他機構が定める事項

（注1）　申出受付機関が間接口座管理機関である場合、報告期限日は当該間接口座管理機関の上位機関（機構を除く）の数に応じて1営業日を加算した日となり、報告依頼先機関が間接口座管理機関である場合、報告期限日は当該間接口座管理機関の上位機関（機構を除く）の数に応じて2営業日を加算した日となる。

　　　なお、個別株主通知の申出をした口座管理機関で管理されている株式数のみを個別株主通知の対象とする一部通知の申出の場合の個別株主通知は、一部通知ではない申出の場合の個別株主通知よりも1～3営業日早く通知される（標準日程の場合）。

（注2）　通知対象期間は、申出受付日の前日（休業日を含む）から起算して6ヶ月と28日前から申出受付日の前日（休業日を含む）までとなる。

第 1 章　平成30年株主総会の留意点と本年株主総会事務日程

3　大会社（上場会社）の具体的な 3 月決算事務日程例

【図表 1 － 3 －14】大会社（上場会社）の具体的な 3 月決算事務日程例（前提：定時株主総会は 6 月28日（木）、連結計算書類は計算書類と同一日程としたもの）

月　日（曜日）	主　　　要　　　日　　　程
2. 1 （木）	○定時株主総会日程打ち合わせ・借会場借用再確認
9 （金）	○定時株主総会日確認（取締役会等）
20 （火）	○株主名簿管理人と決算関係日程打ち合わせ
3.15 （木）	○印刷会社と招集通知等の印刷打ち合わせ
16 （金）	○社外役員に対する事業報告記載事項の照会
	○辞任監査役に対する株主総会での意見陳述有無等の照会
	○事業報告原稿作成依頼
	○想定問答集作成依頼
28 （水）	○配当落ち
31 （土）	○事業年度末日（定時株主総会の議決権および配当の基準日）
4. 2 （月）	○事業報告原稿回収
4 （水）	○総株主通知受領（株主名簿管理人）
	○期末株主確定に基づく株主統計表等（速報版）を株主名簿管理人から受領（PDF での照会等）
9 （月）	○期末株主確定に基づく株主統計表等を株主名簿管理人から受領（PDF での照会等）
12 （木）	○事業報告原稿打ち合わせ
13 （金）	○新任役員候補者に対する参考書類記載事項等の照会
19 （木）	○取締役は計算書類（附属明細書を含む）・連結計算書類を監査役・会計監査人へ提出
	○取締役は事業報告（附属明細書を含む）を監査役へ提出
	○有価証券報告書原稿依頼
	○定時株主総会会場最終確認
	○招集通知等の印刷打ち合わせ
24 （火）	○株主名簿管理人から信託関係明細表を受領（PDF での照会等）
26 （木）	○株主総会のお土産品を決定、発注
27 （金）	○配当金取扱銀行を株主名簿管理人に連絡
	○持株会用の株式配当金に係る税額計算の依頼書を持株会事務局より受領、株主名簿管理人へ送付
	○料金受取人払申請承認（郵便局に承認番号申請）
	○印刷部数明細作成、株主名簿管理人、印刷会社へ送付
5. 1 （火）	○招集通知等の原稿渡し
	○シナリオ作成開始
	○想定問答集回答を回収
2 （水）	○株主提案権の行使期限
8 （火）	○想定問答検討会（第 1 回）
10 （木）	○会計監査人から計算書類・連結計算書類の会計監査報告を特定監査役・特定取締役へ提出
	○配当金内定を株主名簿管理人へ通知
	○関係者に対する事務局派遣依頼
	○決算発表資料を作成
11 （金）	○決算取締役会（招集決定事項および株主総会付議議案決定）
	○株主提案に対する取締役会の意見を決定（株主提案権行使がある場合）
	○決算取締役会の決定内容の上場証券取引所への通知
	○決算発表（上場証券取引所の要請から早期発表を行う会社も多い）
17 （木）	○特定監査役から事業報告の監査報告を特定取締役へ提出
	○特定監査役から計算書類・連結計算書類の監査役監査報告を特定取締役・会計監査人へ提出
18 （金）	○決算取締役会（計算書類・事業報告およびこれらの附属明細書、連結計算書類の承認）
21 （月）	○招集通知等の最終確定・印刷開始
	○有価証券報告書原稿回収・有価証券報告書原稿渡し
	○決算公告原稿渡し（注1）
	○決議通知・株主通信等（名称は任意。以下同じ）作成開始
22 （火）	○警察署に警戒派遣依頼
30 （水）	○招集通知を株主名簿管理人へ納品（納品日程は株主名簿管理人と協議決定）

－ 82 －

第3節 平成30年株主総会事務日程

月 日（曜日）	主　要　日　程
6. 1（金）	○決算公告原稿校了 [注1] ○株主総会シナリオ原案完成 ○株主名簿管理人から特殊税率株主明細表受領（PDFでの照会等） ○想定問答検討会（第2回）
4（月）	○決議通知・株主通信等原稿渡し
5（火）	○上場証券取引所へ電磁的方法による招集通知の提供 [注2] ○支店に計算書類等備置書類を送付
7（木）	○配当金計算集計表等を株主名簿管理人から受領（PDFでの照会等） ○独立役員届出書提出（再任の場合でも記載内容に変更がある場合提出） ○招集通知発送（通知書・添付書類・参考書類・議決権行使書用紙） [注3] ○計算書類・事業報告ならびにこれらの附属明細書、監査役・監査役会の監査報告および会計監査報告を本・支店（写し）に備置（連結計算書類ならびにその監査報告および会計監査報告は備置対象外） ○退職慰労金規程等を備置（役員退職慰労金支給議案がある場合。株主の閲覧のみ） ○決議通知、株主通信等校了・印刷開始
8（金）	○議決権行使書の集計開始
13（水）	○株主総会リハーサル（第1回） ○配当金支払委託書を取扱銀行に提出
15（金）	○質問状整理（到着分）
20（水）	○決議通知・株主通信等印刷終了、株主名簿管理人へ納入（納品日程は株主名簿管理人と協議決定）
25（月）	○配当金支払資金（ゆうちょ銀行配当金領収証分）払込み ○お土産品の搬入
27（水）	○株主総会リハーサル（第2回） ○議決権行使書の提出期限・最終集計 ○質問状の最終整理、説明要領調整
28（木）	○配当金支払資金（ゆうちょ銀行以外）預託 ○定時株主総会 ○取締役会 ○監査役会（監査役の協議） ○決議通知・株主通信等・配当金関係書類の発送（株主総会終了後） ○有価証券報告書納入
29（金）	○決算公告 [注1] ○定時株主総会の議事録作成完了・備置（本・支店） ○議決権行使書（委任状等）の備置（期限9.28） ○有価証券報告書・確認書および内部統制報告書を提出（EDINET） ○配当金支払開始
7. 2（月）	○取締役会の議事録作成完了・本店備置 ○監査役会の議事録作成完了・本店備置
3（火）	○本店における変更登記（期限7.12、会計監査人の変更登記等） ○臨時報告書による議決権行使結果の開示（EDINET）（遅滞なく）
4（水）	○支店による変更登記（期限7.19） [注4]
10（火）	○配当金源泉税徴収分（所得税・復興特別所得税・地方税）の納付（期限7.10） ○道府県民税配当割納入申告書提出
17（火）	○配当金支払調書合計表の提出（期限7.30） ○配当金支払調書（DVD）の提出（期限7.30）（株主名簿管理人から所轄税務署に提出）
31（火）	○配当金支払期間終了
8.31（金）	○配当金支払資金の最終決済
9.28（金）	○議決権行使書（委任状等）の本店備置期限 ○決議取消しの提訴期限

（注1）有価証券報告書提出会社については、決算公告は不要である（440条4項）。

（注2）提出期限は招集通知の発送日（上記例では6月7日）までであるが、CGコード補充原則1-2②において発送前に行うことが求められていることを考慮している（より早期に提出することも考えられる）。

（注3）法定の発送期限は、上記例では6月13日であるが、CGコード補充原則1-2②において早期発送が求められていることを考慮している（個社毎に適切な発送日を検討することになる）。

（注4）支店登記は商号・本店の所在場所・支店の所在場所（その所在地を管轄する登記所の管轄区域内にあるものに限る）に限定されている（930条2項）。

第2章
株主総会の準備

第2章　株主総会の準備

第1節　株主総会の権限

1　株主総会の権限

(1)　総　説

　株主総会は出資者である株主により構成される会議体であって、会社の基本的事項を決定する必要的機関であり、他の諸機関はすべて株主総会決議に拘束される。このような意味で株主総会は会社の最高の機関とされているが、いかなる事項についても決議できるわけではない。取締役会設置会社は、会社法に規定する事項および定款で定めた事項に限り、決議をすることができる（295条2項）が、その他の事項については法の定めるところにより取締役から報告を受けるとされている（438条、439条）にすぎない。しかしながら、会社の事業目的を含む定款の変更、取締役および監査役の選任または解任などは依然として株主総会の権限とされているから、会社の最高の機関であることに変わりはない。

　取締役会を設置しない会社（有限会社型）は、この法律に規定する事項および株式会社の組織、運営、管理その他株式会社に関する一切の事項について決議をすることができる（295条1項）とされ、株主総会は文字どおり万能の機関である。

(2)　法定の権限

　会社法上、株主総会の決議事項とされているものは次のとおりである。

　a　普通決議事項

　普通決議事項とは、総株主の議決権の過半数に当たる株式を所有する株主が出席し（定足数）、その出席株主の過半数をもって決議する事項である（309条1項）。しかし、同条は「定款に別段の定めがある場合を除き」として、定款をもって定足数を排除できる旨を定めているので、ほとんどの会社が、普通決議事項については「株主総会は、法令またはこの定款に別段の定めがある場合のほか、出席株主の議決権の過半数をもって決議する」旨を定款に定めている。ただし、取締役および監査役の選任決議については、定款によってもその定足数を総株主の議決権の3分の1未満とすることはできない（341条）と定められているため、一般的には定款において取締役および監査役

の選任は「議決権を行使することができる株主の議決権の３分の１以上を有する株主が出席し、その議決権の過半数をもって行う」旨を定めている。なお、当然のことながら、報告事項については決議するものでないので定足数の適用はない。

　法律の定める普通決議事項とされるものの主なものは次のとおりである。

　（a）　計算書類の報告・承認（438条３項、439条）

　ただし、会計監査人設置会社においては、貸借対照表・損益計算書・株主資本等変動計算書および個別注記表については、一定の条件のもとに株主総会の承認を要せず報告で足りる（439条）。

　（b）　剰余金の処分（452条）

　（c）　剰余金の配当（454条）

　剰余金の処分と剰余金配当をまとめて一つの議案（「剰余金の処分の件」と付議する）とするのが通例であるが、別個の議案とすることもできる。

　（注）　会計監査人設置会社で、かつ監査役会設置会社・監査等委員会設置会社・指名委員会等設置会社で取締役（監査等委員である取締役を除く）の任期を１年以内とする会社は、定款で剰余金の処分（資本金・準備金への組入れを除く）および剰余金の配当を取締役会の権限とすることができる（459条１項２号・４号）。

　（d）　法定準備金（資本準備金・利益準備金）の額の減少（448条）

　（e）　取締役および監査役の選任（329条１項、332条１項、336条１項）

　（f）　補欠監査役選任制度による補欠監査役選任（予選）（329条３項、施行規則96条）

　（g）　会計監査人の選任・解任（329条１項、338条、339条）

　（h）　取締役の解任（341条）

　取締役の解任は、議決権を行使できる株主の議決権の過半数（３分の１以上の割合を定款で定めた場合はそれ以上）を有する株主が出席し、その議決権の過半数（これを上回る割合を定款で定めた場合はそれ以上）をもって行わなければならない。ただし、監査役および累積投票により選任された取締役の解任は特別決議による（309条２項７号）。

　（i）　取締役および監査役の報酬額の決定（361条、387条）

　取締役の報酬額を不確定金額とする場合（業績連動型報酬）はその具体的算定方法を、金銭以外のものを報酬とする場合はその具体的内容を決議する。また、議案提出に当たっては、その報酬を相当とする理由を説明することが必要である。

　取締役および監査役の報酬は、それぞれ各人別でなく総額で決議してもよいが、取締役分と監査役分は各別に決議しなければならない。

　なお、社外取締役の報酬は、社外取締役以外の取締役と分別して記載する（施行規則82条３項）。

　（j）　取締役および監査役の退職慰労金の支給（361条、387条、施行規則82条・84条）

　（k）　責任免除を受けた役員等に対し退職慰労金等の支給（425条～427条、施行規則115条・84条の２）

第2章　株主総会の準備

　株主総会における責任免除の決議があった場合、定款の定めに基づき取締役会が責任の免除を決議した場合、あるいは非業務執行取締役等との責任限定契約により責任が限定された場合において、その後に会社がその役員等に対し退職慰労金・退職手当等の財産上の利益を与えるとき、またはその役員等が新株予約権を行使し、または譲渡するときは、株主総会の決議を受けなければならない（425条4項、426条8項、427条5項）。これらの承認議案を株主総会に提出する場合には、当該役員等が得る新株予約権に関する財産上の利益の額（施行規則114条）および当該役員等に与える退職慰労金・退職手当等の財産上の利益の内容（施行規則115条）を参考書類に記載しなければならない（施行規則84条の2）。

　⑴　自己株式取得の承認（全株主から申込みを募る取得）（156条）

　株主総会で、①取得する株式の数、②株式を取得するのと引換に交付する金銭等の内容およびその総額、③株式を取得することができる期間（1年を超えることができない）を定め、これに従い取締役会で具体的決議を行う（157条）。なお、上場会社の場合は、定款の定めに基づき取締役会決議による自己株式の取得を行うことができる（会社法165条2項）。

　会計監査人設置会社で、かつ監査役会設置会社で取締役の任期を1年以内とする会社は定款で取締役会の権限とすることができる（459条1項1号）。

　㎜　株主総会に提出された資料を調査するための調査者の選任（316条）

　株主総会において取締役、監査役、監査役会および会計監査人の提出した資料を調査する者を選任することができる。手続的動議として提出される。

　⒩　株主総会の延期または続行（317条）

　株主総会の延期とは株主総会を開会した後議事に入らないで会議を後日に変更することをいい、続行とは議事に入った後審議未了のまま会議を一時中止して後日に審議を継続することをいう。いずれも当該株主総会における手続的動議として提出される。

　⒪　会計監査人の株主総会出席要求（398条2項）

　会計監査人設置会社の定時株主総会において、会計監査人の出席を求める決議があったときは、会計監査人は出席して意見を述べなければならない。この手続的動議に備え、会計監査人を別室に待機させる会社もある。

b　特別決議事項（309条2項）

特別決議事項とは、議決権を行使することができる株主の議決権の過半数（3分の1以上の割合を定款に定めた場合にあっては、その割合以上）を有する株主が出席し、出席した当該株主の議決権の3分の2（これを上回る割合を定款で定めた場合にあっては、その割合）以上に当たる多数をもって決議する事項である。

第1節　株主総会の権限

【記載例２－１－１】普通決議の定足数排除並びに特別決議の定足数緩和の定款記載例

（決議の方法）

第○条　株主総会の決議は、法令または本定款に別段の定めがある場合を除き、出席した議決権を行使することができる株主の議決権の過半数をもって行う。

2　会社法第309条第２項に定める決議は、議決権を行使することができる株主の議決権の３分の１以上を有する株主が出席し、その議決権の３分の２以上をもって行う。

(a)　定款変更（466条、309条２項11号）

　定款は会社の組織と運営に関する根本規則であるが、必要により適宜これを変更することができる。なお、新たに株式の譲渡制限を設ける定款変更は後述の特殊決議によることとされ、要件が加重される。

　また、定款の発行可能株式総数（授権株数）を株式分割の割合に応じて増加させる定款変更、および１単元の株式数を減少させる場合または単元株制度を廃止する場合の定款変更については取締役会決議によることでよい（184条２項、195条１項）。

(b)　特定株主からの自己株式取得（160条１項、309条２項２号）

　特定の株主から自己株式を取得する場合は①取得する株式の数、②株式を取得するのと引換に交付する金銭等の内容およびその総額、③株式を取得することができる期間（１年を超えることができない）に加え、取締役会決議通知（取得株式数・１株当たりの取得価格・取得価額の総額・申込期日の通知）を特定の株主に対して行う旨につき株主総会の特別決議が必要になる（160条１項、309条２項２号）。子会社が有する親会社株式を親会社が取得する場合は取締役会決議による（163条）。なお、特定株主からの自己株式取得は他の株主に売主追加請求権が与えられている。ただし、上場会社の場合で１株当たりの取得価額が株主総会決議日の前日の市場価額を超えないときは売主追加請求権の規定は適用されないので、その旨も記載する（161条、施行規則30条）。

(c)　第三者に対する募集株式・新株予約権の有利発行（199条３項、200条２項、238条３項、239条２項、309条２項５号・６号）

　公開会社においては、通常の募集株式（新株発行・自己株式処分）および新株予約権の発行は取締役会の決議によるが、株主割当以外の方法で、特に有利な条件または価額で発行する場合には、特別決議が必要である。

(注)　役員および従業員に対するストックオプションとして付与される新株予約権は、旧商法では有利発行と整理し株主総会の特別決議を経ていたが、会社法では職務執行の対価として付与する場合は報酬等に該当するものと解されている。従業員に対するストックオプションは報酬ではあるが労

第2章　株主総会の準備

働基準法に定める賃金には該当しないと解されている（平成9年6月1日労働省基発第412号）（従業員に対する報酬としてのストックオプションの付与は取締役会決議でよい。有利発行の場合は株主総会特別決議）。

⒟　資本金の額の減少（447条、309条2項9号）

資本金の額の減少とは、会社の資本金の額を減少させることをいい、会社の財産維持に強い利害関係を有する債権者および株主に対して与える影響が大きい。

資本金の額の減少には現実に会社財産の減少を伴うもの（実質上の資本金の額の減少）と、そうでないもの（形式上の資本金の額の減少）とがある。一般的に行われるのは形式上の資本金の額の減少であり、減資により累損を一掃するとともに新株を発行して資金を調達し、会社の再建を図ることが多い。

なお、株式発行と同時に資本金額を減少する場合であって、資本金額減少の効力発生日後の資本金額がその日前の資本金額を下回らないときには、取締役会決議によって資本金額を減少をすることができる（447条3項）。

⒠　合併契約（書）の承認（783条1項、795条1項、804条1項、309条2項12号）

合併とは、経営の合理化、競争の回避などを目的として、2個以上の会社が1個の会社になることをいう。

合併には当事会社がそれぞれ解散して同時に新たな会社を設立する新設合併（2条28号）と、1社が存続して他の当事会社を吸収する吸収合併（2条27号）とがあり、後者の吸収合併による例が圧倒的に多い。

（簡易合併）

合併に際し交付する存続会社の株式の数に1株当たり純資産額を乗じて得た額および合併に際し交付する存続会社の社債その他の財産の帳簿価額の合計額が存続会社の純資産額の5分の1を超えない場合は、存続会社は合併承認の株主総会決議を要しない（796条2項、施行規則196条）。これを簡易合併という。ただし、①合併差損が生じる場合（施行規則195条3項に該当する場合を除く）、②消滅会社の株主に対して交付する金銭等の全部または一部が存続会社の譲渡制限株式である場合であって、存続会社が公開会社でない場合は、株主総会の決議は省略できない。

（略式合併・特別支配会社の場合）

①存続会社が消滅会社の特別支配会社である場合には、原則として消滅会社の株主総会の決議による承認を要しない（784条1項）。また、②消滅会社が存続会社の特別支配会社である場合には、原則として存続会社の株主総会の決議による承認を要しない（796条1項）。ここで特別支配会社とは、基本的には、ある会社Aの総株主の議決権の10分の9以上を他の会社Bが所有している場合のBをいう（468条1項）。ただし、⒤存続会社が消滅会社の特別支配会社である場合においても、吸収合併における合併対価の全部または一部が譲渡制限株式である場合であって、消滅

— 90 —

会社が公開会社であり、かつ種類株式発行会社でないときは、消滅会社の株主総会の決議による承認が必要である（784条1項但書）。また(ii)消滅会社が存続会社の特別支配会社である場合においても、消滅会社の株主に対して交付する合併対価の全部または一部が存続会社の譲渡制限株式である場合であって、存続会社が非公開会社（発行する株式の全部が譲渡制限株式である会社。以下本節において同じ）であるときは、存続会社の株主総会の決議による承認が必要である（796条1項但書）。

〔f〕 分割契約（書）の承認、分割計画（書）の承認（783条1項、795条1項、804条1項、309条2項12号）

　会社分割とは、会社の事業の全部または一部を他の会社に包括的に承継させることを目的とする会社の行為である。分割する会社（分割会社）の事業を承継する会社（承継会社）が既存の他の会社である吸収分割（2条29号）と、承継する会社が分割により新しく設立する会社である新設分割（2条30号）がある。吸収分割は分割契約書を作成し、分割会社と承継会社のそれぞれにおいて株主総会の決議による承認が必要である。新設分割は分割計画書を作成し、分割会社の株主総会の決議による承認を得る必要がある。

（簡易分割）

　分割会社に簡易分割が認められるのは、承継会社・設立会社に承継させる資産の帳簿価額の合計額が分割会社の総資産として法務省令で定める方法により算出される額の5分の1を超えない場合である（784条2項、805条、施行規則187条・207条）。

　承継会社に簡易分割が認められるのは、分割に際して交付する承継会社の株式数に1株当たり純資産額を乗じて得た額および分割に際し交付する承継会社の社債その他の財産の帳簿価額の合計額が承継会社の純資産額の5分の1を超えない場合である（796条2項、施行規則196条）。

　承継会社に分割差損が計上される場合（施行規則195条4項に該当する場合を除く）、または承継会社が非公開会社であって株式を交付する場合には、簡易分割の手続をとることができないのは、簡易合併と同様である（796条1項但書）。

（略式分割）

　吸収分割の当事会社の一方が他方（従属会社）の総株主の議決権の10分の9以上を有するとき（特別支配会社）は、従属会社が分割会社になる場合または承継会社になる場合のいずれにおいても、従属会社における分割承認の株主総会決議は不要である（784条1項、796条1項）。ただし、承継会社である従属会社が非公開会社であって分割会社に対して交付する分割対価の全部または一部が承継会社の譲渡制限株式であるときは、略式分割はできない（796条1項但書）。

〔g〕 株式交換契約（書）の承認（783条1項、795条1項、309条2項12号）

　株式交換とは、既存の会社（完全子会社となる会社）の株主の有する全株式が一定の日に既存の他の会社（完全親会社となる会社）に移転し、完全子会社となる会社の株主に完全親会社とな

第2章　株主総会の準備

る会社の株式等が交付される会社の行為である（2条31号）。株式交換契約につき当事会社の株主総会の決議による承認を得ることが要件である。

（簡易株式交換）

　簡易合併、簡易分割の要件に同じである（796条2項）。

（略式株式交換）

　略式合併の要件に同じである（784条1項、796条1項）。

　(h)　株式移転による完全親会社の創設（804条1項、309条2項12号）

　株式移転とは、既存の会社（完全子会社となる会社）の株主の有する全株式が新たに設立される会社（完全親会社となる会社）に移転し、完全子会社となる会社の株主が完全親会社の株主となる会社の行為である（2条32号）。株式移転計画につき株主総会の決議による承認を得ることが必要である。

　(i)　事業の全部または重要な一部の譲渡もしくは会社の事業全部の譲受（467条、309条2項11号）

　譲渡の対象が会社の事業の全部もしくは重要な一部（ただし、譲渡する資産の帳簿価額が当該会社の総資産として法務省令（施行規則134条）で定める方法により算定される額の5分の1を超えない場合を除く）である場合または他の会社の事業全部を譲り受ける場合は、株主総会の決議により契約の承認を受けなければならない。

（簡易な事業全部の譲受）

　他の会社の事業全部を譲り受ける会社が対価として交付する財産の帳簿価額の合計額が当該会社の純資産額として法務省令（施行規則137条）で定める方法により算出される額の5分の1を超えない場合は、株主総会の決議による承認を要しない（468条2項）。

（略式事業全部の譲受および事業譲渡）

　ある会社Aが他の会社Bの事業全部の譲受を行う場合において、BがAの総株主の議決権の10分の9以上を有するときは、Aの株主総会の決議による承認を要しない。略式事業譲渡も同じ(468条1項)。

　(j)　取締役・監査役・会計監査人の会社に対する損害賠償責任の軽減（425条1項、309条2項8号）

　取締役・監査役・会計監査人が職務を行うにつき善意でかつ重大な過失がないときは、株主総会の特別決議により、会社に対する損害賠償責任額を法令の限度額まで軽減することができる。

　なお、定款規定に基づく取締役会決議によって、同様に取締役・監査役・会計監査人の賠償責任を軽減することは可能であるが、定款変更に際しては株主総会特別決議が必要となる。

　(k)　監査役および累積投票により選任された取締役の解任（342条6項、343条4項、309条2項7号）

― 92 ―

⑴　会社の解散（471条、309条 2 項11号）

⑽　会社の継続（473条、309条 2 項11号）

　　c　特殊決議事項

　特殊決議事項（309条 3 項）とは、会社に関する重要事項のなかでその重要性、ことに株主の権利に及ぼす影響の重大性から「議決権を行使することができる株主の半数以上（頭数。定款で引き上げることもできる）で、その株主の議決権の 3 分の 2 （定款で引き上げることもできる）以上」に当たる多数をもって決議する事項である。

⒜　全部の株式の内容として株式譲渡制限を定める定款変更（種類株式発行会社でない会社が非公開会社となる手続）（309条 3 項 1 号）。

⒝　吸収合併における消滅会社または株式交換により完全子会社となる会社が公開会社であり、その会社の株主に対して交付する金銭等の全部または一部が譲渡制限株式等である場合の合併契約または株式交換契約の承認（309条 3 項 2 号）。

⒞　新設合併における消滅会社または株式移転により完全子会社となる会社が公開会社であり、その会社の株主に対して交付する金銭等の全部または一部が譲渡制限株式等である場合の合併契約または株式移転計画の承認（309条 3 項 3 号）。

　　d　特殊特別決議事項

　特殊特別決議事項（309条 4 項）とは、「総株主の半数以上（頭数。定款で引き上げることもできる）であって、総株主の議決権の 4 分の 3 （定款で引き上げることもできる）以上」に当たる多数をもって決議する事項であり、非公開会社における剰余金の配当・残余財産の分配・株主総会の議決権に関して株主ごとに異なる取扱いを行う旨を定める定款変更（109条 2 項、廃止を除く）が該当する。

⑶　定款による権限

　取締役会設置会社は、定款によって株主総会の決議事項を定めることができる（295条 2 項）。株式・新株予約権の無償割当ては原則的には取締役会権限であるが、定款で株主総会の決議事項とすることができる旨の規定がなされている（186条 3 項、278条 3 項）。事前警告型の買収防衛策の導入（有事に際して新株予約権の無償割当てを実施する）につき株主総会の承認を得る旨を定款に規定する例がある。これに対し、定款に根拠を定めず買収防衛策導入に関する議案を付議（普通決議）する例も少なくない。このように会社法上も定款上も株主総会の決議事項とされていない事項を株主総会で決議することを「勧告的決議」（宣言的決議）という。この決議の効力には議論（積極・消極の説）があるが、株主意思の尊重や株主への拘束力の観点から付議されている。

第2章　株主総会の準備

【図表2-1-1】決議事項とその要件

・議決権を行使することができる株主の議決権の過半数を有する株主が出席し、出席した当該株主の議決権の過半数（別段の定めが可能であり、定足数を排除し、「出席した議決権を行使することができる株主の議決権の過半数」と定めるのが一般的）（A）

・議決権を行使することができる株主の議決権の過半数（3分の1以上の割合を定めた場合にあってはその割合以上。3分の1以上と定めるのが一般的）が出席し、その株主の議決権の過半数（これを上回る割合を定款で定めた場合にあってはその割合以上）（B）

・議決権を行使することができる株主の議決権の過半数（3分の1以上の割合を定款に定めた場合にあっては、その割合以上。3分の1以上と定めるのが一般的）が出席し、その株主の議決権の3分の2（これを上回る割合を定款で定めた場合にあっては、その割合）以上（C）

・議決権を行使することができる株主の半数以上（定款で引き上げることもできる）で、その株主の議決権の3分の2（定款で引き上げることもできる）以上（D）

・総株主の半数以上（定款で引き上げることもできる）であって、総株主の議決権の4分の3（定款で引き上げることもできる）以上（E）

・株主全員の同意が必要とされる場合もあるが（110条、424条、462条3項、465条2項、776条1項）、この場合は必ずしも株主総会を開く必要がない。

	決　議　事　項	会社法条数	決議区分	備　　考
普通決議	①　自己株式の買受け	156条	A	
	②　公開会社における募集株式の割当て等の特則	206条の2第5項	B	
	③　公開会社における募集新株予約権の割当て等の特則	244条の2第6項	B	
	④　取締役・監査役・会計参与の選任または監査役を除く解任	341条、343条4項	B	
	⑤　補欠取締役・監査役・会計参与の予選	329条3項	B	
	⑥　取締役・監査役・会計参与の報酬等の決定	361条、387条、379条	A	
	⑦　調査者の選任	316条2項	A	
	⑧　株主総会の延期・続行	317条	A	
	⑨　取締役・監査役・会計参与の責任軽減決議後の退職慰労金等の支払	425条4項	A	
	⑩　計算書類の承認	438条2項、439条	A	
	⑪　剰余金の処分	452条	A	
	⑫　剰余金の配当	454条	A	現物配当はC
	⑬　資本金の増加	450条	A	
	⑭　準備金の減少・増加	448条、451条	A	
	⑮　会計監査人の選任または解任	329条、339条	A	
	⑯　会計監査人の株主総会出席要求	398条2項	A	
	①　譲渡制限株式の譲渡不承認の場合の会社による買受け	140条2項・5項	C	譲渡承認請求者は議決権を有しない

— 94 —

第1節　株主総会の権限

	決　議　事　項	会社法条数	決議区分	備　考
特別決議	②　特定株主からの自己株式の買受け	160条1項、156条1項	C	売主となる株主は議決権を有しない
	③　全部取得条項付種類株式の取得	171条1項	C	
	④　相続人等に対する売渡請求	175条1項	C	相続人等は議決権を有しない
	⑤　株式の併合	180条2項	C	
	⑥　非公開会社における募集株式の発行等に係る募集事項の決定および公開会社における有利発行の場合の募集株式の発行等に係る募集事項の決定	199条2項・3項	C	
	⑦　非公開会社における募集株式の発行等に係る募集事項の決定の委任および公開会社における有利発行の場合の募集株式の発行等に係る募集事項の決定の委任	200条1項・2項	C	
	⑧　定款の定めがない場合に株主に割当てを受ける権利を与えてする非公開会社における募集株式の発行等に係る募集事項等の決定	202条3項4号	C	
	⑨　非公開会社における募集新株予約権の発行に係る募集事項の決定および公開会社における有利発行の場合の募集新株予約権の発行に係る募集事項の決定	238条2項・3項	C	
	⑩　非公開会社における募集新株予約権の発行に係る募集事項の決定の委任および公開会社における有利発行の場合の募集新株予約権の発行に係る募集事項の決定の委任	239条1項・2項	C	
	⑪　定款の定めがない場合に株主に割当てを受ける権利を与えてする非公開会社における募集新株予約権の発行に係る募集事項等の決定	241条3項4号	C	
	⑫　監査役・累積投票によって選任された取締役の解任	339条1項、342条6項、343条4項	C	
	⑬　株主総会の決議による役員等の対会社責任の一部免除	425条1項	C	
	⑭　資本減少（定時株主総会における決議であって、減少する資本金額が欠損額を超えない場合（欠損塡補の場合）を除く）	447条1項	C	
	⑮　株主に対し金銭分配請求権を与えないこととする場合の現物配当	454条4項	C	
	⑯　定款変更(注)	466条	C	
	⑰　事業の譲渡	467条	C	
	⑱　解散	471条	C	
	⑲　会社の継続	473条	C	
	⑳　合併契約承認	783条1項、795条1項、804条1項	C	
	㉑　吸収分割契約（書）承認	783条1項、795条1項	C	
	㉒　新設分割計画（書）承認	804条1項	C	
	㉓　株式交換契約（書）承認	783条1項、795条1項	C	

第2章　株主総会の準備

	決　議　事　項	会社法条数	決議区分	備　　考
	㉔　株式移転計画（書）の承認	804条1項	C	
特殊決議	①　全部の株式の内容として株式譲渡制限を定める定款変更	309条3項1号	D	
	②　吸収合併における消滅会社または株式交換により完全子会社となる会社が公開会社であり、その会社の株主に対して交付する金銭等の全部または一部が譲渡制限株式である場合の合併契約（書）または株式交換契約（書）の承認	309条3項2号	D	
	③　新設合併による消滅会社または株式移転により完全子会社となる会社が公開会社であり、その会社の株主に対して交付する金銭等の全部または一部が譲渡制限株式である場合の合併契約（書）または株式移転計画（書）の承認	309条3項3号	D	
	④　非公開会社における剰余金の配当・残余財産の分配・株主総会の議決権に関して株主ごとに異なる取扱いを定める定款変更（廃止を除く）	309条4項	E	

（注）　定款変更において下記の場合は株主総会の特別決議（C）ではない。
　①　定款の発行可能株式総数を株式分割の割合に応じて増加させる定款変更→取締役会決議
　②　1単元の株式数の減少または単元株制度を廃止する場合の定款変更→取締役会決議
　③　全部の株式の内容として株式譲渡制限を定める定款変更→特殊決議（D）

2　株主総会の種類

(1)　定時株主総会と臨時株主総会

　株主総会は、定時株主総会と臨時株主総会に分かれる（296条1項・2項）。

　定時株主総会は、計算書類を報告し、または承認のうえ、これを確定するため毎事業年度終了後一定時期に開催することを要する。

　また、このほかに定時株主総会においては、剰余金の配当の決定、定款変更、取締役および監査役の選任、取締役および監査役の報酬額の決定等について決議する。定時株主総会は事業年度末日の翌日から3箇月以内に開催しなければならない（124条2項）。

　臨時株主総会は、必要がある場合に随時開催され、定款変更、取締役・監査役の選任、合併契約の承認等について決議する例がみられる。

(2)　種類株主総会

　会社が数種の株式を発行した場合に種類株主総会の決議が必要とされる場合がある。

　旧商法においては種類株主総会に関する規定は少なく抽象的といわれていたが、会社法において

は決議が必要な場合をより具体化するとともに、手続・決議要件などについても規定を置いている（324条）。

　種類株主総会は、法令に規定する事項および定款で定めた事項に限り、決議をすることができる（321条）。法令に規定する種類株主総会の決議事項は、①ある種類の種類株主に損害を及ぼすおそれがある場合における当該事項の承認（322条）、②拒否権付種類株式を設けた場合における拒否権の対象事項（108条1項8号・2項8号、323条）、③種類株主総会により取締役・監査役を選解任できる株式を設けた場合における当該選解任（108条1項9号・2項9号、347条）、④種類株式に譲渡制限または全部取得条項を付す場合における定款変更（111条2項、324条3項1号）、⑤譲渡制限株式（またはそれを目的とする新株予約権）の募集（199条4項、200条4項、238条4項、239条4項）、⑥合併等の組織再編行為において譲渡制限株式等（783条3項）を割り当てられる場合等の合併契約等の承認（783条3項、795条4項、804条3項）である（江頭・株式会社法321頁）。

　種類株式を発行している会社が前述①〜⑥の事項または定款に定めた事項を行う場合においては、当該種類の株式の種類株主を構成員とする種類株主総会の決議がなければ、その効力を生じないとされる。この種類株主総会は株主総会とは別の機関として定められており、会社法に規定する事項または定款に定めた事項に限り決議を行うことができ（321条）、会社法に規定する事項であっても、定款においてある種類の株式の内容として種類株主総会の決議を要しないとすることもできる（322条2項3項）。

　なお、「全部取得条項付種類株式」を活用し完全子会社化を実現する例がある。この場合「普通株主による種類株主総会」を開催する。手続としては、公開買付けを実施し、これにより株式を取得し、応じなかった株主を強制的に種類株式への交換比率により換価処分（端数株処分代金の支払）するものである。株主総会で、「第1号議案　種類株式発行に係る定款一部変更の件」、「第2号議案　全部取得条項に係る定款一部変更の件」、「第3号議案　全部取得条項付種類株式の取得の件」、引き続き「普通株主による種類株主総会」を開催し、「議案　全部取得条項に係る定款一部変更の件」を決議する。この場合、株主総会における「第1号議案」の効力発生の時点で種類株式発行会社になるため、本来であれば株主総会終了後に「普通株主による種類株主総会」を開催することになる（322条）が、同一議案のため同一株主総会で決議することは可能である。反対株主は株式買取請求権を行使できる（116条）。

第2章　株主総会の準備

第2節　議決権

1　株主の議決権

　株主総会に付議された議案は、各株主が保有する株式数に応じた議決権を行使することによって決議される。

　株主は、原則として、保有する株式1株につき1個（単元株制度を採用している場合は、1単元につき1個）の議決権を有する（308条1項）が、以下の場合には、議決権を行使することができない。

(1)　自己株式

　自己株式とは、会社が自ら発行している株式であって、単元未満株式の取得等により会社自らが保有することとなった株式をいう。自己株式は議決権を有しない（308条2項）のみならず、剰余金の配当請求権も有しない（453条）。

(2)　単元未満株式

　単元未満株式とは、会社が定款に定めた単元株式数（株主総会において1個の議決権を行使することができる株式数（188条1項））に満たない株式のことであり、株主が有する単元未満株式については議決権を行使することができない（189条）。

　単元未満株式のみを有する株主には株主総会出席権がないため株主総会招集通知は送付しない。

(3)　相互保有株式

　相互保有株式とは、ある会社Aまたはその子会社が、会社、組合その他これらに準ずる事業体である株主Bが発行する株式の議決権の4分の1以上を有する場合、Bが保有するAの株式のことであり、相互保有株式は議決権を有しない（308条1項、施行規則67条1項）。これは、会社が影響力を行使し得る株主（議決権の4分の1以上保有）は公正な判断に基づく議決権行使ができない可能

性が高いためである。

ただし、相互保有株式を有する株主のほかに議決権を行使することができる株主がいない場合には、相互保有株式を有する株主は議決権を行使することができる（施行規則67条1項）。

なお、相互保有を判断する際の「子会社」は、実質支配基準で判定される（2条3号、施行規則3条・4条）。

【図表2－2－1】相互保有株式に該当する事例

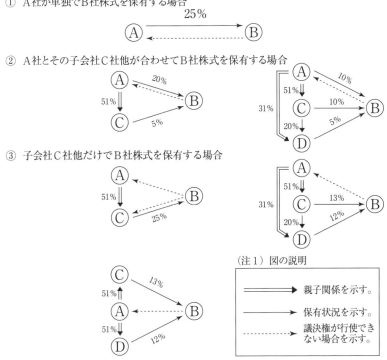

（注2） 上記の親子関係はわかりやすさのため議決権基準で示しているが、実質基準により、所有している議決権の数の割合が50％以下でも親子関係となる場合がある。

(4) 議決権制限株式

会社は、定款に定めることで、株主総会において議決権を行使することができる事項が異なる内容を定めた種類株式を発行することができる（108条1項3号）。当該種類株式を議決権制限株式という。議決権制限株式には、株主総会付議事項の全てについて議決権を行使できないもの、その一部について議決権を行使できないもの、その一部についてのみ議決権を行使できるものがある。

第2章　株主総会の準備

⑸　その他

　上記のほか、以下の株主は議決権を行使することができない。

　a　特定の株主から自己株式を取得するための株主総会における当該特定の株主

　会社が特定の株主から自己株式を取得する場合は株主総会の決議を要するが、当該特定の株主はこの株主総会の当該議案について議決権を行使することができない。ただし、当該特定の株主以外の株主全員が議決権を行使することができない場合は、当該特定の株主の議決権行使が認められる（160条4項）。

　b　譲渡承認請求に係る譲渡制限株式を買い取るための株主総会における当該譲渡承認請求者

　会社は、譲渡制限株式の譲渡承認請求を不承認とした場合、当該譲渡制限株式を買い取らなければならない（140条1項）。

　当該譲渡制限株式を買い取るには株主総会の決議を要するが、当該譲渡承認請求者はこの株主総会の当該議案について議決権を行使することができない。ただし、当該譲渡承認請求者以外の株主全員が議決権を行使することができない場合は、当該譲渡承認請求者の議決権行使が認められる（140条3項）。

　c　相続その他の一般承継者に対し売り渡し請求をするための株主総会における当該一般承継者

　会社は、譲渡制限株式の一般承継者に対し、当該承継株式を会社に売り渡すよう請求することができる旨を定款で定めることができる（174条）。

　この規定に基づき、会社が一般承継者に対して売り渡し請求をするためには、株主総会の決議を要するが、当該一般承継者は、この株主総会の当該議案について議決権を行使することができない。ただし、当該一般承継者以外の株主全員が議決権を行使することができない場合は、当該一般承継者の議決権行使が認められる（175条）。

2　議決権を行使することができる株主の確定

⑴　議決権を行使することができる株主

　株主総会の議決権は、株主の権利である。株主の地位は株式の譲渡によって移転するが、株式の譲渡は、その株式を取得した者の氏名または名称および住所を株主名簿に記載し、または記録しなければ、会社に対抗することができない（130条1項）。したがって、議決権を有するためには株主として株主名簿に記載または記録されなければならない。

　議決権は株主総会の決議時点における株主名簿上の株主が行使することができるが、株主が異動することによる事務上の便宜を図るため基準日を定めることが認められており、株主総会の議決権

に関して基準日を定める場合、基準日において株主名簿に記載または記録されている株主（基準日株主）が議決権を行使する（124条1項）。この場合、会社の判断により、基準日後に株式を取得した者の議決権の行使を認めることができる（124条4項）。ただし、同一の新株発行や自己株式の処分等で株主となった者の一部のみに議決権行使を認めることはできない（相澤哲編著『一問一答新・会社法〔改訂版〕』（商事法務、2009）66頁）。また、取得した株式の基準日株主の権利を害することはできない（124条4項但書）ため、基準日後に会社以外の者から株式を譲り受けた者を議決権を行使することができる者と定めることは通常できない（相澤哲＝岩崎友彦「株式（総則・株主名簿・株式の譲渡等）」商事法務1739号43頁参照）とされている。

　なお、上場会社が発行する振替株式の場合、基準日を定めて行使される権利以外の権利である少数株主権等（株主提案権等）の行使については、130条1項の規定は適用されず、株主名簿の記録ではなく個別株主通知に基づくことになるが（社債株式振替154条）、株主総会の議決権は基準日を定めて行使される権利にあたるので、原則として基準日における株主名簿の記録に基づくことになる。

(2)　株主の確定方法

　a　基準日の設定

　会社は、一定の日（これを「基準日」という）を定めて、基準日において株主名簿に記載され、または記録されている株主（これを「基準日株主」という）をその権利を行使することができる者と定めることができる（124条1項）。

　基準日を定める場合には、会社は、基準日株主が行使することができる権利（基準日から3箇月以内に行使するものに限る）の内容を定めなければならない（124条2項）。

　会社は、基準日を定めたときは、当該基準日の2週間前までに、当該基準日および基準日株主が行使することができる権利の内容として定めた事項を公告しなければならないが（124条3項本文）、定款に当該基準日および当該事項について定めがあるときは、この限りではない（124条3項但書）。定時株主総会の議決権の基準日については、通常定款に定めが置かれており、この場合、公告を要しない。

　b　基準日における総株主通知による株主名簿の記録

　上場会社が発行する振替株式についての株主名簿の記録は、原則として、総株主通知によって行われる（社債株式振替152条・161条1項）。

　前述のとおり、上場会社においては、株主総会の議決権は基準日を定めて行使されるが、発行者が基準日を定めたときは、当該基準日の株主について総株主通知が行われる（社債株式振替151条

第2章　株主総会の準備

１項）。その前提として、発行者は基準日の２週間前の日までに、基準日および会社法124条２項に規定する権利の内容を振替機関に通知しなければならない（社債株式振替151条７項、社債株式振替命令23条）。

　会社は、振替機関から総株主通知を受けた場合には、株主に関する通知事項（株主の氏名または名称および住所ならびに当該株主の有する当該発行者が発行する振替株式の銘柄および数等）および社債株式振替法151条３項の規定により示された登録株式質権者に関する事項（質権者の氏名または名称および住所ならびに当該振替株式の銘柄および当該振替株式についての質権の目的である振替株式の銘柄ごとの数、当該数のうち株主ごとの数ならびに当該株主の氏名または名称および住所等）のうち主務省令で定めるものを株主名簿に記録しなければならず、この場合、基準日に130条１項の規定による記録がされたものとみなされる（社債株式振替152条１項・151条１項３項、社債株式振替命令20条・22条・24条）。

　このほか、通常は起き得ないが、振替機関または口座管理機関が超過記録に係る義務を履行していない場合の株主名簿の記録の取扱いが定められている（社債株式振替152条・151条５項）。

　　c　基準日の効力期限

　基準日株主が行使することができる権利は、基準日から３箇月以内に行使するものに限られており（124条２項）、３箇月を超えて行使することはできない。会社法では、定時株主総会は、「毎事業年度の終了後一定の時期に招集しなければならない」（296条１項）と開催時期が明記されていないにもかかわらず一般的には毎事業年度末日から３箇月以内に開催されるのは、この定時株主総会の議決権に係る基準日の効力に起因する。

(3)　基準日・株主総会開催日設定の柔軟化に向けた動き

　わが国においては、大半の企業が、慣行に従い、決算日における一度の株主確定手続により、決算確定手続、監査、配当計算、税務申告、株主総会開催及び有価証券報告書の提出を３ヶ月以内に行っている。これについては、各社において効率的な実務体制が確立されている。

　一方、株主・投資家の目線から次のような問題点が指摘されている。①決算日から株主総会開催日までの期間が短く、ひいては②招集通知発送から株主総会開催日までの期間が短く、株主の議案検討期間が短いこと、③議決権行使基準日から株主総会開催日までの期間が長く、いわゆる Empty Voting（株主総会開催日において、既に株主でない者が議決権を行使し、株主である者が議決権を行使できないこと）の問題を引き起こしている。

　かかる指摘を踏まえ、経済産業省が平成27年４月23日に公表した「持続的成長に向けた企業と投資家の対話促進研究会報告書〜対話先進国に向けた企業情報開示と株主総会プロセスについて〜」では、議決権基準日に関するわが国の慣行を諸外国と比較したうえで、株主の議案検討や投資家と

企業の対話の期間を確保するためには、決算日を議決権および配当の基準日とする現在の実務に拘る必然性はない旨の提言をしており、さらに、同じく経済産業省が平成28年4月21日に公表した「株主総会プロセスの電子化促進等に関する研究会報告書〜対話先進国の実現に向けて〜」では、議決権行使基準日を決算日以降に定め、当該基準日から3ヶ月以内に株主総会を開催する（例えば3月決算企業が7月に株主総会を開催すること等）場合に企業が直面すると思われる課題や疑問について確認した結果を整理している。

　こうした動きがある中で、議決権基準日を決算日後の日とする会社が数社みられるようにはなっている（戸澤恵里「企業価値向上を促す対話型株主総会プロセスの進展と新たな動き—2017年6月期総会の概況—」商事法務2144号18〜19頁参照）。

第3章
株主総会の招集

第3章　株主総会の招集

第1節　株主総会招集の決定

1　招集決定の取締役会決議事項

　株主総会には、定時株主総会と臨時株主総会があり、定時株主総会は毎事業年度の終了後一定の時期に招集（通常は、議決権に係る基準日の効力期限との関係から事業年度末日から3箇月以内に開催される）しなければならず、臨時株主総会は必要がある場合にいつでも招集することができる（296条1項・2項）。

　株主総会は、少数株主が裁判所の許可を得て招集する場合（297条4項）を除き、取締役が招集する（296条3項）。招集に際しては、取締役会が法定事項を決議（取締役会非設置の場合は取締役が決定）し、招集通知に記載しなければならない（298条1項・4項、299条4項）。

招集に際しての法定事項

　a　株主総会の日時および場所（298条1項1号）

　取締役会では、株主総会の開催日、時間および開催場所を決議する。その際、定時株主総会の場合で、開催日が前回のそれと著しく離れているときや開催場所が過去に開催したいずれの場所とも著しく離れた場所であるときは、その理由を決議する（施行規則63条1号イ・2号）。また、開催日が他の公開会社が集中して定時株主総会を開催する日と同一（いわゆる集中日に該当）である場合で、当該日に決定したことに特に理由があるときは、その理由を決議する（施行規則63条1号ロ）。

　b　株主総会の目的事項があるときは、当該事項（298条1項2号）

　株主総会の目的事項には、報告しなければならない事項（報告事項）と決議しなければならない事項（決議事項）がある。報告事項は、定時株主総会における事業報告（438条3項）や会計監査人設置会社において一定の要件を充たした計算書類（439条、計算規則135条）であり、決議事項は、定款一部変更議案や取締役選任議案等である。

　なお、会計監査人の選任および解任ならびに会計監査人を再任しないことに関する議案の内容は、監査役（監査役会設置会社においては監査役会）が決定するため（344条）、これを受けて、招集決定の取締役会において当該議案を株主総会の目的事項にすることになる。

c　株主総会に出席しない株主が書面によって議決権を行使することができることとするときは、その旨（298条1項3号）

　議決権行使書面（いわゆる書面投票制度）を採用するときは、その旨を決議しなければならない。書面投票制度は、議決権を行使することができる株主数が千名以上の場合には適用しなければならないが、上場会社で委任状勧誘制度を採用する場合は、適用が除外される（298条2項、施行規則64条）。

　書面投票制度を採用した場合、書面による議決権行使期限は、株主総会の日時の直前の営業終了時となる（施行規則69条）が、議決権行使期限として特定の時を定めるときは、その日時を決議する（施行規則63条3号ロ）。当該特定の時は、招集通知を発した日から2週間を経過した日以後の日時に限られるため（施行規則63条3号ロ）、例えば、特定の時を株主総会の日の前日午後5時と定めた場合、株主総会の2週間前ではなく、株主総会の日の前日の2週間前までに招集通知を発しなければならない。

　議決権行使書面に賛否の表示がない場合の取扱いを定めるときは、その取扱いの内容を決議する（施行規則63条3号ニ）。この場合、議決権行使書面にその内容を記載する必要がある（施行規則66条1項2号）。

d　株主総会に出席しない株主がインターネット等の、電磁的方法による議決権行使ができるようにするときは、その旨（298条1項4号）

　電磁的方法による議決権行使（いわゆる電子投票制度）を採用する場合は、その旨を決議しなければならない。

　電子投票制度を採用した場合で、インターネット等による議決権行使の期限として特定の時を定めるときは、その日時を決議する（施行規則63条3号ハ）。なお、特定の時を定めた場合の招集通知発出日ならびに特定の時を定めない場合の議決権行使期限（施行規則70条）は、書面投票制度を採用した場合のそれと同様である（前記c参照）。

e　インターネット開示を採用する場合は、株主総会参考書類への記載を省略する事項（施行規則63条3号ホ）

　書面投票制度または電子投票制度を採用した場合には、株主総会参考書類を株主に交付しなければならないため、その内容を取締役会で決議する（施行規則63条3号イ）。

　株主総会参考書類に記載すべき事項のうち、インターネット開示の特則を適用する場合には（施行規則94条）、インターネット開示により、株主総会参考書類の記載を省略する事項も、取締役会で決議する。なお、当該インターネット開示を採用するには、その旨の定款規定が必要である（後記第3章第3節3参照）（施行規則94条1項但書）。

f　書面投票の重複行使または電子投票の重複行使の取扱い（施行規則63条3号ヘ）

　同一投票方法における重複行使があった場合の取扱いについては、書面投票の重複行使は、実

第3章　株主総会の招集

務上ほとんど発生しないため、決定しなくても差し支えない。また、電子投票の重複行使は、最終のものを採用することが一般的であるが、通常、電子投票制度を採用する場合は書面投票制度も併せて採用するため、書面投票との重複行使がなされた場合の取扱いも決議する必要がある。

g　書面投票および電子投票の双方を採用した場合の決議事項（施行規則63条4号）

招集通知の電子化（299条3項）を承諾した株主から議決権行使書面の交付請求があった場合に、これを交付することとするときは、その旨を決議する（施行規則63条4号イ）。

同一の議案について、書面投票と電子投票とで異なる議決権行使がなされた場合における取扱いを定めるときは、その内容を決議する（施行規則63条4号ロ）。当該取扱いとして、書面投票または電子投票の何れかを優先する方法、到達時間が遅いものを優先する方法、すべてを無効とする方法、棄権とする方法、白紙投票（施行規則66条1項2号）と同視する等が考えられる（相澤・論点解説477頁）。

h　代理人に関する事項（施行規則63条5号）

代理人による議決権行使について、代理人の資格、代理権を証明する方法、代理人の数その他代理人による議決権行使に関する事項について、定款に定めがある場合を除き、招集決定の取締役会で決議することができる。

上場会社では、代理人の資格および人数を「他の株主1名」とするとともに、「代理権を証明する書面を会社に提出」する旨を定款に定めることが一般的である。ただし、株券電子化に伴い印鑑票が廃止されたことから、代理権の付与に係る株主本人の意思確認手段を招集決定取締役会決議により定める例が一部にみられる。具体的には、実印を押印した委任状に印鑑証明書を添付させる方法や、委任状に議決権行使書面を添付させる方法がある。

i　不統一行使の事前予告通知の方法（施行規則63条6号）

株主は、議決権の不統一行使を行う場合には、会社に対して不統一行使をする旨とその理由を株主総会の日の3日前までに通知しなければならない（313条2項）。この事前予告通知方法について、定款に定めがある場合を除き、取締役会で決議することができる。

しかし、不統一行使に関する定款規定を定めている会社は稀であり、不統一行使は機関投資家が行うのが通例であるから、特段の定めや定款規定がなくても実務的には対応可能である。

第1節　株主総会招集の決定

2　招集決定の取締役会決議の実務

【書式3－1－1】計算書類等の承認および定時株主総会の招集決定のための取締役会議事録記載例

取 締 役 会 議 事 録

1．日　　時　　平成○年○月○日　午前○時

2．場　　所　　東京都○○区○○町○番○号　当社本店会議室

3．出 席 者　　取締役○名中○○○○、○○○○、○○○○、○○○○、……および○
　　　　　　　　○○○○の○名（○○○○取締役は病気のため欠席）
　　　　　　　　監査役○名中○○○○、○○○○、○○○○および○○○○

4．議　　事

　取締役社長○○○○は議長席に着き開会を宣し議事に入った。

　　決議事項
第1号議案　　第○期（平成○年○月○日から平成○年○月○日まで）事業報告、計算書類およ
　　　　　　　びこれらの附属明細書ならびに連結計算書類承認の件
　議長から、第○期事業報告、計算書類およびこれらの附属明細書ならびに連結計算書類の監
査結果につき会計監査人および監査役会からいずれも適正である旨の通知を受けているとの報
告があり、続いて第○期の事業の概況、収支の大綱につき説明を行い、別添の事業報告、計算
書類およびこれらの附属明細書ならびに連結計算書類につき取締役会の承認を受けたい旨を
諮ったところ、全員異議なく承認した。

第2号議案　　第○回定時株主総会招集の件
　○○取締役から、当社第○回定時株主総会に関し、以下のとおり招集したい旨および株主総
会参考書類に記載すべき事項については別添の株主総会参考書類のとおりとし、軽微な修正に
ついては取締役社長に一任する旨を諮ったところ、全員異議なく承認した。

第3章　株主総会の招集

1．日時　　　平成○年○月○日 午前○時
2．場所　　　当社本店○階会議室
3．目的事項

報告事項

1．第○期（平成○年○月○日から平成○年○月○日まで）事業報告の内容、連結計算書類の内容ならびに会計監査人および監査役会の連結計算書類監査結果報告の件
2．第○期（平成○年○月○日から平成○年○月○日まで）計算書類の内容報告の件

決議事項

第1号議案　剰余金の処分の件
第2号議案　定款一部変更の件
第3号議案　取締役○名選任の件
第4号議案　監査役○名選任の件
第5号議案　補欠監査役○名選任の件
第6号議案　取締役および監査役の報酬額改定の件

4．株主総会の議決権行使に係る事項

⑴　株主総会に出席しない株主は、書面または電磁的方法により議決権を行使することができる。

⑵　書面による議決権行使における各議案に賛否の記載のない場合の取扱いについては、賛成の表示があったものとして取扱う（注1）（注2）。

⑶　インターネットにより招集通知を送付することを承諾した株主に対しては、当該株主から請求があったときに議決権行使書面の交付をする（注3）。

⑷　複数回議決権を行使された場合、当社に最後に到着した行使を有効な議決権行使として取扱う。なお、インターネット（注4）による議決権行使と議決権行使書面が同日に到着した場合は、インターネット（注4）によるものを有効な議決権行使として取扱う（注5）。

⑸　法令および当社定款第○条の規定に基づき、次に掲げる事項については、株主総会参考書類ならびに事業報告、連結計算書類および計算書類の記載に代えて当社ウェブサイト（http://www.×××××.co.jp/）に掲載する（注6）。

ア．株主総会参考書類に関する事項

（略）

イ．事業報告に関する事項

（略）

ウ．連結計算書類に関する事項

－ 110 －

（略）

エ．計算書類に関する事項

（略）

なお、上記(1)から(4)までについては、別段の決議がない限り、第○回定時株主総会後に開催される株主総会においても適用する（注７）。

以上をもって、議案の審議を終了したので議長は午前○時○分閉会を宣した。

ここに議事の経過の要領および結果を記載し、出席した取締役および監査役は記名押印する。

平成○年○月○日

○○○○株式会社　取締役会

議長　代表取締役社長　○○○○　㊞

専務取締役　○○○○　㊞

常務取締役　○○○○　㊞

取締役　○○○○　㊞

取締役　○○○○　㊞

取締役　○○○○　㊞

常勤監査役　○○○○　㊞

監査役　○○○○　㊞

監査役　○○○○　㊞

監査役　○○○○　㊞

（注１）　株主提案権が行使され、取締役会が株主提案議案に反対の場合、「書面による議決権行使における各議案に賛否の記載のない場合の取扱いは、会社提案については賛成、株主提案については反対の表示があったものとして取扱う。」と決議することが考えられる。

（注２）　議決権行使期限について「特定の時」を定める場合は、この次に「書面および電磁的方法による議決権行使の期限は○月○日午後○時とする。」等と決議することになる。なお、当該期限を定めた場合、当該期限の属する日の２週間前までに招集通知を発送する必要がある。

（注３）　招集通知の電磁的方法による送付を採用していない場合は不要。

（注４）　議決権電子行使プラットフォームを採用している場合は、上記中「インターネット」を「インターネット等」といった表現としておくことが考えられる。

（注５）　代理人の人数・資格に係る定款の定めがない場合は、この次に「(5)代理人として出席できる者は、議決権を有する他の株主１名とし、代理権を証明する書面の提出を求める。」等と決議することが可能である。

（注６）　いわゆるインターネット開示を行う場合に決議するもので、インターネット開示を行わない場合は不要。

第3章　株主総会の招集

（注7）（注2）の行使期限、（注5）の代理人の人数・資格を決議する場合、これらは包括的決議になじまないので、ここに含めず、毎回決議する必要がある。

　招集決定の取締役会において、株主総会の日時、目的事項、株主総会参考書類の記載事項等は、毎回決議する必要があるが、書面投票または電子投票を採用する旨、賛否の表示がない場合の取扱いなどは、一度定めておけば、次回以降も継続して適用することができる。したがって、招集決定の取締役会では、これらの事項について、次回以降継続して適用する旨を併せて決議しておくことで、毎回決議する手間を省くことができる。

3　株主提案権

(1)　議題提案権と議案提案権

　株主総会の目的事項の提案は、原則として取締役会の権限であるが、少数株主権として、株主に議題提案権（303条）および議案提案権（305条）が認められる。これを株主提案権という。

　議題提案権とは、狭義の招集通知に記載する「剰余金処分の件」や「定款一部変更の件」等の議題を株主総会の目的とすることを請求する権利である。議案提案権とは、株主総会参考書類に記載する議題に係る具体的な提案内容を議案として株主に通知することを請求する権利である。なお、株主総会における議案提案権（304条）は、一般に修正動議といわれる（修正動議については、第5章第4節参照）。

　株主提案権は、総株主の議決権の1％（これを下回る割合を定款で定めた場合はその割合）以上の議決権または300個（これを下回る数を定款で定めた場合はその個数）以上の議決権を、6箇月（これを下回る期間を定款で定めた場合はその期間）前から引き続き有する株主が行使することができる（303条2項）。

　株主提案権は、提案株主が議決権を行使できる事項に限って認められ、かつ株主総会の日の8週間（これを下回る期間を定款で定めた場合はその期間）前までに行使しなければならない。

(2) 株主提案があった場合の会社の対応

【図表３－１－１】株主提案権行使に対する会社の対応事務フロー

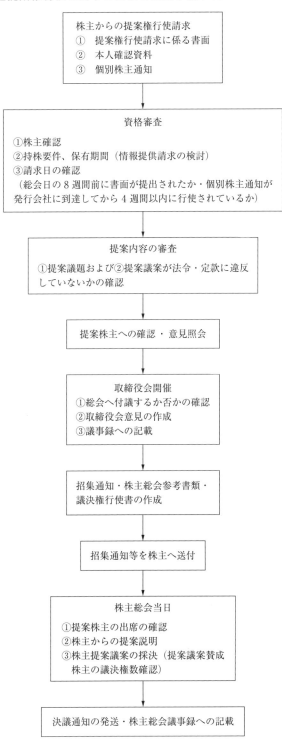

第3章　株主総会の招集

　上場会社の株主が株主提案を行う場合、個別株主通知の申出を証券会社等の口座管理機関に行い、かつ当該個別株主通知が会社に到達してから4週間以内に株主提案を行う必要がある（社債株式振替154条2項、社債株式振替施行令40条）。

　株主提案を受けた会社が行う対応としては、①株主提案の行使請求が株式取扱規則に従い正当に行われているか（請求書面への署名または記名押印、本人確認資料の添付等）、②株主総会の日の8週間前までに行使（個別株主通知を含む）されているか、③個別株主通知から4週間以内に行使されているかなどを確認することが必要である。

　株主提案権が適法に行使されていない場合、会社は当該株主提案を取り上げる義務はない。また、議案が法令または定款に違反するとき、または実質的に同一の議案が株主総会で総株主の議決権の10分の1（これを下回る割合を定款で定めた場合はその割合）以上の賛成を得られなかった日から3年を経過していないときは、会社は、当該株主提案を取り上げる必要はない（305条4項）。

(3)　株主提案の株主総会参考書類への記載

　株主提案について、株主総会参考書類には、次の事項を記載する（施行規則93条）。
　・議案が株主の提出に係るものである旨
　・議案に対する取締役会の意見があるときは、その意見の内容
　・株主が議案の提案理由を会社に通知したときは、その理由（ただし、当該理由が明らかに虚偽である場合、または専ら人の名誉を侵害し、もしくは侮辱する目的によるものと認められる場合を除く）
　・提案内容が取締役、監査役、会計参与、会計監査人の選任議案である場合、株主が、それに係る法令に定める事項（候補者の氏名等）を通知したときは、その内容

　複数の株主から同一の趣旨の議案が提出されている場合には、株主総会参考書類にその議案およびこれに対する取締役会の意見は、個別に記載する必要はない。ただし、複数の株主から同一の趣旨の提案があった旨は記載しなければならない。

　複数の株主から同一の趣旨の提案の理由が提出されている場合には、株主総会参考書類にその提案理由を個別に記載する必要はない。

(4)　持株要件

　株主提案権の行使は、総株主の議決権の1％以上の議決権または300個以上の議決権を6箇月（非公開会社の場合は保有期間に係る制限はない）前から引き続き有する株主であることを要する（303条2項・3項）。この株主は、単独の株主だけでなく、複数の株主であっても差し支えないと解さ

れている。

　上記の継続保有要件は、株式の名義書換日から株主提案権行使日までの間で「6箇月以上」を充足する必要があるが、上場会社の場合、少数株主権等の行使として振替口座簿への記録をもって株主名簿の記録と同様の効力を有するため（社債株式振替154条1項）、振替口座簿に記録された日から株主提案権の行使日までの間で判断することとなる。

■判例■1　　会社法305条1項にいう「議案の要領」とは、株主総会の議題に関し、当該株主が提案する解決案の基本的内容について、会社及び一般株主が理解できる程度の記載をいうとされた事例（東京地裁　平19.6.13　判時 No.1993、140頁）

　　会社法305条1項にいう「議案の要領」とは、株主総会の議題に関し、当該株主が提案する解決案の基本的内容について、会社及び一般株主が理解できる程度の記載をいうものと解すべきである。けだし、その程度の記載があれば、会社及び一般株主にとって、当該議題に関する提案株主の解決案が示されることによって、当該議題について事前準備が充分可能であり、提案株主の意見を会社経営に反映させる機会を確保することができ、これにより前記（略）法の趣旨の達成が期待できるからである。

■判例■2　　株主提案権行使要件の「6か月前より引続き」所有の意義（株主総会決議取消請求事件　東京高裁　昭61.5.15、東京地裁　昭60.10.29）

　　6か月間の期間は株式を取得した当日すなわち初日を算入すべきでないことは商法1条、民法140条に定めるところであり、請求の日（書面を提出した日）から逆算して丸6か月の期間を意味すると解すべきところ、右当事者間に争いのない事実によれば、原告が請求した日は昭和60年5月14日及び15日であるのに対し、原告が法定数の株式を取得した日は昭和59年11月15日であるから原告は持株要件を充足していないものという外ない。

　　（注）　被告会社の決算期は、3月31日であり、総会日は昭和60年6月28日であった。なお、判旨を図示すると次図のとおりとなる。株主提案権行使通知期限は旧商法のものである（現行は8週間前）。

第3章　株主総会の招集

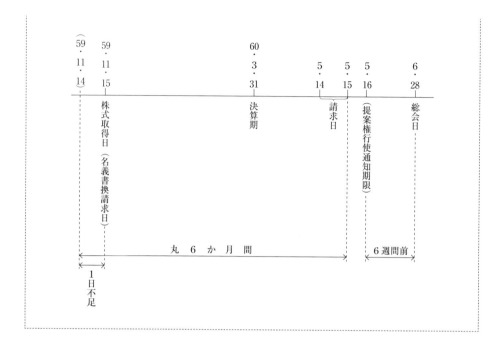

■判例■3　株主総会招集通知への株主提案議案記載等仮処分命令申立事件（東京高裁決定（抗告棄却・確定）　平24.5.31、東京地裁決定　平24.5.25　資料版商事法務No.340、30頁）

（東京高裁決定要旨）

1．株主提案権といえども、これを濫用することが許されないことは当然であって、その行使が、主として、当該株主の私怨を晴らし、あるいは特定の個人や会社を困惑させるなど、正当な株主提案権の行使とは認められないような目的に出たものである場合には、株主提案権の行使が権利の濫用として許されない場合があるというべきである。

2．株主提案権は、共益権の一つとして少数株主に認められた権利であるから、株主提案に係る議題、議案の数や提案理由の内容、長さによっては、会社または株主に著しい損害を与えるような権利行使として権利濫用に該当する場合があり得ると解される。一部の株主提案議案および提案理由全部を記載するよう求める部分については被保全権利を認めることはできないものの、その余の議案については、適法性に疑問があるものもあるが、その全てを不適法ということはできない。総合すると全体として権利濫用に当たるといい得るまでの事情は認められない。

第1節　株主総会招集の決定

3．保全の必要性については、本件請求に係る議案は①可決可能性が極めて乏しいものか②本件株主総会に上程しなければならない緊急性または必要性が疎明されていないものであることは原決定の説示のとおりである。一方本件申立てが認容されれば会社の不利益（招集通知および参考書類の作成し直しその他株主総会に向けての準備に伴う負担等）は決して小さいものではない。今後の立証によっては、本件株主提案が全体として権利の濫用と認められる余地があり、その点において、被保全権利の疎明の程度が高いとはいえない。したがって、断行的仮処分の性質を有する本件申立てを認容するには、より高度の保全の必要性が認められるべきところ、そのような疎明があったとは到底いえない。

（編集者注）　当該株主（抗告人）は平成21年度株主総会（平成22年6月開催）に117個、平成22年度株主総会（平成23年6月開催）に68個の議案を提案している。本件、平成23年度株主総会（平成24年6月開催）は63個の議案を提案している。

■判　例■ 4　　株主総会招集通知への株主提案議案記載等仮処分命令申立事件（東京地裁決定、平25.5.10資料版商事№352、34頁）

　　株主である債権者ら5名が、債務者ら（会社、同社の取締役兼代表執行役および代表執行役）に対し、株主提案権（会社法303条1項、305条1項）に基づき、提案議題、議案の要領および提案理由を定時株主総会の招集通知または株主総会参考書類に記載するよう求めた事案（最終6議案について判断）において、債務者らが違法な議案である旨主張していた2議案について、第4号議案は、無効である部分を含む上に、内容としても明確性を欠くもので、適法な株主提案権の行使とは評価できないことから、被保全権利の疎明があるということはできないとし、第8号議案は、株主平等の原則や株式自由譲渡の原則に反し、議案の一部に法令違反の内容が含まれる議案であることから、被保全権利を欠くとしたが、4議案の提案の理由の全部を記載することの要否については、うち3議案（第2号議案、第5号議案および第7号議案）は被保全権利の疎明があり、うち1議案（第6号議案）は債務者らの主張する削除部分を除く部分について被保全権利の疎明があると判示したうえで、被保全権利の疎明がある4議案について、当該議案を提案する前提となる債権者らの意見や評価を記載したものが多く、債権者らは、これが記載されなければ、提案の趣旨を十分に伝えることができないという不利益を被るとして保全の必要性を認めた。

第 3 章　株主総会の招集

■判　例■ 5　　いわゆる「株主提案権」を侵害されたという株主の会社ないし取締役に対する
損害賠償請求に一部理由があるとした原判決が控訴審において全部理由がないと
して取り消された事例（損害賠償請求事件　東京高裁判決　平27.5.19　金融・商
事判例　№1473、26頁）

　　被控訴人が平成22年 4 月 2 日頃、72期株主総会に関し提案件数の数を競うよう
に114個もの提案をしたことは、被控訴人が満足できる対応をしなかった控訴人
会社を困惑させる目的があったとみざるを得ない。そして、被控訴人は、控訴人
会社からの重なる要請に従い、最終的には提案を72期提案 2 の20個にまで削減し
たものの、その中にはなお倫理規定条項議案および特別調査委員会設置条項議案
が含まれており、それらは、控訴人会社の無償のブランド提供先である企業の幹
部を直接対象とするものであり、被控訴人が最後までこれらに固執したことから
すれば、72期株主総会に係る提案は、上記のような個人的な目的のため、あるい
は、控訴人会社を困惑させる目的のためにされたものであって、全体として株主
としての正当な目的を有するものではなかったといわざるを得ない。

　　他方、控訴人会社の側からみれば、被控訴人に対し、その提案を招集通知に記
載可能であり、株主総会の運営として対応可能な程度に絞り込むことを求めるこ
とには合理性があるといえるし、控訴人会社が、被控訴人に協議を申し入れ、そ
の調整に努めたことは前記認定のとおりであり、このような経過を経ても被控訴
人が特定個人の個人的な事柄を対象とする倫理規定条項議案および特別調査委員
会設置条項議案を撤回しなかったことは、株主総会の活性化を図ることを目的と
する株主提案権の趣旨に反するものであり、権利の濫用として許されないものと
いわざるを得ない。

　　そして、72期株主総会に係る提案が前記のような目的に出たものと認められる
ことからすれば、その提案の全体が権利の濫用に当たるものというべきであり、
そうすると、控訴人会社の取締役が72期不採用案を招集通知に記載しなかったこ
とは正当な理由があるから、このことが被控訴人に対する不法行為となるとは認
められない。

■判　例■ 6　　ある議案を否決する株主総会等の決議の取消しを請求する訴えの適否（株主総
会決議取消請求事件　最高裁第二小法廷　平28.3.4　金融・商事判例　№1490、

— 118 —

第1節　株主総会招集の決定

10頁）

　会社法は、会社の組織に関する訴えについての諸規定を置き（同法828条以下）、瑕疵のある株主総会等の決議についても、その決議の日から3箇月以内に限って訴えをもって取消しを請求できる旨規定して法律関係の早期安定を図り（同法831条）、併せて、当該訴えにおける被告、認容判決の効力が及ぶ者の範囲、判決の効力等も規定している（同法834条から839条まで）。このような規定は、株主総会等の決議によって、新たな法律関係が生ずることを前提とするものである。

　しかるところ、一般に、ある議案を否決する株主総会等の決議によって新たな法律関係が生ずることはないし、当該決議を取り消すことによって新たな法律関係が生ずるものでもないから、ある議案を否決する株主総会等の決議の取消しを請求する訴えは不適法であると解するのが相当である。このことは、当該議案が役員を解任する旨のものであった場合でも異なるものではない。

　以上によれば、本件否決決議の取消しを請求する本件訴えは不適法であって、これを却下した原判決は、正当として是認することができる。論旨は採用することができない。

（編集者注）　ある議案を否決する株主総会決議の取消しの訴えの適否については、従来、訴えの利益の有無という観点から判断されていたが、本判決は、訴えの利益の有無に直接ふれることなく、このような訴えは不適法であると判示している。なお、訴えの利益が問題となり得るような事例が生じたとしても、ほとんどの場合、根拠とされた規定等の合理的な解釈により、あるいは信義則や禁反言等の法理の適用で対処することができ、また、そうするべきであって、訴えの利益を無理に生じさせるような解釈をすべきではないとの補足意見がある。

■判 例■ 7　社債、株式等の振替に関する法律の振替株式を有する株主が同法154条の定める個別株主通知を行っていないため、株式会社に対して株主であることを対抗できないとして、募集株式発行差止仮処分命令の申立てを却下した原判決が維持された事例（募集株式発行差止仮処分命令申立決定抗告事件　東京高裁第8民事部決定　平成21.12.1　抗告棄却（確定）　金判 No.1338、40頁）

　（要旨）

　社債、株式等の振替に関する法律の振替株式を有する株主が株式会社に対し少数株主権等を行使する場面においては、株式譲渡についての株式会社に対する対抗要件は、氏名または名称および住所の株主名簿への記載または記録（会社法130条）に代わり、株主による振替機関に対する振替株式の種類、数、その増加

— 119 —

第3章　株主総会の招集

または減少の記載または記録に関する事項を株式会社に対して通知するよう申出ること（振替法154条2項・3項・4項）である。

■判 例■ 8

全部取得条項付種類株式の取得決議があったことに伴い反対株主が価格決定申立てする場合における個別株主通知の時期および個別株主通知の要否に関し、裁判所における審理終結までの間に個別株主通知が必要であるとした事例（株式価格決定申立て却下決定に対する抗告審の取消決定に対する許可抗告事件　最高裁第三小法廷決定　平22.12.7　破棄自判　金判 No.1362、20頁）

複数の総株主通知においてある者が各基準日の株主であると記載されていたということから、その者が上記各基準日の間も当該振替株式を継続的に保有していたことまで当然に推認されるものではないから、ある総株主通知と次の総株主通知との間に少数株主権等が行使されたからといって、これらの総株主通知をもって個別株主通知に代替させることは、社債等振替法のおよそ予定しないところというべきである。

……そして、個別株主通知は、社債等振替法上、少数株主権等の行使の場面において株主名簿に代わるものとして位置付けられており（社債等振替法154条1項）、少数株主権等を行使する際に自己が株主であることを会社に対抗するための要件であると解される。そうすると、会社が裁判所における株式価格決定申立て事件の審理において申立人が株主であることを争った場合、その審理終結までの間に個別株主通知がされることを要し、かつ、これをもって足りるというべきであるから、振替株式を有する株主による上記価格決定申立権の行使に個別株主通知がされることを要すると解しても、上記株主に著しい負担を課すことにはならない。

以上によれば、振替株式についての会社法172条1項に基づく価格の決定の申立てを受けた会社が、裁判所における株式価格決定申立て事件の審理において、申立人が株主であることを争った場合には、その審理終結までの間に個別株主通知がされることを要するものと解するのが相当である。

（編集者注）　裁判所に対する価格の決定の申立てに際し、申立人が株主であることを会社が争った場合、審理終結までに個別株主通知がされることを要する、としている。組織再編の場合、当該株式が振替株式でなくなることにより個別株主通知が取得できなくなる場合も生じ得るので、留意する必要がある。

第1節　株主総会招集の決定

■判 例■9　振替株式を取得した少数株主が株主提案権を行使するためには、株主総会の8週間前に会社に対して個別株主通知を要し、右制限後の通知があっても株主提案権の行使は許されないとされた事例（平成24.2.8　株主総会決議取消請求事件　大阪地裁判決　棄却（控訴）　判時 No.2146、135頁　金判 No.1396、56頁）

（要旨）

株主による株主提案権の行使の際になされるべき個別株主通知は、少数株主権等を行使する際に自己が株主であることを会社に対抗するための要件であるから、株主総会日の8週間前までになされることが必要であること、そうすると株主提案権自体が総会の日の8週間前までにされたとしても、個別株主通知を受けないままの株主提案権行使を受けた会社としては、当該株主が継続的保有要件を満たしているかを確認することができず、会社に株主総会招集通知の発送準備の期間として最短6週間を確保した趣旨が没却されるといえ、したがって、本件株主提案に係る個別株主通知は、原告の利益になるように解したとしても、本総会の8週間前の日である平成23年5月3日の翌営業日の同月6日までになされることが必要であるのに、本件個別株主通知がなされたのは同月9日であるから、会社が本件総会招集通知に本件株主提案に係る議題及び議案を記載しなかったとしても違法ではなく、本件総会招集手続に法令違反はない。

（編集者注）　総会日（6月29日）の8週間前（起算日は総会日の前日）の日（5月3日）が休日の場合、その翌営業日について、5月2日または5月6日と意見が分かれるが、本判決は株主に有利に扱い5月6日（総会日に向けての翌営業日）としている。期日として5月3日とする意見もある。なお、本件は、原告が4月27日（水）に証券会社に対し、個別株主を申出、5月2日（月）に株主提案権を行使した事例である。

－ 121 －

第3章　株主総会の招集

4　監査役会の手続

【書式３−１−２】 会社法第343条第１項・第３項の規定に係る監査役会議事録記載例

監 査 役 会 議 事 録

１．日　　　時　　平成○年○月○日　午前○時

２．場　　　所　　東京都○○区○○町○番○号　当社本店会議室

３．出　席　者　　常勤監査役○○○○、監査役○○○○および○○○○の全員

４．議　　　事

　　常勤監査役○○○○は議長となり開会を宣し議事に入った。

　決議事項

　　議案　監査役選任議案の提出につき同意する件

　　　議長から、当社第○回定時株主総会において、第○号議案として別紙のとおり監査役○名選任の件が付議される予定であり、代表取締役社長○○氏より会社法第343条第１項・第３項の規定に基づき監査役会の同意を得たい旨の申出がなされたことを説明し、諮ったところ、出席監査役全員の賛成により、別紙監査役選任議案の提出に同意することで可決された。

　　以上をもって、本日の議事を終了したので議長は午前○時○分閉会を宣した。

　　ここに議事の経過の要領および結果を記載し、出席した監査役は記名押印する。

　　　平成○年○月○日

　　　　　　　　　　　　　　　　　○○○○株式会社　監査役会

　　　　　　　　　　　　　　　　　　　議長　常勤監査役　○○○○　　㊞

　　　　　　　　　　　　　　　　　　　　　　監査役　○○○○　　㊞

　　　　　　　　　　　　　　　　　　　　　　監査役　○○○○　　㊞

（注１）　株主総会議案決定の取締役会（決算取締役会）に先立って同意を行う場合の例である。

（注２）　本議案の決議要件は、監査役の過半数の賛成である。

（注３）　本議案は、補欠監査役選任議案についても、同様に当てはまる。

第1節　株主総会招集の決定

【書式３－１－３】会社法第343条第１項・第３項の規定に係る監査役会同意書記載例

平成○年○月○日

○○○○株式会社

代表取締役社長○○○○殿

○○○○株式会社　監査役会

常勤監査役　○○○○　㊞

監査役　○○○○　㊞

監査役　○○○○　㊞

監査役選任議案提出についての同意書

当社監査役会は、第○回定時株主総会に「第○号議案 監査役○名選任の件」を提出することにつき、監査役候補者等議案の内容を検討した結果、会社法第343条第１項・第３項の規定により同意いたします。

以　上

(注)　法的には監査役会議事録だけで足り、同意書を作成するまでもないが、同意した旨を取締役会に通知するに当たり書面をもって行う場合の例である。

第3章　株主総会の招集

【書式３－１－４】監査報告書作成に関する監査役会議事録記載例

監 査 役 会 議 事 録

１．日　　時　　平成○年○月○日　午前○時
２．場　　所　　東京都○○区○○町○番○号　当社本店会議室
３．出席者　　常勤監査役○○○○、監査役○○○○および○○○○の全員
４．議　　事
　　　常勤監査役○○○○は議長となり開会を宣し議事に入った。

決議事項
　第１号議案　監査報告書作成の件
　　議長から、第○期事業年度の監査役会の監査報告書作成に当たり、各監査役が実施した監査の方法および結果について報告を求めたところ、各監査役から、それぞれの監査報告書に基づき、業務監査については、当該事業年度の監査の方針、監査の方法および業務分担に従い、それぞれ実施した監査の内容について、関係資料に基づき報告が行われた。また、会計監査についても、各監査役が計算書類（貸借対照表、損益計算書、株主資本等変動計算書および個別注記表）および附属明細書ならびに連結計算書類（連結貸借対照表、連結損益計算書、連結株主資本等変動計算書、連結注記表）の監査をそれぞれ実施するとともに、会計監査人から報告・説明を受けるなどして、会計監査人の監査の方法が相当であることを確認した旨の報告が行われた。
　　次に、監査報告の内容について審議した結果、別紙のとおり監査役会の監査報告書（注）を作成することに全員異議なく承認可決した。
　　また、議長から、本監査報告書を取締役および会計監査人に提出することを決定した。
　第２号議案　株主総会提出議案および書類に関する調査結果の件
　　議長から、第○回定時株主総会提出議案および書類の調査結果について、各監査役の報告を求めたところ、各監査役から法令および定款に適合しており、著しく不当な事項は認められなかった旨の報告がなされ、協議の結果、全員一致して指摘事項はないことを確認した。

　以上をもって、本日の議事を終了したので議長は午前○時○分閉会を宣した。
　ここに議事の経過の要領および結果を記載し、出席した監査役は記名押印する。

　　　　　平成○年○月○日

　　　　　　　　　　　　　　　　○○○○株式会社　監査役会
　　　　　　　　　　　　　　　　　　　議長　常勤監査役　○○○○　㊞
　　　　　　　　　　　　　　　　　　　　　　監査役　○○○○　㊞
　　　　　　　　　　　　　　　　　　　　　　監査役　○○○○　㊞

（注）　本議事録は、日本監査役協会のひな型にならい、事業報告、計算書類、連結計算書類に係る監査報告書をすべて一体化して作成する場合の例である。また、法文上は「監査役会の監査報告」であるので、この表現を用いる場合は、「監査役会の監査報告書」を「監査役会の監査報告」に置き換える。

株主総会招集の決定を行ううえで、事前に監査役会の手続を要する主なものとして、監査役の選任に関する監査役会の同意と（343条1項・3項）、計算書類に係る監査報告の作成がある（436条、390条2項1号）。

　監査役の選任に関する監査役会の同意が得られなければ、取締役が監査役会の同意が得られるような議案に差し替えるか、または、監査役会が会社法343条2項の規定に基づき監査役の選任に関する議案を株主総会に提出することを請求することになるとされていることから（岩原紳作編『会社法コンメンタール7 - 機関（1）』（商事法務、2013）564～565頁〔山田純子〕）、招集決定取締役会に先立ち監査役会の同意を得ておく必要がある。

　なお、監査役会の同意は監査役会の決議をもって行うことになるのでその旨を監査役会議事録に記載する必要がある（393条2項）（【書式3 - 1 - 2】参照）。また、法文上、同意書の作成は求められていないが、実務上は作成されるのが一般的である（【書式3 - 1 - 3】参照）。

　会計監査人設置会社においては、計算書類に係る会計監査報告が無限定適正意見であり、同じく計算書類に係る監査役会監査報告が会計監査人の監査の方法および結果を相当でないと認める意見がない場合、計算書類の内容は定時株主総会の報告事項となる（439条、計算規則135条）。逆に会計監査報告および監査役会監査報告がこのような内容でない場合、計算書類は定時株主総会の承認を要し（439条、438条2項）、決議事項になる。

　監査役会監査報告は会計監査報告を受領したうえで作成される前提のものであることから（計算規則127条～128条）、監査役会の監査報告の受領をもって、計算書類が報告事項になるのか決議事項になるのかが確定する。従って、監査役会において監査役会監査報告の作成が決議された後に、招集決定取締役会において株主総会に付議する議案が決定されることになる（監査役会議事録につき【書式3 - 1 - 4】参照）。

第3章　株主総会の招集

第2節　株主総会の招集通知

1　株主総会の招集権者

　株主総会は、少数株主が裁判所の許可を得て招集する場合（297条4項）を除き、取締役が招集する（296条3項）。招集に際しては、取締役会（取締役会非設置の場合は取締役）で法定事項を決議し（298条1項、施行規則63条）、株主に対して招集通知を発送する（299条）。株主総会の招集権者として、定款で取締役社長を定めている事例が多い。

【Point】4　招集権者に事故がある場合の措置

1．代表取締役が社長1名のみの場合に、社長が海外出張中あるいは病気加療中のときの招集者をどうすればよいかについて、現在では通信手段が発達しており、また、病気加療中といっても意識不明の状態にある場合を除き、当該社長の指示によって、招集手続を進めることは可能であり、当該社長が招集することは差し支えない。

2．招集者が招集通知の発送日の直前に死亡した場合、それまで準備していた招集通知を作成替えし、法定期日までに発送することは事実上不可能であり、死亡した招集者名により発送せざるを得ない場合があり得る。この場合、招集通知は、株主に招集者名でなく、その内容を知らせることが必要なのであるから、やむを得ない有効な措置と考えられる。

■判 例■10　　株主総会の招集手続を欠く場合であっても、株主全員がその開催に同意して出席したいわゆる全員出席総会において、株主総会の権限に属する事項につき決議したときは、その決議は有効に成立する（最高裁　昭60.12.20）。

― 126 ―

第2節　株主総会の招集通知

2　招集通知の発送時期

　招集通知は、株主総会の2週間（非公開会社の場合は1週間（取締役会非設置会社の場合は、定款でこれを下回る期間を定めることが可能））前までに、株主に対して発しなければならない（299条1項）。

　この「2週間前まで」とは、株主総会の日と招集通知の発送日との間の日数が、中2週間以上必要であることを意味する。したがって、仮に「28日（木曜日）」を株主総会の日とした場合は、遅くとも「13日（水曜日）」までに招集通知を発しなければならない。

　昨今、上場会社では、機関投資家等からの要請を受けて招集通知の早期発送に取組むケースも多く、3週間前での発送も珍しくない状況となっている。またコーポレートガバナンス・コード対応としていわゆる「発送前開示」（発送日より前に、招集通知を上場する証券取引所や自社のホームページで開示する）を行う上場会社が急拡大している。招集通知の早期発送および発送前開示は、株主あるいは投資家目線に立った対応であることは言うまでもないが、一方で、招集通知の作成やその正確性確保のための作業時間にも影響を及ぼすこととなるため、関係部門等ともよく調整したうえで無理のない範囲で取組むことが重要である。

【図表3－2－1　発送前開示の実施状況】

	平成27年6月総会	平成28年6月総会	平成29年6月総会
発送前開示を実施した 東京証券取引所上場会社	731社	1,554社	1,796社

（出所）　日本取引所ウェブサイト掲載の「3月期決算会社株主総会情報」に基づき、三井住友信託銀行調査・作成

【Point】5　株主数が少ない非公開会社における株主総会の招集手続

　基準日の制度は、株主数の多い会社において権利を行使すべき株主を確定するための制度である。株主が数名程度で株主の異動がほとんどない会社、特に株式の譲渡制限が定款に定められている非公開会社の場合に、臨時株主総会を招集するために基準日を設ける必要性については、ケース・バイ・ケースの判断が必要である。したがって、非公開会社において臨時株主総会招集の必要があれば、直ちに取締役会で招集を決議してその通知を各株主に発することができる場合もあり得る。その場合、発送日において株主名簿に記載された株主に対して通知を発すればよく、1週間後に、株主総会を開くことが可能となる。招集通知の発送後に株式の名義書換の請求がなされた場合には、その者に対して招集の通知を発する。

第3章　株主総会の招集

　　株主総会において議決権を行使することができる全株主の同意があるときは、招集の手続を経ないで総会を開催することも可能である（300条）。決議事項および報告事項について、全株主が同意したときは、書面決議も可能である（319条、320条）。

　　（【書式3－2－1】～【3－2－5】参照）

■判　例■11　　招集の通知は会日の前日より、さかのぼって2週間の期間の満了する日の前日以前に発することを要する（大審院　昭10.7.15　民集14巻1401頁）。

■判　例■12　　いわゆる1人会社においては、その1人の株主が出席すれば招集手続がなくても総会は成立する（最高裁　昭46.6.24　民集25巻4号596頁）。

3　通知の方法

　招集通知は、基準日時点に株主名簿に記載または記録された議決権を有する株主に対して発する。次の場合、招集通知は、書面でしなければならない（299条2項）。

　・書面投票制度または電子投票制度を採用したとき

　・会社が取締役会設置会社であるとき

　株主の承諾を得た場合は、書面に代えて電子メール等の電磁的方法によって通知を発することができる（299条3項）。

　上場会社が招集通知を発送する場合には、招集通知およびその添付書類を発送日までに電磁的方法によって証券取引所に提出することを義務付けられており、これらは証券取引所のホームページに掲載される（上場規程施行規則420条1項）。上場会社が招集通知を発送する場合は、この対応を失念しないように注意する必要がある。

4　招集通知を発すべき株主の範囲

　招集通知を発すべき株主は、株主総会において議決権を行使することができる株主であり、基準日を定めた場合には、基準日時点に株主名簿に記載または記録された株主のうち議決権を有する株

主となる。したがって、議決権がない単元未満株式のみを保有する株主（189条1項）および相互保有株主（308条1項カッコ書、施行規則67条1項）等には、招集通知を発する必要はない。

　会社が株主に対してする通知または催告が5年以上継続して到達していない場合、会社は、当該株主に対する通知または催告をする必要はない（196条1項）。その場合、当該株主に対する会社の義務の履行場所は、会社の住所地である（196条2項）。したがって、当該株主について、招集通知を発送せず、会社に留めおくこともできる。基準日後に株式を取得した株主に議決権を与えた場合には（124条4項）、当該株主にも、招集通知を発送する。

5　招集通知の発送先

　招集通知の発送先は、株主名簿に記載された株主の住所、または株主が会社に通知した場所または連絡先に宛てて発すれば足りる（126条1項）。

【Point】6　招集通知の送付先

　住所変更、住所の地番変更または行政区域の変更（例えば市町村の合併）が行われても、株主からの届出がない限り、株主名簿に記載された住所に宛てて発すれば、会社は免責される。新聞その他により会社がこれらの事実を知り得たとしても、住所の訂正は、すべて株主からの届出によって処理し、株主名簿に記載された住所に宛てて通知すれば足りる。株主が届出をしなかったため通知・催告が株主の手許に到着しないことがあっても、その責任は届出をしなかった株主が負い、会社が責任を負うことはない。

6　招集の中止と変更

　取締役会において株主総会の招集を決議し招集通知を発送したが、その後のやむを得ない事情により、総会を中止、または開催日時、場所、議案等の変更をせざるを得ない場合も起こり得る。これらに関する規定は特段置かれていないが、取締役会決議によって必要な措置を講じることとなる。

⑴　招集の中止

　株主総会を中止する場合には、取締役会で招集の中止を決議し、その旨を招集通知を発送した株

第3章　株主総会の招集

主全員に対して通知することが必要である。むろん、株主総会の予定日までに余裕をもって到達するように通知を発することが必要である。やむを得ない事情によって、招集中止の決定が、株主総会の日の間際になった場合でも、可能な限り、株主に対し、通知する必要がある。

(2)　招集の変更

a　開催日時の変更

開催日の変更通知は、変更（延期）後の開催日の2週間前までに発し、かつ変更前の開催日の前日までに到達するように、招集通知を発送した株主全員に発することを要する。開催時刻のみの変更の場合は、開催日の前日までに、招集通知を発送した株主全員に到達するように発することにより可能であり、開催日の2週間前までに発する必要はないと解されている。

b　会場の変更

会場が使用できなくなった場合等に伴う会場変更も、株主総会の日の前日までに到達するよう、招集通知を発送した株主全員に発することで可能である。その場合、株主総会の当日、当初予定された会場に参集した株主を誘導するなど、相応の手段を講じる必要がある。

■判例■13　　招集通知に記載した場所を当日変更して開催した総会の決議の効力（広島高裁松江支部　昭36.3.20　下民集12巻3号569頁）

株主総会の招集通知において開催の場所を指定するのは、株主に対し総会出席の機会を確保するにあって、特定の場所そのものに格別の意義があるからではないのであって開催の場所を変更するについて正当な理由があり、かつ、変更について相当な周知方法を講じることができるときは、会場を変更できるものと解する。よって、下欄記載のごとき事情のもとに変更した新会場で開催された本件臨時株主総会を無効たらしめる理由とはならないものといわねばならない。

c　招集通知発送後の議題の変更

議題の追加は、招集のやり直しとなるため、議題を追加した招集通知を作成して株主総会の日の2週間前までに発しなければならないが、追加した議題に係る監査役との調整や議決権行使書面を再作成する必要があることを勘案すると、実務対応は極めて困難である。

議題の撤回については、その旨の通知を株主総会の日の前日までに到達するよう、招集通知を発した株主全員に通知することが望ましいが、株主総会直前の緊急の事情により議題を撤回する

場合に、総会場で株主にその旨を説明し、議題を撤回した事例がある。

d　議案の変更

　招集通知に記載された議案の変更は、議題の追加と同様、株主総会の日の２週間前までに、変更した議案を記載した招集通知を発しなければならない。しかしながら、例えば、取締役選任議案で、招集通知に記載した候補者の１名が発送後に死亡した場合などは、招集通知の発送後であっても、やむを得ない事情によるものとして変更が可能である。したがって、招集通知発送後に候補者が死亡したり、就任を固辞した場合等の議案の取下げをウェブ修正で行うことは可能とされている（郡谷大輔＝松本絢子「WEB修正の実務対応（会社法・金商法の実務質疑応答⑼」商事法務1834号44頁）。なお、ウェブ修正については本章第３節４参照。

　死亡した候補者を新たな候補者に差し替えるような場合には、株主総会の日の２週間前までに、新たな候補者を記載した招集通知を発しなければならない。また、すでに返送されている議決権行使書面の取扱いの問題がある。

　株主総会の日が目前に迫り、議案変更のための招集通知の再発送などの時間的余裕がない場合であって、議案成立に要する当日出席株主の議決権数を多数確保しているときは、議案変更のため株主から修正動議を提出する方法もある。

【Point】 7　招集通知発送後、議案の修正、撤回した場合の会社の対応例

　平成８年６月27日開催予定の定時株主総会において、招集通知発送後、巨額損失が発覚し、取締役会で、第１号議案「利益処分案承認の件」を修正、第３号議案「利益による株式消却のための自己株式取得の件」を撤回する決議をするとともに、議案修正ならびに撤回について新聞公告（６月20日）を行った事例がある。

　招集通知発送（６月11日）後のため、返送された多数の議決権行使書面の取扱いについて問題となるが、原案に対し賛成とされた分については、修正議案、撤回議案に対し反対として取扱われる。そのため、安定株主に対し、行使書の提出に代えて、委任状の提出あるいは当日の出席を依頼し、株主総会において動議（修正提案、撤回提案）によって修正案を可決した。

(注)　本件では、議決権行使書面の取扱いについて、原案に対し賛成された分については、撤回議案に対し反対として取扱われるとされているが、現在における撤回（取下げ）については、上記ｃ、ｄの見解となっている。

【Point】 8　招集通知発送後、緊急事態が発生した場合の会社の対応

１．総会場の変更

— 131 —

第3章　株主総会の招集

　総会場の変更は地震などの自然災害、焼失による場合などやむを得ない事由がある場合は、認められるが、変更について相当な周知方法を講じなければならない（判例13参照）。

　株主に周知させる手段を講じられないまま総会場を変更し総会決議がなされたときは、決議の方法が著しく不公正なものとして、決議取消しの訴えの事由となる（831条1項1号）。訴えが提起された場合、会社はその変更が正当な事由によるものであり、周知の手段を尽くしたことを立証する必要がある。

　会場を変更すべき事由が生じたときは、直ちに会場近くの新会場を選定する必要がある。この変更が招集通知発送後、比較的早期に生じた場合は、株主総会の日までに各株主に到達するよう変更の通知を発送することでよい。また、周知の徹底のため併せてホームページにも掲載することが適当である。ウェブ修正は、狭義の招集通知（日時、場所、会議の目的事項）の修正には適用されないが、周知の徹底から掲載して差し支えない。

　総会場を変更した場合は、当日の対応が必要である。変更前の会場には案内係の社員の配置が必要であり、新会場に変更となった旨の掲示板を立てるとともに、新会場への案内が必要となる（案内図の配付も必要である）。新会場への移動手段は徒歩、貸切のマイクロバス等による輸送が考えられる。移動に要する所要時間を考慮し、開会時刻の繰下げが必要となる場合もあろう。

2．開会時刻の変更

　開会時刻について、これを早めることは許されないが、これを遅らせることは、状況により許容される。交通機関の事故などで、予想される出席株主が少ない場合や取締役の出席が遅れるような場合は、常識的な範囲（長くて1時間程度）で遅らせることは差し支えない。しかし、2時間以上の遅延は許されず、延期の決議（317条）が必要とされる（東京弁護士会会社法部編『新株主総会ガイドライン〔第2版〕』（商事法務、2015）5頁）。なお、剰余金の配当議案がある場合、上場会社では、原案の承認可決を前提に事前に支払準備は終了しており、株主総会の当日にこれを変更することはできない。

3．議長の交代

　株主総会の当日、不測の事態により、議長となる取締役が遅刻したり、出席できない場合、「取締役社長に事故あるときは、取締役会においてあらかじめ定めた順序に従い、他の取締役が、株主総会を招集し、議長となる」との定款規定に基づき、取締役会で定めた次順位者が、議長になる。したがって、当該次順位者は、議長交代に備え、平時においても、議事進行要領（シナリオ）を読み込んでおく必要がある。

4．定時総会の開催時期の変更

　先の東日本大震災により当初予定していた時期に定時総会が開催できない状況になった場合の会社の対応については、法務省の見解が示されている（【資料3－2－1】（参考）東日

— 132 —

第2節　株主総会の招集通知

本大震災による法務省のお知らせ参照）。

【資料3－2－1】（参考）東日本大震災による法務省のお知らせ

平成23年3月25日^{（注）}

定時株主総会の開催時期について

　東北地方太平洋沖地震の影響により、当初予定した時期に定時株主総会を開催することができない状況となっている株式会社があると考えられますので、会社法の関連規定について、以下のとおりお知らせします。

　会社法第296条第1項は、株式会社の定時株主総会は、毎事業年度の終了後一定の時期に招集しなければならないものと規定していますが、会社法上、事業年度の終了後3か月以内に必ず定時株主総会を招集しなければならないものとされているわけではありません。

　東北地方太平洋沖地震の影響により、当初予定した時期に定時株主総会を開催することができない状況が生じている場合には、そのような状況が解消され、開催が可能となった時点で定時株主総会を開催することとすれば、上記規定に違反することにはならないと考えられます。

　なお、議決権行使のための基準日を定める場合、基準日株主が行使することができる権利は、当該基準日から3か月以内に行使するものに限られます（会社法第124条第2項）。したがって、定款に定められた基準日から3か月を経過した後に定時株主総会が開催される場合に、議決権行使の基準日を定めるためには、当該基準日の2週間前までに、当該基準日及び基準日株主が行使することができる権利の内容を公告する必要があります（会社法第124条第3項本文）。

　また、定款に剰余金の配当の基準日を定めている場合に、その基準日株主に剰余金の配当をするためには、当該基準日から3か月以内の日を効力発生日とする剰余金の配当に係る決議（会社法第454条第1項等）をする必要があります。

平成23年3月29日^{（注）}

定時株主総会の開催時期に関する定款の定めについて

　東北地方太平洋沖地震の影響により、定款所定の時期に定時株主総会を開催すること

－ 133 －

第3章　株主総会の招集

ができない状況となっている株式会社があると考えられます。

　特定の時期に定時株主総会を開催すべき旨の定款の定めについては、通常、天災等のような極めて特殊な事情によりその時期に定時株主総会を開催することができない状況が生じた場合にまで形式的・画一的に適用してその時期に定時株主総会を開催しなければならないものとする趣旨ではないと考えるのが、合理的な意思解釈であると思われます。

　したがって、東北地方太平洋沖地震の影響により、定款所定の時期に定時株主総会を開催することができない状況が生じた場合には、会社法第296条第1項に従い、事業年度の終了後一定の時期に定時株主総会を開催すれば足り、その時期が定款所定の時期よりも後になったとしても、定款に違反することにはならないと解されます。

　なお、会社法第296条第1項の規定については、「定時株主総会の開催時期について」をご参照ください。

（注）　公表日は加筆した。
（その他の機関による特例措置の公表）
1．証券取引所は、決算発表の時期および業績予想開示などの特例措置を講じた。
2．金融庁は、有価証券報告書の提出期限につき、猶予する特例措置を講じた。
3．経済産業省は、震災対応としてガイドラインを公表した。

■判 例■14　　剰余金の配当決議が基準日から3か月以内になされていれば、剰余金の配当の効力発生日までの期間が3か月以内でなかったことは会社法124条3項の規定に違反しないとされた事例（株主総会決議取消請求事件　東京地裁判決　平26.4.17　資料版商事№362、174頁）

　法124条2項は、基準日株主の行使することのできる権利は基準日から3か月以内に行使するものに限られる旨規定するところ、当該規定の趣旨は、権利行使時点における実際の株主と権利行使をする株主（基準日株主）との間の乖離が大きくなることを防止しようとすることにある。そして、剰余金配当請求権については、これが確定すれば、当該確定時点以後に上記乖離が大きくなることはないことからすると、基準日から3か月以内に剰余金配当決議がされ、剰余金配当請求権が確定すれば足りると解するのが相当である。

　これを本件についてみると、前記前提事実によれば、本件定時株主総会の剰余金配当の基準日は平成25年3月31日であり、他方、本件1号議案は平成25年6月28日に可決されたことが認められ、基準日から3か月以内に剰余金配当決議がさ

— 134 —

れて剰余金配当請求権が確定したということができるから、法124条に違反する
ところはない。

（編集者注）　原告側は、剰余金の配当が効力を生じる日は平成25年7月29日とされている
　　が、当該効力発生日は本件定時株主総会の基準日である平成25年3月31日から3カ月以
　　内の日ではないため、法124条2項に違反すると主張していたものである。
　　　なお、配当基準日から3カ月以内の日を効力発生日とする配当決議がされる必要があ
　　るものの、3カ月を超えた後に配当金を支払うことも会社法上は許容されると解するべ
　　きとする見解があり（辰巳郁「剰余金配当に関する株主提案への実務対応と会社法上の
　　論点」商事法務2087号26頁）、この見解に基づいて、平成28年2月に、日本経済団体連
　　合会、全国株懇連合会および証券保管振替機構が策定した「株主から剰余金の配当に関
　　する提案が行われた場合の標準モデル」が公表されている（足立啓「『株主から剰余金
　　の配当に関する提案が行われた場合の標準モデル』の解説」商事法務2093号15頁参照）。

第3章　株主総会の招集

【書式3－2－1】株主総会の招集手続省略についての同意書

平成○年○月○日

○○○○株式会社

　代表取締役社長　　○○○○殿

株主総会の招集手続省略についての同意書

　私たち○○○○株式会社の株主全員は、会社法第300条の定めに基づき、招集手続を省略して平成○年○月○日に臨時株主総会を開催することに同意します。

　　　　　　　　　　　株主　住所　東京都○○区○○町○○丁目○○番○号

　　　　　　　　　　　　　　氏名　○○○○　㊞　（議決権数○○○個）

　　　　　　　　　　　株主　住所　東京都○○区○○町○○丁目○○番○号

　　　　　　　　　　　　　　氏名　○○○○　㊞　（議決権数○○○個）

　　　　　　　　　　　株主　住所　東京都○○区○○町○○丁目○○番○号

　　　　　　　　　　　　　　氏名　○○○○　㊞　（議決権数○○○個）

　　　　　　　　　　　株主　住所　東京都○○区○○町○○丁目○○番○号

　　　　　　　　　　　　　　氏名　○○○○　㊞　（議決権数○○○個）

　　　　　　　　　　　株主　住所　東京都○○区○○町○○丁目○○番○号

　　　　　　　　　　　　　　氏名　○○○○　㊞　（議決権数○○○個）

　　　　　　　　　　　株主　住所　東京都○○区○○町○○丁目○○番○号

　　　　　　　　　　　　　　氏名　○○○○　㊞　（議決権数○○○個）

（注）　本書は、連名でなく株主1人ごとに作成し、全員の同意を得る方法でもよい。株主1人ごとに作成する場合には、上記同意文言中「私たち○○○○株式会社の株主全員」を「私」に代える。

第2節　株主総会の招集通知

【書式3－2－2】株主総会の書面決議・書面報告実施についての取締役会議事録

取締役会議事録

1．日　　時　　平成○年○月○日　午前○時

2．場　　所　　東京都○○区○○町○番○号　当社本店会議室

3．出席者　　○○○○、○○○○、○○○○、○○○○、……および○○○○の全取締役
　　　　　　　○○○○、○○○○、○○○○および○○○○の全監査役

4．議　　事
　取締役社長○○○○は議長席に着き開会を宣し議事に入った。

決議事項
議案　第○回定時株主総会決議省略および報告省略の件
　議長から、株主全員からの書面による同意を条件として、第○回定時株主総会の目的事項について下記のとおり提案することにより、当該株主総会の決議および株主総会への報告があったものとみなすこととしたい旨を諮ったところ、出席取締役全員異議なくこれを承認可決した。

記

1．提案の内容
　⑴　決議事項
　第1号議案　剰余金の処分の件
　　別紙1のとおり剰余金の処分をすること
　第2号議案　定款一部変更の件
　　別紙2のとおり定款の変更をすること
　第3号議案　取締役○名選任の件
　　別紙3のとおり○○○○、○○○○および○○○○の各氏を取締役に選任すること
　⑵　報告事項
　　別紙4の事業報告の内容および計算書類の内容のとおり

― 137 ―

第3章　株主総会の招集

２．株主総会の決議および株主総会への報告があったものとみなされる日

　　株主全員からの同意書が調った日後の平成○年○月○日をもって株主総会の決議および報告があったものとみなす。

以上をもって、議案の審議を終了したので議長は午前○時○分閉会を宣した。

　　ここに議事の経過の要領および結果を記載し、出席した取締役および監査役は記名押印する。

　　　平成○年○月○日

　　　　　　　　　　　　　　　　　　　　　　　○○○○株式会社

　　　　　　　　　　　　　　　　　　　　　　　議長　代表取締役社長○○○○　㊞

　　　　　　　　　　　　　　　　　　　　　　　　　専務取締役○○○○　㊞

　　　　　　　　　　　　　　　　　　　　　　　　　常務取締役○○○○　㊞

　　　　　　　　　　　　　　　　　　　　　　　　　　　取締役○○○○　㊞

　　　　　　　　　　　　　　　　　　　　　　　　　　　取締役○○○○　㊞

　　　　　　　　　　　　　　　　　　　　　　　　　　　取締役○○○○　㊞

　　　　　　　　　　　　　　　　　　　　　　　　　常勤監査役○○○○　㊞

　　　　　　　　　　　　　　　　　　　　　　　　　　　監査役○○○○　㊞

　　　　　　　　　　　　　　　　　　　　　　　　　　　監査役○○○○　㊞

　　　　　　　　　　　　　　　　　　　　　　　　　　　監査役○○○○　㊞

（注）　株主総会の書面決議を行う場合も、取締役会の決議を経ないで提案した場合は、決議取消事由となるとの見解があるが（江頭・株式会社法363頁）、省略可能とするものもある（相澤・論点解説487頁）。

第2節　株主総会の招集通知

【書式3－2－3】株主総会の書面決議・書面報告についての提案書

平成○年○月○日

株主各位

東京都○○区○○町○番○号
○　○　○　○　株　式　会　社
代表取締役社長　　○○○○

提　案　書

拝啓　平素は格別のご高配を賜り厚く御礼申しあげます。

　さて当社は、第○回定時株主総会の目的である事項について下記のとおりご提案およびご通知申しあげますので、株主の皆様のご同意を賜りたくお願い申しあげます。

　つきましては、下記のとおりご提案いたします決議事項およびご通知いたします報告事項について検討のうえ、ご同意いただける場合は別添「同意書」に署名押印のうえ、平成○年○月○日までに当社あてご提出下さいますようお願い申しあげます。

　なお、すべての株主の皆様から書面をもってご同意を得られた場合には、会社法第319条第1項および第320条の定めに基づき、平成○年○月○日に下記決議事項を可決する旨の第○回定時株主総会の決議があったものとして、また、当該株主総会において下記報告事項の報告がなされたものとして取扱わせていただき、当該株主総会は開催いたしませんので、何卒ご了承のほどお願い申しあげます。

敬具

記

1．決議事項
　第1号議案　剰余金の処分の件
　　別紙1のとおり剰余金の処分をすること
　第2号議案　定款一部変更の件
　　別紙2のとおり定款の変更をすること
　第3号議案　取締役○名選任の件
　　別紙3のとおり○○○○、○○○○および○○○○の各氏を取締役に選任すること

2．報告事項
　別紙4の事業報告の内容および計算書類の内容について、株主総会に報告することを要しないこと

以　上

第3章　株主総会の招集

【書式3－2－4】株主総会の書面決議・書面報告についての株主からの同意書

平成○年○月○日

○○○○株式会社

代表取締役社長　　○○○○殿

同 意 書

　私は、会社法第319条第1項および第320条の定めに基づき、平成○年○月○日付け提案書にて提案および通知のありました、第○回定時株主総会の目的事項である下記事項について、異議なく同意いたします。

記

　1．決議事項

　　第1号議案　剰余金の処分の件

　　　別紙1のとおり剰余金の処分をすること

　　第2号議案　定款一部変更の件

　　　別紙2のとおり定款の変更をすること

　　第3号議案　取締役○名選任の件

　　　別紙3のとおり○○○○、○○○○および○○○○の各氏を取締役に選任すること

　2．報告事項

　　別紙4の事業報告の内容および計算書類の内容について、株主総会に報告することを要しないこと

　　　　　　　　　　　　　　株主　住所　東京都○○区○○町○○丁目○○番○号

　　　　　　　　　　　　　　　　　氏名　○○○○　㊞　（議決権数○○○個）

－ 140 －

第2節　株主総会の招集通知

【書式3－2－5】書面決議・書面報告の場合の株主総会議事録記載例

第○回定時株主総会議事録

　当社第○回定時株主総会は、会社法第319条第1項および第320条の規定により、株主全員が、提案事項に同意しかつ通知事項について株主総会に報告することを要しないことに同意したので、以下のとおり株主総会の決議および報告があったものとみなされた。

1.　決議があったものとみなされた提案事項およびその提案者

　　第1号議案　剰余金の処分の件

　　　別紙1のとおり剰余金の処分をすること

　　第2号議案　定款一部変更の件

　　　別紙2のとおり定款の変更をすること

　　第3号議案　取締役○名選任の件

　　　別紙3のとおり○○○○、○○○○および○○○○の各氏を取締役に選任すること

　　上記各議案は、いずれも代表取締役社長○○○○より提案された。

2.　報告があったものとみなされた通知事項

　　別紙4の事業報告の内容および計算書類の内容のとおり

3.　株主総会の決議および株主総会への報告があったものとみなされた日

　　　平成○年○月○日

　　上記のとおり、株主総会を開催しないで、株主総会の決議および報告がなされたので、その議事を明確にするため会社法第318条および会社法施行規則第72条第4項に基づき本議事録を作成する。

　　本議事録の作成に係る職務を行った取締役

　　　代表取締役社長　　○○○○　　㊞ (注)

　　　　　　　　　　　　　　　　　　　　　　　　　　　　　　　　　以　上

（注）法令上、押印が義務付けられていないが、実務上押印する場合が多い。

― 141 ―

第3章　株主総会の招集

7　近時における株主提案の状況

　株主提案については、CGコードおよびスチュワードシップ・コードが浸透する中、株主との建設的な対話のツールとしての重要性が、今後、より一層高まっていくことが期待されている。

　近年においての株主提案は、小規模会社におけるやや内紛に近いケースがあるとともに国内の投資ファンドなどからの提案が見られるようになっている。

⑴　株主提案権行使の状況

　平成29年6月総会において株主提案に係る議案が付議された上場会社は40社と過去最高である。

　本年も株主提案権行使の中心は個人株主であるが、投資ファンドによるものが6社と前年より増加している。なお、前年総会に続き株主提案を受けた会社は23社、新たに株主提案を受けた会社は17社である。

〈株主提案権の行使状況（カッコ内は議案数）〉

		平成29年6月	平成28年6月	増減
社数		40（212）	37（167）	＋3（＋45）
業種別	電力会社	9（70）	9（73）	±0（－3）
	その他事業会社	23（81）	23（77）	±0（＋4）
	金融機関	8（61）	5（17）	＋3（＋44）

　（注）　三井住友信託銀行調査・作成。

⑵　株主提案の内訳

　平成29年6月総会において提案された212議題のうち、「定款一部変更」を議題とするものが173件（81.6％）あり、前年より45件増と大幅にアップした。定款変更が最も多くなる理由は、本来、株主提案権の行使になじまない業務執行事項に属する内容の提案であっても定款変更議案のかたちで提案されると形式的には要件を満たすこととなり、提案内容に法令もしくは定款に違反がない限り、会社としては株主提案として取り上げざるを得ないためである。

　「定款一部変更」以外には、「取締役・監査役の解任」が16件、「取締役・監査役の選任」が10件と、役員の選解任の提案となっている。

〈株主提案議案の内訳（カッコ内は割合）〉

議　　案	平成29年6月	平成28年6月	増減（ポイント）
定款変更	173（81.6％）	129（77.2％）	＋44（＋4.4）
剰余金処分	8（3.8％）	11（6.6％）	－3（－2.8）
取締役・監査役選任	10（4.7％）	11（6.6％）	－1（－1.9）
取締役・監査役解任	16（7.5％）	6（3.6％）	＋10（＋3.9）
その他	5（2.4％）	10（6.0％）	－5（－3.6）
合　　計	212（－）	167（－）	＋45（－）

（注）　三井住友信託銀行調査・作成

(3)　株主提案の賛成率

　株主提案に対する取締役会の意見が「反対」である場合は、一般的な賛成率は低水準に留まることが多いが、提案株主の持株比率が高い場合や議決権行使助言会社が賛成を推奨する場合には賛成率が高くなることになる。

　平成29年6月総会における株主提案212議題のうち、賛成率が10％以上の議案は56件と前年より8件増加している。この56件のうち27件は賛成率が20％以上であり、株主提案への賛成率が近年は増加傾向である。

　賛成率が高い株主提案としては、「役員報酬の個別開示」で、平成29年6月総会では、株主提案への賛成率が42.9％となった事例もある。また、平成29年6月総会における株主提案議案における最高賛成率は43％との事例があり、これは、（剰余金の配当の決定機関を取締役会に授権している定款規定を「株主総会の決議によらず」の文言を削除する提案）である。

第3章　株主総会の招集

第3節　招集通知の記載事項と添付書類

1　招集通知の記載事項

⑴　発信日付

発信日付は法定の記載事項ではないが、法定の発信期限である株主総会日の2週間前(299条1項)に発信されたことを明確にするために、記載するのが通常である。

⑵　宛先および招集者

株主総会の招集通知は書面による通知である以上、一般の文書と変わりなく、宛先および招集者の記載が必要である。宛先については「株主各位」と記載する方法が、慣行として定着している。招集者の記載事項は、会社の所在地、商号および役位を付した取締役の氏名となる。なお、会社の所在地は登記上の本店所在地を記載するが、実際の本店所在地が異なる場合は両方の住所を併記する例が多い。

⑶　本　文

書面投票または電子投票を採用している場合、その旨は法定記載事項として明文化されている(298条1項3号・4号、299条4項)。一般的には「なお書」として、株主総会に出席できない株主に対し、議決権行使書の返送やインターネットによる議決権行使を促す旨の依頼事項を記載する。また、委任状勧誘を行う場合は、委任状用紙に賛否を表示して押印のうえ返送する旨を依頼することになる。

なお、書面投票または電子投票を採用するに当たり、議決権の行使期限として特定の時を定めた場合は、招集通知に当該日時を明記しなければならないが、この場合は、議決権行使の依頼事項の中にその旨を記載することが考えられる。

議決権の行使の期限として特定の時を定めない場合は、議決権の行使の期限は、株主総会の日時の直前の営業時間の終了時となる(311条1項、施行規則69条・70条)。この場合でも議決権の行使

期限は議決権行使書面に記載すべき事項となっており（施行規則66条1項4号）、議決権行使書面への記載を省略した場合には、招集通知に記載しなければならない（施行規則66条4項）。

なお、留意点については第3章第1節1c参照。

(4) 日　時

招集決定の取締役会の決議により定める法定記載事項として明文化されている（298条1項1号、299条4項）。定時株主総会開催日の決定理由が次のいずれかに該当する場合には、当該開催日を決定した理由を招集決定の取締役会で定め、招集通知にも記載する。なお、次のbに該当する場合にあっては、その日時を決定したことにつき、特に理由がある場合におけるその理由に限る（施行規則63条1号）。

　a：前事業年度の定時株主総会開催日の応当日と著しく離れた日であること
　b：公開会社で、同一日に定時株主総会を開催する他の公開会社が著しく多いこと

(5) 場　所

招集決定の取締役会の決議により定める法定記載事項として明文化されている（298条1項1号、299条4項）。株主総会開催場所が過去に開催した株主総会の場所と著しく離れた場所であるときは、その場所を決定した理由も招集決定の取締役会で定め、招集通知にも記載する。ただし、以下の場合は除外される（施行規則63条2号）。

　a：定款で定められた場所である場合
　b：株主総会に出席しない株主全員の同意がある場合

【記載例3－3－1】過去に開催された場所と著しく離れた場所で開催する場合の記載例

> ＊当社は、従来より○○県○○市にて株主総会を開催してまいりましたが、株主様の分布状況などを勘案し、より多くの株主の皆様にご出席いただけますように本年定時株主総会より東京都○○区にて開催することに決定いたしました。

なお、会場を変更したものの著しく離れた場所でない場合、法定記載事項にはならないが、周知のため、会場が変更している旨記載するのが一般的である。

第3章　株主総会の招集

【記載例3－3－2】前回と会場が異なる注意を促す場合の記載例

＊開催場所が昨年と異なりますので、末尾の「株主総会会場ご案内図」をご参照のうえ、
お間違えのないようお願い申し上げます。

⑹　株主総会の目的事項

　株主総会の目的事項も招集決定の取締役会の決議により定める法定記載事項として明文化されている（298条1項2号、299条4項）。株主総会の目的事項は「報告事項」と「決議事項」に分けて、それぞれ該当する事項を列記する方法が一般的である。

⑺　代理人に関する事項

　代理人による議決権行使について、代理人の資格、代理権を証明する方法、代理人の数その他代理人による議決権の行使に関する事項を、定款に定めがある場合を除いて、定めることができる（施行規則63条5号）。留意点については第3章第1節1h 参照。定款に定めがある場合が一般的であり、その場合記載義務はないが、周知のため、記載する例もみられる。

【記載例3－3－3】代理人に関する事項を定めた場合の記載例

＊代理人による議決権の行使につきましては、議決権を有する他の株主様1名を代理人として、その議決権を行使することとさせていただきます。この場合、代理権を証明する書面をご提出ください。

⑻　不統一行使の通知方法の記載

　不統一行使の通知方法について招集の取締役会で決定することができる（施行規則63条6号）。記載事例としては、不統一行使の通知方法を書面に限定する以下のようなものが考えられる。
　なお、不統一行使の詳細については第3章第6節3参照。

第3節　招集通知の記載事項と添付書類

【記載例3－3－4】不統一行使の通知方法を定めた場合の記載例

＊議決権の不統一行使をされる場合には、株主総会の日の3日前（平成○年○月○日）までに、議決権の不統一行使を行う旨とその理由を書面により当社にご通知ください。

(9)　議決権行使書面との重複記載の省略

　招集通知に記載すべき事項のうち、議決権行使書面に記載している事項がある場合には、招集通知への記載を要しないとする重複記載の省略ができる（施行規則66条3項）。また、議決権行使書面に記載すべき、①賛否の表示がない場合の取扱い、②書面投票と電子投票の重複行使の取扱い、③議決権行使の期限について（施行規則66条1項2号・3号・4号）、招集通知に記載すれば、議決権行使書面への記載を省略できる（施行規則66条4項）。したがって、招集通知および議決権行使書面それぞれのスペースを有効に活用した記載が可能である。

(10)　その他の記載事項

　狭義の招集通知には上記の記載事項の他に、株主総会に際して事前に株主に周知しておくべき事項を記載することもみられる。株主懇談会の開催または取り止め、株主ではない同伴者は入場できない旨の記載など、法定の記載事項ではないが任意の記載として、これらの事項の記載は年々増えているようである。ここでは近時みられる任意の記載事項を取り上げる。なお、任意の記載事項は狭義の招集通知の末尾に記載してある場合が多いが、最終ページの会場案内図の付近に記載している事例もある。また、特に目立たせたい場合には、その部分を赤字にするなど工夫している事例もある。

　a　株主懇談会等の開催案内

　　総会後に株主との意見交換やIRイベントとして、上場会社の2割弱の会社が株主懇談会を開催している。株主に対して特に事前に知らせず、株主総会当日に案内する場合もあるが、事前に知らせておくために招集通知に記載する場合がある。

第3章　株主総会の招集

【記載例3－3－5】株主懇談会の開催案内の記載例

＊本株主総会終了後、株主懇談会の開催を予定しておりますので、ご出席くださいますようお願い申しあげます。

【記載例3－3－6】株主懇談会の開催案内の一般的な記載例

＊株主総会終了後、引き続きご出席の株主様を対象に工場見学会を開催いたしますので、ご出席くださいますようご案内申しあげます。なお、見学会はおよそ1時間を予定しております。

・工場見学会を開催する場合の記載例であるが、見学会の所要時間も事前に案内しておいた方が株主にとっても便宜であろう。

【記載例3－3－7】株主懇談会を取り止める場合の記載例

＊毎年株主総会終了後に開催しておりました株主懇談会は、本年より実施いたしませんので、予めご了承くださいますようお願い申しあげます。

・株主懇談会を取り止める場合の記載例である。株主懇談会に関心を持つ株主も多いことから、事情により中止する場合などは事前に周知しておくことが望ましいであろう。

b　株主ではない同伴者等は入場ができない旨の記載

　当然のことではあるが、株主ではない同伴者等は総会場に入場ができない旨を記載してあらためて注意喚起する事例がみられる。

－ 148 －

第3節　招集通知の記載事項と添付書類

【記載例3－3－8】株主ではない同伴者等は入場ができない旨の記載例

＊株主ではない代理人および同伴の方など、議決権を行使することができる株主以外の方
はご入場いただけませんので、ご注意願います。

c　株主総会当日に招集通知の持参を依頼する旨の記載

　資源節約のため、または環境負荷軽減のためとして招集通知の持参を依頼する事例がみられる。

【記載例3－3－9】株主総会当日に招集通知の持参を依頼する旨の記載例

＊当日ご出席の際は、お手数ながら同封の議決権行使書用紙を会場の受付にご提出くださ
いますようお願い申しあげます。また、資源節約のため、この「招集ご通知」をご持参
くださいますようお願い申しあげます。

d　お土産を取り止める旨・用意はない旨の記載

　7割を超える会社は株主総会でお土産を用意しており、株主懇談会同様に株主の関心も高い。
近年は事情によりお土産を取り止める場合もあることから、事前に株主に周知するためその旨を
招集通知に記載している事例がある。

【記載例3－3－10】お土産を取り止める旨の記載例

＊株主総会にご出席の株主様へのお土産は、本年より取り止めとさせていただきますので、
なにとぞご理解くださいますようお願い申しあげます。

　関心の高さを考慮して、取り止め後においても用意はない旨記載する例もみられる。

【記載例3－3－11】お土産の用意はない旨の記載例

＊株主総会にご出席の株主の皆様へのお土産のご用意はございません。何卒ご理解くださいますようお願い申し上げます。

e　クールビズスタイルで開催する旨の記載

省エネへの関心の高まりや電力事情に伴う節電対策の一環として、役員等がノーネクタイでのクールビズスタイルで株主総会を開催する場合に、その旨を記載しておく事例がみられる。

【記載例3－3－12】クールビズスタイルで開催する旨の記載例

＊当日は軽装（クールビズ）にてご対応させていただきますので、株主のみなさまにおかれましても、軽装にてご出席くださいますようお願い申しあげます。

【図表3－3－1】招集通知の主な記載事項の状況

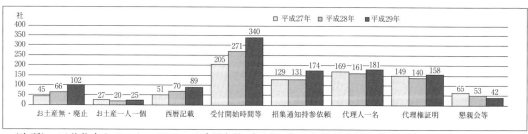

（出所）　三井住友トラスト・グループ受託会社（平成29年3月決算上場会社977社）を対象とした調査。

【図表3－3－2】招集通知の形状等

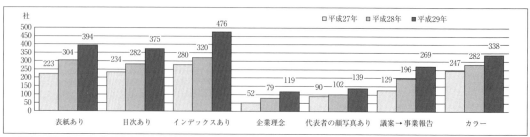

（注）　「議案→事業報告」は、招集通知、株主総会参考書類、事業報告の順に掲載しているものを指す。
（出所）　三井住友トラスト・グループ受託会社（平成29年3月決算上場会社977社）を対象とした調査。

第3節　招集通知の記載事項と添付書類

【Point】9　議題、議案、議案の概要（要領）と招集通知への記載

　議題を株主総会の目的事項という。株主総会の目的事項の決議内容を議案という（実務では議題を第○号議案と呼ぶのが通例である）。決議内容を要約したものを議案の概要（要領）という。「定款一部変更の件」という株主総会の目的事項の議案の概要は「定款○条の△△△△を××××に変更する」というようなものである。取締役選任の株主総会の目的事項は「取締役○名選任の件」であり、議案の概要は選任すべき候補者の氏名がこれに当たる。議題は一つであるが、議案の数は候補者の数だけあると解される（後掲本章第5節判例22参照）。「○○○○氏を取締役に選任する件」という株主総会の目的事項の場合は議題が議案の概要を兼ねることになる。旧商法では定款変更議案など重要な議案については招集通知に議案の要領を記載しなければならないとされていたが、会社法ではこのような規定は存在しない。ただし、議決権行使につき議決権行使書（電子投票を含む）を採用しない会社は株主総会参考書類の添付が義務付けられていないので、役員選任など一定事項が株主総会の目的事項の場合は招集通知に議案の概要を記載することとされている（施行規則63条7号）。上場会社が委任状勧誘府令により委任状を勧誘する場合は委任状勧誘府令に基づく参考書類を添付することになるが、議決権行使書を採用していないので招集通知には議案の概要を記載することになる。この場合、招集通知には、「各議案の内容は後記参考書類に記載のとおりです」と記載すれば足りる（参考書類には「議案の概要」ではなく議案そのものを記載しているので「議案の内容」でよい）。このほか、株主提案権が行使され、株主提案議案を総会に付議する場合も、議案の要領を記載することになるが（305条1項）、この場合も、招集通知には、「議案の要領は後記株主総会参考書類に記載のとおりであります」と記載することになる。

■判　例■15　　定款を変更して株式の譲渡制限を定める場合、総会招集通知に「定款一部変更の件」とのみ記載するのは不十分である（名古屋地裁　昭46.12.27）。

　総会招集の通知は、株主に会議の目的である事項を記載し、議題を予め知らせ、それについて十分な準備をなさせる目的のものであるから、その内容は右事項を了解することができるに十分な記載でなければならない。本件通知に議案第(2)号「定款の一部変更の件」と記載があっただけでは、株主において具体的に議題の内容を知ることができないし、また推測することも容易でない。右総会において、「被告会社の株式の譲渡は取締役会の承認を要する」旨定款を変更したのであって、結局前記通知は総会の議事になるべき事項の内容を知ることができる程度に合うということができない。同通知の記載では、株主はあらかじめ株式譲渡制限につ

第3章　株主総会の招集

いて準備する機会を事実上失ってしまうから軽微な手続上の瑕疵ということはできない。

【Point】10　株主総会の招集権者

　株主総会は、297条4項の規定により裁判所の許可を得た株主による招集の場合を除き、取締役が招集する（296条3項）。取締役全員で招集してもよいが、必ずしも全員で行う必要はなく、取締役のうちの1名が招集を行えば足りる。この株主総会の招集は、会社の内部的な意思決定機関である株主総会の招集手続に関する行為であり、業務の執行には該当しない。このため、法律上、代表取締役や執行役の権限になるものではない。ただし、代表取締役は、取締役として招集することができる（相澤・論点解説468頁）。

　一方、学説によると、株主総会は、招集権限のある者が法定の手続に従い招集することにより開かれる。招集権者は、第一に、取締役会設置会社であれば、取締役会（指名委員会等設置会社でも執行役に委任できない（416条4項4号））であり、その決定を代表取締役（指名委員会等設置会社においては代表執行役）が執行する形で招集する（296条3項・298条4項）（江頭・株式会社法322頁）としている。

　招集通知に実際に記載する際には、会社の本店所在地、名称および役職名（取締役社長とする例が多い）および氏名を記載するのが通例である。

2　添付書類

(1)　株主総会参考書類

　書面投票制度・電子投票制度を採用した会社にあっては、議決権の行使について参考となるべき事項を記載した書類である株主総会参考書類の交付が義務付けられている（298条2項、301条1項、302条1項）。株主総会参考書類には、施行規則に従って議案その他の必要事項を記載しなければならない。また、上場会社が金融商品取引法施行令36条の2の規定に基づく委任状勧誘府令によって議決権の代理行使の勧誘をする場合には、同府令に基づく参考書類の交付が必要であり、施行規則に基づく株主総会参考書類の交付義務はない（298条2項但書）。

第3節　招集通知の記載事項と添付書類

⑵　添付書類

　定時株主総会の招集通知に際しては、計算書類（貸借対照表、損益計算書、株主資本等変動計算書、個別注記表）、事業報告、監査報告および会計監査報告を提供（添付）しなければならない（437条）。また、大会社で有価証券報告書提出会社にあっては、連結対象の子会社があれば、連結計算書類（連結貸借対照表、連結損益計算書、連結株主資本等変動計算書、連結注記表）を提供しなければならない（444条6項）。連結計算書類の監査報告および会計監査報告については、株主総会までに監査が終了していることが必要であるが、招集通知に際しての提供は要求されていない（444条7項）。連結の監査報告を提供することを定めたときは、招集通知に際して提供することになるが（計算規則134条2項）、その旨定める場合は、招集決定取締役会で定めることが多い。もっとも連結の監査報告は、提供するのが通例である。

　なお、国際会計基準（IFRS）、修正国際基準および米国基準に従うことができるものとされた会社が作成すべき連結計算書類は、当該基準に従って作成することができる（計算規則120条〜120条の3）。

3　インターネット開示（ウェブ開示）によるみなし提供

⑴　概　要

　定款規定により、株主総会参考書類、事業報告の一部、計算書類のうち株主資本等変動計算書および個別注記表に係るもの、連結計算書類をインターネットで開示することにより、株主に提供したものとみなされる（施行規則94条・133条3項〜5項、計算規則133条4項〜6項・134条4項〜6項）。したがって、インターネットに開示した部分については、招集通知への添付を要しないこととなる。

　株主総会参考書類についてこの措置をとる場合には招集決定の取締役会にて決議し、招集通知に、株主総会参考書類に記載しないものとする事項を記載しなければならない（298条1項5号・299条4項、施行規則63条3号ホ）。また、インターネット開示を行うウェブサイトのアドレスを株主総会参考書類に記載することとなるが（施行規則94条2項）、株主総会参考書類に代えて他の書面に記載することができることから（同規則73条3項）、これを招集通知に記載することができる（ただし、この場合でも招集通知に記載している事項があることを株主総会参考書類に記載する必要がある（石井裕介ほか『新しい事業報告・計算書類〔全訂版〕』（商事法務、2016年）681頁））。また、招集通知を発出する時から当該株主総会の日から3箇月が経過する日までの間、継続してインターネットに掲載することが必要である。そのほか事業報告の一部等についても活用する場合には、併

— 153 —

第3章　株主総会の招集

せて当該事項を掲載しているウェブサイトのアドレスを記載することになる（施行規則133条4項、計算規則133条5項・134条5項）。

　株主総会参考書類、事業報告、計算書類のうちインターネット開示の対象とすることができる事項以外の事項についても、インターネット上に開示することを妨げるものではないことから（施行規則94条3項、133条7項、計算規則133条8項）、インターネット開示事項のみを会社のウェブサイトに掲載するのではなく、招集通知全体を会社ウェブサイトに掲載することが考えられる。

　このインターネット開示の利点としては、招集通知の印刷コストや発送コスト等の制約がある場合において、インターネットに掲載することにより開示のコストを考慮せずに開示内容の充実が図れることである。

　〔インターネット開示が認められる書類および事項は、【図表3－3－3】インターネット開示対象項目区分参照〕

　株主総会参考書類とともに、事業報告、計算書類および連結計算書類について、インターネット開示をする場合、前述のとおり、株主総会参考書類に記載しないものとする事項と当該事項を開示しているウェブサイトのアドレスを招集通知に記載することになるが、その記載例については、【書式3－3―2】「4．その他株主総会に関する事項」参照。

【図表3－3－3】インターネット開示対象項目区分（インターネット開示することができる旨の定款の定めが必要）

インターネット開示が可能でない事項	インターネット開示が可能な事項
事業報告	
①事業の経過およびその成果（施行規則133条3項1号、120条1項4号） ②資金調達・設備投資・事業の譲渡、吸収分割または新設分割他の会社の事業の譲受け、吸収合併または吸収分割による他の法人等の事業に関する権利義務の承継、他の会社の株式その他の持分または新株予約権等の取得または処分（同133条3項1号、120条1項5号） ③重要な親会社および子会社の状況（同133条3項1号、120条1項7号） ④対処すべき課題（同133条3項1号、120条1項8号） ⑤会社役員の氏名（同133条3項1号、121条1号） ⑥会社役員の地位および担当（同133条3項1号、121条2号） ⑦会社役員の報酬等（同133条3項1号、121条4号） ⑧当該事業年度において受け、または受ける見込みの額が明らかとなった会社役員の報酬等（同133条3項1号、121条5号）	以下のうち左記⑪に該当しないもの A）会社の状況に関する重要な事項（施行規則118条1号） B）業務の適正を確保するための体制およびその運用状況（施行規則118条2号） C）会社の支配に関する基本方針（同3号） D）特定完全子会社の株式の帳簿価額の合計額等（同4号） E）親会社等との間の一定の利益相反取引が会社の利益を害さないかどうかについての取締役の判断およびその理由等（同5号） F）主要な事業内容（同120条1号） G）主要な営業所および工場ならびに使用人の状況（同2号） H）主要な借入先および借入額（同3号） I）直前3事業年度の財産および損益の状況（同6号） J）その他会社の現況に関する重要な事項（同9号） K）責任限定契約の内容の概要（同121条3号） L）辞任した会社役員または解任された会社役員（同7号）

⑨各会社役員の報酬等の額またはその算定方法に係る決定に関する方針（同133条3項1号、121条6号） ⑩社外取締役を置くことが相当でない理由（同133条3項1号、124条2項） ⑪インターネット開示することについて監査役、監査等委員会または監査委員会が異議を述べている場合における当該事項（同133条3項2号）	M）会社役員の重要な兼職の状況（同8号） N）監査役等が財務および会計に関する相当程度の知見（同9号） O）常勤の監査等委員または常勤の監査委員の選定の有無およびその理由（同10号） P）その他会社の会社役員に関する重要な事項（同11号） Q）株式に関する事項（同122条） R）新株予約権等に関する事項（同123条） S）社外役員等に関する特則（同124条1項） T）会計参与に関する事項（同125条） U）会計監査人に関する事項（同126条）

株主総会参考書類	
①議案（同94条1項1号） ②社外取締役を置くことが相当でない理由（同項2号、74条の2第1項） ③事業報告上ウェブ開示できない事項を株主総会参考書類に記載することとしている場合における当該事項（同94条1項3号、133条3項1号） ④ウェブ開示に使用するアドレス（同94条1項4号・2項） ⑤インターネット開示することについて監査役、監査等委員会または監査委員会が異議を述べている場合における当該事項（同条1項5号）	左記以外の事項

計算書類	
①貸借対照表（計算規則133条4項） ②損益計算書（同） ③監査報告（同） ④会計監査報告（同）	A）株主資本等変動計算書(計算規則133条4項) B）個別注記表（同）

連結計算書類	
（なし）	A）連結貸借対照表（計算規則134条4項） B）連結損益計算書（同） C）連結株主資本等変動計算書（同） D）連結注記表（同） E）監査報告（同） F）会計監査報告（同）

　実際には連結注記表と個別注記表がインターネット開示の対象となる場合が多く、その他連結および単体の株主資本等変動計算書、内部統制システムや会社支配の方針などをインターネット開示している例がある。また、株主総会当日の対応としては、インターネット開示した部分を総会場に備え置いている例が多いようである。

　なお、事業報告における社外役員に関する事項（施行規則124条1項）についても、インターネットで開示することにより、添付書類への記載を省略することができるが、議決権行使助言会社や機関投資家からは、議決権行使に際しての重要な情報になることから記載を省略しないよう要請がされている。

第3章　株主総会の招集

【図表 3 － 3 － 4】 インターネット開示の実施項目の状況

開示事項 該当社数	平成29年		平成28年	
	社数	割合	社数	割合
個別注記表	538社	99.4％	441社	99.5％
連結注記表	521社	96.3％	422社	95.3％
株主資本等変動計算書	169社	31.2％	93社	21.0％
連結株主資本等変動計算書	161社	29.8％	85社	19.2％
業務の適正を確保するための体制	111社	20.5％	53社	12.0％
新株予約権に関する事項	55社	10.2％	28社	6.3％
会社の支配に関する基本方針	43社	7.9％	36社	8.1％
会計監査人に関する事項	25社	4.6％	14社	3.2％
主要な営業所等、使用人の状況	15社	2.8％	9社	2.0％
主要な事業内容	12社	2.2％	7社	1.6％
主要な借入先、借入額	12社	2.2％	7社	1.6％
直前三事業年度の財産および損益の状況	10社	1.8％	5社	1.1％
株式に関する事項	7社	1.3％	6社	1.4％
社外役員に関する事項	7社	1.3％	4社	0.9％
親会社との利益相反	5社	0.9％	2社	0.5％
特定完全子会社株式の帳簿価格	5社	0.9％	2社	0.5％
連結計算書類に係る監査報告	4社	0.7％	2社	0.5％
株主総会参考書類	2社	0.4％	1社	0.2％
責任限定契約の内容の概要	2社	0.4％	1社	0.2％
重要な兼職の状況	2社	0.4％	1社	0.2％
対象社数　計	541社		443社	

（出所）　三井住友トラスト・グループ受託会社（3月決算上場会社）を対象とした調査。

　株主総会参考書類を対象とせず、事業報告、計算書類および連結計算書類をインターネット開示の対象とする場合、法令上はインターネット開示のためのアドレスを株主へ通知することとされており（施行規則133条4項、計133条5項・134条5項）、招集通知に記載することになっていないため、「招集通知の脚注」（【書式 3 － 3 － 2】でいえば末尾破線以下の部分）に記載することが一般的である。

第3節　招集通知の記載事項と添付書類

【記載例3－3－13】連結・個別の注記表をインターネット開示をした場合の記載例

> ◎当社は、法令および定款第○条の規定に基づき、提供書類のうち、次に掲げる事項をインターネット上の当社ウェブサイト（http://www.×××××.co.jp/）に掲載しておりますので、本株主総会の提供書類には記載しておりません。
> 　①連結計算書類の「連結注記表」
> 　②計算書類の「個別注記表」

⑵　**留意事項**

ア．インターネット開示の際の留意事項として、監査役及び会計監査人からの次のような要求があることが考えられる。
　　a　株主総会参考書類・事業報告の記載事項をインターネット開示することについて監査役の異議申述権があるため、異議があった事項はインターネット開示できない（施行規則94条1項5号、133条3項2号）
　　b　監査役及び会計監査人には株主へ提供する書類が監査の対象とした一部であることの株主への通知請求権がある（施行規則133条5項、計算規則133条6項・134条6項）
　　なお、監査役・会計監査人から上記bの請求がない場合であっても、任意に株主に通知する例もある（全株懇調査26頁によると、請求あり21.4％、請求ないため通知せず22.4％、請求ないが通知56.1％）。

【記載例3－3－14】監査の対象とした一部である旨を通知する例

> ◎本招集ご通知に際して提供すべき書類のうち、「連結計算書類の連結注記表」および「計算書類の個別注記表」につきましては、法令および定款第○条の規定に基づき、当社ウェブサイト（http://www.×××××.co.jp/）に掲載しておりますので、本招集ご通知には記載しておりません。なお、本招集ご通知の添付書類に記載しております連結計算書類および計算書類は、会計監査人および監査役が会計監査報告および監査報告の作成に際して監査した連結計算書類および計算書類の一部であります。

イ．株主総会参考書類は、【図表3－3－3】のとおり、議案以外の内容は基本インターネット

第3章　株主総会の招集

開示の対象とすることができるが、議案とそれ以外の内容の区別は困難であること等から、株主総会参考書類をインターネット開示の対象とする先は少ない（【図表3－3－4】参照）。実施例としては、合併等の組織再編議案における他の当事会社の計算書類等（施行規則）程度である。

ウ．事業報告における社外役員に関する事項（施行規則124条1項）はインターネット開示対象ではあるが、議決権行使助言会社や機関投資家からは、議決権行使に際しての重要な情報となることから記載を省略しないよう要請がされており、留意する必要がある。

4　修正事項の通知方法（ウェブ修正）

　招集通知発出後に株主総会参考書類ならびに事業報告、計算書類および連結計算書類の記載事項について修正すべき事情が生じた場合に備えて、修正後の事項を株主に周知させる方法を招集通知に記載することが可能である（施行規則65条3項・133条6項、計算規則133条7項・134条7項）。この方法により修正可能な事項は比較的軽微なものに限られるとされ、議案の賛否に影響するような重大な修正はできない。しかしながら、インターネットに修正後の事項を掲載することで、迅速に修正後の事項が周知できることとなる。ウェブサイトに掲載する訂正文例については以下参照。

【書式3－3－1】ウェブサイトに掲載する訂正文例

平成○年○月○日

株　主　各　位

○○○○株式会社

代表取締役　○○○○

第○回定時株主総会招集ご通知の添付書類一部修正について

　平成○年○月○日付けにて、株主の皆様あてにご送付いたしました標記書類につきまして、記載内容に一部誤記がありましたので、本ウェブサイトをもって下記のとおり修正のご連絡をさせていただきます。

記

修正箇所
株主総会招集ご通知添付書類　○ページ

— 158 —

第3節　招集通知の記載事項と添付書類

```
修正前
○○○○○○○


修正後
○○○○○○○

                                                             以　　上
```

　なお、株主総会当日の対応として修正事項があった過半の会社が訂正文書を株主総会当日に配布している場合が多い（全株懇調査25頁によると、訂正文書を配布55.8％、口頭で説明27.2％、対応せず30.7％）。

【記載例3－3－15】総会場での説明例

報告事項の報告の前などに議長または事務局が説明することを想定したシナリオの例

```
お手元の招集通知の○ページにおいて一部記載の誤りがあり、すでに修正後の内容はイン
ターネット上の当社ウェブサイトに掲載しておりますが、その内容につきましては本日受
付にて配布しました書類をご参照ください。
```


5　招集通知の記載例

　招集通知の記載例は、【書式3－3－2】定時株主総会招集通知（ひな型A　上場大会社・書面投票制度のみ採用）を参照。

第3章　株主総会の招集

【書式3－3－2】定時株主総会招集通知（ひな型A　上場大会社・書面投票制度のみ採用）

資本金5億円以上または負債総額200億円以上の大会社である
上場会社が、議決権行使書面を送付する場合

（証券コード○○○○）　①
平成○年○月○日

株　主　各　位

東京都○○区○○町○丁目○番○号
○○○○株式会社
取締役社長　　○○○○

第○回定時株主総会招集ご通知

　　拝啓　平素は格別のご高配を賜り厚くお礼申しあげます。②
　　さて、当社第○回定時株主総会を下記により開催いたしますので、ご出席くださいますようご通知申しあげます。
　　なお、当日ご出席願えない場合は、書面により議決権を行使することができますので③、お手数ながら後記の株主総会参考書類④をご検討くださいまして、同封の議決権行使書用紙に議案に対する賛否をご表示いただき⑤、平成○年○月○日（○曜日）午後○時まで⑥に到着するようご返送いただきたくお願い申しあげます。

敬　具

記

1．日　時　　平成○年○月○日（○曜日）午前○時　⑦
2．場　所　　東京都○○区○○町○丁目○番○　⑧
　　　　　　　当社本店○階会議室
　　　　　　　（末尾の会場案内図をご参照ください）
3．目的事項　⑨
　報告事項　　1．第○期（平成○年○月○日から平成○年○月○日まで）事業報告の内容、
　　　　　　　　　連結計算書類の内容ならびに会計監査人および監査役会の連結計算書類監査
　　　　　　　　　結果報告の件
　　　　　　　2．第○期（平成○年○月○日から平成○年○月○日まで）計算書類の内容報
　　　　　　　　　告の件

　決議事項
　　　第1号議案　剰余金の処分の件
　　　第2号議案　定款一部変更の件　⑩
　　　第3号議案　取締役○名選任の件
　　　第4号議案　監査役○名選任の件
　　　第5号議案　補欠監査役○名選任の件
　　　第6号議案　取締役および監査役の報酬額改定の件
4．その他株主総会招集に関する事項　⑪
　　　法令および当社定款第○条の規定に基づき、次に掲げる事項については、株主総会参考
　書類ならびに、事業報告、連結計算書類および計算書類の記載に代えてインターネット上

第3節　招集通知の記載事項と添付書類

の当社ウェブサイト（http://www.×××××.co.jp/）に掲載しております。[⑫][⑬]

　⑴　株主総会参考書類に関する事項

　　　（略）

　⑵　事業報告に関する事項

　　　（略）

　⑶　連結計算書類に関する事項

　　　（略）

　⑷　計算書類に関する事項

　　　（略）

以　　上

- -

　○当日ご出席の際は、お手数ながら同封の議決権行使書用紙[⑭]を会場受付にご提出く
　　ださいますようお願い申しあげます。
　○株主総会参考書類ならびに事業報告、連結計算書類および計算書類に修正をすべき事情
　　が生じた場合は、インターネット上の当社ウェブサイト（http://www.×××××.
　　co.jp/）において、修正後の事項を掲載させていただきます。[⑮]

作成上の留意点（公開・大会社）

① 　証券コードの記載は、平成17年2月14日付の日本証券投資顧問業協会・厚生年金基金連合会

　　（現企業年金連合会）の要請事項。記載場所としては発信日付の上が多い。

② 　震災等の影響を引き続き考慮しこの文面とする場合が多い。

③ 　書面投票を採用している場合記載を要する事項（298条1項3号、299条4項）。

　　　なお、電子投票を採用している場合も同様の記載を要する（298条1項4号、299条4項）が、

　　書面投票・電子投票の双方とも採用している場合は、例えば、（注1）のように記載する。

④ 　会社法の用語に合わせて株主総会参考書類とする（301条1項）。議決権行使書上も同じ。

⑤ 　議決権行使書に押印欄がないことから、「ご押印のうえ」とは記載しない。

⑥ 　行使期限を定めたときはその特定の時（招集通知発信日から2週間経過した日以後の時に限

　　る）（298条1項5号、299条4項、施行規則63条3号ロ）、定めないときは株主総会日時の前営

　　業時間の終了の時（施行規則69条）を記載する。議決権行使書面の記載事項でもある（施行規則

　　66条1項4号）。なお、招集通知と議決権行使書面の重複記載による省略については（注2）参照。

⑦ 　日時は法定記載事項である（298条1項1号、299条4項）。

　　　なお、株主総会日が、前回定時株主総会の応当日と著しく離れた日である場合、いわゆる集中

　　日である場合（公開会社で、特に理由がある場合に限る）、その日時を決定した理由の記載が必

　　要（298条1項5号、299条4項、施行規則63条1号）。

⑧ 　場所も法定記載事項である（298条1項1号、299条4項）。

　　　なお、過去の開催場所と著しく離れた場所の場合、その場所を決定した理由の記載が必要（298

— 161 —

第3章　株主総会の招集

条1項5号、299条4項、施行規則63条2号）とされる（定款所定の場所・総会に出席しない株主全員の同意がある場合を除く）。

⑨　株主総会の目的である事項も法定記載事項である（298条1項2号、299条4項）。

⑩　書面投票・電子投票のいずれか採用している場合、議案の概要（従来は議案の要領）の記載は不要（施行規則63条7号参照）。

⑪　記載されていない招集通知の法定記載事項（注3）等がある場合、記載する（298条1項5号、299条4項、施行規則63条）。

⑫　株主総会参考書類の一部および添付書類（事業報告の一部、計算書類の一部および連結計算書類）について、定款の定めがあることを前提に、インターネット開示が認められている（施行規則94条・133条3項〜5項、計算規則133条4項〜6項・134条4項〜6項）。

⑬　定款に代理人の数を定めていない場合は、代理人の数に関する事項（298条1項5号、299条4項、施行規則63条5号）を記載することも考えられる。

⑭　「議決権行使書」ではなく「議決権行使書用紙」とする。

⑮　株主総会参考書類・事業報告・計算書類・連結計算書類について、周知方法（インターネットが一般的）を通知することで、招集通知発出後、株主総会前日までの間に修正をすべき事情が生じた場合における修正が可能である（施行規則65条3項・133条6項、計算規則133条7項・134条7項）（ただし、予見可能な範囲に限られると考えられるため、書面の送付またはインターネットによる周知という書き方も考えられる）。

（注1）　書面投票と電子投票を採用する場合、例えば、なお書その他として以下枠囲みのように記載する例が考えられる〔4(3)のなお書は、書面投票と電子投票の重複行使の取扱いの記載（298条1項5号、299条4項、施行規則63条4号ロ）〕。4(3)の重複行使の取扱いは「インターネット（＊）による議決権行使のご案内」にも記載するため、省略する方法もある。以下のうち、「後述のご案内」については、「インターネット（＊）による議決権行使のご案内」という表現にすることも考えられる（書式例につき、本章第5節【書式3－5－5】参照）。

　なお、当日ご出席願えない場合は、書面またはインターネット（＊）により議決権を行使することができますので、お手数ながら後記の株主総会参考書類をご検討くださいまして、後述のご案内に従って平成○年○月○日（○曜日）午後○時までに議決権を行使してくださいますようお願い申しあげます。

敬　具

記

1．〜3．（略）

第3節　招集通知の記載事項と添付書類

４．議決権の行使についてのご案内

(1)　書面による議決権行使の場合

同封の議決権行使書用紙に賛否をご表示いただき、平成○年○月○日（○曜日）午後○時までに到着するようご返送ください。

(2)　インターネット（＊）による議決権行使の場合

インターネット（＊）により議決権を行使される場合には、別添（○頁）の【インターネット（＊）による議決権行使のご案内】をご高覧の上、平成○年○月○日（○曜日）午後○時までに行使してください。

(3)　複数回議決権を行使された場合、当社に最後に到着した行使を有効な議決権行使としてお取扱いいたします。なお、インターネット（＊）による議決権行使と議決権行使書面が同日に到着した場合は、インターネット（＊）によるものを有効な議決権行使としてお取扱いいたします。

（中略）

インターネット（＊）による議決権行使のご案内

インターネット（＊）により議決権を行使される場合は、あらかじめ次の事項をご了承いただきますよう、お願い申しあげます。

１．議決権行使ウェブサイトについて

インターネットによる議決権行使は、当社の指定する以下の議決権行使ウェブサイトをご利用いただくことによってのみ可能です。

議決権行使ウェブサイトアドレス　http://www.×××××.co.jp/

２．議決権行使のお取扱いについて

(1)　インターネットにより議決権を行使される場合は、同封の議決権行使書用紙に表示された「議決権行使コード」および「パスワード」をご利用になり、画面の案内に従って賛否をご入力ください。

(2)　議決権の行使期限は、平成○○年○○月○○日（○曜日）午後○時までとなっておりますので、お早めの行使をお願いいたします。

(3)　複数回議決権を行使された場合、当社に最後に到着した行使を有効な議決権行使としてお取扱いいたします。なお、インターネット（＊）による議決権行使と議決権行使書面が同日に到着した場合は、インターネット（＊）によるものを有効な議決権行使としてお取扱いいたします。

(4)　議決権行使ウェブサイトをご利用いただく際のプロバイダおよび通信事業者の料金（接続料金等）は、株主様のご負担となります。

３．パスワードおよび議決権行使コードのお取扱いについて　（略）

— 163 —

第3章　株主総会の招集

　　４．システムに係わる条件について　（略）

　　５．パソコン等の操作方法に関するお問い合わせ先について　（略）

　　６．議決権電子行使プラットフォームのご利用について（機関投資家の皆様へ）

　　　　機関投資家の皆様に関しましては、本総会につき、株式会社 ICJ の運営する「議決権電子
　　　行使プラットフォーム」から電磁的方法による議決権行使を行っていただくことも可能です。

※１　議決権電子行使プラットフォームを採用している場合は、上記中「インターネット（＊）」を「イ
　　　ンターネット等」とし、上記案内文言を「インターネット等による議決権行使のご案内」に記載す
　　　ることが考えられる。
※２　「狭義の招集通知」４⑶および「インターネット（＊）による議決権行使のご案内」２⑶における
　　　書面投票と電子投票の重複行使の取扱いは、以下の通りインターネット（＊）による議決権の内容
　　　を有効とする取扱いも考えられる。

　　⑶　書面とインターネット（＊）により、二重に議決権を行使された場合は、インターネッ
　　　ト（＊）によるものを有効な議決権行使としてお取扱いいたします。また、インターネッ
　　　ト（＊）によって複数回数またはパソコンと携帯電話で重複して議決権を行使された場合
　　　は、最後に行われたものを有効な議決権行使としてお取扱いいたします。

（注２）　招集通知・議決権行使書面・株主総会参考書類間の記載事項の取扱い

　　　　１．招集通知の内容とすべき事項のうち、議決権行使書面に記載している事項がある場合に
　　　　　は、当該事項は、招集通知の内容とすることを要しない（施行規則66条３項）とされ
　　　　　ているとともに、議決権行使書面に記載すべき事項のうち、以下の事項については、招
　　　　　集通知の内容としている事項がある場合には、当該事項は、議決権行使書面に記載する
　　　　　ことを要しない（施行規則66条４項）とされている。このうち、①の事項については、
　　　　　議決権行使書のみに記載し、招集通知に記載しない取扱いが一般的と考えられる。

　　　　　①　議決権行使書上の役員等選任議案等の賛否欄に記載がない場合に、賛成、反対また
　　　　　　は棄権のいずれかの意思の表示があったものとする取扱い（施行規則66条１項２号）

　　　　　②　議決権の重複行使の場合の取扱い（施行規則66条１項３号）

　　　　　③　議決権の行使の期限（施行規則66条１項４号）

　　　　２．また、招集通知または招集通知に際して株主に提供する事業報告の内容とすべき事項
　　　　　のうち、株主総会参考書類に記載している事項がある場合には、招集通知または招集通
　　　　　知に際して株主に提供する事業報告の内容とすることを要しない（施行規則73条４項）
　　　　　とされているため、招集通知記載事項となる招集決定取締役会の決議事項（下記（注３）
　　　　　参照）のうち、議案の内容等（施行規則63条３号イ）については、招集通知に記載しな
　　　　　いことになる。

第3節　招集通知の記載事項と添付書類

　　3．なお、株主総会参考書類についてインターネット開示を行う場合、ウェブサイトのア
　　ドレスは株主総会参考書類に記載することとなるが（施行規則94条2項）、株主総会参
　　考書類に代えて他の書面に記載することができることから（同規則73条3項）、これを
　　招集通知に記載することができる（ただし、招集通知に記載している事項を株主総会参
　　考書類に記載する必要がある）。

（注3）　会社法における招集決定取締役会の決定事項は招集通知記載事項となる（299条4項）。

　　1．日時・場所（298条1項1号）

　　2．目的である事項があるときは、当該事項（298条1項2号）

　　3．書面投票を採用するときは、その旨（298条1項3号）

　　　　書面投票が強制される、株主（株主総会決議事項の全部につき議決権を行使すること
　　ができない株主を除く）千人以上の会社においても決定する必要がある（298条2項）。
　　ただし、金融商品取引法の規定に基づく委任状勧誘を行う場合を除く（298条2項但書、
　　施行規則64条）。

　　4．電子投票を採用するときは、その旨（298条1項4号）

　　5．定時株主総会の場合で、総会日が以下のいずれかに該当するときは、その日時を決定
　　した理由（②の場合、特に理由がある場合における当該理由に限る）（298条1項5号、
　　施行規則63条1号）

　　　①　前回定時株主総会日の応当日と著しく離れた日

　　　②　公開会社の場合で、株主総会日に定時株主総会を開催する他の公開会社が著しく多
　　　　いこと

　　6．株主総会の場所が過去の株主総会の場所から著しく離れた場所であるとき（定款上の
　　招集地・株主総会に出席しない株主全員の同意がある場合を除く）は、その場所を決定
　　した理由（298条1項5号、施行規則63条2号）

　　7．上記3（書面投票）または4（電子投票）を定めたときは、以下の事項（定款に②～
　　④および⑥の定めがある場合、これらの決定を取締役に委任する場合の当該事項を除く）
　　（298条1項5号、施行規則63条3号）

　　　①　株主総会参考書類記載事項（組織再編議案等の一定の記載事項を除く）

　　　②　書面投票の行使期限

　　　③　電子投票の行使期限

　　　④　賛否欄の記載がない場合の取扱い

　　　　当該事項は議決権行使書の記載事項であるため（施行規則66条1項2号）、招集通
　　　知には記載しない（施行規則66条3項）ことが一般的と考えられる。

　　　⑤　株主総会参考書類のインターネット開示により提供書類上省略する事項

第3章　株主総会の招集

当該事項は定款の定めが必要となる（施行規則94条1項但書）ため、定款の定めを置いた後の株主総会から可能となる。

⑥　書面投票の重複行使または電子投票の重複行使の取扱い

書面投票の重複行使は実務上ほとんど生じないため、決定しないことが多いと考えられる。

8．上記3（書面投票）および4（電子投票）を定めたときは、以下の事項（定款に①・②の定めがある場合の当該事項を除く）（298条1項5号、施行規則63条4号）

①　招集通知の電子化承諾株主から議決権行使書面交付請求があったときに同書面（電磁的方法による提供を含む）の交付をするときは、その旨

②　書面投票と電子投票の重複行使の取扱いに関する事項を定めるときは、その事項

9．議決権の代理行使の際の、代理権の証明方法、代理人の数等の代理行使に関する事項を定めるときは、その事項（定款に定めがある場合を除く）（298条1項5号、施行規則63条5号）

旧商法における複数代理人の出席を拒むことができる規定（旧商法239条5項）は、代理人を1人に限る旨の決議または定款に定めることにより維持できる。代理人を証明する方法については、プロキシーファイト（委任状合戦）の場合等、より加重が必要になる場合等に決定することが考えられる。

10．不統一行使の事前通知方法を定めるときは、その方法（定款に定めがある場合を除く）（298条1項5号、施行規則63条6号）

不統一行使は機関投資家が行うことが通例であり、議決権行使促進の観点から定めない場合が多いと思われる。

11．上記3（書面投票）・4（電子投票）のいずれも定めない場合で、以下の事項が会議の目的事項であるときは、当該議案の概要（議案が確定していないときはその旨）（298条1項5号、施行規則63条7号）

①　役員等の選任

②　役員等の報酬等

③　全部取得条項付種類株式の取得

④　株式の併合

⑤　特に有利な価額である場合の募集株式を引き受ける者の募集

⑥　特に有利な条件等である場合の募集新株予約権を引き受ける者の募集

⑦　事業譲渡等

⑧　定款の変更

⑨　合併

⑩　吸収分割

⑪　吸収分割による他の会社がその事業に関して有する権利義務の全部または一部の承継

⑫　新設分割

⑬　株式交換

⑭　株式交換による他の株式会社の発行済株式全部の取得

⑮　株式移転

　書面投票・電子投票のいずれも採用しない場合、すなわち、株主総会参考書類が交付されない場合に決定することが必要となる事項である。本ひな型は書面投票を採用している場合なので、該当しない。

第3章　株主総会の招集

> 添付書類
>
>
>
> ### 事　業　報　告
>
>
>
> 事業報告、計算書類、会計監査人の監査報告書謄本および監査役会の監査
> 報告書謄本添付
>
> （連結計算書類作成会社）
> 　連結計算書類、会計監査人の監査報告書謄本および監査役会の監査報告
> 書謄本（監査報告書謄本添付は任意、添付すると定めた場合に添付）

　添付書類を一括して別冊とする場合の表紙記載例は次のとおりとなる（インターネット開示
により個別注記表、連結注記表が省略される場合は、それらが外れる）。

第　○　期　報　告　書

（自　平成○年○月○日　至　平成○年○月○日）

事　　業　　報　　告
貸　借　対　照　表
損　益　計　算　書
株 主 資 本 等 変 動 計 算 書
個　別　注　記　表
会 計 監 査 人 の 監 査 報 告 書 謄 本
監 査 役 会 の 監 査 報 告 書 謄 本
連　結　貸　借　対　照　表
連　結　損　益　計　算　書
連 結 株 主 資 本 等 変 動 計 算 書
連　結　注　記　表
連結計算書類に係る会計監査人
の 監 査 報 告 書 謄 本 （任 意）

連結計算書類に係る監査役会
の 監 査 報 告 書 謄 本 （任 意）

○○○○株式会社

第3節　招集通知の記載事項と添付書類

株 主 総 会 参 考 書 類 ^①

議案および参考事項 ^②

第1号議案　剰余金の処分の件 ^③

1．期末配当に関する事項

当期の期末配当につきましては、経営体質の強化と今後の事業展開を勘案し、内部留保にも意を用い、当社をとりまく環境が依然として厳しい折から、下記のとおりといたしたいと存じます。 ^④

(1)　配当財産の種類 ^⑤

金銭

(2)　株主に対する配当財産の割当てに関する事項およびその総額

当社普通株式1株につき○円○銭　総額○○○円

(3)　剰余金の配当が効力を生じる日

平成○年○月○日

2．その他の剰余金の処分に関する事項

内部留保につきましては、将来の積極的な事業展開に備えた経営基盤の強化を図るため、次のとおりといたしたいと存じます。

(1)　増加する剰余金の項目およびその額

別途積立金　　　　　　　　　○○○円

(2)　減少する剰余金の項目およびその額

繰越利益剰余金　　　　　　　○○○円

第2号議案　定款一部変更の件 ^⑥

1．提案の理由

今後の事業展開に備えるため事業目的を追加いたしたいと存じます。

2．変更の内容

変更の内容は次のとおりであります。

第3章　株主総会の招集

（下線は変更部分を示します）

現 行 定 款	変 更 案
（目的） 第2条　当社は、次の事業を営むことを 　　　　目的とする。 　1．～15．（条文省略） 　　　　　　（新　　設） 　　<u>16.</u>（条文省略）	（目的） 第2条　当社は、次の事業を営むことを 　　　　目的とする。 　1．～15．（現行どおり） 　　<u>16.</u>　<u>○○の製造および販売</u> 　　<u>17.</u>（現行どおり）

第3号議案　取締役○名選任の件 [7]

　　本株主総会の終結の時をもって取締役全員（○名）は任期満了となります。

　　つきましては、経営陣の充実強化を図るため○名増員し、取締役○名の選任をお願い

するものであります。

　　取締役候補者は次のとおりであります。

候補者 番号	氏　名 （生年月日）	略歴、地位、担当および重要な兼職 の状況	所 有 す る 当社株式の数
※ ○	ふ　り　が　な ○　○　○　○ （昭和○年○月○日生）	昭和○年○月　当社入社 昭和○年○月　当社総務部長（現任） 〔重要な兼職の状況〕 ○○株式会社代表取締役社長	○株
○	ふ　り　が　な △　△　△　△ （昭和○年○月○日生）	昭和○年○月　　○○株式会社入社 昭和○年○月　　同社○○部長 平成○年○月　　同社代表取締役社長 　　　　　　　　（現任） 平成○年○月　当社社外取締役(現任)	○株
（以下略）			

（注）　1．※印は新任の取締役候補者であります。

　　　　2．各候補者と当社との間に特別の利害関係はありません。

　　　　3．△△△△氏および□□□□氏は社外取締役候補者であります。[8] [9]

　　　　4．△△△△氏を社外取締役候補者とした理由は、……であります。また、その経

　　　　　　験と見識から、社外取締役としての職務を適切に遂行していただけるものと判

　　　　　　断しております。

　　　　5．□□□□氏を社外取締役候補者とした理由は、……。

　　　　6．社外取締役候補者△△△△氏は現に当社の社外取締役であり、その就任してか

　　　　　　らの年数は本株主総会終結の時をもって○年であります。

　　　　7．△△△△氏は、○○証券取引所の定めに基づく独立役員として届け出ており、

　　　　　　原案どおり選任された場合、引き続き独立役員になる予定であります。□□□

　　　　　　□氏は、……。

　　　　8．当社は△△△△氏との間で、会社法第423条第1項の賠償責任を限定する契約

　　　　　　を締結しており、同氏が再任された場合には、当該契約を継続する予定であり

　　　　　　ます。なお、当該契約に基づく賠償責任限度額は、金○円と法令の定める最低

　　　　　　責任限度額のいずれか高い額となります。また、□□□□氏が……。

第3節　招集通知の記載事項と添付書類

第4号議案　監査役○名選任の件⑩

　　本株主総会の終結の時をもって監査役全員（○名）は任期満了となります。つきましては、監査役○名の選任をお願いするものであります。なお、本議案につきましては、監査役会の同意を得ております。⑪

　　監査役候補者は次のとおりであります。

候補者番号	氏　名（生年月日）	略歴、地位および重要な兼職の状況	所 有 す る当社株式の数
○	ふ　り　が　な○　○　○　○（昭和○年○月○日生）	昭和○年○月　　当社入社平成○年○月　　当社財務部長平成○年○月　　当社常勤監査役（現任）	○株
※○	ふ　り　が　な△　△　△　△（昭和○年○月○日生）	昭和○年○月　　弁護士登録平成○年○月　　○○法律事務所代表　　　　　　　　　（現任）平成○年○月　　株式会社○○○○　　　　　　　　　社外監査役　（現任）〔重要な兼職の状況〕○○法律事務所代表株式会社○○○○　　社外監査役	○株
（以下略）			

（注）　1．※印は新任の監査役候補者であります。
　　　　2．各候補者と当社との間に特別の利害関係はありません。
　　　　3．△△△△氏および□□□□氏は社外監査役候補者であります。⑫
　　　　4．△△△△氏を社外監査役候補者とした理由は、……であります。また、その経験と見識から、社外監査役としての職務を適切に遂行していただけるものと判断しております。
　　　　5．□□□□氏を社外監査役候補者とした理由は、……。
　　　　6．△△△△氏および□□□□氏は、○○証券取引所の定める独立性の要件を満たしており、両氏が原案どおり選任された場合、新たに独立役員となる予定であります。
　　　　7．△△△△氏および□□□□氏が原案どおり選任された場合、当社は両氏との間で会社法第423条第1項の賠償責任を限定する契約を締結する予定であります。なお、当該契約に基づく賠償責任限度額は、金○円と法令の定める最低責任限度額のいずれか高い額となります。

第5号議案　補欠監査役○名選任の件⑬

　　監査役の員数を欠くことになる場合に備え、補欠監査役○名の選任をお願いするものであります。なお、本議案につきましては、監査役会の同意を得ております。

　　補欠監査役候補者は次のとおりであります。

— 171 —

第3章　株主総会の招集

候補者番号	氏　名 （生年月日）	略歴、地位および重要な兼職の状況	所 有 す る 当社株式の数
○	ふ　り　が　な △　△　△　△ （昭和○年○月○日生）	昭和○年○月　弁護士登録 平成○年○月　○○法律事務所代表 　　　　　　　（現任） 〔重要な兼職の状況〕 ○○法律事務所代表	○株
（以下略）			

（注）　1．各候補者と当社との間に特別の利害関係はありません。

　　　　2．△△△△氏は補欠の社外監査役候補者であります。

　　　　3．△△△△氏を社外監査役候補者とした理由は、……であります。また、その経験と見識から、社外監査役としての職務を適切に遂行していただけるものと判断しております。

　　　　4．△△△△氏が社外監査役に就任された場合、当社は同氏との間で会社法第423条第1項の賠償責任を限定する契約を締結する予定であります。なお、当該契約に基づく賠償責任限度額は、金○円と法令の定める最低責任限度額のいずれか高い額となります。

　　第6号議案　取締役および監査役の報酬額改定の件 ⑭

　　　　当社の取締役および監査役の報酬額は、平成○○年○月○○日開催の第○○回定時株主総会において取締役の報酬額を年額○○○○○万円以内、監査役の報酬額を年額○○○○万円以内とご決議いただき今日に至っておりますが、その後の経済情勢の変化および第3号議案が可決されますと取締役が○名増員されることになる等諸般の事情を考慮して、取締役の報酬額を年額○○○○○万円以内（うち社外取締役○○○万円以内）、監査役の報酬額を年額○○○○万円以内と改定させていただきたいと存じます。

　　　　なお、取締役の報酬額には、従来どおり使用人兼務取締役の使用人分給与は含まないものといたしたいと存じます。

　　　　現在の取締役は○名（うち社外取締役○名）、監査役は○名でありますが、第3号および第4号議案が原案どおり承認可決されますと、取締役は○名（うち社外取締役○名）、監査役は○名となります。

　　　　　（略）

作成上の留意点（公開・大会社）

①　会社法の用語に合わせて「株主総会参考書類」と記載する（301条1項）。

②　株主総会参考書類には議案および提案の理由を記載する（施行規則73条1項）。また「参考となると認める事項」（同2項）を記載することができる。

③　計算書類が決議事項となった場合、

　「第1号議案　第○○期（平成○年○月○日から平成○年○月○日まで）計算書類の承認の件

　第2号議案　剰余金の処分の件」となり、その場合の第1号議案の内容には会計監査人の意見

がある場合はその意見の内容、取締役会の意見があるときはその意見の内容の概要を記載（施行

規則85条）。

④　提案の理由は、利益配分の基本方針等を開示している場合整合性をとり記載する（施行規則73

条1項2号・2項）。旧商法の「利益処分案」では、無配とする場合も同議案を提出する必要があっ

たが、会社法下においては処分するものがなければ、本議案は不要となる。その場合は実務上、

株主の関心の高い事項であることを勘案して、その旨等を事業報告に記載することが多いと思わ

れる。

⑤　剰余金の処分に関する議案

　剰余金の配当をしようとするときは、株主総会の普通決議によって次に掲げる事項を定める必

要がある（454条1項）。

a　配当財産の種類および帳簿価額の総額

b　株主に対する配当財産の割当てに関する事項

c　当該剰余金の配当が効力を生ずる日

※「効力を生ずる日」としては、一般的には株主総会の翌営業日となる。

　また、損失の処理、任意積立金の積立てその他の剰余金の処分をするときは、株主総会の決議

によって、当該剰余金の処分の額その他の次に掲げる事項を定めなければならない（452条、計

算規則153条1項）。

a　増加する剰余金の項目

b　減少する剰余金の項目

c　処分する各剰余金の項目に係る額

　取締役の提出議案には「提案の理由」を記載することが義務付けられているので（施行規則73

条1項2号）、剰余金の処分に関する議案についても配当の方針やその他の剰余金の処分の考え

方などを「提案の理由」としてそれぞれ記載することが必要である。

　なお、資本剰余金を原資として配当する場合には、課税の取扱いが通常の配当課税とは異なる

ので、資本剰余金を配当原資とする旨を記載しておくことも考えられる。

⑥　定款の変更に関する議案

　定款変更は原則として株主総会の特別決議で定める（466条、309条2項11号）。定款変更議案

の実務対応としては、定款の変更箇所等を示して定款変更の具体的な内容を記載することになる。

このため、定款変更議案の記載としては、現行定款と変更案を新旧対照表の形式で記載し、変更

部分、追加部分にはアンダーラインを引くのが一般的である。なお、掲載が義務付けられている

第3章　株主総会の招集

提案の理由を明確にするため、定款変更の理由を「提案の理由」として記載することが考えられる。

⑦　取締役の選任議案

　ア．取締役の選任議案については、株主総会参考書類に次の事項を記載しなければならない（施行規則74条1項）。

　　a　候補者の氏名、生年月日および略歴

　　b　就任の承諾を得ていないときは、その旨

　　c　責任限定契約を締結しているときまたは締結予定であるときは、その契約の内容の概要
　　　責任限定契約については、その内容の概要なので契約内容のすべてを記載する必要はない。

　イ．公開会社の場合には次の項目の記載が必要である（施行規則74条2項）。

　　d　候補者の有する当該株式会社の株式の数（種類株式発行会社にあっては、株式の種類および種類ごとの数）

　　　持株数は、会社への関与の程度を明らかにする情報の一つであり、オーナー経営者かどうかを判断する材料にもなるので、候補者が実質的に所有する株式数を記載すべきであると考えられる（弥永・コンメ施規376頁）。

　　e　候補者が会社の取締役に就任した場合において施行規則121条8号に定める重要な兼職に該当する事実があることとなるときは、その事実

　　　候補者が他の法人等の代表者を兼任しているだけではただちに株主総会参考書類への記載事項とはならず、当該兼任のうち「重要な兼職」に該当するもののみを開示することになる。一方、候補者が他の法人等の業務執行取締役等を兼職しているにすぎない場合であっても、当該兼職が「重要な兼職」に該当するのであれば株主総会参考書類の記載事項となる。

　　f　候補者と株式会社との間に特別の利害関係があるときは、その事実の概要

　　g　候補者が現に当該株式会社の取締役であるときは、当該株式会社における地位および担当

　ウ．当該会社が公開会社で他の者の子会社等である場合には、次の記載が必要である（施行規則74条3項）。

　　h　現に他の者（自然人である者に限る）であるときは、その旨

　　i　現に他の者（当該他の者の他の子会社等も含む）の業務執行者である場合は、当該他の者等における地位および担当

　　　業務執行者とは業務執行取締役および使用人である（施行規則2条3項6号）。

　　j　過去5年間に他の者（当該他の者の他の子会社等も含む）の業務執行者であることを当該会社が知っている場合には、当該他の者における地位および担当

⑧　社外取締役候補者の場合、次の記載事項を追加することになる。なお、非公開会社では、c〜gは不要である（施行規則74条4項）。

— 174 —

a　社外取締役候補者である旨

b　その者を社外取締役候補者とした理由

c　現に当該会社の社外取締役である場合

　当該候補者が最後に選任された後在任中に、当該会社において法令または定款に違反する事実その他不当な経営が行われた事実（重要でないものを除く）があるときは、その事実ならびに当該事実の発生の予防のために当該候補者が行った行為および当該事実の発生後の対応として行った行為の概要。

d　過去５年間に他の会社の取締役、執行役または監査役に就任していた場合

　在任中に、当該他の会社において法令または定款に違反する事実その他不当な経営が行われた事実を当該会社が知っているときは、その事実（重要でないものを除き、当該他の会社における社外取締役または監査役であったときは、当該事実の発生の予防のために当該候補者が行った行為および当該事実の発生後の対応として行った行為の概要を含む）。

e　当該候補者が過去に社外取締役または社外監査役となること以外の方法で会社の経営に関与していない者であるとき

　経営に関与したことがない候補者であっても、社外取締役としての職務を適切に遂行することができるものと当該会社が判断した理由。

　経営に関与したことがない候補者とは、学者、弁護士や公務員などを指すものと考えられるが、その場合には、特にその者を社外取締役候補者とした理由を記載することになる。

f　次のいずれかに該当することを当該会社が知っているときは、その旨

・過去に会社またはその子会社の業務執行者または業務執行者でない役員であったことがあること

・会社の親会社等（自然人であるものに限る）であり、または過去５年間に会社の親会社等（自然人であるものに限る）であったことがあること

・会社の特定関係事業者の業務執行者もしくは業務執行者でない役員であり、または過去５年間に会社の特定関係事業者の業務執行者もしくは業務執行者でない役員であったことがあること

・会社または特定関係事業者から多額の金銭その他の財産（役員報酬等を除く）を受ける予定があり、または過去２年間に受けていたこと

・「会社の親会社等（自然人であるものに限る）」・「会社または会社の特定関係事業者の業務執行者または業務執行者でない役員」の配偶者、三親等以内の親族その他これに準ずる者であること（重要でないものを除く）

・過去２年間に、当該会社が合併等により権利義務を会社が承継した場合において、当該合併等の直前に当該会社の社外取締役または監査役でなく、かつ、当該合併等で承継した他の会

第3章　株主総会の招集

　　　社の業務執行者であったこと

　　　　特定関係事業者とは、次に掲げるものをいう（施行規則2条3項19号）

　　　　（ⅰ）会社に親会社等がある場合は、親会社等ならびに親会社等の子会社等および関連会

　　　　　　社（親会社等が会社でない場合におけるその関連会社に相当するものを含む）で、会社

　　　　　　に親会社等がない場合は会社の子会社および関連会社

　　　　（ⅱ）会社の主要な取引先である者（法人以外の団体を含む）

　g　当該候補者が現に当該会社の社外取締役または監査役であるときは、これらの役員に就任し

　　てからの年数

　h　前各号に掲げる事項についての当該候補者の意見があるときは、その意見

⑨　監査役会設置会社（公開会社かつ大会社）であって、株式について有価証券報告書を提出する

　会社（金商法24条1項）が、株主総会後に社外取締役がいない場合は、社外取締役を置くことが

　相当でない理由を記載しなければならない。この理由は、会社のその時点における事情に応じて

　記載しなければならず、社外監査役が二人以上あることのみをもってその理由とすることはでき

　ない（施行規則74条の2）。

⑩　監査役の選任議案

　ア．監査役の選任議案については、株主総会参考書類に次の事項を記載しなければならない（施

　　行規則76条1項）。基本的には上記取締役の選任議案に準じた内容を記載する。

　　a　候補者の氏名、生年月日および略歴

　　b　当該会社との間に特別の利害関係があるときは、その事実の概要

　　c　就任の承諾を得ていないときは、その旨

　　d　監査役の選任議案が監査役の請求により提出されたものであるときは、その旨

　　e　監査役が辞任した場合において監査役に意見があるときは、その意見の内容の概要

　　f　責任限定契約を締結しているときまたは締結する予定があるときは、その契約の内容の概

　　　要

　イ．公開会社の場合には次の項目の記載が必要（施行規則76条2項）

　　g　候補者の有する当該株式会社の株式の数（種類株式発行会社にあっては、株式の種類およ

　　　び種類ごとの数）

　　h　候補者が会社の監査役に就任した場合において会社法施行規則121条8号に定める重要な

　　　兼職に該当する事実があることとなるときは、その事実

　　i　候補者が現に当該株式会社の監査役であるときは、当該株式会社における地位

　ウ．当該会社が公開会社で他の者の子会社等である場合には次の記載が必要である（施行規則76

　　条3項）。

　　j　現に他の者（自然人であるものに限る）であるときは、その旨

k　現に他の者（当該他の者の他の子会社等も含む）の業務執行者である場合には、当該他の者等における地位および担当

　　l　過去5年間に他の者（当該他の者の他の子会社等も含む）の業務執行者であることを当該会社が知っている場合には、当該他の者における地位および担当

⑪　監査役選任議案には、監査役会の同意が必要である（343条）。

⑫　監査役会設置会社においては、監査役の半数以上が社外監査役であることが必要である（335条3項）。社外監査役候補者の場合、次の記載事項を追加することになる。なお、非公開会社では、cからgは不要である（施行規則76条4項）。

a　社外監査役候補者である旨

b　その者を社外監査役候補者とした理由

c　現に当該会社の社外監査役である場合

　当該候補者が最後に選任された後在任中に、当該会社において法令または定款に違反する事実その他不正な経営が行われた事実（重要でないものを除く）があるときは、その事実ならびに当該事実の発生の予防のために当該候補者が行った行為および当該事実の発生後の対応として行った行為の概要。

d　過去5年間に他の会社の取締役、執行役または監査役に就任していた場合

　在任中に、当該他の会社において法令または定款に違反する事実その他不正な経営が行われた事実を当該会社が知っているときは、その事実（重要でないものを除き、当該他の会社における社外取締役または監査役であったときは、当該事実の発生の予防のために当該候補者が行った行為および当該事実の発生後の対応として行った行為の概要を含む）。

e　当該候補者が過去に社外取締役または社外監査役となること以外の方法で会社の経営に関与していない者であるとき

　経営に関与したことがない候補者であっても、社外監査役としての職務を適切に遂行することができるものと当該会社が判断した理由。

f　次のいずれかに該当することを当該会社が知っているときは、その旨

・過去に会社またはその子会社の業務執行者または業務執行者でない役員であったことがあること

・会社の親会社等（自然人であるものに限る）であり、または過去5年間に会社の親会社等（自然人であるものに限る）であったことがあること。

・会社の特定関係事業者の業務執行者もしくは業務執行者でない役員であり、または過去5年間に会社の特定関係事業者の業務執行者もしくは業務執行者でない役員であったことがあること

・会社または特定関係事業者から多額の金銭その他の財産（監査役報酬等を除く）を受ける予

第3章　株主総会の招集

定があり、または過去2年間に受けていたこと。

　　　・「会社の親会社等（自然人であるものに限る）」・「会社または会社の特定関係事業者の業務執行者または業務執行者でない役員」の配偶者、三親等以内の親族その他これに準ずる者であること（重要でないものを除く）。

　　　・過去2年間に、当該会社が合併等により権利義務を会社が承継した場合において、当該合併等の直前に当該会社の社外監査役でなく、かつ、当該合併等で承継した他の会社の業務執行者であったこと

　　g　当該候補者が現に当該会社の監査役であるときは、監査役に就任してからの年数

　　h　前各号に掲げる事項についての当該候補者の意見があるときは、その意見

⑬　補欠監査役の選任議案

　ア．補欠監査役の選任については、329条3項に定めが置かれ、その選任決議における具体的な決議事項は施行規則96条2項各号に次のとおり規定されている。

　　a　当該候補者が補欠の監査役である旨

　　b　当該候補者を補欠の社外監査役として選任するときは、その旨

　　c　当該候補者を1人または2人以上の特定の監査役の補欠の監査役として選任するときは、その旨および当該特定の監査役の氏名

　　d　同一の監査役につき2人以上の補欠の監査役を選任するときは、当該補欠の監査役相互間の優先順位

　　e　補欠監査役の就任前にその選任の取消しを行う場合があるときは、その旨および取消しを行うための手続

　イ．補欠監査役を特定の監査役の補欠として選任することが可能であることが明確にされたため、特定の監査役の補欠として選任する場合には、「補欠監査役候補者の○○○○氏は、監査役○○○○氏の補欠として選任するものであります」として記載することとなる。また、就任の優先順位について記載する場合には「なお、補欠監査役の監査役への就任は、○○○○氏を第一順位、○○○○氏を第二順位とします」と記載することになる。

⑭　取締役および監査役の報酬議案

　ア．取締役の報酬議案についての一般的な記載事項は次のとおり（施行規則82条）。

　　取締役の報酬については、次に掲げる事項を株主総会で決議することが必要である。

　　（361条1項各号に掲げる事項）

　　一　確定金額報酬の場合　その額

　　二　不確定金額報酬の場合　その具体的な算定方法

　　三　非金銭報酬の場合　その具体的な内容

　　a　報酬額算定の基準

報酬議案には報酬額算定の基準を記載しなければならない。これは、算定の基準が示されることによって、株主が議案の合理性を判断できると期待されるからである。その基準は、基本となる額、役職、勤続年数等を要素として数式化した基準でも、数式化されない主観的な基準でもよいが、どのような判断過程をたどって議案に記載された報酬等が算定されたかを理解することができるものでなければならない（相澤・論点解説310頁）。実務的には主観的な基準での記載をする例が一般的である。

　b　報酬額変更の理由

　報酬額を変更するものであるときは、その変更の理由を記載する必要がある。これは、株主が改定議案を判断するに際して、改定の理由が重要な判断材料になると考えられるからである。

　c　議案が2以上の取締役についての定めであるときは、当該定めに係る取締役の員数

　この場合の員数の記載は、定款所定の員数ではなく、実際の員数を記載することになる。これにより株主は、実際の報酬水準が妥当なものであるかどうか判断できることになる。

　公開会社では、報酬額算定の基準、報酬額変更の理由等上記 a ～ c の社外取締役に関するものは、社外取締役以外の取締役と区別して記載しなければならない。社外取締役の報酬議案については、社内取締役と区別して記載することが求められている（施行規則82条3項）。

イ．監査役の報酬議案については、ほぼ取締役の報酬議案と同様である（施行規則84条）。

　a　報酬額算定の基準

　監査役の報酬については、定款に定めていないときは株主総会でその額を決議することが必要である。また、初めて報酬の額を定めるときは、取締役の報酬同様に報酬額算定の基準を記載しなければならない。

　b　報酬額変更の理由

　c　議案が2以上の監査役についての定めであるときは、当該定めに係る監査役の員数

　この場合の員数の記載は、取締役報酬と同様に定款所定の員数ではなく、実際の員数を記載することになる。これにより株主は、実際の報酬水準が妥当なものであるかどうか判断できることになる。

　d　監査役が監査役の報酬等について意見があるときは、その意見の内容の概要

　なお、役員退職慰労金議案を付議する場合は、退職する取締役・監査役の略歴の記載が必要となる（施行規則82条1項4号・84条1項4号）。この場合の略歴の記載については、報酬の算定の基準となる取締役または監査役に就任してからの略歴で足りるとされている。また、基準に一定の基準に従い退職慰労金の額を取締役会等第三者に一任する場合が多いが、その場合、その基準の内容を株主総会参考書類に記載するか、その基準を記載した書面を招集通知発出の日から本店に備置し、株主の閲覧に供するなどの対応が必要である（施行規則82条2項・84条

第3章　株主総会の招集

2項)。

　また、役員賞与支給議案は報酬議案と同様に記載すればよいが、機関投資家は社外取締役および監査役への賞与の支給を含んだ議案には反対行使をする傾向があるので、注意が必要である。

【記載例3－3－16】役員退職慰労金議案・役員賞与支給議案の記載例

第6号議案　退任取締役および退任監査役に対し退職慰労金贈呈の件

　本株主総会終結の時をもって退任される取締役○○○○氏および監査役○○○○氏に対しその在任中の労に報いるため、当社における一定の基準に従い相当額の範囲内で退職慰労金を贈呈いたしたく、その具体的金額、贈呈の時期、方法等は、取締役については取締役会に、監査役については監査役の協議によることにご一任願いたいと存じます。

　退任取締役および退任監査役の略歴は、次のとおりであります。

氏　　名	略　　歴
○　○　○　○	平成○年○月　当社取締役 平成○年○月　当社常務取締役 平成○年○月　当社専務取締役　　現在に至る
○　○　○　○	平成○年○月　当社監査役　　　　現在に至る

第7号議案　役員賞与支給の件

　当期の業績等を総合的に勘案し、当期末における取締役○名に対し総額○円（うち社外取締役○名に対し総額○円）、当期末における監査役○名に対し総額○円の役員賞与を支給いたしたいと存じます。

— 180 —

第3節　招集通知の記載事項と添付書類

【Point】11　定時株主総会における招集通知の添付

　定時株主総会については、招集通知に次の書類を添付しなければならない（437条、438条1項、444条6項、施行規則133条1項、計算規則133条1項・134条2項）。

書　類　名		大会社	大会社以外 （取締役会＋監査役）	
			公　開	非公開
事業報告		要	要	要
貸借対照表		要	要	要
損益計算書		要	要	要
株主資本等変動計算書		要	要	要
個別注記表		要	要	要
個別計算書類	監査役（会）の監査報告書の謄本	要 (注1)	要 (注1)	要 (注2)
	会計監査人の監査報告書の謄本	要	×	×
連結貸借対照表		要 (注3)	×	×
連結損益計算書		要 (注3)	×	×
連結株主資本等変動計算書		要 (注3)	×	×
連結注記表		要 (注3)	×	×
連結計算書類	監査役（会）の監査報告書の謄本	任意 (注4)	×	×
	会計監査人の監査報告書の謄本	任意 (注4)	×	×

　「要」は招集通知に添付が必要なもの。
　「任意」は招集通知の添付が任意なもの。
　「×」は作成義務がないもの。
　（注1）　事業報告とその附属明細書の監査報告を含む。なお、監査役会設置会社の場合は監査役会のもののみを添付する。
　（注2）　定款で監査役の権限を会計に関する事項に限定した会社も添付を要する（計算規則133条1項2号ロ）。
　（注3）　有価証券報告書提出会社は連結計算書類の作成が義務付けられている。
　（注4）　上場会社の大多数は添付している。なお、監査役会設置会社の場合、監査役（会）の監査報告書の謄本は監査役会のもののみを添付する。

— 181 —

第3章　株主総会の招集

【Point】12　監査報告書の謄本

　招集通知に監査報告を添付すべきことを定めた法の趣旨は、あらかじめ株主にその内容を周知、検討させて、株主の判断に資するためである。会社法では「監査報告」であり「監査報告書」とされていないが、実務慣行から「監査報告書」と表記する例が多い。監査報告を書面で作成し、署名および押印する場合は、その写しを添付するところから「監査報告書謄本」とする例が多い。この謄本に署名押印がそのまま写し出されなくてもよい。

　複写機の出現前は、戸籍謄本等は手書きによって原簿から写し取られたものであり、内容が同一であればそれが謄本であることに変わりない。したがって、監査報告書に署名された氏名を活字で印刷し、押印されている旨を㊞と表示すれば、これが監査報告書の謄本となる（名古屋地裁　昭57.6.22）。

　なお、監査報告書への署名および押印は、会社法においては規定はないが監査報告書の真実性および監査の信頼性を確保するためにも、各監査役は自署した上押印することが望ましい（日本監査役協会「監査報告書のひな型について」月刊監査役519号81頁）。

【Point】13　会計限定監査役を置く会社（旧小会社）の監査報告

　旧商法特例法上の小会社（資本金1億円以下でかつ負債総額が200億円以下）の監査役は会計監査権限のみで業務監査権限はないとされていた（旧商法特例法22条）。会社法は大会社とそれ以外の会社、公開会社と非公開会社（株式譲渡制限会社）とを区分し、旧小会社の監査役も原則として監査役の権限は会計監査および業務監査権限がある。ただし、非公開会社（監査役会および会計監査人設置会社を除く）は定款をもって監査役の権限を会計監査に限るとすることができ（389条1項）、この場合その旨の登記が必要である（911条3項17号イ）。この会計限定監査役を置く会社は、会社法上は監査役設置会社ではないとされている（2条9号）が、招集通知に監査報告書の添付が必要となり（計算規則122条1項・133条1項2号）、旧商法の小会社と異なる扱い（旧商法特例法25条）である。なお、計算書類等の調査結果を株主総会で報告することを要する点は旧法と同様である（389条3項）。上記の監査報告には「事業報告を監査する権限がないこと」を明らかにしなければならないとされている（施行規則129条2項）。

第3節　招集通知の記載事項と添付書類

■判 例■16　取締役から引き続き監査役に就任した場合の取締役在任期間中の監査報告書の記載方法と監査適格（株主総会決議取消請求事件　最高裁　昭62.4.21、東京高裁　昭61.6.26、東京地裁　昭61.1.28）

1　商法273条（現336条）の規定自体が監査対象期間と監査役の在任期間とが完全に一致しないことを容認している上、監査役は、監査のため取締役等に対して営業の報告を求め、または会社の業務および財産の状況を調査する権限を有する（商法274条・現381条）から、その未就任期間についても監査をすることが十分に可能である。そうだとすると、商法は監査対象期間の途中で選任された監査役がその未就任期間についても適宜の方法で監査することを許容し、かつ、期待しているものと解されるから、原告主張の未就任期間を区別しその旨を監査役の監査報告書に付記する必要はないといえる。

2　未就任期間中被告会社の取締役であったから、同人にとってこの間の監査はいわゆる自己監査となり監査適格を欠くとの原告の主張については、いわゆる自己監査は望ましいとはいえないけれども、商法自体が取締役であった者を監査役に選任することを禁止していない以上、監査役に選任するかどうかは株主総会の判断に委ねるべき事項であり、株主総会において監査役に選任した以上、右選任が違法であるとはいえない。そうだとすると、未就任期間中監査適格がなかったとはいえないから、この点に関する原告の主張も理由はない。

以上のとおり、本件（利益処分案承認）決議の前提となった監査役の監査報告書には原告主張のような瑕疵はないから本件決議には取消事由がない。

第3章　株主総会の招集

【書式3－3－3】定時株主総会招集通知（ひな型B　上場大会社・委任状勧誘採用）

資本金5億円以上または負債総額200億円以上の大会社である
上場会社が、「委任状勧誘府令」の適用を受けて作成する場合

（証券コード〇〇〇〇）

平成〇年〇月〇日

株 主 各 位

東京都〇〇区〇〇町〇丁目〇番〇号

〇〇〇〇株式会社

取締役社長　　〇〇〇〇

第〇回定時株主総会招集ご通知

拝啓　平素は格別のご高配を賜り厚くお礼申しあげます。⑴

さて、当社第〇回定時株主総会を下記により開催いたしますので、ご出席くださいますようご通知申しあげます。

なお、当日ご出席願えない場合は、お手数ながら後記の参考書類⑵をご検討くださいまして、同封の委任状用紙⑶に賛否をご表示いただき、ご押印のうえ⑷、ご返送くださいますようお願い申しあげます⑸。

敬　具

記

1．日　時　　平成〇年〇月〇日（〇曜日）午前〇時

2．場　所　　東京都〇〇区〇〇町〇丁目〇番〇号

当社本店〇階会議室

（末尾の会場案内図をご参照ください）

3．目的事項

報告事項　1．第〇期（平成〇年〇月〇日から平成〇年〇月〇日まで）事業報告の内容、連結計算書類の内容ならびに会計監査人および監査役会の連結計算書類監査結果報告の件

2．第〇期（平成〇年〇月〇日から平成〇年〇月〇日まで）計算書類の内容報告の件⑹

決議事項

第1号議案　剰余金の処分の件

第2号議案　定款一部変更の件

第3号議案　取締役〇名選任の件

第4号議案　監査役〇名選任の件

第5号議案　補欠監査役〇名選任の件

第6号議案　取締役および監査役の報酬額改定の件

各議案の内容は、後記の「議決権の代理行使の勧誘に関する参考書類」（〇頁から〇頁）に記載のとおりであります⑺。

第3節　招集通知の記載事項と添付書類

以　上

○法令および当社定款第○条の規定に基づき、次に掲げる事項については、事業報告、連結計算書類および計算書類の記載に代えてインターネット上の当社ウェブサイト（http://www.×××××.co.jp/）に掲載しております。[8]

(1)　事業報告に関する事項

（略）

(2)　連結計算書類に関する事項

（略）

(3)　計算書類に関する事項

（略）

○当日ご出席の際は、お手数ながら同封の委任状用紙[9]を会場受付にご提出くださいますようお願い申しあげます。

○事業報告、連結計算書類および計算書類に修正をすべき事情が生じた場合は、当社ウェブサイト（http://www.×××××.co.jp/）において、修正後の事項を掲載させていただきます[10]。

作成上の留意点（公開・大会社）

① 震災等の影響を引き続き考慮しこの文面とする場合が多い。

② タイトルを金融商品取引法施行令36条の2の用語である「参考書類」とする。「議決権の代理行使の勧誘に関する参考書類」と表記することも考えられる。

③ 委任状勧誘であることから「委任状用紙」とする。

④ 議決権行使書面と異なり、委任の意思表示として委任状用紙には「押印」が必要である。株券電子化制度により、株主印鑑票が廃止されていることから印鑑照合ができないが、会社が送付した委任状である場合は株主本人からの委任状提出とみなす（上場会社の場合）。

⑤ 行使期限は書面投票と異なり、当日の提出まで有効である。したがって、行使期限を「株主総会日時の直前営業時間の終了の時」とする等の取扱いはできないことに留意を要する。

⑥ 計算書類とは、貸借対照表・損益計算書・株主資本等変動計算書・個別注記表とされる（435条2項、計算規則59条1項）。計算書類は、原則、決議事項とされているが（438条2項）、会計監査人設置会社の特則として、取締役会の承認を受けた計算書類が法令および定款に従い会社の財産および損益の状況を正しく表示しているものとして法務省令で定める要件に該当する場合には、報告事項とされている（439条）。会計監査人を置いていない場合には、当然に、決議事項とされる。

なお、会計監査人設置会社（取締役会設置会社）で報告事項となる要件は、「会計監査人の無限定適正意見」「監査役（会）の監査報告の内容として会計監査人の監査の方法またはその結果を相当でないと認める意見がない」「監査期限の徒過により監査を受けたものとみなされた場合

— 185 —

第3章　株主総会の招集

でない」等である（計算規則135条）。

⑦　委任状勧誘は書面投票・電子投票のいずれかを採用していない場合に該当し、所定の事項が株主総会の目的事項であるときは、議案の概要（従来は議案の要領）の記載が必要となる（施行規則63条7号）。記載例は議案ごとではなく、包括的に記載した事例である。参考書類には「議案の概要」ではなく議案そのものの内容を記載しているので［各議案の内容は…］と記載することでよい。

⑧　添付書類（事業報告の一部、計算書類の一部、連結計算書類の全部）について、定款の定めがあることを前提に、インターネット開示が認められている（施行規則133条3項〜5項、計算規則133条4項〜6項・134条4項〜6項）。

⑨　「委任状」ではなく「委任状用紙」とする。

⑩　事業報告・計算書類および連結計算書類について、周知方法（インターネットの利用が一般的）を通知することで、招集通知発出後、総会前日までの間に修正をすべき事情が生じた場合における修正が可能である（施行規則133条6項、計算規則133条7項・134条7項）。

　　ただし、委任状勧誘制度の場合、「参考書類」には、その修正を可能とする規定が設けられていないことに留意を要する。

　会計監査人非設置会社（大会社・監査等委員会設置会社・指名委員会設置会社以外の会社は会計監査人の設置義務はない）の場合は、計算書類が株主総会の承認事項となることに留意を要する。他の事項は、連結計算書類を除き、上記の事項が当てはまる。

第3節　招集通知の記載事項と添付書類

添付書類

事 業 報 告

事業報告、計算書類、会計監査人の監査報告書謄本および監査役会の監査報告書謄本
添付

（連結計算書類作成会社）
　連結計算書類、会計監査人の監査報告書謄本および監査役会の監査報告書謄本（監
　査報告書謄本添付は任意、添付すると定めた場合に添付。実務では添付する会社が
　多数である）

（注）　会計監査人非設置会社の場合は、連結計算書類の作成がない。

添付書類を一括して別冊とする場合の表紙記載例は次のとおりとなる。

第 ○ 期 報 告 書

（自　平成○年○月○日　至　平成○年○月○日）

事 業 報 告
貸 借 対 照 表
損 益 計 算 書
株 主 資 本 等 変 動 計 算 書
個 別 注 記 表
会計監査人の監査報告書謄本
監査役会の監査報告書謄本
連 結 貸 借 対 照 表
連 結 損 益 計 算 書
連結株主資本等変動計算書
連 結 注 記 表
連結計算書類に係る会計監査人
の監査報告書謄本（任意）
連結計算書類に係る監査役会
の監査報告書謄本（任意）

○○○○株式会社

（注）　会計監査人非設置会社の場合は、連結計算書類の作成がない。

― 187 ―

第3章　株主総会の招集

議決権の代理行使の勧誘に関する参考書類 ^①

1．議決権の代理行使の勧誘者 ^②

○○○○株式会社

取締役社長　○○○○

2．議案および参考事項 ^③

第1号議案　剰余金の処分の件

　1．期末配当に関する事項

　　当期の期末配当につきましては、経営体質の強化と今後の事業展開を勘案し、内部留保にも意を用い、当社をとりまく環境が依然として厳しい折から、下記のとおりといたしたいと存じます。 ^④

　(1)　配当財産の種類

　　　金銭

　(2)　株主に対する配当財産の割当てに関する事項およびその総額

　　　当社普通株式1株につき○円○銭　総額○○○円

　(3)　剰余金の配当が効力を生じる日 ^⑤

　　　平成○年○月○日

　2．その他の剰余金の処分に関する事項

　　内部留保につきましては、将来の積極的な事業展開に備えた経営基盤の強化を図るため、次のとおりといたしたいと存じます。

　(1)　増加する剰余金の項目およびその額

　　　別途積立金　　　　　　　　　○○○円

　(2)　減少する剰余金の項目およびその額

　　　繰越利益剰余金　　　　　　　○○○円

第2号議案　定款一部変更の件

　1．提案の理由

　　今後の事業展開に備えるため事業目的を追加いたしたいと存じます。

　2．変更の内容

　　変更の内容は次のとおりであります。

（下線は変更部分を示します）

現　行　定　款	変　更　案

第3号議案　取締役○名選任の件 ^⑥

　　本株主総会の終結の時をもって取締役全員（○名）は任期満了となります。

　　つきましては、経営陣の充実強化を図るため○名増員し、取締役○名の選任をお願いするものであります。

　　取締役候補者は次のとおりであります。

— 188 —

第3節　招集通知の記載事項と添付書類

氏　名 （生年月日）	略歴、重要な兼職の状況ならびに当社における地位および担当 ⑦	所　有　する 当社株式の数

（注）　○○○○氏は、社外取締役候補者であります ⑦ ⑧

　第4号議案　監査役1名選任の件

　　　本株主総会の終結の時をもって監査役○○○○氏は任期満了となります。つきましては、監査役1名の選任をお願いするものであります。なお、本議案につきましては、監査役全員の同意を得ております ⑨。

　　　監査役候補者は次のとおりであります。

氏　名 （生年月日）	略歴、重要な兼職の状況ならびに当社における地位および担当 ⑩	所　有　する 当社株式の数

（注）　○○○○氏は、社外監査役候補者であります ⑪

　第5号議案　取締役および監査役の報酬額改定の件
　　　　　　　（略）

作成上の留意点（公開・大会社）

（注）　委任状勧誘府令における参考書類の規定内容と、施行規則における株主総会参考類の規定内容は基本同様であるため、以下の内容は両者の違いについて記載している。

① 　タイトルを「議決権の代理行使の勧誘に関する参考書類」とする。

② 　勧誘者が、当該株式の発行会社またはその役員である旨を記載する（委任状勧誘府令1条1項1号イ）。

③ 　参考書類には議案および提案の理由を記載する（委任状勧誘府令1条1項1号ロハ）。また「参考となると認める事項」を記載することができる（委任状勧誘府令1条1項・5項）。

④ 　提案の理由は、利益配分に関する基本方針等を開示している場合整合性をとり記載する（委任状勧誘府令1条1項1号ハ・5項）。

　　なお、旧商法の「利益処分（損失処理）案」では、無配とする場合も同議案を提出する必要があったが、会社法下においては処分するものがなければ、本議案は不要となる。その場合は実務上、株主の関心の高い事項であることを勘案して、その旨等を事業報告に記載するものと思われる。

⑤ 　「剰余金の配当が効力を生じる日」は、一般的には株主総会の翌営業日（支払開始日）とする。

⑥ 　候補者番号の記載は不要である。委任状用紙には、議案ごとに被勧誘者が賛否を記載する欄を設けなければならない（委任状勧誘府令43条）とされているのみであることから、実務上、一括選任の方式を選択している。

— 189 —

第3章　株主総会の招集

⑦　取締役選任議案の場合の記載事項（委任状勧誘府令2条）は、社外取締役候補者等の記載事項（同条3項）が大幅に拡充されていることに留意を要する。

⑧　社外取締役を置いていない場合等には、社外取締役を置くことが相当でない理由が必要となる（委任状勧誘府令2条の2）。

⑨　監査役選任議案には、監査役会の同意（監査役会非設置会社の場合、監査役〈複数の場合その過半数〉の同意〈複数の場合、実際は監査役全員の同意になると思われる〉）が必要である（343条）。

⑩　監査役選任議案の記載事項（委任状勧誘府令4条）は、ほぼ取締役の場合に準じており、その記載上の留意点も同様である。株主総会参考書類の場合と違い、「当社における地位」ではなく、「当社における地位および担当」となっていることに注意が必要である。

⑪　監査役会設置会社においては、監査役の半数以上が社外監査役であることが必要である（335条3項）。なお、社外監査役候補者についても、社外取締役候補者と同様に追加記載事項がある（委任状勧誘府令4条3項）。

6　ＣＧコード対応を含めた近時みられる任意の記載事項

　証券取引所規則により、独立役員に関する情報および社外役員の独立性に関する情報を株主総会における議決権行使に資する方法により株主に提供するよう努めるとされていることや（上場規則445条の6）、ＣＧコード原則3－1（情報開示の充実）において、経営理念や、ガバナンスの方針、経営陣幹部の指名と報酬にかかる開示の充実が求められたこともあって、株主総会参考書類、特に役員選任議案において、法定記載事項に留まらず、任意の事項を記載する例が相応にみられるようになっている。

【記載例3－3－17】ＣＧコード等を考慮した役員選任議案の記載例

> 第2号議案　取締役6名選任の件
> 　　取締役全員（6名）は、本総会終結の時をもって任期満了となります。つきましては、企業価値の継続的向上および取締役会の適切な構成を図るべく、取締役6名の選任をお願いいたしたいと存じます。なお、取締役候補者の選定にあたっては、過半数が独立社外取締役で構成される指名・報酬委員会への諮問を経て取締役会で決定しております。
> 　　取締役候補者は、次のとおりであります。

第3節　招集通知の記載事項と添付書類

候補者番号	氏　名		当社における地位および担当	取締役在任期間	取締役会出席状況
1	ふりがな ○○○○	再任	代表取締役社長	○年	13回／13回（100％）
2	ふりがな ○○○○	再任	専務取締役 管理部門管掌	○年	13回／13回（100％）
3	ふりがな ○○○○	再任	常務取締役 営業部門管掌	○年	13回／13回（100％）
4	ふりがな ○○○○	新任	常務執行役員 ○○担当	—	—
5	ふりがな ○○○○	再任 社外 独立	社外取締役	2年	13回／13回（100％）
6	ふりがな ○○○○	再任 社外 独立	社外取締役	1年	10回／10回（100％）

再任 再任取締役候補者　新任 新任取締役候補者　社外 社外取締役候補者　独立 独立役員候補者

〜〜〜〜〜〜〜〜〜〜〜〜〜〜〜〜〜〜〜〜〜〜〜〜〜〜〜〜〜〜〜〜〜〜

（中略）

〜〜〜〜〜〜〜〜〜〜〜〜〜〜〜〜〜〜〜〜〜〜〜〜〜〜〜〜〜〜〜〜〜〜

顔写真

■所有する当社株式数
　10,000株
■取締役在任期間
　—
■取締役会への出席状況
　—

4　ふりがな ○　○　○　○　　昭和○年○月○日生　新任

略歴、地位、担当および重要な兼職の状況
昭和○年○月　当社入社
平成○年○月　当社○○部長
平成○年○月　当社執行役員○○部長
平成○年○月　当社常務執行役員　○○担当、現在に至る
■重要な兼職の状況
○○○○株式会社取締役
■取締役候補者とした理由
　○○○○氏は、昭和○年入社以来、○○、○○、○○部門と幅広い業務経験を有しており、………事業の拡大に貢献できるものと判断し、取締役の候補者といたしました。

顔写真

■所有する当社株式数
　—
■取締役在任期間
　2年
■取締役会への出席状況
　13回／13回（100％）

（中略）

（注）1．〜4．（略）

5　ふりがな ○　○　○　○　　昭和○年○月○日生　再任 社外 独立

略歴、地位、担当および重要な兼職の状況
昭和○年○月　弁護士登録、○○○○法律事務所入所
平成○年○月　□□□□法律事務所入所
平成○年○月　□□□□法律事務所パートナー、現在に至る
平成○年○月　当社取締役、現在に至る
■重要な兼職の状況
□□□□法律事務所パートナー
■社外取締役候補者とした理由
　○○○○氏は、法律の専門家としての豊富な経験と高い見識を有しており、………と判断し、引き続き社外取締役の候補者といたしました。

— 191 —

> (ご参考)
> 1．取締役・監査役候補の指名を行うに当たっての方針と手続
>   当社は、取締役会の諮問機関である「指名・報酬委員会」を設置し、………審議結果を取締役会に答申しています。
>   取締役候補者の指名に当たっては、………を有する者を候補者としています。
>   監査役候補者の指名に当たっては、………を充たす者を候補者としています。
>
> 2．社外役員に関する独立性基準
>   ○○証券取引所が規定する独立役員の要件に加え、以下の各要件のいずれにも該当しない場合に独立性を有すると判断します。
>   (1) 当社の主要株主（議決権保有割合10％以上の株主）またはその業務執行者である者
>   (2)～(5) （略）

【図表3－3－5】役員選任議案におけるCGコードを考慮した事項の記載状況

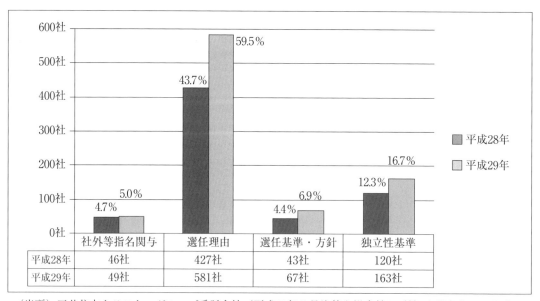

(出所) 三井住友トラスト・グループ受託会社（平成29年3月決算上場会社977社）を対象とした調査。

(1) 役員候補者一覧表

【記載例3－3－17】の冒頭部分に掲載されている候補者一覧表は、CGコードに関連するものではないが、候補者全員の概要を一目で把握することができ、機関投資家が議案の精査作業をする

際に有用なものとして記載されているものである。三井住友トラスト・グループ受託会社（平成29年3月決算上場会社977社）を対象とした調査によると、当該一覧表を記載する会社は164社16.8％であり、このうち、再任・新任（164社に占める割合100％）、社外（同90.2％）、独立（同79.9％）の表示は多く記載されているが、在任年数（同6.1％）、出席状況（同31.7％）は少なく、記載項目は様々である。

(2) 候補者指名に関する社外取締役の関与等

CGコード補充原則4－10①において、指名に関して独立社外取締役の適切な関与・助言を求めていることを考慮したもので、【記載例3－3－17】では、冒頭のなお書部分（「なお、取締役候補者の選定にあたっては…」）が該当する。当該項目の記載状況については、【図表3－3－5】の「社外等指名関与」参照。

(3) 取締役候補者の選任理由

CGコード原則3－1(v)において、個々の選任・指名についての説明の開示を求めていることを考慮したもので、【記載例3－3－17】では、略歴欄中の「（社外）取締役候補者とした理由」が該当する。当該項目の記載状況については、【図表3－3－5】の「選任理由」のとおりであるが、過半を越える会社が記載するに至っている。

(4) 独立役員である旨

社外取締役または社外監査役の候補者が「独立役員」である場合に、当該候補者の選任議案において株主総会参考書類に「当該候補者が独立役員である旨」を記載することが東京証券取引所等において努力義務とされており、「独立役員」であることを明確にするため記載している事例が多い。

具体的には、以下のように注記として記載する方法、【記載例3－3－17】のように「社外 独立」と表示する方法がある。

・注記の例

> （注）　1．（略）
> 　　　　2．○○○○氏は、○○証券取引所の定めに基づく独立役員として届け出ており、原案どおり選任された場合引き続き独立役員となる予定です。また、◇◇◇◇氏が原案どおり選任された場合新たに独立役員となる予定です。

(5) 兼職の状況その他の記載

・CGコード補充原則4－11②では「取締役・監査役が他の上場会社の役員を兼任する場合」に開示を求めており、招集通知でこれに対応するため、会社法施行規則に定める「重要な兼職」に該

第3章　株主総会の招集

当しないとしていた場合でも、上場会社の役員を兼任する場合には、その記載をしておくことが考えられる（【記載例3－3－17】参照）。

・その他、新任・再任の別を明確にするため、注記において「※印は、新任の取締役候補者であります。」として、氏名に「※」を付す方法、【記載例3－3－17】のように再任 新任と表示する方法がある。

・更に、機関投資家等にとって議決権行使に資する情報として、【記載例3－3－17】のように事業報告の法定記載事項である在任年数、取締役会の出席回数等を記載する例もある。

・また、株主への親しみやすさの観点から、【記載例3－3－17】のように候補者の顔写真を掲載する例もある。なお、三井住友トラスト・グループ受託会社（平成29年3月決算上場会社977社）を対象とした調査によると、候補者の顔写真を掲載する先は142社14.5％である。

(6)　選任基準・方針

CGコード原則3－1(iv)において、指名を行うに当たっての方針と手続の開示を求めていることを考慮したもので、【記載例3－3－17】では、末尾（ご参照）1（取締役・監査役候補の指名を行うに当たっての方針と手続）が該当する。同コード補充原則4－11①において、これらの方針と手続の開示と併せて、取締役会の構成等の方針を開示することを求めていることも考慮することが考えられる。当該項目の記載状況については、【図表3－3－5】の「選任基準・方針」参照。

(7)　独立性基準

CGコード原則4－9において、独立性判断基準の開示を求めていることを考慮したもので、【記載例3－3－17】では、末尾（ご参照）1（社外役員に関する独立性基準）が該当する。当該項目の記載状況については、【図表3－3－5】の「独立性基準」参照。

(8)　役員報酬議案

役員の固定報酬額の改定や、既存の報酬枠とは別枠で新たな報酬等の額の設定に際し、ＣＧコード原則3－1(iii)により、取締役・監査役の報酬等の方針と手続きを記載すること、また、ＣＧコード補充原則4－2①により、中長期業績連動報酬の割合や、現金報酬と自社株報酬との割合を記載することなど、株主がその議案に対する理解に資することができるよう記載する事例が一部にみられる。

第4節　事業報告

第4節　事業報告

1　事業報告記載事項の総論

　事業報告の記載順序については、施行規則の条文の配列に合わせる必要はなく、株主総会における報告の順序や慣行を踏まえて決定すればよい。

　また、該当事項がない項目については、当該項目を記載しないことも考えられる。

　連結計算書類作成会社にあっては、会社単体の記載に代えて、以下の事項については会社および子会社からなる企業集団の現況に関する事項を記載することができ、以下の事項のすべてを企業集団の現況で記載した場合に限り、それぞれ単体の記載を省略することができる（施行規則120条2項）。

① 　主要な事業内容（施行規則120条1項1号）

② 　主要な営業所および工場ならびに使用人の状況（施行規則120条1項2号）

③ 　主要な借入先があるときは、その借入先および借入額（施行規則120条1項3号）

④ 　事業の経過および成果（施行規則120条1項4号）

⑤ 　資金調達の状況、設備投資の状況、事業の譲渡、吸収分割または新設分割の状況、他の会社の事業の譲受けの状況、吸収合併または吸収分割による他の法人等の事業に関する権利義務の承継の状況、他の会社の株式その他の持分または新株予約権等の取得または処分の状況（施行規則120条1項5号）

⑥ 　直前三事業年度の財産および損益の状況（施行規則120条1項6号）

⑦ 　重要な親会社および子会社の状況（施行規則120条1項7号）

⑧ 　対処すべき課題（施行規則120条1項8号）

⑨ 　その他会社の現況に関する重要な事項（施行規則120条1項9号）

　また、事業報告記載事項のうち以下の事項を除き、定款で定めることにより、招集通知の添付書類として株主に送付する代わりにインターネットで開示することができる（施行規則133条3項）。インターネット開示の取扱いや実施状況については、前節3「インターネット開示（ウェブ開示）によるみなし提供」参照。

第3章　株主総会の招集

2　事業報告モデル

事業報告モデルの解説

　　本モデルは、以下の会社を前提としている。

①　機関設計として、取締役会・監査役会・会計監査人を設置している公開会社であり、かつ、連結計算書類を作成している。

②　業務の適正を確保する体制の整備に係る決定が義務付けられる大会社である。

③　買収防衛策を導入している会社である。

　　したがって、会社によっては記載を要しない事項や任意の記載となる事項が含まれている。

【書式3－4⑴】事業報告モデル・表題部

（添付書類）
事　業　報　告
（平成○年○月○日から平成○年○月○日まで）

　　本モデルでは、事業報告、連結計算書類、計算書類および監査報告を「添付書類」と総称することとしている。なお、437条では、「計算書類および事業報告（監査報告または会計監査報告を含む）を株主に提供しなければならない」とされていることから、「提供書面」等とすることも考えられる。

【書式3－4⑵】事業報告モデル・企業集団の現況に関する事項

1．企業集団の現況に関する事項
⑴　事業の経過および成果

　　　当連結会計年度におけるわが国経済は、…（略）…

　　　○○業界におきましては、…（略）…

　　　このような状況のもと、当社グループは、…（略）…

　　　以上の結果、当連結会計年度における売上高は○億○百万円（前年度比○.○％増）、営業利益は○○百万円（前年度比○.○％増）…（略）…

　　〔部門別の売上高〕

部門	金額（百万円）	構成比（％）	前年度比（％）

— 196 —

(2) 設備投資の状況

　　当連結会計年度における設備投資額は○百万円であり、その主なものは…（略）…

(3) 資金調達の状況

　　当連結会計年度における資金調達は、自己資金のほか金融機関からの借入金をもって充当いたしました。

(4) 事業の譲渡等の状況

　① 事業の譲渡、吸収分割または新設分割の状況

　　　…（略）…

　② 他の会社の事業の譲受けの状況

　　　…（略）…

　③ 吸収合併または吸収分割による他の法人等の事業に関する権利義務の承継の状況

　　　…（略）…

　④ 他の会社の株式その他の持分または新株予約権等の取得または処分の状況

　　　…（略）…

(5) 対処すべき課題

　　…（略）…

(6) 財産および損益の状況

区分	平成○年度	平成○年度	平成○年度	平成○年度(当連結会計年度)
売上高（百万円）				
親会社株主に帰属する当期純利益（百万円）				
１株当たり当期純利益(円)				
総資産（百万円）				
純資産（百万円）				
１株当たり純資産額（円）				

　（注）　１株当たり当期純利益は期中平均発行済株式の総数により、１株当たり純資産額は期末発行済株式の総数により算出しております。

(7) 重要な親会社および子会社の状況

　① 親会社の状況

　　　該当事項はありません。

　② 重要な子会社の状況

会社名	資本金	当社の議決権比率	主要な事業内容
○○株式会社	○百万円	○.○○％	○○の製造

第3章　株主総会の招集

… （略） …			
○○株式会社	○百万円	○.○○％	○○の販売

(8)　主要な事業内容（平成○年○月○日現在）

　　当社グループは、当社、連結子会社○社および持分法適用会社○社で構成され、…事業を中核として、これを補完する…事業およびその他の事業を展開しております。

(9)　主要な営業所および工場（平成○年○月○日現在）

当社	本社	東京都○区○町○丁目○番○号
	支社	… （略） …
	工場	… （略） …
子会社	○○株式会社	… （略） …
	… （略） …	
	○○株式会社	… （略） …

(10)　従業員の状況（平成○年○月○日現在）

従業員数	前連結会計年度末比増減
○名	○名増

　（注）　上記のほか、臨時従業員は○人（1人1日8時間換算）であります。

(11)　主要な借入先（平成○年○月○日現在）

借入先	借入額
株式会社○○銀行	○○百万円
… （略） …	
株式会社○○銀行	○○百万円

(12)　その他企業集団の現況に関する重要な事項

　　平成○年○月○日開催の取締役会において、平成○年○月○付で…の実施を決議しております。

1．企業集団の現況に関する事項

(1)　事業の経過および成果（施行規則120条1項4号）

　　各事業年度に係る連結計算書類の作成に係る期間を「連結会計年度」という（計算規則62条）。

　　全般的な事業の状況として、当連結会計年度における以下のような内容を記載する。

　①　企業集団をめぐる経済環境

　②　業界の状況

　③　企業集団の状況（売上高や損益の状況を含む）

　　また、上記の「事業の経過およびその成果」に加え、事業部門別の売上高を一覧表形式で記載

する。前期との比較については、「前年度比（％）」とするほか「前連結会計年度比（％）」とすることも考えられる。なお、事業部門別の損益の状況の記載は要しない。

(2) 設備投資の状況（施行規則120条1項5号ロ）

　　当連結会計年度における企業集団の生産能力に大幅な変動が生じうる以下のような内容を記載する。事業部門が分かれている場合には、その属する事業部門の名称を記載する。

①　当連結会計年度中に完成した主要設備

②　当連結会計年度継続中の主要設備の新設・拡充

③　生産能力に重要な影響を及ぼすような固定資産の売却、撤去または災害による滅失

(3) 資金調達の状況（施行規則120条1項5号イ）

　　当連結会計年度における主要な設備投資に充当するための増資、社債発行および巨額の長期借入について記載する。運転資金のような経常的な資金調達については記載を要しない。

(4) 事業の譲渡等の状況（施行規則120条1項5号ハ〜ヘ）

　　当連結会計年度において、以下のような事業の譲渡や合併等の組織再編があった場合には、これらの状況を記載する。

①　事業の譲渡、吸収分割または新設分割（施行規則120条1項5号ハ）

②　他の会社（外国会社を含む）の事業の譲受け（施行規則120条1項5号ニ）

③　吸収合併または吸収分割による他の法人等の事業に関する権利義務の承継（施行規則120条1項5号ホ）

④　他の会社（外国会社を含む）の株式その他の持分または新株予約権等の取得または処分（施行規則120条1項5号ヘ）

　　これらは「重要なものに限る」（施行規則120条1項5号柱書）とされているので、重要性に乏しいと判断すれば記載しなくてもよい。

　　事業の譲渡や合併等の組織再編については、「(1)　事業の経過および成果」や「(5)　対処すべき課題」において記載することも考えられ、株式等の取得または処分により子会社の異動が生じる場合は「(7)　重要な親会社および子会社の状況」に記載することも考えられる。

(5) 対処すべき課題（施行規則120条1項8号）

　　企業集団が克服すべき当面の主要課題を記載する。

(6) 財産および損益の状況（施行規則120条1項6号）

　　当連結会計年度を含めた4連結会計年度についての推移を表形式により記載する。見出しを「直前3事業年度の財産および損益の状況」とすることも考えられる。

　　業績が著しく変動し、その要因が明らかなときは、その要因を注記する。

　　併せて当社の財産および損益の状況について記載することも考えられる。

(7) 重要な親会社および子会社の状況（施行規則120条1項7号）、親会社等との間の取引に関する

第3章　株主総会の招集

事項（施行規則118条5号）、特定完全子会社に関する事項（施行規則118条4号）

　親会社が存する場合には、親会社の持株数、議決権比率または出資比率、親会社との事業上の関係について記載する。

　また、企業集団を構成する連結子会社のうち、重要な子会社について、会社名、資本金の額、当社の議決権比率または出資比率、主要な事業内容を表形式で記載する。

　当連結会計年度中に親会社または子会社の異動が生じたときは、その内容も記載する。

　このほか、当社とその親会社等との間の取引（当社と第三者との間の取引で当社とその親会社等との間の利益が相反するものを含む。）であって、当社の当該事業年度に係る個別注記表において会社計算規則112条1項に規定する注記を要するもの（同項ただし書の規定により同項4号から6号までおよび8号に掲げる事項を省略するものを除く。）があるときは、「①親会社の状況」の次に項目「ア．親会社との関係」「イ．親会社等との間の取引に関する事項」を設けてイ．に次に掲げる事項を記載する。

　　イ. 取引をするに当たり当社の利益を害さないように留意した事項（当該事項がない場合にあっては、その旨）（施行規則118条5号イ）

　　ロ. 取引が当社の利益を害さないかどうかについての当社の取締役会の判断およびその理由（施行規則118条5号ロ）

　　ハ. 社外取締役を置く会社において、②の取締役会の判断が社外取締役の意見と異なる場合には、その意見（施行規則118条5号ハ）

　なお、当該記載があるときは、監査役は監査報告に当該事項についての意見を記載することとされている（施行規則129条1項6号）。

【記載例3－4－1】親会社がありかつ親会社との間の取引に関する事項を記載する例

---

(7)　重要な親会社および子会社の状況

　①　親会社の状況

　　ア．親会社との関係

　　　当社の親会社は○○株式会社で、当社の株式を○，○○○株（議決権比率○○．○○％）保有しております。

　　　当社は、同社と原材料の購入・製品の販売等の取引関係があり、「○○委託契約」を締結しております。また、当社○○工場は、同社から土地・建物を賃借し、…（略）…

第4節　事業報告

イ．親会社との間の取引に関する事項

(ア)　取引をするに当たり当社の利益を害さないように留意した事項

当社は、親会社である○○株式会社との間で原材料の購入・製品の販売等を行っております。当該取引に当たっては、当社の利益を害することのないよう、…（略）…としております。

(イ)　取引が当社の利益を害さないかどうかについての取締役会の判断およびその理由

親会社との取引は…であることから、取締役会として当社の利益を害するものではないと判断しております。

(ウ)　取締役会の判断が社外取締役の意見と異なる場合の社外取締役の意見…

②　重要な子会社の状況　（略）

　このほか、当社に特定完全子会社が存する場合には、当該特定完全子会社の名称および住所、当社およびその完全子会社等における当該特定完全子会社の株式の当連結会計年度の末日における帳簿価額の合計額、当社の当事業年度に係る貸借対照表の資産の部に計上した額の合計額について記載する。

　なお、特定完全子会社とは、当該事業年度の末日において、当社およびその完全子会社等における当社のある完全子会社等（株式会社に限る）の株式の帳簿価額が、当社の当事業年度に係る貸借対照表の資産の部に計上した額の5分の1を超えることとなる完全子会社等であり、多重代表訴訟の要件（847条の3第1項・4項）に近似するものとして記載が求められるものである。ただし、当該事業年度の末日において当社に完全親会社等がある場合、記載は不要となる。

【記載例3－4－2】特定完全子会社がある場合の記載例

(7)　重要な親会社および子会社の状況

①　親会社の状況

該当事項はありません。

②　重要な子会社の状況　（略）

③　事業年度末日における特定完全子会社

名称	住所	帳簿価額の総額	当社の総資産額
○○株式会社	東京都○区○町○丁目○番○号	○○百万円	○○百万円

第 3 章　株主総会の招集

⑻　主要な事業内容（施行規則120条 1 項 1 号）

　　事業部門別に、当連結会計年度の末日における主要な製品名または商品名、提供するサービス
の内容を記載する。

⑼　主要な営業所および工場（施行規則120条 1 項 2 号）

　　当連結会計年度の末日における企業集団を構成する各社の主要な営業所および工場の名称とそ
れらの所在地について、当社と子会社に分けて記載する。業態によっては営業所や工場といった
表現が馴染まないこともあり、その場合には適宜変更する。

　　所在地は都道府県名や市区までの記載に留めることでよい。海外の支店・工場や海外子会社の
所在地についても、国名や州・省・市までの記載に留めることでよい。

　　なお、新設・移転・統廃合等があった場合には、これらを注記することも考えられる。

　　また、支店等が多い会社にあっては、地域別店舗数、国別事業所数などの記載に留めることも
考えられる。

⑽　従業員の状況（施行規則120条 1 項 2 号）

　　見出しについて、施行規則上は「使用人の状況」であるが、「従業員の状況」と表記している。

　　当連結会計年度の末日における企業集団の従業員数および前連結会計年度末比増減を記載する。
企業集団に属する会社数が多い場合には、企業集団の従業員の平均年齢および平均勤続年数の把
握が困難であることから、これらについての記載は省略して差し支えない。

　　従業員の構成その他の状況に大幅な変動が生じた場合には、その旨を注記する。また、臨時従
業員、出向、パートなどの人数について注記することも考えられる。

　　併せて当社の従業員の状況として、従業員数、前事業年度末比増減、平均年齢および平均勤続
年数について記載することも考えられる。

【記載例 3 － 4 － 3 】単体の従業員の状況も記載する例

⑽　従業員の状況（平成○年○月○日現在）

　①　企業集団の従業員の状況

　　　　　　　　　　… （略） …

　②　当社の従業員の状況

従業員数	前年度末比増減	平均年齢	平均勤続年数
○名	○名増	○○.○歳	○○.○年

第4節　事業報告

⑾　主要な借入先（施行規則120条1項3号）

　　企業集団の資金調達において銀行等からの借入金が重要性を有する場合に、当連結会計年度の末日における主要な借入先からの借入額を記載する。一般的には借入額の多い順に記載する。

　　借入金がない会社においては本項目の記載を要しない。

⑿　その他企業集団の現況に関する重要な事項（施行規則120条1項9号）

　　当連結会計年度終了後、計算書類等を会計監査人および監査役会に提出するまでに生じたいわゆる後発事象（会計に関するもの以外の事象）について記載する。

　　また、訴訟の提起・判決・和解、事故・不祥事、社会貢献等について記載することが考えられる。独立した項目とせずに、「⑴　事業の経過および成果」や「⑸　対処すべき課題」等に記載することも考えられる。

【書式3－4⑶】事業報告モデル・会社の株式に関する事項

２．会社の株式に関する事項

⑴　発行可能株式総数　　　　○,○○○,○○○株

⑵　発行済株式の総数　　　　○,○○○,○○○株（自己株式○○○株を含む）

⑶　株主数　　　○,○○○名

⑷　大株主（上位10名）

株主名	持株数	持株比率
○○○○	○○○,○○○株	○.○○％
… （略） …		
○○○○	○○○,○○○株	○.○○％

　（注）　持株比率は、自己株式○,○○○株を控除して計算しております。

⑸　その他株式に関する重要な事項

　　当社は、平成○年○月○日開催の取締役会の決議に基づき、平成○年○月○日付で自己株式○○,○○○株を消却しております。

２．会社の株式に関する事項

⑴　発行可能株式総数（施行規則122条2号）

⑵　発行済株式の総数（施行規則122条2号）

⑶　株主数（施行規則122条2号）

　　株式に関する重要な事項（施行規則122条2号）として、発行可能株式総数、発行済株式の総数および事業年度の末日における株主数について記載する。

第3章　株主総会の招集

発行済株式の総数については、内訳として自己株式の数を記載することも考えられる。

⑷　大株主（施行規則122条1項1号）

当事業年度の末日における発行済株式（自己株式を除く）の総数に対するその有する株式の数の割合が高いことにおいて上位となる10名の株主の氏名または名称、当該株主の有する株式の数（種類株式発行会社にあっては、株式の種類および種類ごとの数を含む）および当該株主の有する株式に係る当該割合を記載する（施行規則122条1項1号）。

表形式により、大株主上位10名の株主名、持株数および持株比率を記載する。

また、持株比率の計算に当たっては、発行済株式の総数から自己株式の数を控除している旨を注記することが考えられる。さらに、自社が上位10名の大株主に該当する場合には、自社は表の中に含めていない旨を注記することが考えられる。

なお、種類株式発行会社においては、上位10名の大株主は、普通株式および種類株式の数の多い順に上位10名を記載しなければならない。

【記載例3－4－4】種類株式発行会社における大株主の状況

⑷　大株主（上位10名）

株主名	持株数			合計持株比率
	普通株式	優先株式	合計株式	
○○○○	○○○株	○○○株	○,○○○株	○.○○％
中略				
○○○○	○○○株	○○○株	○,○○○株	○.○○％

（注）　1．上記のほか、普通株式の自己株式○○○株および優先株式の自己株式○○○株があります。
　　　　2．上記の合計持株比率は、普通株式の自己株式および優先株式の自己株式を控除して計算しております。

平成29年12月14日に公表・意見照会された「会社法施行規則及び会社計算規則の一部を改正する省令案」により、施行規則122条2項が追加され、平成30年3月末決算会社の事業報告から、当該事業年度に関する定時株主総会において議決権を行使することができる者を定めるための基準日が当該事業年度の末日後の日であるときは、当該基準日を明らかにした上で、当該基準日における上位10名の株主に関する記載にすることができる形に改正することが予定されている。開示府令においても、平成30年1月26日公布の内閣府令第3号により、「大株主の状況」の記載時点を事業年度末日から原則議決権行使基準日に変更する形の改正が行われている。これらにより、事業年度末日後の日を基準日として定時株主総会を開催する場合、事業報告および有価証券報告書における大株主の記載を事業年度末日後の基準日時点で記載することで、事業年度末日時点の総株主通知・株主確定を不要にすることが可能となり、3月決算会社がいわゆる7月総会を開催

第4節　事業報告

するうえでの障害の一つを解消するものとなっている。

⑸　その他株式に関する重要な事項（施行規則122条1項2号）

　　上記のほか、株式に関する重要な事項（施行規則122条2号）がある場合には、「⑸　その他株式に関する重要な事項」として記載する。例えば、増資や自己株式の取得または消却について記載することが考えられる。

【書式3－4⑷】事業報告モデル・会社の新株予約権等に関する事項

3．会社の新株予約権等に関する事項

⑴　当事業年度の末日において当社役員が保有する職務執行の対価として交付した新株予約権等の状況

区分	新株予約権の数	新株予約権の目的となる株式の種類および数	行使期間	行使価額	保有する者の人数
取締役（社外取締役を除く）	○個	普通株式○株	平成○年○月○日～平成○年○月○日	1株につき○円	○名
社外取締役	○個	普通株式○株	平成○年○月○日～平成○年○月○日	1株につき○円	○名
監査役	○個	普通株式○株	平成○年○月○日～平成○年○月○日	1株につき○円	○名
計	○個	普通株式○株			○名

　（注）　1．新株予約権の行使の条件は、…（略）…。
　　　　　2．新株予約権の行使の条件を満たすことができなくなった新株予約権は、当社が無償で取得することができる。

⑵　当事業年度中に当社従業員等に職務執行の対価として交付した新株予約権等の状況

区分	新株予約権の数	新株予約権の目的となる株式の種類および数	行使期間	行使価額	交付した者の人数
当社従業員	○個	普通株式○株	平成○年○月○日～平成○年○月○日	1株につき○円	○名
子会社の取締役・監査役・従業員	○個	普通株式○株	平成○年○月○日～平成○年○月○日	1株につき○円	○名
計	○個	普通株式○株			○名

　（注）　1．新株予約権の行使の条件は、…（略）…。
　　　　　2．新株予約権の行使の条件を満たすことができなくなった新株予約権は、当社が無償で取得することができる。

⑶　その他新株予約権等に関する重要な事項

　　平成○年○月○日開催の取締役会決議に基づき発行した第○回転換社債型新株予約権付社債につきましては、平成○年○月○日に行使期間が終了し、平成○年○月○日に満期償還しております。

第3章　株主総会の招集

３．会社の新株予約権等に関する事項

(1) 当事業年度の末日において当社役員が保有する職務執行の対価として交付した新株予約権等の状況（施行規則123条１号）

　　新株予約権等の状況として、当事業年度の末日において当社役員が保有する新株予約権（職務執行の対価として交付されたものに限る）につき、取締役（社外役員を除く）、社外取締役（社外役員に限る）、取締役以外の役員に区分して、新株予約権の内容の概要および新株予約権を有する者の人数を記載する。取締役以外の役員とは、監査役である。

　　新株予約権の内容の概要として、新株予約権の目的となる株式の種類および数のほか、行使価額や行使期間を記載する。発行回次ごとに行使価額や行使期間が異なることから、取締役、社外取締役および監査役等に区分して、発行回次ごとに、行使価額、行使期間、個数および保有する者の人数を表形式で記載する。

　　併せて、新株予約権の総数、新株予約権の目的となる株式の種類および数も記載する。目的となる株式の種類および数については、目的となる株式の種類が共通であれば合算した数を記載することで足りる。

　　施行規則123条１号では、「会社役員（当該事業年度の末日において在任している者に限る。以下この条において同じ）」となっているので、事業年度の末日より前に退任した会社役員が有していた新株予約権は記載の対象ではない。逆に、例えば、過去従業員として職務執行の対価として新株予約権の交付を受けた者が、現在取締役または監査役として保有している場合記載の対象になるとされており（石井裕介ほか『新しい事業報告・計算書類〔全訂版〕』（商事法務、2016年）81頁参照）、その旨注記しておくことが考えられる。

【記載例３－４－５】役員就任前に付与された新株予約権である旨記載する例

---

　(2)　取締役および監査役の報酬等の額

　　　　　　　　　　　　　　… （略） …

(注)　１．（略）

　　　２．監査役が保有している新株予約権は使用人として在籍中に付与されたものであります。

---

(2) 当事業年度中に当社従業員等に職務執行の対価として交付した新株予約権等の状況（施行規則123条２号）

　　新株予約権等の状況として、事業年度中に、当社の使用人、子会社の役員および使用人に対し

－ 206 －

第4節　事業報告

て新株予約権を交付したときは、その区分ごとの新株予約権の内容の概要および新株予約権を有する者の人数を記載する。施行規則上は「使用人」であるが、「従業員」と表記することも考えられる。

⑶　その他新株予約権等に関する重要な事項（施行規則123条3号）

「⑶　その他新株予約権等に関する重要な事項」として、新株予約権付社債等について記載することが考えられる。

【書式3－4⑸】事業報告モデル・会社役員に関する事項（取締役および監査役等の氏名等）

4．会社役員に関する事項

⑴　取締役および監査役の氏名等

氏名	地位	担当	重要な兼職の状況
○○○○	代表取締役社長		
○○○○	専務取締役	経営企画部長	
○○○○	常務取締役	管理本部長	
○○○○	取締役	営業本部長	
○○○○	取締役	人事部長	
○○○○	取締役		○○○○株式会社　代表取締役社長
○○○○	取締役		○○○○株式会社　社外取締役
○○○○	常勤監査役		
○○○○	監査役		○○法律事務所　弁護士
			株式会社○○○○　社外監査役
○○○○	監査役		○○公認会計士事務所　公認会計士

（注）　1．取締役○○○○氏および○○○○氏は、社外取締役であります。
　　　　2．監査役○○○○氏および○○○○氏は、社外監査役であります。
　　　　3．監査役○○○○氏は、公認会計士の資格を有しており、財務および会計に関する相当程度の知見を有しております。
　　　　4．取締役○○○○氏および○○○○氏ならびに監査役○○○○氏および○○○○氏は、東京証券取引所の定めに基づく独立役員として同取引所に届け出ております。
　　　　5．当社は、各社外取締役および各監査役との間で、会社法第423条第1項の賠償責任を限定する契約を締結しており、当該契約に基づく賠償責任限度額は、金○円と法令の定める最低責任限度額のいずれか高い額となります。
　　　　6．平成○年○月○日開催の当社第○回定時株主総会終結の時をもって、取締役○○○○氏は辞任いたしました。
　　　　7．当事業年度中に取締役の地位および担当ならびに重要な兼職の状況が次のとおり変更されました。

氏名	地位および担当ならびに重要な兼職の状況		
	変更前	変更後	異動年月日
○○○○	取締役○○部長	取締役○○部長	平成○年○月○日付

4．会社役員に関する事項

⑴　取締役および監査役の氏名等（施行規則121条1～3号・7～9号）

会社役員の氏名・地位および担当・責任限定契約の内容の概要・重要な兼職の状況・監査役が

— 207 —

第3章　株主総会の招集

財務および会計に関する相当程度の知見を有しているものであるときのその事実（施行規則120条1～3号・8～9号）の記載に関し、対象となる会社役員は、直前の定時株主総会の終結の日の翌日以降に在任していた者に限られ（施行規則121条1号カッコ書）、当事業年度の末日に在任していない者も含まれる。

　会社役員の氏名、地位、担当および重要な兼職の状況（施行規則121条1～2号・8号）を表形式で記載する（表に記載する会社役員は、簡潔明瞭な記載という観点から当事業年度の末日に在任する者に限定している）。

　地位とは、社長、専務等の役付をいい、担当とは、管理部門担当や営業部門担当とされているときはその担当を記載し、使用人兼務取締役として本部長や部長を兼務しているときはそれらを記載すべきとされている（弥永・コンメ施規603頁）。監査役の場合は、「監査役」または「常勤監査役」と記載する。

　重要な兼職の状況の重要性については、兼務先の重要性（取引上の重要性など）、兼務先での職務の重要性、兼務先での職務に費やす時間などを考慮して判断することが考えられる。社外役員の場合、弁護士、公認会計士や、大学教授、団体役員などの本業については、重要な兼職として記載すべきものと考えられる。このほか、競業関係にある先および利益相反関係にある先との兼職は、重要な兼職と解される（ただし、監査役については競業や利益相反は通常想定されない）。

　社外取締役または社外監査役である旨は、施行規則に基づき記載が義務付けられているものではないが、監査役会設置会社では、社外監査役の選任が義務付けられていることや（335条3項）、社外取締役を置いていることを開示する意味があること等から、これらを記載することが通例である。なお、事業年度の末日において監査役会設置会社（大会社に限る）であって、発行する株式について有価証券報告書の提出しなければならないものが社外取締役を置いていない場合には、社外取締役を置くことが相当でない理由を記載事業報告の内容に含めなければならない（施行規則124条2項）（後述(4)⑤・【記載例3－4－12】参照）。

　監査役が財務および会計に関する相当程度の知見を有しているものであるときはその事実を注記する（施行規則120条9号）。公認会計士、税理士などの資格を有している場合に限られず、経理部門に長年勤務し、実質的に実務を執っていたような場合も、財務および会計に関する相当程度の知見を有していると解される。

　上場会社は、証券取引所の上場規程に基づき、独立役員に関する情報および社外役員の独立性に関する情報を、株主総会における議決権行使に資する方法により株主に提供するよう努めるものとされている（上場規程445条の6）。施行規則に基づき記載が義務付けられている事項ではないものの、社外役員のうち誰が独立役員であるかを注記することが望まれている。

　また、取締役（業務執行取締役等であるものを除く）や監査役との間で427条1項の契約を締結しているときは、当該契約の内容の概要を記載する（施行規則121条3号）。一般的に記載され

ることは稀であるが、当該契約によって社外役員の職務の適正性が損なわれないようにするための措置を講じている場合にあっては、その内容も記載する。

表に記載されている会社役員が、当事業年度終了後、事業報告作成時点までに辞任している場合は、その旨を注記するほか、表に記載されていない取締役または監査役が当事業年度中に辞任している場合は（直前の定時株主総会の終結の日の翌日以降に在任していた者に限られていないため）、その氏名、監査役に意見があるときはその意見の内容、監査役が辞任後最初に招集される株主総会において述べる辞任の理由があるときはその理由を注記する（当事業年度前の事業年度に係る事業報告の内容としたものを除く）（施行規則121条7号）。

表に記載する会社役員は当事業年度の末日に在任する者に限定していることから、辞任した会社役員の地位、担当および重要な兼職の状況が表中に記載されない。したがって、注記で、辞任した当該会社役員の氏名に加え、辞任時の地位、担当および重要な兼職の状況を記載する。

直前の定時株主総会の終結の日の翌日以降に在任していた会社役員について、当事業年度中に異動があれば、注記で異動の状況を記載する。

【書式3－4⑹】事業報告モデル・会社役員に関する事項（取締役等の報酬等の額）

⑵　当事業年度に係る取締役および監査役の報酬等の額

区分	員数	支給額
取締役 （うち社外取締役）	○名 （○名）	○○百万円 （○百万円）
監査役 （うち社外監査役）	○名 （○名）	○○百万円 （○百万円）
合計 （うち社外役員）	○名 （○名）	○○百万円 （○百万円）

（注）　取締役の報酬等の額には、社外取締役を除く取締役○名に対してストック・オプションとして付与した新株予約権に係る当事業年度における費用計上額○○百万円が含まれております。

⑵　当事業年度に係る取締役および監査役の報酬等の額（施行規則121条4～5号・124条1項5～6号）

「報酬等」とは、報酬、賞与その他の職務執行の対価として会社から受ける財産上の利益と定義されている（361条1項柱書）。

当事業年度に係る取締役および監査役の報酬等の員数および支給額を表形式で記載する。

対象となる会社役員は、「直前の定時株主総会の終結の日の翌日以降に在任していた者」に限られないため、直前の定時株主総会で任期満了等により退任した会社役員も含まれる。

表中の員数は、当事業年度中に退任した者も含め、報酬等を支給された取締役および監査役の員数であり、無報酬の取締役および監査役は含めない。

第3章　株主総会の招集

　社外取締役および社外監査役の報酬等については、両者を区別せず一括して記載することができるが、区別して記載することも考えられる。

　使用人兼務取締役の使用人分給与（賞与を含む）については、取締役の報酬等と合算して開示することは適切でないことから、報酬等には含まれていない旨を注記することが考えられる。また、使用人分給与（賞与を含む）の額に重要性が認められる場合には、施行規則121条11号に基づき注記することが考えられる。

　株主総会で決議した取締役および監査役の報酬等の限度額を注記することが考えられる。

　ストック・オプションについては、ストック・オプション等に関する会計基準（企業会計基準委員会　企業会計基準第8号）に従い、会計上費用として計上した額を支給額に含めて、その旨を注記する。なお、平成30年1月公表の実務対応報告第36号により、同年4月から有償ストックオプションを費用計上することになるので（同年3月までの付与分は従来取扱い可）、注意が必要である。

　役員賞与を支給している場合は、当事業年度に既に支払われた額ではなく、当事業年度の業績を踏まえて支給する予定の額を支給額に含めて、その旨を注記する。

　役員退職慰労金制度がある場合は、当事業年度に計上した役員退職慰労引当金繰入額を支給額に含めて、その旨を注記する。

【記載例3－4－6】賞与支給予定額・退職慰労引当金繰入額を含めている旨記載する例

---

　(2)　取締役および監査役の報酬等の額

　　　　　　　　　　　　　　… （略）…

　(注)　支給額には、次の金額を含めて記載しております。

　　1．第○階定時株主総会において決議予定の役員賞与○○百万円（取締役○名に対して○○百万円、監査役○名に対して○○百万円）

　　2．当事業年度における役員退職慰労引当金繰入額として費用処理した○○百万円（取締役○名に対して○○百万円、監査役○名に対して○○百万円）

　上記のほか、当事業年度において受け、または受ける見込みの額が明らかとなった会社役員の報酬等がある場合には、その総額および報酬等を受けた会社役員の員数を記載する（施行規則121条5号）。当事業年度に係る事業報告の内容とする報酬等および当事業年度前の事業年度に係る事業報告の内容とした報酬等は除外する（施行規則121条5号カッコ書）。

　当事業年度において受けた報酬等の例として、当事業年度において受けた役員退職慰労金で、

－ 210 －

第4節　事業報告

前事業年度までの事業報告に開示をしていないものなどが想定される。

　また、当事業年度において受ける見込みの額が明らかとなった報酬等の例として、事業報告を報告すべき定時株主総会において決議する予定の役員退職慰労金で、当事業年度の末日までに内規等により支給見込み額が明らかになっているものなどが想定される。

【記載例3－4－7】過去退職慰労引当金繰入額の開示をしていない退職慰労金支給額およびその予定額を記載する例

> (2)　取締役および監査役の報酬等の額
>
> 　　　　　　　　　　　　　… (略) …
>
> 　(注)　１．上記には平成○年○月○日開催の第○回定時株主総会の終結の時をもって退任した取締役○名および監査役○名が含まれております。
>
> 　　　　２．取締役の報酬等の額には、使用人兼務取締役の使用人分給与は含まれておりません。
>
> 　　　　３．上記のほか当事業年度において受け、または受ける見込みの額が明らかとなった報酬等は、以下のとおりであります。
>
> 　　　　　　①　平成○年○月○日開催の第○回定時株主総会決議に基づき、取締役○名に対し役員退職慰労金○○百万円を支給しております。
>
> 　　　　　　②　平成○年○月○日開催の第○回定時株主総会の終結の時をもって退任する監査役○名に対し役員退職慰労金○○百万円（うち社外監査役○名に対し○百万円）を支給する予定であります。
>
> 　　　　　　なお、上記①および②の金額には、当事業年度および当事業年度前の事業年度に係る事業報告において開示した役員退職慰労引当金繰入額は含めておりません。

　各会社役員の報酬等の額またはその算定方法に係る決定に関する方針を定めているときは、当該方針の決定の方法およびその方針の内容の概要を記載する（施行規則121条6号）。当事業年度の末日において指名委員会等設置会社でない会社にあっては、記載を省略することができる。ただし、有価証券報告書では、役員の報酬等の額またはその算定方法の決定に関する方針を定めている場合には、当該方針の内容および決定方法（定めていない場合にはその旨）を記載することとなっており（開示府令第三号様式記載上の注意(37)・第二号様式記載上の注意(57) a (d)）、指名委員会等設置会社でない会社においても、株主への開示促進の観点等から、報酬等の決定方針を定めている場合これを事業報告に記載する例はみられる（全株懇調査27頁によると、記載あり36.1％、うち指名委員会等設置会社2.6％）。

－ 211 －

第3章　株主総会の招集

【記載例3－4－8】報酬等の決定方針を記載する例

> (2)　取締役および監査役の報酬等の額
> 　①　当事業年度に係る報酬等の額
> 　　　　　　　　　　　…（略）…
> 　②　報酬等の決定に関する方針
> 　当社の取締役および監査役の報酬等は、…（略）…
> 　各取締役の報酬等のうち基本報酬は、…また、業績連動報酬は、…（略）…
> 　各監査役の報酬等は、…（略）…
> 　なお、役員退職慰労金制度につきましては、…廃止いたしました。

(3)　その他会社役員に関する重要な事項（施行規則121条11号）

　前述の(1)(2)の事項以外に、会社役員に関する重要な事項があれば、記載することになる。たとえば、使用人兼務取締役の使用人給与は通常記載する必要はないが、使用人の給与部分が多額である場合、その他会社役員に関する重要な事項に当たるとされており（相澤＝郡谷・前掲8頁）、「取締役および監査役の報酬等の額」に注記の形で記載することが考えられる。

【書式3－4(7)】事業報告モデル・会社役員に関する事項（社外役員に関する事項）

(3)　社外役員に関する事項
①　重要な兼職先と当社との関係

区分	氏名	重要な兼職先	重要な兼職先と当社との関係
社外取締役	○○○○	○○○○株式会社　代表取締役社長	…の取引関係があります。
	○○○○	○○○○株式会社　社外取締役	重要な取引その他の関係はありません。
社外監査役	○○○○	○○法律事務所　弁護士株式会社○○○○　社外監査役	いずれも重要な取引その他の関係はありません。
	○○○○	○○公認会計士事務所公認会計士	重要な取引その他の関係はありません。

②　当事業年度における主な活動状況

区分	氏名	主な活動状況
社外取締役	○○○○	当事業年度に開催された取締役会○回のすべてに出席し、長年にわたる経営者としての知識と経験に基づき適宜発言を行っております。
	○○○○	当事業年度に開催された取締役会○回のすべてに出席し、○○業に関する豊富な知識と経験に基づき適宜発言を行っております。
社外監査役	○○○○	当事業年度に開催された取締役会○回のうち○回、監査役会○回のすべてに出席し、法律の専門家としての知識や経験に基づき適宜発言を行っております。
	○○○○	就任後に開催された取締役会○回のすべて、監査役会○回のすべてに出席し、会計の専門家としての知識や経験に基づき適宜発言を行っております。

第4節　事業報告

(4)　社外役員に関する事項

社外役員とは、以下のいずれにも該当するものをいう（施行規則2条3項5号）。

イ．社外取締役または社外監査役であること。

ロ．次のいずれかの要件に該当すること。

㈠　会社役員が社外取締役であることにより次に掲げる行為を要しないこととしていること、または、要しないこととする予定があること

・社外取締役を置くことが相当でない理由の説明（327条の2）

・社外取締役を置くことが相当でない理由の株主総会参考書類への記載（施行規則74条の2第1項）

・社外取締役を置くことが相当でない理由の事業報告への記載（施行規則124条2項）

㈡　会社役員が、監査等委員会設置会社における監査等委員会の要件を満たすための社外取締役であること、特別取締役による取締役会の決議を採用する要件を満たすための社外取締役であること、監査等委員会設置会社における重要な業務執行の決定を取締役に委任する要件を満たすための社外取締役であること、または指名委員会等設置会社における各委員会の要件を満たすための社外取締役であること（331条6項・373条1項2号・399条の13第5項・400条3項）。

㈢　会社役員が、監査役会設置会社の要件を満たすための社外監査役であること（335条3項）。

㈣　会社役員を、社外取締役または社外監査役であるものとして、計算関係書類、事業報告、株主総会参考書類その他会社が法令その他これに準ずるものの規定に基づき作成する資料に表示していること。

会社役員のうち社外役員である者が存する場合には、以下の事項を記載する（施行規則124条1項）。ただし、①から③の記載（施行規則124条1項1号〜4号）については、直前の定時株主総会の終結の日の翌日以降に在任していた者に限られている（施行規則124条1項1号カッコ書）。また、当該事業年度に係る社外役員の報酬等、および当該事業年度において受け、または受ける見込みの額が明らかとなった社外役員の報酬等（施行規則124条1項5号6号）については、前述の取締役等の報酬等の額において併せて記載する例が一般的であるので（【書式3−4⑹】参照）、以下では取り扱っていない。

①　重要な兼職先と当社との関係（施行規則124条1項1号・2号）

社外役員が、他の法人等の業務執行取締役、執行役または使用人等であること、他の法人等の社外役員その他これに類する者を兼任していることが、それぞれ重要な兼職（施行規則121条8号）に該当する場合は、当社と兼職先（当該他の法人等）との関係を記載する（施行規則124条1項1号・2号）。

②　当事業年度における主な活動状況（施行規則124条1項4号）

— 213 —

第3章　株主総会の招集

　各社外役員の取締役会等への出席の状況および発言の状況については、社外取締役は取締役会の状況、社外監査役は取締役会および監査役会の状況をそれぞれ記載する。

　出席の状況については、開催回数および出席回数を記載することで、各社外役員の取締役会等への出欠状況が把握できるようにする。書面決議による取締役会（みなし取締役会決議）(370条）は開催回数および出席回数に含めない。

　一般的に記載されることはないが、社外役員の意見により当社の事業の方針または事業その他の事項に係る決定が変更されたときは、その内容（重要でないものを除く）を記載する（施行規則124条1項4号ハ）。

　発言の状況については、発言の具体的内容まで記載する必要はなく、どのような分野についてどのような発言をしたか等、発言の概要を記載することで足りる（相澤・論点解説447頁）。

　当事業年度中に当社において法令または定款に違反する事実その他不当な業務の執行（社外役員が社外監査役である場合にあっては、不正な業務の執行）が行われた事実（重要でないものを除く）があるときは、各社外役員が当該事実の発生の予防のために行った行為および当該事実の発生後の対応として行った行為の概要を記載する（施行規則124条1項4号ニ）。

第4節　事業報告

【記載例3－4－9】不当・不正な業務執行が行われた場合の記載例

> ②　当事業年度における活動状況
>
> 　ア．主な活動状況
>
> 　　　　　　　　　　　　… （略） …
>
> 　イ．○○（不祥事等）の件に関する対応の概要
>
> 　　　事業報告○頁の「⑿　その他企業集団の現況に関する重要な事項」に記載のとおり、
>
> 　　当社は、… （略） …
>
> 　　　社外取締役の○○○○氏および○○○○氏ならびに社外監査役の○○○○氏および
>
> 　　○○○○氏は、事前に当該事実を認識しておりませんでしたが、日頃から法令遵守等
>
> 　　の重要性について注意喚起しておりました。なお、当該事実の判明後は、…再発防止
>
> 　　のための提言を行うなど、その職責を果たしております。

③　社外役員の親族関係（施行規則124条1項3号）

　社外役員が次に掲げる者の配偶者、三親等以内の親族その他これに準ずるものであることを
当社が知っているときは、その事実を記載する。

　イ．親会社等（自然人であるものに限る）（施行規則124条1項3号イ）

　ロ．当社または当社の特定関係事業者の業務執行者または役員（業務執行者であるものを除
　　　く）（施行規則124条1項3号ロ）

　また、特定関係事業者とは、以下に掲げるものをいう。

　イ．次の⑴または⑵に掲げる区分に応じ、それぞれに定めるもの

　　⑴　当社に親会社等がある場合、当該親会社等ならびに当該親会社等の子会社等（当社を
　　　　除く）および関連会社（当該親会社等が会社でない場合におけるその関連会社に相当す
　　　　るものを含む）

　　⑵　当社に親会社等がない場合、当社の子会社および関連会社

　ロ．当社の主要な取引先である者（法人以外の団体を含む）

　「知っているとき」とは、施行規則124条1項3号のような事項が開示事項とされていること
を前提として行われる調査の結果として知っている場合を指すものとされている（相澤哲＝
郡谷大輔「事業報告〔上〕」商事法務1762号11頁）。

　「重要でないもの」は記載を要しないが、重要性の判断においては、親族の役職の重要性や
親族との交流の有無などを考慮するものとされている（大野晃宏ほか「会社法施行規則、会社
計算規則等の一部を改正する省令の解説」商事法務1862号20頁）。

－ 215 －

第3章　株主総会の招集

【記載例3－4－10】社外役員の親族関係を記載する例

(3)　社外役員に関する事項

　①　重要な兼職先と当社との関係

　　　　　　　　　　　　　…（略）…

　②　当社または特定関係事業者との関係

　　　監査役○○○○氏は、当社の特定関係事業者（主要な取引先）である○○○○株式会社の業務執行取締役（取締役社長）の三親等以内の親族（○○）であります。

④　社外役員が親会社等または兄弟会社等から受けている役員報酬等（施行規則124条1項7号）

　　社外役員が次に掲げる区分に応じ、それぞれに定めるものから当該事業年度において役員としての報酬等を受けているときは、当該報酬等の総額（社外役員であった期間に受けたものに限る）を記載する。

　　・当社に親会社等がある場合、当該親会社等または当該親会社等の子会社等（当社を除く）（施行規則124条1項7号イ）

　　・当社に親会社等がない場合、当社の子会社（施行規則124条1項7号ロ）

　　なお、親会社等がある場合の「当該親会社等の子会社等」には、いわゆる兄弟会社およびその子会社が含まれるほか、その会社の子会社も含まれる（施行規則3条1項・3項参照）とされている（弥永・コンメ施規631〜632頁）。

　　上記のように独立した項目で記載するのではなく、前述(2)「当該事業年度に係る取締役および監査役の報酬等の額」（【書式3－4(6)】参照）の中で記載することも考えられる。

【記載例3－4－11】社外役員が子会社から役員報酬等を受けている場合の記載例

(3)　社外役員に関する事項

　①・②

　　　　　　　　　　　　　…（略）…

　③　社外役員が当社の子会社から当事業年度において役員として受けた報酬等の総額

　　　　　　　　　　　　　　　　　　　　　　　　○○百万円

第4節　事業報告

⑤　社外取締役を置くことが相当でない理由（施行規則124条2項）

　　事業年度末日において監査役会設置会社（大会社に限る）であって、発行する株式について有価証券報告書の提出義務があるものが社外取締役を置いていない場合、社外取締役を置くことが相当でない理由を事業報告に含めなければならない（施行規則124条2項）。当該事項については当事業年度における事情に応じて記載しなければならず、また、社外監査役が2名以上あることのみをもってその理由とはできない旨が定められている（施行規則124条3項）。

【記載例3－4－12】社外取締役を置くことが相当でない理由を記載する場合の例

---

(3)　社外役員に関する事項

　①～③

　　　　　　　　　　　　　　　…（略）…

　④　社外取締役を置くことが相当でない理由

　　　当社は当事業年度末において社外取締役を置いておりませんが、その理由は…（略）…。

---

⑥　社外役員に関する事項について社外役員の意見がある場合（施行規則124条1項8号）

　　社外役員に関する事項について、社外役員の意見があるときは、その意見の内容を記載しなければならないが（施行規則124条1項8号）、通常そのような事態は想定されない。

【書式3－4⑻】事業報告モデル・会計監査人に関する事項

5．会計監査人に関する事項

(1)　会計監査人の名称

　　○○監査法人

(2)　会計監査人の報酬等の額

　①　当事業年度に係る会計監査人としての報酬等の額　　　　　　　　○○百万円

　②　当社および当社の子会社が支払うべき金銭その他の財産上の利益の合計額

　　　　　　　　　　　　　　　　　　　　　　　　　　　　　　　　○○百万円

　(注)　1．当社と会計監査人との間の監査契約において、会社法に基づく監査と金融商品取引法に基づく監査の監査報酬等の額を区分しておらず、また、実質的にも区分できませんので、上記①の報酬等の額にはこれらの合計額を記載しております。

　　　　2．当社の重要な子会社のうち、○○株式会社は、当社の会計監査人以外の監査法人（○○

— 217 —

第3章　株主総会の招集

　　　　　　監査法人）による監査を受けております。
　　　　３．監査役会は、取締役、社内関係部署および会計監査人より必要な資料の入手、報告を受
　　　　　けた上で会計監査人の監査計画の内容、会計監査の職務遂行状況、報酬見積もりの算定根
　　　　　拠について確認し、審議した結果、これらについて適切であると判断したため、会計監査
　　　　　人の報酬等の額について同意しております。

(3)　非監査業務の内容

　　当社は、○○監査法人に対して、公認会計士法第2条第1項の業務以外の業務（非監査業
　務）である○○業務を委託し、対価を支払っております。

(4)　会計監査人の解任または不再任の決定の方針

　　監査役会は、会計監査人の職務の執行に支障がある場合等、その必要があると判断した場
　合に、会計監査人の解任または不再任に関する議案の内容を決定いたします。

　　また、監査役会は上記の場合のほか、会計監査人が会社法第340条第1項各号のいずれか
　に該当すると認められる場合に、監査役全員の同意に基づき監査役会が会計監査人を解任い
　たします。この場合、監査役会が選定した監査役は、解任後最初に招集される株主総会にお
　いて、会計監査人を解任した旨と解任の理由を報告いたします。

⑴　会計監査人の名称（施行規則126条1号）

⑵　会計監査人の報酬等の額および当該報酬等について監査役会が同意した理由（施行規則126条
　2号・8号）

　　「当事業年度に係る会計監査人としての報酬等の額」については、会社法上の会計監査人（複
　数いる場合は各別）の報酬等の額を記載する。ただし、会社法上の監査と金融商品取引法上の監
　査の報酬等の額を区分することができない場合には合算して記載することもでき、この場合には
　(注)　1のような記載をする。

　　事業報告作成会社が大会社（2条6号）であるときは、以下に掲げる事項についても記載する。

　　イ　当社の会計監査人である公認会計士（公認会計士法16条の2第5項に規定する外国公認会
　　　計士を含む。以下同じ）または監査法人に当社および当社の子会社が支払うべき金銭その他
　　　の財産上の利益の合計額

　　ロ　当社の会計監査人以外の公認会計士または監査法人（外国におけるこれらの資格に相当す
　　　る資格を有する者を含む）が当社の子会社（重要なものに限る）の計算関係書類（これらに
　　　相当するものを含む）の監査（会社法または金融商品取引法（これらの法律に相当する外国
　　　の法令を含む）の規定によるものに限る）をしているときは、その事実

　　上記イの「支払うべき金銭その他の財産上の利益の合計額」とは、当事業年度に係る連結損益
　計算書に記載すべきものに限られ、当事業年度の終了後に支払われる予定のものも含まれる。

　　「当該報酬について監査役会が同意した理由」について、取締役が会計監査人の報酬を定める

場合、監査役会の同意を得なければならず（399条1項）、当該同意をした理由について記載する。公益社団法人日本監査役協会の監査役監査基準では、会計監査人の報酬等に対する監査役および監査役会の同意手続（同基準第29条）について、以下のとおり定められている。

1．監査役は、会社が会計監査人と監査契約を締結する場合には、取締役、社内関係部署及び会計監査人から必要な資料を入手しかつ報告を受け、また非監査業務の委託状況及びその報酬の妥当性を確認のうえ、会計監査人の報酬等の額、監査担当者その他監査契約の内容が適切であるかについて、契約毎に検証する。

2．監査役会は、会計監査人の報酬等の額の同意の判断にあたって、前項の検証を踏まえ、会計監査人の監査計画の内容、会計監査の職務遂行状況（従前の事業年度における職務遂行状況を含む）及び報酬見積りの算出根拠などが適切であるかについて、確認する。

これらに基づき同意手続きをとることが考えられる。

(3) 非監査業務の内容（施行規則126条3号）

会計監査人に対して公認会計士法2条1項の監査業務以外の業務の対価を支払っているときは、その非監査業務の内容を記載する。

非監査業務については、公認会計士法2条2項で、「公認会計士の名称を用いて、他人の求めに応じて報酬を得て、財務書類の調整をし、財務に関する調査若しくは立案をし、又は財務に関する相談に応ずることを業とすることができる。」とされており、例えば、国際財務報告基準の適用に関する助言業務、コンフォートレター作成業務および財務デューデリジェンス業務等が対象になると考えられる。

(4) 会計監査人の解任または不再任の決定の方針（施行規則126条4号）

会計監査人の解任または不再任の決定の方針を策定し、その方針を記載する。当該方針を定めていない場合は、方針を定めていない旨の記載を要する。

(5) 会計監査人の業務停止処分に関する事項（施行規則126条5号6号）

会計監査人が業務の停止処分を受けている場合には、以下の事項を記載する。

イ　会計監査人が現に業務の停止の処分を受け、その停止の期間を経過しない者であるときは、当該処分に係る事項（施行規則126条5号）

ロ　会計監査人が過去2年間に業務の停止の処分を受けた者である場合における当該処分に係る事項のうち、当社が事業報告の内容とすることが適切であるものと判断した事項（施行規則126条6号）

(6) 責任限定契約に関する事項（施行規則126条7号）

当社と会計監査人との間で責任限定契約を締結しているときは、その契約の内容の概要について記載する（施行規則126条7号）。

第3章　株主総会の招集

【記載例3－4－13】責任限定契約に関する記載例

⑸　責任限定契約の内容の概要

　　当社は○○監査法人との間で、会社法第423条第1項の賠償責任を限定する契約を締結しており、当該契約に基づく賠償責任限度額は金○円と法令の定める最低責任限度額のいずれか高い額となります。

⑺　辞任した会計監査人または解任された会計監査人に関する事項（施行規則126条9号）

　　辞任した会計監査人または解任された会計監査人（株主総会の決議によって解任されたものを除く）があるときは、以下の事項（当事業年度前の事業年度に係る事業報告の内容としたものを除く）を記載する（施行規則126条9号）。

　イ　会計監査人の氏名または名称（施行規則126条9号イ）

　ロ　監査役会により解任されたときに監査役から株主総会に報告された解任の理由があるときはその理由（施行規則126条9号ロ）

　ハ　会計監査人が株主総会に出席して意見を述べたときはその意見の内容（施行規則126条9号ハ）

　ニ　解任または辞任後最初に招集される株主総会に出席して辞任した理由または解任についての意見が述べられたときは、その理由または意見（施行規則126条9号ニ）

【書式3－4⑼】事業報告モデル・業務の適正を確保する体制に関する事項

6．業務の適正を確保するための体制および当該体制の運用状況

⑴　業務の適正を確保するための体制の決定内容の概要

　　当社は、会社法第362条第5項の規定に基づき、同条第4項第6号ならびに会社法施行規則第100条第1項および第3項の各号に定める業務の適正を確保するための体制に関する基本方針を決議しており、その内容の概要は以下のとおりです。

①　取締役および従業員の職務の執行が法令および定款に適合することを確保するための体制

　　…（略）…

②　取締役の職務の執行に係る情報の保存および管理に関する体制

　　…（略）…

③　損失の危険の管理に関する規程その他の体制

— 220 —

第4節　事業報告

…（略）…

④　取締役の職務の執行が効率的に行われることを確保するための体制

　　…（略）…

⑤　当社ならびにその親会社および子会社から成る企業集団における業務の適正を確保するための体制

・子会社の取締役および従業員の職務の執行に係る事項の当社への報告に関する体制

　　…（略）…

・子会社の損失の危機の管理に関する規程その他の体制

　　…（略）…

・子会社の取締役および従業員の職務の執行が法令および定款に適合することを確保するための体制

　　…（略）…

⑥　監査役がその職務を補助すべき従業員を置くことを求めた場合における当該従業員に関する事項

　　…（略）…

⑦　上記⑥の従業員の取締役からの独立性に関する事項

　　…（略）…

⑧　監査役の上記⑥の従業員に対する指示の実効性の確保に関する事項

　　…（略）…

⑨　監査役への報告に関する体制

・取締役および従業員が監査役に報告をするための体制

　　…（略）…

・子会社の取締役、監査役、従業員またはこれらの者から報告を受けた者が当社の監査役に報告をするための体制

　　…（略）…

⑩　上記⑨の報告をした者が当該報告をしたことを理由として不利な取扱いを受けないことを確保するための体制

　　…（略）…

⑪　監査役の職務の執行について生ずる費用の前払または償還の手続きその他の当該職務の執行について生ずる費用または債務の処理に係る方針に関する事項

⑫　上記のほか、監査役の監査が実効的に行われることを確保するための体制

　　…（略）…

(2)　業務の適正を確保するための体制の運用状況の概要

— 221 —

第3章　株主総会の招集

> 業務の適正を確保するための体制の運用状況の概要は、以下のとおりです。
>
> …（略）…

6．業務の適正を確保するための体制および当該体制の運用状況（施行規則118条2号）

　　当社の業務の適正を確保するための体制の整備についての決定または決議があるときは、その決定または決議の内容の概要を記載する（施行規則118条2号）。いわゆる内部統制システムに関する記載である。

　　東京証券取引所に提出する「コーポレート・ガバナンスに関する報告書」では、「Ⅳ　内部統制システム等に関する事項」として、「内部統制システムについての基本的考え方」および「内部統制システムの整備状況」を記載することとされているが、別途「反社会的勢力排除に向けた基本的な考え方」および「反社会的勢力排除に向けた整備状況」についても記載が求められている。このため、反社会的勢力の排除に関する事項について事業報告に記載することも考えられる。

　　事業報告にはこれらの決議の内容の概要に加え、当該体制の運用状況の概要を記載する（施行規則118条2号）。

【書式3－4⑽】事業報告モデル・会社の支配に関する基本方針に関する事項

7．会社の支配に関する基本方針

⑴　基本方針の内容の概要

　　…（略）…

⑵　次に掲げる取組みの具体的な内容の概要

①　当社の財産の有効な活用、適切な企業集団の形成その他の基本方針の実現に資する特別な取組み

　　…（略）…

②　基本方針に照らして不適切な者によって当社の財務および事業の方針の決定が支配されることを防止するための取組み

　　…（略）…

⑶　上記⑵の取組みに関する当社取締役会の判断およびその理由

　　上記⑵の各取組みにつきましては…という理由により、当社取締役会として、いずれも次に掲げる要件に該当するものと判断しております。

①　当該取組みが上記⑴の基本方針に沿うものであること

②　当該取組みが当社の株主の共同の利益を損なうものではないこと

③　当該取組みが当社役員の地位の維持を目的とするものではないこと

7．会社の支配に関する基本方針（施行規則118条3号）

　　当社の財務および事業の方針の決定を支配する者の在り方に関する基本方針を定めているとき
は、基本方針の内容の概要等を記載する（施行規則118条3号）。

【書式3－4⑾】事業報告モデル・剰余金の配当等の決定に関する事項

8．剰余金の配当等の決定に関する方針
当社は、株主の皆様への利益還元を重要な経営方針の一つとして位置付け、…連結当期純 利益に対する配当性向の当面の目途を○％以上とし、…といたします。 　　この配当方針に基づき当期の期末配当につきましては、…（略）… 　　また、自己株式の取得につきましては、機動的な資本政策を実行するため、…であります。

8．剰余金の配当等の決定に関する方針（施行規則126条10号）

　　取締役会の決議によって剰余金の配当等を決定することができる旨を定款で定めた会社は、当
該定款の定めにより取締役会に与えられた権限の行使に関する方針を記載する（施行規則126条
10号）。

　　施行規則126条10号では、剰余金の配当や自己株式の取得に関する取締役会の権限を、当期お
よび将来にわたって、どのような方針に基づいて行使するかを記載しなければならないとされて
いる（相澤・論点解説450頁）。

　　剰余金の配当等の決定を取締役会に授権することができる旨の定款規定がない会社においても、
配当等の決定方針については株主の関心が高いことから、任意に方針を記載することが考えられ
る（三井住友トラスト・グループ受託会社・平成29年3月決算上場会社977社中、記載義務あり
31.9％、任意記載8.0％）。

第3章　株主総会の招集

3　ＣＧコードを意識した任意記載の傾向と事業報告等の構成

　ＣＧコード基本原則3において「法令に基づく開示以外の情報提供にも主体的に取り組むべきである」とされていることを踏まえ、ＣＧコードの各取組みを事業報告に記載し、または冊子としての招集通知に盛り込むことが考えられる。現時点では、各社記載すべき事項を取捨選択し、これまでの事業報告の構成は大きく変更せず、適切と考える箇所に記載する例が多い。機関投資家も議案の賛否判断において事業報告の情報も重視しており（経済産業省『株主総会の招集通知等に対する機関投資家の評価ポイント』2015年4月24日）、株主構成も踏まえて記載すべき事項を検討することが考えられる。以下【記載例3－4－14】は、最近の傾向を踏まえた事業報告の構成例である。

第4節　事業報告

【記載例 3 － 4 －14】 CG コード等を考慮した事業報告の記載例

（表紙）

（表紙裏面）
<u>企業理念</u>
　当社の企業理念は、…（略）…

（1ページ目以降）
狭義の招集通知

（添付書類）
事業報告
1．企業集団の現況に関する事項
　(1)事業の経過および成果
　　…（略）…
　　<u>ＣＳＲへの取組み</u>
　　　当社は、企業としての社会的責任を果たすために、…（略）…
　(2)〜(5)
　(6)対処すべき課題
　　<u>①中期経営計画</u>
　　　当社は、平成○年度に中期経営計画「○○○」を策定し、…（略）…
　　②〜
　(7)〜(12)

2．会社の株式に関する事項

3．会社の新株予約権等に関する事項

4．会社役員に関する事項
　(1)取締役および監査役の氏名等
　(2)取締役および監査役の報酬等の額
　　①当事業年度に係る報酬等の額
　　<u>②報酬等の決定に関する方針</u>
　　　<u>…（略）…。なお、取締役の報酬等につきましては、決定プロセスの透明性と
　　客観性を高めるため、○○を構成員とする指名報酬委員会の諮問を経て、取締役
　　会において決定しております。</u>
　(3)社外役員に関する事項

5．会計監査人に関する事項

6．会社の体制
　(1)業務の適正を確保するための体制及び運用状況
　(2)会社の支配に関する基本方針
　(3)剰余金の配当等の決定に関する方針
　（ご参考）
　　<u>コーポレートガバナンスに関する基本方針</u>
　　　当社のコーポレートガバナンスに関する基本方針は、…（略）…
　　　<u>なお、当社は平成○年○月に「コーポレートガバナンス・ガイドライン」を定め、
　　以下の当社ウェブサイトにおいて公開しております。</u>

第3章　株主総会の招集

```
            https://www.×××
        コーポレートガバナンス体制図
                            ［体制図］
```

(注)　下線はＣＧコード等を意識したとみられる箇所を指す。

⑴　企業理念

　　企業理念や経営理念等を記載する例は従来から見られるが、ＣＧコード原則3－1(i)において経営理念等の主体的な情報発信が求められており、記載する会社が増加している。企業理念は普遍的な内容のものでもあることから、事業報告に記載せず、冊子としての招集通知の冒頭や末尾に記載することが考えられる。事業報告に記載する例としては、中期経営計画を事業報告に記載する会社が、その前に、理念的背景としての企業理念を記載する例が見られる。

⑵　ＣＳＲ・社会貢献活動

　　ＥＳＧ（環境、社会、ガバナンス）活動に関する投資家評価が高まる中、ＣＧコード補充原則2－3においても社会・環境問題をはじめとするサステナビリティーを巡る課題への対応が求められ、ＣＳＲ・社会貢献活動が広まりを見せており、当該活動内容を招集通知に記載する会社も漸増傾向にある。事業年度の活動として「1.⑴事業の経過および成果」に記載することが考えられるが、「1.⑹対処すべき課題」に記載する例、冊子としての招集通知の冒頭や末尾に記載する例も見られる。

⑶　中期経営計画

　　中期経営計画を記載する例は従来から見られるが、ＣＧコード原則3－1(i)において経営戦略・経営計画の主体的な情報発信が求められており、記載する会社が増えるとともに、記載内容の拡充も図られている。事業報告の唯一の将来情報である「1.⑹対処すべき課題」に記載することが考えられるが、「1.⑴事業の経過および成果」の成果に関する記載の前に簡易に記載する例、冊子としての招集通知の冒頭や末尾に記載する例が見られる。また、「1.⑹対処すべき課題」の記載内容は、中期経営計画の概要や今後取り組む事業を定性的に記載する例のほか、ＣＧコード原則5－2等を踏まえて収益力・資本効率等に関する目標値まで記載する例が見られる。

⑷　報酬等の決定に関する方針

　　会社役員の報酬等の決定に関する方針を定めていたとしても、指名委員会等設置会社以外の株式会社においては当該方針の記載を省略できるが（施行規則121条但書き）、ＣＧコード原則3－1(ⅲ)において経営陣幹部・取締役の報酬を決定するに当たっての方針と手続の主体的な情報発信が求められており、監査役設置会社や監査等委員会設置会社でも記載する例が見られる。同原則は、方針のみならず手続の開示も求めていることから、報酬に関する任意の委員会を設置している会社は、任意の委員会が関与している旨を記載し、客観的プロセスを経て報酬を決定している

ことを示すことが考えられる。

(5) コーポレートガバナンスに関する基本方針等

　ＣＧコード原則３−１(ⅱ)においてコーポレートガバナンスに関する基本方針等の主体的な情報発信が求められており、ＣＧコードが適用されて以降、当該基本方針等を記載する例が少なからず見られる。企業統治の基本的な考え方や枠組みを示すものであることから、法定記載事項である「業務の適正を確保する体制」と同種のものと位置づけ、「６．会社の体制」等大項目を設けた上で、その中に記載することが考えられる。さらに、コーポレートガバナンス・ガイドライン等具体的な規範を策定している場合は、当該ガイドラインを記載することも考えられるが、文量が多く紙面を割くため、当該ガイドラインが掲載されている自社ホームページのＵＲＬを招集通知に記載し、そこにアクセスさせる手法をとる場合もある。

(6) その他の記載

　上記のほか、ＣＧコード補充原則１−２①では、株主総会において株主が適切な判断を行うことに資する情報を必要に応じ的確に提供すべきとされており、各社の状況を踏まえ、株主の関心が高い事項を記載することも考えられる。ＣＧコード原則１−３（資本政策の基本的な方針）、同原則１−４（政策保有株式の保有方針等）、同補充原則４−11①（取締役会の構成の考え方）、同補充原則４−11③（取締役会の実効性評価）について、記載する例が僅かながら見られる。記載する場合は、「６．会社の体制」等大項目を設けた上で、その中に記載することが考えられる。そのほか、資本政策については、「１．企業集団の現況に関する事項」に小項目を設けて記載する例、「１．(6)対処すべき課題」の中で株主還元策や配当方針等の見出しで言及する例、中期経営計画の記載の中で言及する例、「６．(3)剰余金の配当等の決定に関する方針」の中で言及する例が見られる。また、政策保有株式の保有方針等についても、「１．企業集団の現況に関する事項」に小項目を設けて記載する例や「１．(6)対処すべき課題」で記載する例が見られるほか、持合い株式の存在を前提に、「２．会社の株式に関する事項」の中で記載する例も見られる。取締役会の実効性評価については、評価を実施済みであれば、評価項目や評価プロセス、評価結果等を記載することが考えられる。一方、招集通知の作成と並行して評価を実施し、株主総会後の開示を予定している会社では、評価を実施した旨と株主総会後に開示予定である旨を記載する例が見られる。

　以上のほか、ＣＧ原則３−１(Ⅳ)（役員選任基準と手続）やＣＧ原則４−９（独立社外取締役の独立性判断基準及び資質）について「４．会社役員に関する事項」に記載する例等が僅かながら見られる。

　なお、これら任意の事項として事業報告に記載する場合は、参考形式（文面の冒頭に「ご参考」と記載する等）として、法定の事業報告の内容としないことも可能である。

第3章　株主総会の招集

【図表3－4－1】CGコード等を意識した主な記載事項の状況

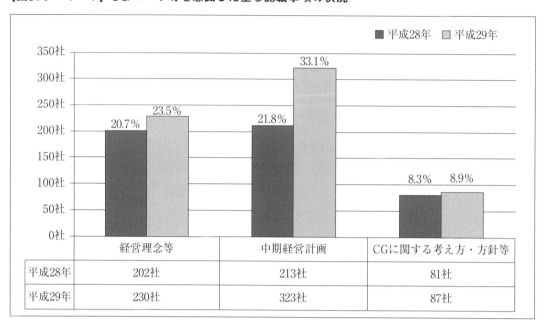

（出所）　三井住友トラスト・グループ受託会社（平成29年3月決算上場会社977社）を対象とした調査。なお、企業理念等は事業報告だけでなく、【記載例3－4－14】のように表紙裏面に記載されているものを含む。

4　事業報告等と有価証券報告書の一体的開示

(1) 本件取組の経緯および実施時期

　平成29年12月28日に、内閣官房、金融庁、法務省および経済産業省の連名で、「事業報告等と有価証券報告書の一体的開示のための取組について」（以下本節において「12月28日公表資料」という）が公表されている。これによると、諸外国では決算期末から株主総会開催日までの期間が長く、わが国の会社法と金融商品取引法がそれぞれ要請する開示内容に相当する内容を開示する一つの書類を作成し、株主総会前に開示している企業が多いところ、わが国の場合、制度上は会社法と金融商品取引法の両方の要請を満たす一つの書類を作成して株主総会前に開示することは可能であるものの、類似項目に関する両制度間の規定ぶりの相違やひな型の相違等により一つの書類で開示することができる環境が十分に醸成されているとは言い難いとの企業からの指摘があるため、諸外国と同様、一体の書類または二つの書類の段階的もしくは同時提出のいずれの方法による開示（すなわち事業報告等と有価証券報告書の一体的開示）を行いやすくする環境整備の一環として、当面、類似・

関連する項目について、可能な範囲で共通化を図ることとされている。

　本件一体的開示は、政府の成長戦略である「未来投資戦略2017」（平成29年6月9日閣議決定）に掲げられているものであり、12月28日公表資料では、平成29年度中を目途として速やかに、企業からの指摘事項について、制度所管官庁（金融庁、法務省）が、①開示府令・法務省令の改正や、②法令解釈の公表等を行うとされている。

　最終的には、これらの対応の内容を確認する必要はあるが、上記①の開示府令・法務省令の改正が本年3月末決算会社から適用になるよう準備が進められていることから^(注)、本件一体的開示も本年3月末決算会社には間に合う形で明確化の対応がなされていることが想定される。

（注）平成29年12月14日に意見照会された施行規則の改正および平成29年10月24日に意見照会された開示府令の改正が該当する。開示府令の改正は、平成30年1月26日に企業内容等の開示に関する内閣府令等の一部を改正する内閣府令（平成30年内閣府令第3号）として公布されている。

⑵　一体的開示の内容

　12月28日公表資料では、【図表3-4-2】事業報告と有価証券報告書の一体的開示に向けた対応の概要に記載のとおり、本件一体的開示にかかる対応を行うとしている。事業報告に合わせるものも一部あるが、有価証券報告書に合わせるとしているものが多い。仮に、12月28日公表資料で言及されていない部分まで含めて、事業報告を有価証券報告書により近づける形に一体化するとすれば、例えば、有価証券報告書に掲載する表を事業報告に掲載する等が考えられるが、現状、開示府令17条1項1号ロカッコ書に基づき、株主総会前に有価証券報告書を提出・開示する対応が進んでいないことを踏まえると（2017年版株主総会白書143頁によると総会前に提出する先は2.8％）、そのような対応はにわかには取り難いのではないかと思われる。

第3章　株主総会の招集

【図表3−4−2】事業報告と有価証券報告書の一体的開示に向けた対応の概要

事業報告	有価証券報告書	一体的開示に向けた対応の概要（注） ＜ひな型項目等の相違点＞
1．直近三事業年度の財産及び損益の状況（施行規則120条1項6号）	1．主要な経営指標等の推移（開示府令第三号様式記載上の注意(5)）	(1)事報：用語は「1株当たり当期純利益・純資産・総資産」 　　有報：用語は「1株当たり当期純利益金額・純資産額・総資産額」 　　→用語の共通化（ひな型） (2)有報の記載を基礎とした共通記載可の明確化
2．主要な事業内容（同1号）	2．事業の内容（同(7)）	(1)有報：「事業報告の内容」の記載が「関係会社の状況」や財務諸表注記の関連当事者の記載と重複 　　→まとめて記載し、他の箇所を参照する旨の記載可を明確化 (2)有報：事業系統図以外の図や表等の記載可の明確化（法令解釈）
3．重要な親会社及び子会社の状況（同7号）	3．関係会社の状況（同(8)）	（例えば、子会社のひな型項目の場合） 事報：名称・出資比率・主要な事業内容 有報：名称・住所・資本金・主要な事業の内容・議決権の所有割合・関係内容 →有報のひな型に従った記載による共通記載可を明確化（ひな型）
4．使用人の状況（同2号）	4．従業員の状況（同(9)）	(1)事報：使用人の状況 　　有報：従業員の状況 　　→実務上、「従業員」の用語での共通記載可を明確化（法令解釈） (2)事報：記載範囲は「企業集団（提出会社＋子会社）」 　　有報：記載範囲は「連結会社（提出会社＋連結子会社）」 　　→実務上、有報の記載範囲で記載する共通記載可を明確化（法令解釈） ＜ひな型項目等の相違点＞ 事報：使用人数・平均年齢・平均勤続年数 有報：従業員数・平均年齢・平均勤続年数・平均年間給与
5．事業譲渡等(同5号ハ〜ヘ)	5．経営上の重要な契約等(同(14))	事報：「業務執行を決定する機関における決定があったとき」の規定なし 有報：「業務執行を決定する機関における決定があったとき」の規定あり →「業務執行を決定する機関における決定があったとき」は事報でも記載の内容に含めなければならないことを明確化（法令解釈） ＜ひな型項目等の相違点（例えば吸収合併の場合）＞ 事報：平成○年○月○日をもって○○社を吸収合併した旨 有報：目的・条件・引継資産・負債の状況・合併比率とその算定根拠・存続会社の資本金と事業の内容等

− 230 −

6．主要な営業所及び工場（同２号）	6．主要な設備の状況（同⒅）	⑴事報：対象企業は「企業集団（提出会社＋子会社）」 有報：対象企業は「提出会社＋国内子会社＋在外子会社）」 →実務上、有報の対象企業で記載する共通記載可を明確化（法令解釈） →有報上の「主要な設備」と事報上の「主要な営業所及び工場」が重なる範囲で共通記載可を明確化（ひな型） ⑵有報上、製造業以外の業種は業種の特性に応じた記載可（設備に関する記載は業種によっては不要との指摘を踏まえたもの）を明確化（ひな型） ＜ひな型項目等の相違点＞ 事報：名称・所在地 有報：会社名・事業所名・所在地・設備の内容・設備の種類別の帳簿価額・従業員数
7．上位10名の株主に関する事項（同122条１号）	7．大株主の状況（同㉕）	事報：「持株比率」は発行済株式総数から自己株式数を控除して算定 有報：「発行済株式総数に対する所有株式の割合」は発行済株式総数から自己株式数を控除せず算定 →改正開示府令により、有報「発行済株式総数に対する所有株式の割合」は発行済株式総数から自己株式数を控除して算定に変更 ＜ひな型項目等の相違点＞ 事報：株主名・持株数・持株比率 有報：氏名又は名称・住所・所有株式数・発行済株式総数に対する所有株式の割合
8．新株予約権等に関する事項（同123条１号・２号）	8．ストックオプション制度の内容（同㉗）	⑴有報上の「新株予約権等の状況」、「ライツプランの内容」および財務諸表注記が重複 →改正開示府令により、「新株予約権等の状況」、「ライツプランの内容」および「ストックオプション制度の内容」の項目を統合、ストックオプションは財務諸表注記への集約可とし、様式の表を撤廃（過去発行分の一覧表形式での掲載可） ⑵事報：ストックオプション保有役員の区分は「①取締役（②③以外）・②社外取締役（③以外）・③監査等委員である取締役・④取締役以外の会社役員」 有報：「付与対象者の区分」とのみ記載 →事報の区分での共通記載可を明確化（ひな型）
9．会社役員の「地位及び担当」「重要な兼職の状況」（同121条２号・８号）	9．役員の状況（同㊱）	⑴事報：記載項目内の「地位」、「担当」および「重要な兼職の状況」 有報：記載項目内の「役名」、「職名」および「略歴」 →「地位」と「役名」の共通記載可、事報「担当」の記載内容の有報「職名」または「略歴」への記載可、事報「重要な兼職の状況」の記載内容の有報「略歴」への記載可を明確化（法令解釈） ⑵事報：「重要な兼職」の範囲は重要か否か 有報：兼職の範囲は他の法人の代表者に限定されているようにも読める →事報の範囲での共通記載可を明確化（法令解釈） ＜ひな型項目等の相違点＞ 事報：氏名・地位及び担当・重要な兼職の状況 有報：役名・職名・氏名・生年月日・略歴・任期・所有株式数

10. 社外役員の重要な兼職に関する事項（同124条１項１号２号）	10. 社外役員と提出会社との利害関係（同(37)・開示ガイドライン５－19－２）	事報：当該他の法人等との関係 有報：人的関係、資本的関係又は取引関係その他の利害関係 →実務上、共通記載可を明確化（法令解釈）
11. 社外取締役を置くことが相当でない理由（同124条２項）	11. 社外取締役の選任に代わる体制及び理由（開示府令第三号様式記載上の注意(37)）	事報・有報の内容の共通記載可を明確化（法令解釈）
12. 会社役員の報酬等（同121条４号～６号・124条１項５号～６号）	12. 役員の報酬等（同(37)）	事報：社外取締役及び社外監査役の報酬総額を「取締役及び監査役の報酬総額」にそれぞれ含めて記載 有報：社外取締役および社外監査役の報酬総額を「取締役及び監査役の報酬総額」からそれぞれ除いて記載 →有報の記載を基礎として、社外役員の報酬総額を社外取締役の報酬総額と社外監査役の報酬総額とに区別して記載することで、共通記載可を明確化（法令解釈） ＜ひな型項目等の相違点＞ 事報：区分・支給人数・報酬等の額・摘要 有報：①（提出会社の役員区分ごと）報酬等の総額・報酬等の種類別（基本報酬、ストックオプション、賞与及び退職慰労金等）の総額及び対象となる役員の員数 ②（提出会社の役員ごと提出会社と各主要な子会社に区分）連結報酬等の総額・報酬等の種類別（①と同じ）の額（連結報酬等の総額が１億円以上である者に限ること可）
13.「各会計監査人の報酬等の額」・「株式会社及びその子会社が支払うべき金銭その他の財産上の利益の合計額」（同126条２号・８号）	13. 監査公認会計士等に対する報酬の内容（同(38)）	事報：当該事業年度に係る各会計監査人の報酬等の額・当該株式会社の会計監査人である公認会計士又は監査法人に当該株式会社及びその子会社が支払うべき金銭その他の財産上の利益の合計額を記載 有報：提出会社・連結子会社別の監査証明業務および非監査業務の報酬額を記載 →有報の様式に従って記載することで共通記載可を明確化（法令解釈）

（注）１．計算書類・財務諸表の一体的開示については記載していない。
　　２．事報は事業報告を、有報は有価証券報告書をそれぞれ指す。
　　３．（法令解釈）は法令解釈の公表による明確化を、（ひな型）は制度所管官庁が妥当性を確認したひな型による明確化を、改正開示府令は平成30年１月26日に公布された企業内容等の開示に関する内閣府令等の一部を改正する内閣府令（平成30年内閣府令第３号）による改正後の開示府令を指す。
　　４．＜ひな型項目等の相違点＞は、事業報告・有価証券報告書のひな型項目等で相違するものであって、12月28日公表資料では言及されていないものを記載している。

第4節　事業報告

【図表3－4－3】一体的開示に係る事業報告・有価証券報告書の記載項目の関係

事業報告	有価証券報告書
1．企業集団の状況 　(1)　事業の経過及びその成果 　(2)　資金調達等の状況 　　　①資金調達 　　　②設備投資 　　　③事業の譲渡、吸収分割又は新設分割 　　　④他の会社の事業の譲受け 　　　⑤吸収合併又は吸収分割による他の法人等の事業に関する権利義務の承継 　　　⑥他の会社の株式その他の持分又は新株予約権等の取得又は処分　｝（※5） 　(3)　直前三事業年度の財産及び損益の状況（※1） 　(4)　対処すべき課題 　(5)　主要な事業内容（※2） 　(6)　主要な営業所及び工場（※6） 　(7)　使用人の状況（※4） 　(8)　主要な借入先及び借入額 　(9)　重要な親会社及び子会社の状況（※3） 　⑽　その他企業集団の現況に関する重要な事項 2．株式に関する事項 　　　①発行可能株式総数 　　　②発行済株式の総数 　　　③当事業年度末日の株主数 　　　④上位10名の株主（※7） 3．新株予約権等に関する事項（※8） 4．会社役員に関する事項 　(1)　取締役及び監査役の状況 　　　①氏名 　　　②地位及び担当 　　　③重要な兼職の状況　｝（※9） 　(2)　責任限定契約の内容の概要 　(3)　取締役及び監査役の報酬等の総額（※12) 　(4)　社外役員の状況 　　　①社外役員の重要な兼職の状況（※10） 　　　②社外役員の主な活動状況 　　　③社外取締役を置くことが相当でない理由（※11） 5．会計監査人に関する事項 　　　①名称 　　　②当事業年度に係る会計監査人の報酬等の額（※13） 　　　③非監査業務の内容	第一部　企業情報 　第1　企業の概況 　　1　主要な経営指標等の推移（※1） 　　2　沿革 　　3　事業の内容（※2） 　　4　関係会社の状況（※3） 　　5　従業員の状況（※4） 　第2　事業の状況 　　1　業績等の概要 　　2　生産、受注及び販売の状況 　　3　経営方針、経営環境及び対処すべき課題等 　　4　事業等のリスク 　　5　経営上の重要な契約等（※5） 　　6　研究開発活動 　　7　財政状態、経営成績及びキャッシュ・フローの状況の分析 　第3　設備の状況 　　1　設備投資等の概要 　　2　主要な設備の状況（※6） 　　3　設備の新設、除却等の計画 　第4　提出会社の状況 　　1　株式等の状況 　　　(1)　株式の総数等 　　　　①　株式の総数 　　　　②　発行済株式 　　　(2)　新株予約権等の状況 　　　(3)　行使価額修正条項付新株予約権付社債券等の行使状況等 　　　(4)　ライツプランの内容 　　　(5)　発行済株式総数、資本金等の推移 　　　(6)　所有者別状況 　　　(7)　大株主の状況（※7） 　　　(8)　議決権の状況 　　　　①　発行済株式 　　　　②　自己株式等 　　　(9)　ストックオプション制度の内容（※8） 　　　⑽　従業員株式所有制度の内容 　　2　自己株式の取得等の状況 　　株式の種類等 　　3　配当政策 　　4　株価の推移 　　5　役員の状況（※9） 　　6　コーポレート・ガバナンスの状況等 　　　(1)　コーポレート・ガバナンスの状況 　　　　①　企業統治の体制 　　　　②　内部監査及び監査役監査 　　　　③　社外監査役

— 233 —

第3章　株主総会の招集

④会計監査人の解任又は不再任の決定の方針 6．業務の適正を確保するための体制及び運用状況の概要	当社の社外監査役は2名であり、監査役○○○○氏と当社の関係は、…（社外役員等と提出会社との利害関係）（※10） 　　当社は社外取締役を選任しておりませんが…（社外取締役の選任に代わる体制及び理由）（※11） 　④　役員の報酬等（※12） 　⑤～⑩　（略） （2）　監査報酬の内容等 　①　監査公認会計士等に対する報酬の内容（※13） 　②　その他重要な報酬の内容 　③　監査公認会計士等の提出会社に対する非監査業務の内容 　④　監査報酬の決定方針 第5　経理の状況 　1　連結財務諸表等 　2　財務諸表等 第6　提出会社の株式事務の概要 第7　提出会社の参考情報 第二部　提出会社の保証会社等の情報

（注）1．事業報告の項目の表現・並び順は各社様々であるが、一般的とみられる中で適宜選択したものを記載している。
　　　2．有価証券報告書の項目は基本的に平成30年1月26日に公布された企業内容等の開示に関する内閣府令等の一部を改正する内閣府令（平成30年内閣府令第3号）による改正前の開示府令第三号様式のものであるが、一体的開示に該当しない項目の小項目の記載は省略しているほか、一部一般的と思われる記載を追加している。
　　　3．図表中、事業報告・有価証券報告書の項目末尾に（※1）等と記載している箇所は、同一表記の項目について一体的開示が検討されている箇所を指す。また、（※1）（※2）…の数字は、【図表3－4－2】の1．2．…の数字に呼応している。

第5節　議決権の行使

3　書面による議決権の行使と委任状の勧誘の選択

議決権株主数が1,000人以上である会社は、書面投票制度の採用を義務付けられており、株主総会の招集に際して議決権行使書面と株主総会参考書類を交付しなければならないとされている。ただし、証券取引所に上場している会社が、議決権を有する株主の全部に対して金融商品取引法の規定に基づき株主総会の通知に際して委任状用紙を交付することにより議決権の行使を第三者に代理させることを勧誘している場合は、この限りでないとしている（298条2項但書、施行規則64条）。

もっとも、上場会社の場合、上場規則上、書面投票制度の採用または委任状勧誘府令に基づく議決権の代理行使の勧誘が求められるので（上場規程435条）、議決権株主数が1,000人未満であってもいずれかの対応を行うことになる。

また、非上場会社であって、かつ、書面投票制度の採用を義務付けられない議決権株主数1,000人未満の会社の場合は、取締役会の決議により任意に書面投票制度を採用することができるが、実務上は委任状勧誘制度を参考にして委任状勧誘を行っている例が多いものとみられる。

この関係を表にすると次のとおりである。

【図表3－5－1】会社区分ごとの書面投票制度・委任状勧誘制度の適用

取締役会設置会社

区分	議決権株主	会社法制	上場規則
上場会社	1,000人以上	原則：書面投票制度の採用強制	書面投票制度または委任状勧誘制度の採用
上場会社	1,000人未満	任意	書面投票制度または委任状勧誘制度の採用
非上場会社	1,000人以上	原則：書面投票制度の採用強制	
非上場会社	1,000人未満	任意（委任状勧誘制度を参考にして委任状勧誘を行うこと）	

【Point】14　株券電子化における委任状勧誘（争奪戦）と本人確認の問題

株券電子化により株主印鑑制度（届出印）が廃止されたため、会社では、本人確認手段として株主印鑑票を利用することができず、他の方法によらざるを得なくなった。その方法としては、例えば、「犯罪による収益の移転防止に関する法律」（平成19年法律第22号）の規定に準じて、運転免許証、印鑑登録証明書等で本人確認を行うことが考えられるが、株式実務においては独自の方法として、例えば、会社が株主名簿の届出住所宛に送付する「議決権行使書面」、「株

— 237 —

第3章　株主総会の招集

主確認票」等の添付を求める等の方法で、本人確認を行うことも考えられる（特別口座の株主については、口座印鑑としては、株券電子化移行前の株主印鑑票が利用され、同印鑑で本人確認を行うことができる）。

1．会社が委任状勧誘する場合、委任状が真正なものであるかどうかを株主から証明資料等の添付を求めて確認（代理権授与行為の存在確認）することとなるが、施行規則63条5号により、株主総会招集決定の取締役会でその都度証明資料等の内容を決議するか、あるいは、株式取扱規則等にあらかじめ規定することが考えられる。証明資料等としては、具体的には、会社が株主宛て送付した「議決権行使書面」を添付してもらうか、あるいは、会社が別途送付する「株主確認票」を添付してもらう方法が考えられる。代理人についても、代理権を行使する者が真正な受任者か否かの本人確認は、運転免許証や印鑑登録証明書等の証明資料の添付または提供を求めることで行うことが考えられる。

2．株主が委任状勧誘を行う場合、委任状が真正なものであるかどうかの確認は、会社が委任状勧誘を行う場合と大きな差異はないが、証明資料等としての「株主確認票」の採用については、そのコスト負担等を除き、会社の協力が前提となる。また、会社が証明資料等の内容を具体的に定めるに当たっては、勧誘株主側あるいはその勧誘に応じようとする株主の負担と、会社側あるいはその勧誘に応じようとする株主の負担とのバランスを考慮する必要がある（公平の原則）。

3．会社による本人確認方法等の規制を、株主総会招集決定の取締役会の決議によるか、株式取扱規則等に規定するかの選択は、株主の委任状勧誘を開始する時期が、一般的には、会社の招集通知発送の時期よりも前になされることが多いこと等を勘案して決定する必要がある。代理人が真正な受任者か否か等の確認は、会社が委任状勧誘する場合の取扱いと同じである。

4．なお、会社のみが全議案について委任状勧誘する場合（通常の場合）は、会社が送付した委任状の提出をもって本人からの委任状提出とみなして差し支えない。また、大株主等からの包括委任状は、会社において株主本人からの請求等であることが確認できるため証明資料等の添付は不要である。

■判例■18　株主が勧誘した委任状の取扱いと決議の違法性の有無（株主総会決議取消等請求事件　東京地裁民事8部判決　平22.7.29　資料版商事法務317号191頁、東京高裁　平22.11.24　控訴棄却・確定）

　1．委任状のうち添付資料のないものを無効として取り扱ったことによる本件決議の違法性の有無について

第5節　議決権の行使

　原告は、定款には代理権の証明方法に関する定めはなく、この点に関する取締役会決議も存在しないにもかかわらず、本件委任状のうち356名分（議決権数6万2,160個）が議決権行使書用紙またはこれに匹敵する代理権授与の証明資料を欠くことを理由に無効とされたのは298条1項5号、4項および施行規則63条5号に違反するものであり、本決議には決議の方法に関する法令違反がある旨主張するが、定款では、被告の株式に関する手続および手数料については、法令または本定款のほか、取締役会において定める株式取扱規程によるものとされており（定款11条）、これを受けて、取締役会が定めた株式取扱規程では、株主が請求その他の株主権行使をする場合、当該請求者を本人が行ったことを証する証明資料等を添付し、または提供するものとされていたのであって（株式取扱規程10条1項）、これらの規定に基づき、議決権行使用紙が添付されている委任状については代理権を証明する資料が添付されているものとして有効と取り扱い、議決権行使用紙が添付されていない委任状であってもこれに匹敵する代理権を推認される資料がある場合には有効なものとして取り扱ったというものであるから、上記取扱いをもって会社法298条1項5号、4項および同法施行規則63条5号に違反するということはできないとした上で、認定した事実、殊に、①多くの上場会社では全国株懇連合会が策定したモデル定款等に依拠した内容の定款や株式取扱規程が定められており、本件定款11条や株式取扱規程10条も上記モデル定款等に依拠して定められたものであったこと、②全国株懇連合会は議決権行使用紙等の提出をもって本人確認を行うことを推奨しており、これを受けて上場会社では議決権行使用紙等を委任状に添付することを求める取扱いが広く一般に行われていたこと、③被告が株主に送付した株主総会招集通知書には、本件株主総会に出席の際、議決権行使書用紙の提出を求める文言を記載されていたこと、④原告自身、株主に送付した「委任状勧誘のお知らせ」において議決権行使書用紙を委任状に添付するよう求めていたこと、⑤被告は、本件株主総会における議決の集計に当たり、議決権行使書用紙が添付されていない委任状であってもこれに匹敵する代理権を推認させる資料がある場合には有効なものとして取り扱った等に照らすと、本件委任状のうち議決権行使書用紙またはこれに匹敵する代理権授与の証明資料を欠くものを無効とした被告の取扱いに不合理な点はなく、上記取扱いが違法とはいえないから、被告が上記委任状を無効なものとして取り扱ったことをもって本件決議の方法に法令違反があるとはいえない。

2．委任状のうち押印のないものを無効として取り扱ったことによる本件決議の
　違法性の有無について

第 3 章　株主総会の招集

　　被告は本件委任状のうち 2 名分（議決権数230個）について署名があるにもか
　かわらず押印を欠くために無効であるとして議決権の行使を認めなかったが、本
　件株式取扱規程は、株主が代理人によって議決権の行使をする場合には署名また
　は記名押印した委任状を添付する旨を定めるにとどまり、署名に加えて押印まで
　必要である旨の定めはなかったのであり、そうすると、被告の上記取扱いは定款
　およびこれを受けた株式取扱規程の規定に反し、法的根拠なくして株主の議決権
　の行使を制限する違法なものであり、したがって、本件委任状のうち上記 2 名分
　（議決件数230個）については有効と取り扱い、当該委任状に係る議決権数を得票
　に算入すべきであるから、本件決議には取消原因となる法令違反がある。

【Point】15　議決権行使書面採用の上場会社が重ねて委任状を勧誘する場合の委任状勧誘府令の適用

　　上場会社が特定の株主を対象に委任状を勧誘する場合は、委任状勧誘府令の適用を受けることとなる。この場合、同府令により議案ごとに賛否欄を設けた委任状と、勧誘者が当該株式の発行会社またはその役員である場合はその旨を記載した参考書類を交付する必要がある（金商法施行令36条の 2 第 1 項・ 5 項、委任状勧誘府令 1 条・43条）。同一の株主総会に関して被勧誘者に提供する参考書類に記載すべき事項のうち、株主総会参考書類、議決権行使書面（301条 1 項）およびその他当該株主総会に関する書面に記載している事項または電磁的方法により提供する事項がある場合には、株主総会参考書類または議決権行使書面に記載している事項、または電磁的方法により提供する事項があることを明らかにすることにより、委任状勧誘府令による参考書類の当該記載事項の提供は省略することができる（委任状勧誘府令 1 条 2 項）。これら書類（委任状・参考書類）の写しの管轄財務局への提出は不要とされている（金商法施行令36条の 3 、委任状勧誘府令44条）。
（参考判例）平成17年 7 月 7 日東京地裁民事 8 部判決

■判例■19　会社による議決権代理行使の勧誘に関する内閣府令違反と株主総会決議の瑕疵
　　　　　（株主総会決議取消請求事件　東京地裁　平17.7.7　判時 No.1915、150頁）
　　　　原告が、被告の定時株主総会のため、被告がした議決権の代理行使の勧誘につ
　　　いて、証券取引法（現金融商品取引法）等の法令に違反し、商法247条 1 項 1 号
　　　（現会社法831条 1 項 1 号）の規定する決議の方法が法令に違反し又は著しい不公

正な場合に該当するとして、被告に対し、株主総会における各決議の取消を求めた事案で、議決権の代理行使の勧誘の際、所定参考書類を交付又は送付しなかったこと、被告側勧誘者が株主に対して送付又は交付した委任状の用紙に議案ごとに被勧誘者の賛否を記載する欄が設けられていなかったことは、上場株式の議決権の代理行使の勧誘に関する内閣府令に違反するが、議決権代理行使の勧誘は、株主総会決議の前段階の事実行為であって、株主総会決議の方法を規定する法令ということはできず、決議の方法について著しい不公正があるとはいえないなどとして、請求を棄却した。

（編集者注）　書面投票が強制される会社が書面投票に代えて委任状勧誘する場合（298条2項但書、施行規則64条）は、委任状勧誘規制が株主総会決議の方法を規定する法令に取り込まれるので本判決は妥当しないとする意見がある（江頭・株式会社法346頁、福島洋尚「委任状による議決権代理行使と書面投票」法学教室362号25頁）。

■判　例■20　　議決権を行使する株主の代理人の資格を当該会社の株主に制限する旨の定款の規定は有効と解すべきである（最高裁　昭43.11.1　民集22−12−2402）。

商法239条3項（現会社法310条1項）は、議決権を行使する代理人の資格を制限すべき合理的な理由がある場合に、定款の規定により、相当と認められる程度の制限を加えることまでも禁止したものとは解されず、右代理人は株主に限る旨の所謂上告会社の定款の規定は、株主総会が、株主以外の第三者によって撹乱されることを防止し、会社の利益を保護する趣旨にでたものと認められ、合理的な理由による相当程度の制限ということができるから、右商法239条3項に反することなく、有効であると解するのが相当である。

4　動議に対する対応

株主総会において動議が提出された場合、議事運営上の動議は当日株主総会に出席した株主により決することとなるため、議決権行使書面分は動議の採否に参加することはできない。会社はこれに対応するため、必要に応じて大株主に出席を求めることが実務として行われている。

大株主が株主総会に出席できない場合には、その代理人による出席により、議事運営上の動議がなされても対応できるようにしておくことが考えられる。その場合、書面による議決権行使を採用する会社においても、大株主に対してはこの依頼を行うこととなるが、会社や役員が行うことによ

第3章　株主総会の招集

り一種の委任状勧誘とみられれば、委任状勧誘府令に則って委任状の提出を受けることになる（【書式3－5－1】参照）。

【書式3－5－1】委任状勧誘府令に基づく委任状および参考書類

平成〇年〇月〇日

委　　任　　状

　私は　　　　　　　　　を代理人と定め次の権限を委任します。

　平成〇年〇月〇日開催の〇〇株式会社第〇回定時株主総会およびその継続会または延会に出席して、下記の議案につき私の指示（〇印で表示）に従って議決権を行使すること。ただし、賛否を明示しない場合、議案に対し修正案が提出された場合および会社が定めた会議の進行方法と異なる案が提出された場合は、いずれも白紙委任します。

記

| 第1号議案 | 原案に対し | 賛 | 否 |
| 第2号議案 | 原案に対し | 賛 | 否 |

以　上

株主氏名＿＿＿＿＿＿＿＿＿＿＿＿＿＿＿＿＿＿＿＿　印

株主住所＿＿＿＿＿＿＿＿＿＿＿＿＿＿＿＿＿＿＿＿＿

議決権個数＿＿＿＿＿＿＿＿＿＿＿＿＿＿＿＿　個＿

平成〇年〇月〇日

議決権の代理行使の勧誘に関する参考書類

1．議決権の勧誘者
〇〇株式会社
取締役社長　〇〇〇〇

2．議案および参考事項
平成〇年〇月〇日付け当社第〇回定時株主総会招集通知および株主総会参考書類に記載のとおりです。

以上
〇〇株式会社
取締役社長　〇〇〇〇

おって、同封の委任状用紙に議案に対する賛否をご表示いただき、記名・押印のうえ、当社までご返送くださいますようお願い申し上げます。

委任状勧誘府令の制約を受けないためには、会社やその役員以外の者を勧誘者とし、依頼対象も10名未満とする必要がある（金商法施行令36条の6第1項1号）。

委任関係の手続は、大株主から委任状（【書式3－5－2】(1)参照）の提出を受け、委任者が希望した場合は、受任者からの受任書または受任承諾書（【書式3－5－2】(2)参照）を渡す。さらに会社から受任者に対し委任状受領証（【書式3－5－2】(3)参照）を渡す方法をとると委任関係が明確になる。また、提出に当たっては議決権行使書面を併せて提出するのが望ましい。

第3章　株主総会の招集

【書式3−5−2】議事運営上の動議に対応するための包括委任状

(1)　委任状

別紙1

委　　任　　状

平成○年○月○日

　　　　　殿

氏名　○　○　○　○　　　印

　私は、下記株式につき、次のとおり権限を委任いたします。

記

１．委任権限

　(1)　平成○年○月○日開催の○○株式会社第○回定時株主総会およびその継続会または延
　　会に出席し、決議事項につき議決権を行使すること。

　(2)　上記株主総会において提出された動議につき、議決権を行使すること。

２．議決権数

個

以　上

---

(2)　同受任書

別紙2

受　　任　　書

平成○年○月○日

　　　　　殿

氏名　○　○　○　○　　　印

　私は、下記株式につき、次のとおり権限を受任いたします。

記

１．受任権限

　(1)　平成○年○月○日開催の○○株式会社第○回定時株主総会およびその継続会または延
　　会に出席し、決議事項につき議決権を行使すること。

　(2)　上記株主総会において提出された動議につき、議決権を行使すること。

２．株主およびその議決権数

個

以　上

---

(3)　同受領証

別紙3

委　任　状　受　領　証

平成○年○月○日

　　　　　殿

東京都○区○町○丁目○番○号
○○○○株式会社

　下記委任状を受領いたしました。

記

○○○○氏の株式○○○○個の議決権を○○○○氏に委任する件。

以　上

---

5 議決権行使書または委任状の取扱い

⑴ 議決権行使書

　書面による議決権の行使は、会社が総会の招集通知に添付した議決権行使書面に株主が必要な事項を記載し、法務省令に定める時までに当該記載をした議決権行使書面を会社に提出して行う（311条1項）。したがって、まず議決権行使の期限までに会社に提出された議決権行使書面を集計する必要がある。

　会社は提出された議決権行使書面を議案ごとに、また、議案が複数の取締役や監査役などを選任する場合には各候補者ごとに、賛否を集計しておかなければならず、この議決権の数は、出席した株主の議決権の数に算入する（311条2項）。

第3章　株主総会の招集

【書式3－5－3】議決権行使書のひな型

議決権行使書

○○○○株式会社　御中　　株主番号

　私は、平成○○年○○月○○日開催の貴社第○○回定時株主総会（継続会または延会を含む）における各議案につき、右記（賛否を○印で表示）のとおり議決権を行使します。

平成○○年○○月○○日

各議案につき賛否の表示をされない場合は、賛成の表示があったものとして取り扱います。
○○○○株式会社

議決権行使個数　　個

議案	第1号議案	第2号議案	第3号議案	第4号議案（下の候補者を除く）	第5号議案（下の候補者を除く）	第6号議案
賛否表示欄	賛	賛	賛	賛	賛	賛
	否	否	否	否	否	否

（切り取り線）

株 主 番 号

議決権行使個数　　個

ご所有株式数

（単元株式数　　株）　　株

お　願　い

1. 株主総会にご出席願えない場合は、この議決権行使書用紙に賛否をご表示いただき、平成○○年○○月○○日○○時○○分までに到着するようご返送ください。
2. 第4号議案および第5号議案の賛否をご表示の際、一部の候補者につき異なる意思を表示される場合は、「株主総会参考書類」に記載の当該候補者の番号をご記入ください。
3. 賛否のご表示は、黒色のボールペンにより、はっきりと○印をご記入ください。

○○○○株式会社

(2) 委任状

　会社が招集通知に添付して送付した委任状用紙に株主が賛否を記載し、または白紙委任したうえ
で、これを会社に送付したときは、会社は代理人を斡旋しなければならない。委任状用紙の代理人
欄は通常白紙になっており、仮に株主が代理人（会社の役員など）を指定したとしても復代理人の
選任に関する委任事項を記載してあることが多いため、会社は代理人を斡旋し、その代理人は株主
総会に出席して議決権を行使することとなる。

　委任状についても各議案ごとに賛否を集計しておかなければならないが、議決権行使書面と異な
り、行使期限に関する規制が存在しないため、株主総会の日時までに提出された委任状すべてを集
計することとなる（注1）。このとき、代理人は賛成分と反対分の2名を定めて賛否それぞれの議決
権を行使するようにしておくことが実務的である（注2）。

　議決権行使書面を採用している会社について、議決権行使書面を事前に提出した株主が重ねて委
任状を送付した場合、事前に提出した議決権行使書面は効力がなくなる。これは、議決権行使書面
は株主総会に出席しない株主が使用するものであるのに対し、代理人をして当日出席することとな
る委任状が優先するためである（注3）（注4）。

（注1）　議決権行使書面による行使に期限があるとすれば、議決権行使の機会を確保するという同じ目
　　　　的で認められる委任状についてその提出に期限を設定することは、合理性が認められる場合があ
　　　　ると考える。
　　　　　株主総会当日の朝に大量の委任状を持ちこまれても、採決の時点までに委任状の有効性の確認
　　　　がとれない可能性があるため、そのようなことが考えられる場合は、会社が代理権を証明する方
　　　　法その他代理人による議決権の行使に関する事項（施行規則63条5号）として、議決権行使書面
　　　　の提出期限と同じタイミングで委任状の提出期限を設定することは認められてしかるべきとする
　　　　意見がある（松山遥『敵対的株主提案とプロキシーファイト〔第二版〕』（商事法務、2012）91頁）。
（注2）　返送された委任状に否（反対）のあるものにつき代理人を斡旋せず、不行使とすることは決議
　　　　取消の原因となるとの意見がある。また、否の委任状を賛成の方向に議決権を行使した場合はそ
　　　　の効力（有効・無効）につき争いがある（今井宏『議決権代理行使の勧誘』（商事法務研究会、
　　　　1971）306頁以下）。したがって、賛成・反対の委任状は、それぞれ代理人は別々にするのが決議
　　　　の公正さを明確にする意味で適当である。
（注3）　議決権行使書面採用会社において株主提案権を行使した株主が委任状を勧誘する場合は、会社
　　　　も委任状を勧誘することを視野に入れて対応策を検討する必要がある。なお、被勧誘者である株
　　　　主が、委任状を提案株主と会社に送付する場合もあるため、提案株主と会社で事前に十分な集計
　　　　事務の取り決めをしておく必要がある。
（注4）　上記のとおり、委任状の提出と議決権行使書面の提出の双方がなされた場合、委任状による代
　　　　理行使を優先する取扱いが一般的である（たとえば、東京弁護士会会社法部編『新・会社法ガイ
　　　　ドライン〔第2版〕』（商事法務、2015）37頁参照）。
　　　　　他方で、委任状が重複提出された場合に後に作成した委任状が優先するものとして扱うのは、
　　　　後の委任状の提出により、前の委任状による委任は撤回して新たな委任をしたものと株主の意思
　　　　を合理的に解釈することによることからすると、委任状を提出した後に議決権行使書を提出した
　　　　場合には、後の議決権行使書の提出により委任状による委任は撤回して議決権行使書面により議
　　　　決権行使を行う意思であるものと解し、議決権行使書面を優先させることができる局面も考えら

第3章　株主総会の招集

れるので、株主提案権を行使した株主が委任状勧誘をするような場面において、委任状に記載された賛否の表示と議決権行使書面に記載された賛否の表示が異なっている場合には、特に慎重な検討を要するとの指摘もある（三浦亮太ほか『株主提案と委任状勧誘〔第2版〕』（商事法務、2015）190頁）。

【書式３−５−４】 会社が勧誘する場合の委任状のひな型

委　任　状

私は、
　　　　　　　　　　　　　を代理人
として下記事項を委任します。
1. 平成○○年○○月○○日開催の○○○○株式会社第○○
回定時株主総会（延会または継続会を含む）に出席し
て、右の議案につき私の指示（○印で表示）に従って議決
権を行使すること。ただし、議案に対し賛否を表示しな
い場合および原案に対して修正案が提出された場合は白
紙委任いたします。
2. 復代理人選任の件
　　　　　　　　　　　平成○○年○○月○○日

区　分　　　　株　主　番　号　　　　議決権行使個数　　個

第１号議案	原案に対し	賛 否
第２号議案	原案に対し	賛 否
第３号議案	原案に対し	賛 否
第４号議案	原案に対し	賛 否
第５号議案	原案に対し	賛 否
第６号議案	原案に対し	賛 否

ご押印

（切り取り線）

株　主　番　号
議決権行使個数　　個
所　有　株　数　　株

○○○○株式会社
第○○回定時株主総会
出　席　票

株主総会にご出席の際は、本票を委任状
用紙から切り離さずに、会場受付にご提
出ください。

（委任状をご郵送の際は本票を必ず切
り取りください。）

第3章　株主総会の招集

■判 例■21　白紙委任状の所持者と受任者たる資格（東京地裁　昭44.1.21）

　　総会における議決権の代理行使を委任する委任状の場合たとえその受任者の氏名が補充されていない、いわゆる白紙委任状であっても、その所持者はその委任状の所持自体によって受任者たる資格を主張でき、その者のなした議決権の代理行使は適法かつ有効と解するのが相当である。

■判 例■22　株主提案と会社提出の議題が同一で相反議案となる場合の提案株主が勧誘した委任状の集計方法及び議決権を行使した株主に会社が金券（500円相当）を送付することが利益供与の禁止規定に該当するとされた事例（株主総会決議取消請求事件　東京地裁　平19.12.6　金判1281号37頁以下）

1．原告ら及び被告双方から、「取締役8名選任の件」及び「監査役3名選任の件」という議題によって各候補者の提案がなされたこと、被告の定款上、本件株主総会において選任できる取締役の員数は最大で8名、監査役の員数は最大3名となることは認定のとおりである。そうであれば、本件株主提案と本件会社提案とはそれぞれ別個の議題を構成するものでなく、「取締役8名選任の件」及び「監査役3名選任の件」というそれぞれ一つの議題について、双方から提案された候補者の数だけ議案が存在すると解するのが相当である。

2．原告に委任状を提出した株主は、被告による取締役及び監査役の各選任に係る提案について賛成しない趣旨で、原告に対して議決権行使の代理権の授与を行ったものであり、また、原告による委任状の勧誘は、証券取引法194条、同法施行令36条の2第1項、上場株式の議決権の代理行使の勧誘に関する内閣府令43条等には違反しておらず、原告に提出された委任状に係る議決権数を出席議決権数に算入しなかったことについて、決議の方法が法令に違反し、同委任状に係る議決権数を算入した結果、否決されることとなった上記選任決議は取消しを免れない。

3．原告に提出された委任状に係る議決権数を出席議決権数に算入した場合でも、出席議決権数の過半数の賛成を得たという結果に変更がない取締役及び監査役の各選任決議について、議決権行使の集計における評価の方法を誤ったのみで違反する事実が重大とまでいえないし、決議に影響を及ぼさないものであるから、会社法831条2項により、決議取消請求を棄却する。

4．株主に対する利益が、株主の権利の行使に影響を及ぼすおそれのない正当な

第5節　議決権の行使

目的に基づき供与される場合で、かつ供与される額が社会通念上許容される範囲のものであり、その供与される総額も会社の財産的基礎に影響を及ぼすものでないときには、例外的に違法性を有しないが、本件の株主に対する QUO カード 1 枚（500円分）の贈呈は、被告の提案に賛成する議決権行使の獲得をも目的としたものであり、株主の権利の行使に影響を及ぼすおそれのない正当な目的によるものということはできないから、会社法120条 1 項に禁止する利益供与に該当し、決議の方法が法令に違反したものといわざるを得ず、取消しを免れない。また、その違法は重大であり、決議の取消しの請求を棄却することもできない。

（編集者注）　被告会社は控訴したが、平成20年 4 月裁判上の和解で決着した（臨時株主総会を招集した）。

【Point】16　外国人株主（国内非居住の株主）の議決権行使の流れ

　外国人株主については、株式取扱規則において、日本国内に常任代理人を選任するか、または通知を受ける場所を届け出るものとしている。したがって、発行会社は、国内の常任代理人または通知を受ける場所に宛てて、招集通知を発送すれば免責される。

　外国の機関投資家（年金ファンド、投資信託等）は、一般に、直接株主となることはなく、グローバル・カストディアン（国際証券保管機関）に保管・管理業務を委託しているため、株主名簿上にはグローバル・カストディアンの名義が登録されている。そして、議決権行使

— 251 —

第3章　株主総会の招集

の決定権は、グローバル・カストディアンにはなく、実質株主である機関投資家にあるため、議決権行使の流れは、図のようになる。

　すなわち、発行会社から送付された招集通知・議決権行使書用紙は、国内の常任代理人のもとに止まり、常任代理人からは、議決権行使の判断のために翻訳された情報が、グローバル・カストディアン経由で実質株主に送付され、これに基づき、実質株主から議決権行使の指図が、グローバル・カストディアン経由で常任代理人に行われる。この指図に従って、常任代理人は議決権行使書面を発行会社に送付する。発行会社が議決権行使の電子化を採用し、議決権行使プラットフォーム（【Point】17　議決権行使プラットフォーム制度参照）に参加している場合は、実質株主が議決権行使プラットフォームを通じて直接行使することができる。

6　電磁的方法による議決権の行使

⑴　電磁的方法による議決権の行使

　電磁的方法による議決権の行使は、議決権行使書面に記載すべき事項を、株主総会の日時の直前の営業時間の終了時または特定の時をもって電磁的方法による議決権の行使の期限とする旨定められた場合における特定の時（施行規則70条・63条3号ハ）までに電磁的方法により会社に提供して行う（312条1項）。

　前述のとおり、会社は、電磁的方法によって議決権を行使することができることを、取締役会の決議（取締役会を設置していない会社にあっては取締役）によってその旨を定めることができる（298条4項、1項4号）。

　電磁的方法による議決権の行使は、株主が会社に対してパソコン等によりインターネット等を利用して直接投票を行うことを想定しているため、代理人による議決権の行使のみを採用する会社においては不適当であり、実務上は書面による議決権の行使とともに行われる。なお、代理権を証明する書面の提供に代えて当該書面に記載すべき事項を電磁的方法により提供することは、会社の承諾を得た場合に可能（310条3項）だが、委任意思の確認の取扱いなど、実務上の問題がある。

　コーポレートガバナンス・コードの補充原則1-2④では、株主構成も踏まえて議決権電子行使プラットフォームの利用（【point】17　議決権行使プラットフォーム制度参照）等を進めるべき旨が記載されているが、議決権電子行使プラットフォームを利用する場合、前提として、会社は電磁的方法による議決権を行使を採用しなければならない。

⑵　電磁的方法による議決権の行使の方法

　電磁的方法による議決権の行使は、方法として議決権行使コード（ID 番号）とパスワードを入力することにより本人確認を行うものがほとんどである（郡谷大輔「平成一三年改正商法（一一月改正）の解説（11・完）」（商事法務1664号36頁～37頁））。この場合、会社が送付する議決権行使書用紙に ID 番号とパスワードを印字し、株主は会社が指定する議決権行使サイトにこれらのコードを入力することにより議決権の行使を行う。電磁的方法による議決権の行使を行うか否かについて株主に事前承諾を得ることは不要である。また、議決権の行使を議決権行使書面によるか、電磁的方法によるかは、株主が自由に選択することができる。

　なお、株主の承諾を得て、電磁的方法による通知を発する場合（299条3項）は、電磁的方法による議決権の行使においては届け出たパスワードとなるのが一般的である。

⑶　招集通知の発送と議決権行使書面の提供

　電磁的方法による議決権の行使を実施する場合は、招集通知に関する発送までの事務作業に大きな相違点はない。ただし、一般的には「インターネットによる議決権行使をする場合の手続」についての案内を添付する。また、議決権行使書用紙には議決権行使コード（ID 番号）とパスワードを印字する。

第3章　株主総会の招集

【書式3－5－5】インターネットによる議決権行使に関する説明文書

インターネット等による議決権行使のご案内

　インターネット等により本総会の議決権を行使される場合は、あらかじめ次の事項をご了承いただきますよう、お願い申しあげます。

1．議決権行使ウェブサイトについて
　　インターネットによる議決権行使は、当社の指定する以下の議決権行使ウェブサイトをご利用いただくことによってのみ可能です。
　　議決権行使ウェブサイトアドレス　https://www.×××××.net
　　バーコード読取機能付の携帯電話を利用する場合の「QRコード®」
　　（QRコードは、株式会社デンソーウェーブの登録商標です。）

2．議決権行使のお取扱いについて
⑴　インターネットにより議決権を行使される場合は、同封の議決権行使書用紙に表示された「議決権行使コード」および「パスワード」をご利用になり、画面の案内に従って賛否をご入力ください。
⑵　議決権の行使期限は、平成○○年○○月○○日（○曜日）午後○時までとなっておりますので、お早目の行使をお願いいたします。

≪書面による行使と電磁的方法による行使が重複する場合の優先的取扱いを定めた場合（施行規則63条4号ロ）について、電磁的行使優先と後達優先の記載方法はそれぞれ以下のとおり≫
⑶　書面とインターネット等により、二重に議決権を行使された場合は、インターネット等によるものを有効な議決権行使としてお取扱いいたします。また、インターネット等によって複数回数またはパソコンと携帯電話で重複して議決権を行使された場合は、最後に行われたものを有効な議決権行使としてお取扱いいたします。
⑶　複数回議決権を行使された場合、当社に最後に到着した行使を有効な議決権行使としてお取扱いいたします。なお、インターネット等による議決権行使と議決権行使書面が同日に到着した場合は、インターネット等によるものを有効な議決権行使としてお取扱いいたします。
⑷　議決権行使ウェブサイトをご利用いただく際のプロバイダおよび通信事業者の料金（接続料金等）は、株主様のご負担となります。

第5節　議決権の行使

3．パスワードおよび議決権行使コードのお取扱いについて

　（1）　パスワードは、ご投票される方が株主様ご本人であることを確認するための重要な情報です。印鑑や暗証番号同様、大切にお取扱いください。

　（2）　パスワードは一定回数以上間違えると使用できなくなります。パスワードの再発行をご希望の場合は、画面の案内に従ってお手続きください。

　（3）　議決権行使書用紙に記載されている議決権行使コードは、本総会に限り有効です。

4．パソコン等の操作方法に関するお問い合わせ先について

　（1）　本サイトでの議決権行使に関するパソコン等の操作方法がご不明な場合は、下記にお問い合わせください。

　　　（略）

　（2）　その他のご照会は、以下の問い合わせ先にお願いいたします。

　　ア．証券会社に口座をお持ちの株主様

　　　　証券会社に口座をお持ちの株主様は、お取引の証券会社あてお問い合わせください。

　　イ．証券会社に口座のない株主様（特別口座をお持ちの株主様）

　　　（略）

5．議決権電子行使プラットフォームのご利用について（機関投資家の皆様へ）

　　機関投資家の皆様に関しましては、本総会につき、株式会社ＩＣＪの運営する「議決権電子行使プラットフォーム」から電磁的方法による議決権行使を行っていただくことも可能です。

以　上

（注）　議決権電子行使プラットフォームを利用していない場合は、末尾の5．を削除し、「インターネット等」と記載している個所を「インターネット」と記載することとなる。

（注）　携帯電話による議決権行使を認めていない場合は、下線部を削除することとなる。

（注）　記載例に加えて、システムに係る条件について記載することが考えられる。

第３章　株主総会の招集

【書式３－５－６】電子投票制度を採用した場合の議決権行使書のひな型

お　願　い

1. 株主総会にご出席願えない場合は、この議決権行使書用紙に賛否をご表示いただき、平成○○年○○月○○日○○時までに到着するようにご返送ください。

2. 第４号議案および第５号議案の賛否をご表示の際、一部の候補者につき異なる意思を表示される場合は、「株主総会参考書類」に記載の当該候補者の番号をご記入ください。

3. 賛否のご表示は、黒色のボールペンにより、はっきりと○印をご記入ください。

4. 議決権をインターネットで行使される場合は、下に記載のウェブサイトに議決権行使コードとパスワードによりアクセスのうえ、平成○○年○○月○○日○○時までにご投票ください。この場合、議決権行使書を返送される必要はありません。

議決権行使ウェブサイト
https://www.×××××.net
議決権行使コード
9999-9999-9999-9999
パスワード
××××××××

○○○○株式会社

（切り取り線）

議決権行使個数　　個

株主番号

議　案	第１号議案	第２号議案	第３号議案	第４号議案（下の候補者を除く）	第５号議案（下の候補者を除く）	第６号議案
賛否表示欄	賛　否	賛　否	賛　否	賛　否	賛　否	賛　否

議決権行使書

○○○○株式会社　御中

　　私は、平成○○年○○月○○日開催の貴社第○○回定時株主総会（継続会または延会を含む）における各議案につき、右記（賛否を○印で表示）のとおり議決権を行使します。

平成○○年○○月○○日

各議案につき賛否の表示をされない場合は、賛成の表示があったものとして取り扱います。

○○○○
株式会社

第5節　議決権の行使

(4)　招集通知発送後の取扱い

　a　議決権行使の方法

【図表3－5－2】電子投票を行う場合の株主向け議決権行使ウェブサイトの画面

（注）　議決権行使ウェブサイトトップ画面において、議決権行使書に記載されたの議決権行使コードおよびパスワード（【書式3－5－6】参照）を入力することにより、上図の投票画面に遷移し、同画面にて議決権行使データをエントリーする。

　電磁的方法による議決権行使を採用した会社の株主は、書面による議決権の行使と、インターネットを経由した電磁的方法による議決権の行使を自由に選択できることとなる。また、株主総会に出席することを合わせると3つの選択肢があることとなる。なお、現在はパソコンを通じてインターネットにより議決権を行使することが主流であるが、会社によっては携帯電話等からの議決権行使にも対応している。

第3章　株主総会の招集

b　電磁的方法による議決権行使に発生する問題

(a)　二重行使

　会社から議決権行使書用紙を提供された株主は、議決権行使書面の郵送による議決権の行使と、インターネットを経由した電磁的方法による議決権の行使を二重に行使する可能性がある。同一の議案に対する議決権の行使の内容が異なるものであるときにおける当該株主の議決権の行使の取扱いに関する事項は株主総会招集の決定事項である旨定められている（施行規則63条4号ロ）。例えば、インターネットを経由した電磁的方法による議決権の行使を優先する方法や、意思表示の到着の先後関係により後刻に到着した方法を優先する方法（後達主義）がある。

　いずれにせよ、この取扱いの基準は、会社において合理的な方法を定めればよい。

(b)　重複行使

　電磁的方法による議決権の行使に関し、行使内容を変更するために、再度電磁的方法により行使すること（重複行使）を認めるかどうかが問題となる。一般的には重複行使を拒否する理由もないから有効として取扱う。電磁的方法による議決権の行使の場合は、議決権行使書面のように紙による提出の必要がないため、容易に何度でも行使が可能となる（もっとも1人で何十回も行使するような場合は、濫用として制限することは差し支えない）。したがって、正確には集計結果も日々の行使結果の累計ではなく、日々洗替えする必要がある。

(c)　集計最終分の確定

　会社法においては、「総会の日時の直前の営業時間の終了時」または特定の時をもって電磁的方法による議決権の行使の期限とする旨定められた場合における「特定の時」（施行規則70条・63条3号ハ）までに会社に対して行使する（312条1項）。しかし、株主の出席の都合を考慮して、夜間に株主総会を行う場合は注意が必要である。前述の特定の時を定めない場合は、「総会の日時の直前の営業時間の終了時」とされているので、例えば、営業時間終了が午後5時である会社が午後7時から株主総会を行う場合、株主総会当日の午後5時が期限となる。この場合は、「特定の時」を定めることで対処することが考えられる。

(d)　議決権不統一行使の問題

　議決権の不統一行使をしようとする株主は、株主総会の日の3日前までに会社に対してその旨および理由を通知しなければならない（313条2項）。この通知の方法は会社法においては制限がされていないため、定款に通知の方法について特段の定めがある場合を除き、電磁的方法によることもできる。しかし、株主総会を招集する際、取締役会の決議によってこの通知の方法を定めることができる（施行規則63条6号）が、実際に利用する株主は機関投資家を中心とした一部のみであり、会社としてはできるだけ多くの株主に対して議決権の行使を求めたいこともあり、通知の方法を限定する旨定める例は少ない。

　不統一行使をする株主は信託銀行、外国人株主などの機関投資家で、とりわけ外国人株主の議

— 258 —

決権行使については、株主名簿の株主名は海外保管銀行等のノミニー名義であり、実質の株主は明らかにされないのが通例である。議決権行使については常任代理人、保管銀行その他の中間介在者によって伝達されるため、時間がかかり、締切の期限に間に合わないという問題が生じる。そこで外国人株主の比率の高い会社は議決権行使促進策を行っている。書面では対応できない場合も、電磁的方法によることは有効なものとなり得る。

なお、不統一行使の場合は「議案に対して賛成○,○○○個、反対○,○○○個」というように行使することとなるので、通常の行使とは異なった専用画面による行使が必要となる。なお、会社が議決権行使プラットフォームに参加した場合、機関投資家はこのシステムを通じて不統一行使をすることができる（【Point】17　議決権行使プラットフォーム制度参照）。

c　事前提出最終データの当日集計システムへの投入

議決権行使集計システムの最終データは、電磁的方法により議決権を行使した株主が当日株主総会に出席することに備えるため、株主総会の受付集計開始までに、当日集計システムに投入されることが必要である。

⑸　当日出席株主の確認方法

電磁的方法により議決権の行使をした株主であっても、議決権行使書用紙を持参して当日出席することも可能であるため、行使書の持参だけでは行使済みかどうか判断できないという問題がある。これを従来の原則的な取扱いと同様に加算すれば二重行使の問題が生じる。すべての持参人に対し行使済みかどうかの確認を行うことは来場者が短時間の間に集中する受付においては困難であるし、トラブルになりかねず株主総会運営にも影響する可能性が否定できない。したがって、出席者が多数見込まれる株主総会の受付では、機械処理（パソコン）によって集計を行うことが不可欠となる（当日出席したすべての議決権行使書用紙を入力し、行使期限までの行使済み株主データと照合し集計する）。

⑹　電磁的方法による議決権の行使の結果保管および閲覧または謄写の請求

電磁的方法を利用した議決権行使の場合は、その電磁的記録を株主総会の日から3箇月間本店に備え置くことを要する。株主は、営業時間内いつでも電磁的記録に記録された事項を法務省令で定める方法により表示したものを閲覧または謄写を請求することができる（312条4項5項）。この法務省令に定める方法としては、紙面または出力装置の映像面に表示する方法を定めている（施行規則226条）。

電磁的記録の場合は書面と異なり、後日改ざん、消滅などないようシステム対応が必要となる。原本の正確性を確保するためには、行使記録の上書き訂正など過去のデータを直接操作することを許さず、訂正データを追記できるようにする（上書き、削除は行わない）帳簿方式によることにより、会社の意図的な改ざんの可能性をなくしておくことが求められる。

【Point】17　議決権行使プラットフォーム制度

東京証券取引所と日本証券業協会は、「機関投資家向け議決権電子行使プラットフォーム」を構築し、平成17年12月期決算会社から運用を開始した（本制度は法律等を根拠とするものではなく各関係者の契約により運営されるものである）。これは、外国人株主や機関投資家などが会社に対し直接議決権を行使するシステムである。このシステムでは、発行会社の議案情報を議決権（指図権）を有する機関投資家が直接ウェブサイトから入手でき、議決権行使に当たっては、名義株主である信託銀行や常任代理人等を通さずに、直接（株主名簿管理人）に議決権行使情報を提供する。この情報には会社が株主（名義人）に議決権行使書用紙で与えたパスワード等が付されて行使されるので、株主（名義人）ごとの議決権行使を把握することができる仕組みになっている。この制度を発行会社が利用するには電磁的方法による議決権行使（電子投票）を採用することが前提となる。また、機関投資家がこの制度を利用するにはプラットフォーム運用会社と契約する必要がある。平成30年2月5日現在856社の上場会社が参加を表明している。

本制度の詳細は、日本取引所グループのホームページに掲載されている。

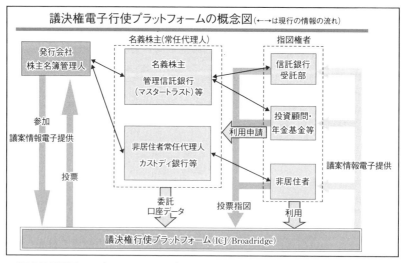

（日本取引所グループホームページより）

第 5 節　議決権の行使

7　電磁的方法による招集通知

　株主総会において議決権を行使することができる株主の数が1,000人以上の会社は、書面による議決権行使を認める旨を定めなければならない。この場合、書面により招集通知を発出することが義務付けられるが、株主の承諾を得れば、電磁的方法により通知を発することができる（299条2項・3項）。

　実務上電磁的方法による招集通知を採用することは、電磁的方法による議決権行使を採用することが前提となるため、招集通知の電子化制度を採用した場合の流れについて、便宜本項において説明する。

　CG コードの補充原則1-2②では、招集通知に記載する情報を、招集通知を発送するまでの間に電子的に公表すべき旨が記載されており、招集通知発送前に会社ホームページや証券取引所の所定のページに掲載する会社が増えている。この対応に加えて、会社法上の電磁的方法による招集通知を採用することについては、 IT 総会を積極的に実現する場合は格別、若干の重複感は否めない。その場合の採用に際しては、電磁的方法による招集通知の利点を十分検討することとなる。

(1)　電磁的方法による招集通知の決定

　電磁的方法による招集通知を採用する場合は、取締役会決議によりその旨を決定すべきであるが、対象となる株主総会を特定しない限り、株主総会のつど行う必要はない。採用の決定をした場合は、正当な理由がなければ電磁的方法による招集通知を承諾した株主からの電磁的方法による議決権行使を拒否できないことから（312条2項）、電磁的方法による議決権行使も併せて採用することとなる。

　なお、電磁的方法による招集通知を承諾した株主に対しても、併せて書面による通知も行うことが一般的である。

(2)　狭義の招集通知以外の書類等に関する電磁的方法による提供

　ａ．事業報告、計算書類、連結計算書類および監査報告

　　定時株主総会の招集通知を電磁的方法により提供する場合は、添付書類（事業報告、計算書類、連結計算書類）および監査報告の記載事項を電磁的方法により提供しなければならない（施行規則133条2項2号、計算規則133条2項2号・1項2号・134条1項）。なお、連結計算書類に係る監査報告については、株主に対する提供を定めた場合に限られる（計算規則134条2項）。

　ｂ．株主総会参考書類および議決権行使書面

— 261 —

第3章　株主総会の招集

　電磁的方法により招集通知を発する場合、株主総会参考書類や議決権行使書面の交付に代えて、その記載すべき事項を電磁的方法により提供することができる（301条2項、302条2項）。しかし、電磁的方法による議決権行使を採用することとなるため、議決権行使書面に記載すべき事項の電磁的方法による提供が義務付けられる（302条3項）。

(3)　電磁的方法による招集通知の取扱い

　a．株主による承諾とアドレス登録

【書式3－5－7】招集通知の電子メールによる受取の案内例

平成○○年○○月

株　主　各　位

○○株式会社

株主総会招集ご通知の電子メールによる
お受取りについて

　拝啓　平素は格別のご高配を賜り厚く御礼申しあげます。

　さて、当社では予めご承諾いただいた株主様につきましては、株主総会招集ご通知を書面の郵送に加え、電子メールでもお送り申しあげております。

　つきましては、電子メールによるお受け取りをご希望になる場合は、下記事項をご了承いただき、メールアドレス登録ウェブサイト（http://www.×××××.net）よりお手続き下さいますようお願い申しあげます。

　書面の郵送のみをご希望の場合、もしくは既にご承諾手続きをお済ませの場合は、一切お手続きは不要です。

敬　具

記

1．ご了承いただく事項
　⑴　電子メールによりご提供する書類は以下の通りです。
　　　株主総会招集ご通知〔①添付書類（連結計算書類、計算書類、事業報告等）、②株主総会参考書類（議決権行使についての参考書類）を含む〕
　⑵　電子メールによるお受取りをご希望の場合のお手続きは以下のとおりです。

① メールアドレス登録ウェブサイトでメールアドレス、株主番号などをご登録ください。^(注1)

② 後日、株主名簿管理人よりお送り申しあげる「Webサイトアクセス用紙」により、招集通知電子化申込サイトにアクセスしてお手続きください。^(注2)

⑶ ご登録のメールアドレスを変更される場合は、メールアドレス登録ウェブサイトにてお手続きを行っていただく必要があります。

⑷ 携帯電話を操作端末として用いたメールアドレスをご登録いただくことはできません。

⑸ このご案内に基づく承諾は、最終的に招集通知電子化申込サイトにおける申込手続きを株主名簿管理人が受領した時点で有効となります。また、このご承諾は、株主様からの撤回のお申出があるまで有効です。

⑹ インターネットをご利用いただくためのプロバイダへの接続料金および通信事業者への通信料金（電話料金）などが必要な場合がありますが、これらの料金は株主様のご負担となります。

2．システムに係る条件

　株主総会招集ご通知を電子メールによりお受け取り頂くためには、次のシステムに係る条件が必要です。

⑴ ハードウェアの条件

　① インターネットにアクセスし、電子メールが利用できること

　② モニター画面の解像度が、横800ドット×縦600ドット（SVGA）以上であること

⑵ ソフトウェアの条件

　① マイクロソフト社インターネット・エクスプローラー

　（Microsoft® Internet Explorer Version 5.01 Service Pack 2以降）

　② アドビシステムズ社アドビリーダー

　（Adobe® Acrobat® Reader® Version 4.0以降または Adobe® Reader® Version 6.0以降）

　（Microsoft® および Internet Explorer はマイクロソフト社の、 Adobe® Acrobat® Reader® または Adobe® Reader® はアドビシステムズ社の、それぞれ米国およびその他の国における登録商標または製品名です）

　なお、お勤め先の会社などからインターネットにアクセスされる場合、ファイアウォールなどの設定により、インターネット上での通信が制御される場合がありますので、システム管理者の方にご確認下さい。

3．パソコンなどの操作方法に関するお問い合わせ先

⑴ メールアドレス登録ウェブサイトにつき、ご不明の点がありましたら、下記にお問い合わせ下さい。

　（略）

⑵ その他ご登録住所・株式数のご照会など一般的な事項につきましては、下記にお問い合

第3章　株主総会の招集

> 　わせ下さい。
>
> 　　（略）
>
> 　　　　　　　　　　　　　　　　　　　　　　　　　　　　　　　　　以　上

（注1）　いたずら防止を目的に、アドレスの有効性を確認する。
（注2）　この手続により、株主の住所・氏名を確認し、該当があれば株主の連絡先として登録することになる。

　実務上電磁的方法による招集通知は、インターネットメールにより行うことになるため、事前の手続として株主からのメールアドレス登録が必要であるが、株主は電磁的方法による招集通知の採用の有無を知り得ない。そのため、会社はあらかじめ株主に対して案内状を送付し、もしくは自社のホームページに掲載するなどして、広く周知を行うこととなる。実際は、招集通知を発送する1箇月程度前までに対象株主を特定させるため、さらに数箇月程度前から株主宛て周知を行うことが考えられる。

　会社は、これらの周知に際して、メールアドレス登録のためのウェブサイトを案内し、これに基づいて株主がアドレス登録を行うことが一般的である。また、株主による承諾は書面または電磁的方法によることが求められているため（施行令2条2号）、別途書面を送付したり、ウェブサイトによる承諾手続のための環境を整備し、株主による承諾手続を要求することになる。一度承諾があれば、株主から取りやめる旨の特段の申出がない限り、その後の株主総会についても電磁的方法により招集通知を発出することになる（施行令2条2項参照）。

　これら、株主宛て周知から承諾手続までの一連の案内に際しては、いつまでの登録でいつの株主総会から電磁的方法による通知が適用されるのか、明確にしておく必要がある。

⑷　次期会社法改正の動向について

　法務大臣の法制審議会あて企業統治等に関する規律の見直しについての諮問により、平成29年2月9日に法制審議会会社法制（企業統治等関係）部会が発足した。

　当該諮問を受け、同部会においては、株主総会に関する手続きの合理化、役員インセンティブを付与するための規律の整備、社債の管理の在り方の見直し、社外取締役を置くことの義務付け等について検討されているが、その中で、取締役が株主の承諾を得ることを要せずに、株主に対し株主総会参考書類、計算書類、事業報告等の株主総会の招集の通知に際して提供しなければならない資料（以下「株主総会資料」という）についてインターネットを利用する方法により提供するための制度（株主総会資料の電子提供制度）の新設についても検討されている。

　具体的には、株主総会資料をウェブサイトに掲載し、株主に対して当該ウェブサイトのアドレス等を書面により通知した場合には、株主の個別の承諾を得ていないときであっても、取締役は株主

— 264 —

第5節　議決権の行使

に対して株主総会資料を適法に提供したものとする仕組みを導入することが考えられている。従って、現行の電磁的方法による招集通知の取扱いや採否等については、今後の本件動向も踏まえて検討することが想定される。

ｂ．招集通知メールの発信

【書式３－５－８】電子メールによる狭義の招集通知見本

発信日：平成〇年〇月〇日

株　主　各　位

招集者：東京都〇区〇町〇丁目〇番〇号

株式会社〇〇〇〇

代表取締役社長　　〇〇　〇〇

　拝啓　平素は格別のご高配を賜り厚く御礼申しあげます。

　さて、当社第〇回定時株主総会を下記のとおり開催いたしますので、ご出席くださいますようご通知申しあげます。

　なお、当日ご出席願えない場合は、インターネット等または書面によって議決権を行使することができますので、議決権行使ウェブサイト：https://www.×××××.net にアクセスされ、株主総会参考書類をご参照のうえ、平成〇年〇月〇日（〇曜日）午後〇時までにご投票いただくか、別途郵送いたします議決権行使書用紙に賛否をご表示のうえ、平成〇年〇月〇日（〇曜日）午後〇時までに到着するようご送付いただきたく、よろしくお願い申しあげます。

　また、機関投資家の皆様につきましては、株式会社 ICJ が運営する議決権電子行使プラットフォームの利用を事前に申し込まれた場合には、当社株主総会における電磁的方法により議決権行使の方法として、上記インターネットによる議決権行使以外に当該プラットフォームをご利用いただくことができますので、ご案内いたします。

　（インターネット等と議決権行使書面の両方で、またはインターネット等により複数回、議決権行使された場合には、後に到着した方を有効なものとさせていただきます）

敬　具

記

１．開催の日時　平成〇年〇月〇日（〇曜日）午前10時

２．開催の場所　東京都〇区〇町〇丁目〇番〇号　当社本店（〇ビル〇階）

３．会議の目的事項

　報告事項　１．第〇期（平成〇年〇月〇日から平成〇年〇月〇日まで）

第3章　株主総会の招集

　　　　　　事業報告、連結計算書類並びに会計監査人及び監査役会の連結計算書類監査

　　　　　結果報告の件

　　　２．第○期（平成○年○月○日から平成○年○月○日まで）

　　　　計算書類報告の件

　決議事項

　　　第1号議案　剰余金の処分の件

　　　第2号議案　定款一部変更の件

　　　第3号議案　取締役○名選任の件

　　　　　　　　　　　　　　　　　　　　　　　　　　　　　　以　　上

◎当日ご出席の際は、別途郵送いたします議決権行使書用紙を会場受付にご提出ください。な
　お、株主でない代理人及び同伴の方等、議決権を行使することができる株主以外の方はご入
　場いただけませんので、ご注意ください。

◎事業報告、連結計算書類、計算書類及び株主総会参考書類に修正が生じた場合は、インター
　ネット上の当社ウェブサイト（http://www.×××××.co.jp）において修正後の事項を掲
　載させていただきます。

　議決権行使ウェブサイト（https://www.×××××.net）にアクセスされる際に必要な本
総会における株主様の議決権行使コードは次のとおりとなります。なお、パスワードは、メー
ルアドレス登録時に株主様自身で入力されたものになります。

　　議決権行使コード　AAAA－BBBB－CCCC－DDDD

　発信者：株主名簿管理人　○○○○株式会社

　　電話ご照会先（いずれも土日休日を除く）

　　※パソコン操作方法など　○○－○○○○－○○○○（9:00－21:00）

　　※その他株式関係など　　○○－○○○○－○○○○（9:00－17:00）

　書面の招集通知発送日より、順次に登録アドレス宛て招集通知メールを発信する。アドレス変更
などによりメール不着の株主が存在したとしても、会社の責めに帰すべき事由がなければ免責され
る（126条2項・5項）（到達主義の例外）。ただし、この場合は不着の旨を書面にて通知すること
が適当である。

電磁的方法による招集通知を承諾した株主に対し、議決権行使書用紙にて案内する電子投票のためのパスワードは、電磁的方法による招集通知の承諾手続において届け出たパスワード（ウェブサイトによる承諾手続の際に株主自ら登録したもの）とすることが一般的である。

その他の書類等（事業報告、計算書類、連結計算書類、監査報告、株主総会参考書類および議決権行使書面に記載すべき事項）を電磁的方法により提供する際は、議決権行使ウェブサイトにこれらの情報を掲載し、招集通知メールにそのウェブサイトを案内することが合理的な対応である。

8　議決権行使促進策

インターネット取引の普及のほか政府による株式の非課税政策により個人投資家が増大し、また、外国機関投資家が積極的に日本市場へ資金投入をしており、近年では必ずしも安定した議決権行使率の確保が見込められなくなっている。このため、各社では株主の意見を積極的に取込む活動として、様々な議決権行使促進策が講じられている（後記【図表３−５−３】、【図表３−５−４】参照）。

⑴　議決権行使促進策の状況

「招集通知の早期発送」が増加（昨年比3.5ポイント増）し63.7％となり、引き続き最も多い促進策となった。次いで、「招集通知発送前にHP等へ掲載」も増加（昨年比6.2ポイント増）し56.2％となった。加えて、「招集通知・議決権行使をIT化」も24.3％（昨年比0.8ポイント増）と増加している。以上の３つの施策はいずれもCGコードで対応が求められ、推奨されているものであり（補充原則１−２②、１−２④）、CGコードの影響が推察される。

「機関投資家を訪問」は8.6％（昨年比0.1ポイント減）と昨年比ほぼ横ばいとなっている。本年５月に「日本版スチュワードシップ・コード」が改訂され、議決権行使結果の個別開示、運用機関のガバナンス・利益相反管理等の強化、アセットオーナーによる実効的なチェック、パッシブ運用におけるエンゲージメント、集団的エンゲージメント等の点が改訂されている。特に議決権行使結果の個別開示によって、会社は議案に反対を行使した機関投資家を特定できることから、反対理由等を分析、把握したうえで、積極的に機関投資家と対話を行うことが必要になってくると思われる。

「特に何もせず」は12.3％（昨年比1.9ポイント減）と昨年に続いて減少しており、会社の様々な議決権行使促進策の採用がCGコードの影響と相俟って進んでいると思われる。

⑵　外国人株主に対する議決権行使促進策の状況

外国の機関投資家の株主名簿上の名義は、グローバル・カストディアンのノミニー名義となっていることから、その議決権行使促進は国内株主への対応とは異なる（【Point】17議決権行使プラッ

第3章　株主総会の招集

トフォーム参照）。

　促進策の中で、「専門会社に依頼して促進等を実施」が2.3%（昨年比0.3ポイント減）と昨年比微減となった他は各施策とも増加している。「特に何もせず」は51.7%（昨年比3.3ポイント減）と引き続き減少しており、何らかの施策をとる会社が増加しているといえる。

　「プラットフォームを利用」は35.5%（昨年比3.4ポイント増）と最も増加割合が多く、「英文招集通知を作成・送付」も18.8%（昨年比1.5ポイント増）と増加しており、いずれもCGコードで対応が求められているものであり（補充原則1－2②、1－2④）、CGコードの影響が推察される。プラットフォームは外国の機関投資家にとって議案の検討期間を多く確保でき、会社にとっても賛否の動向を早期に把握できることから、利便性のあるインフラとして活用されている。最も多くの会社が採用している「ホームページに英文招集通知を掲載」は36.2%（昨年比2.9ポイント増）と引き続き増加しており、前記(1)の「招集通知発送前にHP等へ掲載」の実効性を高めるべく採用した会社もあったものと思われる。

　採用した会社が13.6%であった「株主判明調査を実施」（昨年比1.3ポイント増）は、一定の費用が掛かるものの、株主名義の背後にいる実質株主を把握する目的で、事前に株主判明調査を実施するものである。なお、CGコード補充原則5－1③では、株主との建設的な対話を促進するための取組みとして、会社自ら株主構造の把握に努めるべきであるとされている。

【図表3－5－3】議決権行使促進策

（重複回答）

	平成29年		平成28年	
	社数	割合	社数	割合
招集通知の早期発送	1,102	63.7%	1,056	60.2%
招集通知発送前にHP等へ掲載	973	56.2%	878	50.0%
大株主への依頼	884	51.1%	873	49.7%
招集通知・議決権行使をIT化	421	24.3%	413	23.5%
電話で依頼	287	16.6%	322	18.3%
招集通知封筒に返送のお願い文言を記載	253	14.6%	249	14.2%
機関投資家を訪問	148	8.6%	152	8.7%
招集通知にお願い文書を同封	120	6.9%	102	5.8%
外国人株主向け資料を作成	116	6.7%	120	6.8%
招集通知発送後に手紙・ハガキで依頼	92	5.3%	90	5.1%
勧誘会社に依頼	22	1.3%	24	1.4%
議決権行使書の返送者に謝礼等	11	0.6%	14	0.8%
特に何もせず	212	12.3%	249	14.2%
計	1,730	100%	1,755	100%

（出所）2017年版株主総会白書114頁〜115頁、2016年版総会白書114頁〜115頁に基づき三井住友信託銀行作成

第5節　議決権の行使

【図表3－5－4】外国人株主に対する議決権行使促進策

（重複回答）

	平成29年		平成28年	
	社数	割合	社数	割合
ホームページに英文招集通知を掲載	627	36.2%	584	33.3%
プラットフォームを利用	615	35.5%	564	32.1%
招集通知・議決権行使をIT化	399	23.1%	395	22.5%
英文招集通知を作成・送付	326	18.8%	304	17.3%
株主判明調査を実施	235	13.6%	216	12.3%
専門会社に依頼して促進等を実施	39	2.3%	46	2.6%
特に何もせず	895	51.7%	966	55.0%
計	1,730	100%	1,755	100%

（出所）2017年版株主総会白書116頁、2016年版総会白書115頁に基づき三井住友信託銀行作成

第3章　株主総会の招集

第6節　議決権行使書等の事務

議決権行使書（以下、本節において「行使書」という）、または議決権の代理行使に関する委任状（以下、本節において「委任状」という）を作成して、招集通知に添付し、それが株主から返送されてくると賛否（棄権を含む）の別に議決権数の集計を行う。行使書は株主総会の日時の直前の営業時間の終了時（施行規則69条）または特定の時をもって書面による議決権行使の期限とする旨を定めた場合における特定の時（施行規則63条3号ロ）までに到着した分、委任状は株主総会開会前までに提出された分の議決権数をそれぞれ集計する。

なお、平成17年4月、個人情報保護法が全面的に施行されたことを背景として、株主が行使書（委任状）を返送する際、住所・氏名・所有株式数等を見えないように貼付する保護シールを招集通知に同封する対応を行っている。

1　行使書（委任状）用紙の作成

行使書（委任状）用紙の作成は、301条および施行規則66条（金商法194条、金商法施行令36条の2～36条の6、および委任状勧誘府令42条～45条）に基づく。

様式ははがきとして返送できるものとし、所要事項をあらかじめ印字したものが多い。用紙の質等も、私製はがきとして定められた規格（2g以上6g以下）とする。

行使書（委任状）の集計事務を会社が行うかあるいは株主名簿管理人が行うかにより返送先を決める。株主名簿管理人を返送先とする場合は、行使書（委任状）が株主総会の決議を左右する重要な書類であることから、名宛人を株主名簿管理人気付「○○株式会社」とするのが通例である。

返送に要する郵便料金は、株主負担とせずほとんどが料金受取人払としている。手続は、料金受取人払承認申請書を、配達局へ差出有効期間の始期の1箇月程度前に提出し、通常は1週間程度で、料金受取人払承認書により承認番号が通知される。承認番号は、行使書（委任状）となるはがきの表面の切手を貼付する位置に所定の表示方法で印刷しなければならない。

2　集計事務

株主から提出された行使書（委任状）は、議案に対する賛否（棄権の欄を設ける場合には、棄権

を含む。以下同じ）の別に議決権数の集計を行う。行使書については、2以上の取締役および監査役または会計監査人等の選任議案がある場合には、候補者ごとに賛否の別の集計を行う。

　提出された行使書（委任状）は、株主の記入等の状況により、有効分・無効分に分かれるので、まずその判定を行い、分類する。この判定基準については、見解が分かれている部分があり、どの見解によるかを定めておくことが必要である。判定基準については、後記第4項で述べる。

　提出された行使書の余白部分に、賛否以外の記載（余事記載）がある場合には、その内容によっては対応することが必要である。住所の訂正等がなされている場合には、別途住所変更等の手続が必要となるので、取引口座を開設している口座管理機関（証券会社等）または特別口座が開設された口座管理機関（通常は株主名簿管理人である信託銀行または専業の証券代行会社）において手続するよう株主に案内する。行使書（委任状）の提出状況によっては、株主総会の当日の運営方法が異なってくるので、株主総会当日に出席しない大株主等から提出されていないときは、提出の有無を照会することも必要となる。

3　議決権の不統一行使

　他人のために株式を所有する株主においては、実質的な株式の所有者が複数である場合、実質所有者の意見が一致しないことがある。このとき、2個以上の議決権を有する株主は、株主総会日の3日前までに会社に対し議決権を統一しないで行使する旨およびその理由を通知したうえで、議決権の不統一行使を行うことができる（313条1項2項)。この議決権の不統一行使は、外国人投資家の議決権行使を行う常任代理人および信託の委託者から議決権行使の指図を受ける信託銀行において行われることが多い[注]。

　[注]　証券投資信託の場合、株主名簿上の株主である受託者は委託者の指図により議決権を行使することになっており（投資信託及び投資法人に関する法律10条1項)、代理人の数の制限に関する規定（310条5項）は適用しない（投資信託及び投資法人に関する法律10条2項)。その他、株式の信託の場合、ADR（米国預託証券：American Depositary Receipt）などの外国預託証券が発行されている場合など、形式上（株主名簿上）は1人の株主の名義となっていても、実質上は複数の株主の所有に属する場合、実質上の株主の意思に従って議決権を行使するためには、議決権の不統一行使が必要となる。従業員持株会などについても議決権の不統一行使が考えられる。

⑴　議決権不統一行使の手続

　議決権不統一行使に関し、全国株懇連合会が、「株主総会の議決権不統一行使に関する取扱指針」で書類の様式ならびにその標準的な取扱いを規定している。実務ではこの指針に則って不統一行使の手続を行うことが多い。その内容については次のとおりである。

— 271 —

第3章　株主総会の招集

　(a)　議決権不統一行使に関する事前通知書

　議決権の不統一行使を行う場合は、株主総会日の3日前までに会社に対して、その旨および理由を通知することを必要とする（313条2項）。かつて、会社送付の議決権行使書等に直接ゴム印等でその旨を表示してこの通知書に代えるケースも散見されたが、議決権行使書にこのような事項を追加記載されるのは好ましくないとのことから、【書式3－6－1】議決権の不統一行使事前通知書により通知を行うべく様式が定められた。

　通知者は、原則として株主であるが、外国居住株主の場合は、通常、常任代理人に議決権の行使を委任しているので、常任代理人を通知者とする。

　(b)　議決権行使書等に添付する書類

　会社作成の議決権行使書等により議決権の不統一行使を行う場合、会社から送付された書類の限られたスペースの中で議案ごとの賛否の議決権数を記載するのは難しいため、【書式3－6－2】議決権行使書等に添付する書類の様式が定められている。

　この場合、議決権行使書等には「別添書類に記載のとおり不統一行使を行う」と記載したうえで、議決権の不統一行使の内容を記載した書類を添付することとしている。

　当該書類の議決権行使の内容は、あくまで不統一行使議決権数の内訳を表示するものであり、議決権行使書等に添付することにより議決権行使書等と一体であることを明確にする。

(2)　不統一行使の件数と株主構成

　不統一行使の申出があった会社のうち20件を超える不統一行使の申出があったと回答した会社の割合は、平成18年7月から平成19年6月において27.4％であったのに対し、平成28年7月から平成29年6月においては42.3％となっており、10年間で大きく増加した（2007年版株主総会白書67頁、2017年版株主総会白書84頁）。

　その要因のひとつとして、株主構成の変化が挙げられる。すなわち、不統一行使の実施主体は主に外国人機関投資家の常任代理人または信託の委託者から議決権行使の指図を受けた信託銀行であるところ、両者を合計した株式保有比率は、平成14年度39.9％から、平成28年度49.7％に大きく増加した（全国証券取引所「2016年度株式分布状況調査の調査結果について」）。株式保有比率の上昇とともに外国法人等あるいは信託銀行の名義数が増加し、結果として不統一行使が増加したものとうかがえる。

　他方、不統一行使の受付について、不統一行使がなされた会社の99.8％が「要件を満たしており、応じた」と回答している（2017年度株主総会白書84頁）。不統一行使に関する書式が制定されていることにより、安定的に運用が行われているといえよう。

4 行使書の有効・無効等の判定基準

株主から送付された行使書の議案に対する賛否について会社が予想しない表示がなされていた場合に、株主の意思をどのように解するかが行使書を集計する際問題となる。

【書式3－6－1】議決権の不統一行使事前通知書様式

平成　　年　　月　　日

○○○○株式会社御中

通知者名（株主・常任代理人）

_____　印

議決権の不統一行使について

　平成　年　月開催予定の貴社第○○回（期）定時株主総会において、下記株主は、会社法第313条第1項および第2項に基づき、下記のとおり議決権を不統一行使（一部行使を含む）する場合がありますのでご通知いたします。

記

1　株主名（通知者が常任代理人の場合）

　　_____

2　議決権不統一行使の理由

3　議決権不統一行使の方法

　　議決権行使書（委任状）に「議決権不統一行使の内容」を添付する。

（本件に関する問合せ先）

担 当 部 署 _____

担当者氏名 _____

（Tel _____）

（記載上の注意）　通知者は、株主・常任代理人のいずれかを○で囲み、記名押印する。

　　　　　　　　通知者が常任代理人の場合は、「1　株主名」欄に株主名を記載する。

（出所）　全株懇総覧228頁。

第3章　株主総会の招集

【書式3－6－2】議決権行使書・委任状に添付する書類様式

割印

平成　　年　　月　　日

会　社　名　_____

株　主　名　_____

（株主番号）　（　　　　　　　　　　）

常任代理人　_____

議　　案	議案に対する賛・否・棄権の議決権数			
	賛	否	棄　権	合　計
第1号議案	個	個	個	個
第2号議案	個	個	個	個
第3号議案	個	個	個	個
第4号議案	個	個	個	個
第5号議案	個	個	個	個
第6号議案	個	個	個	個
第7号議案	個	個	個	個

取締役、監査役等の選任議案で候補者別に賛否が異なる場合（議決権行使書の場合）

第　号議案 取締役選任 議　　案	候補者番号　1 〃　　　　　2 〃　　　　　3 … …			
第　号議案 監査役選任 議　　案	候補者番号　1 〃　　　　　2 〃　　　　　3 … …			

（記載上の注意）

1　「棄権」欄の議決権数は棄権（abstain）の指図があったもののみ記載する。

　　「棄権」は行使議決権数に算入される（標準的取扱い）。

2　議決権行使書等の議決権数と議案に対する賛・否および棄権の議決権数合計との差は

　　不行使であり、行使議決権数には算入されない（標準的取扱い）。

3　議決権行使書の場合で、取締役、監査役等の選任議案において候補者別に行使議決権

　　数が異なるときは、上記の該当議案欄はブランクとし、候補者別の表に記載する。

（出所）全株懇総覧229頁。

この問題は、会社が勧誘する委任状についても同様に起こり得るが、委任状の場合には受任者が
このような賛否の意思の解釈が困難なものについて受任を承諾しない（議決権を行使しない）こと
も可能である。

　しかし、議決権行使書の場合は、株主の意思を直接株主総会に反映するために導入されたもので
あることから、その意思解釈をめぐって見解が分かれるものがある。したがって、別表（次頁参照）
の判定基準を作成したが、これは一つの考え方を示したものであり、他の考え方も当然にあり得る。

(1)　無効説と棄権説

　意思解釈の見解が分かれる例として、ある議案について賛否欄の双方に○印の表示がなされてい
る場合に、これを無効、棄権のいずれとして扱うかというものがある。

　棄権として扱う場合には、その議決権数は出席した株主の議決権の数に算入されるため、実質的
には議案に反対と同様の効果となるのに対し、無効とする場合は議決権を行使しないと解されるた
め、出席した株主の議決権の数に算入されないことになる。

　①　無効説

　無効説は、「議決権行使書面に必要な事項を記載し、法務省令で定める時までに当該記載をし
た議決権行使書面を株式会社に提出して行う」（311条1項）規定の「必要な事項」とは賛否の記
載であると解釈する。その賛否の記載が矛盾するものであってはならないのは当然の前提であり、
会社法には公職選挙法68条のように特に無効とする規定はないが、無効と解すべき（稲葉威雄ほ
か「改正商法による株主総会議事運営の問題点―稲葉参事官にきく―」東京株式懇話会『会報』
375号14頁〔稲葉発言〕）とする見解である。すなわち、賛否の記載という必要なものが欠けてい
ることから、要件の備わらない議決権行使書面であるとする。

　②　棄権説

　棄権説は、「書面によって行使した議決権の数は、出席した株主の議決権の数に算入する」（311
条2項）とされているから、行使書を会社に送付すること自体すでに出席したことになり、意思
解釈の問題はあるものの、出席した株主の議決権の数に算入する扱いとすべきとする。棄権とし
て扱えば各議案の出席株主の議決権の数は同一となるから、実務的には処理しやすい。

　株主の賛成、反対および明確に棄権の意思表示がなされている場合は、その意思表示どおり扱
うことになるが、実際には意思表示を明確に解し得ないものは極めて少なく、通常の状況におい
ては、決議に影響を及ぼすものではないので、無効、棄権のいずれに扱っても特に問題となるこ
とはない。また、大株主等から提出された行使書の判定が困難な場合は、時間的余裕があれば株
主へ照会して再提出を受けることも考えられる。

第3章　株主総会の招集

【Point】18　議決権行使書の余事記載として株主から質問事項が記載されていた場合の対応

議決権行使書を提出した株主は、書面による総会出席であり、株主総会当日は現実に出席しないことを前提とするから、議決権行使書に記載された質問事項について取締役および監査役等は説明義務（314条）を負わないことになる。しかし、議決権行使書を会社に提出済みにもかかわらず、株主総会当日株主本人が出席することも全くないわけではなく、また他の株主を代理人として出席させること（310条1項）も考えられる。この場合、株主総会場において質問事項について説明を求められれば、取締役および監査役等は調査を要するとして説明を拒否することはできない（314条、施行規則71条1項イ）ので、株主総会当日の想定質問として回答を用意しておく必要があると思われる。

(2) 「議決権行使書」の有効・無効等判定基準

	項　　　　　目	有効	無効	棄権	備　　　　考
1	私製用紙（会社作成用紙以外のものを使用）		○		
2	期限（株主総会の日時の直前の営業時間の終了時または特定の時をもって議決権行使の期限とする旨を定めた場合は特定の時）の後に到達したもの		○		
3	汚毀損で株主の意思が判断できないもの		○		
4	賛否両方に○印を記入したもの		○		
5	賛否両方に×印、レ印等を記入したもの		○		
6	賛否両方に押印してあるもの		○		
7	タイトルが抹消されているもの		○		
8	議案番号が抹消されているもの		○		
9	みなし文言を抹消し賛否の表示がないもの		○		
10	賛否欄両方に○印表示があり、かつ候補者番号が記載されているもの		○		
11	再発行のもの	○			
12	賛に○印があり否に×印を記入したもの	○			賛扱い
13	賛に×印があり否に○印を記入したもの	○			否扱い
14	賛に表示なく否に×印を記入したもの	○			賛扱い
15	賛に×印があり否に表示のないもの	○			否扱い
16	○印以外の表示のあるもの	○			
17	議決権数が訂正、抹消してあるもの	○			（所定の不統一行使の要件を満たさない場合）訂正、抹消前の議決権数をもって取り扱う。
18	氏名、住所が訂正してあるもの	○			氏名が株主名簿上の株主であることが認識できる範囲に限る。
19	その他余事記載のあるもの	○			
20	候補者番号欄に氏名記載のあるもの	○			
21	株主が記載した日付が開催日以降の日付であるもの	○			提出日で判断する。
22	棄権の意思表示のあるもの	○		○	

第4章

株主総会の開催と準備

第4章　株主総会の開催と準備

第1節　総会会場の運営準備

1　総会会場の選定

　株主総会の運営を円滑に実施するためには、会場は重要なポイントとなる。会場を選定する際の主な留意点は、次のとおりである。

⑴　出席が予想される人数から判断して選ぶ必要がある。

⑵　貸会場を使用する場合は、交通の便がよく、最寄駅からのアクセスが分かりやすい会場がよい。さらに、会社の近くで設営に便利な会場がよい。

⑶　広さに加え、照明、椅子など心理的にゆったりした気分になれる会場がよい。

⑷　映像機器を使用する株主総会のビジュアル化を行う場合は、必要となる電源設備を確保するほか、会場の後方からも映像がみえるだけの天井の高さがあるとよい。

⑸　喫煙場所や飲料の提供は可能であればあった方がよい。

⑹　役員と株主の出入口およびエレベーター等はできるだけ別々がよい。

⑺　役員控室は受付および事務局との連絡に便利な場所がよい。

⑻　会場の安全性（耐震強度、非常口の場所と数、株主の避難誘導方法、非常用電源の有無等）について確認しておくとよい。

⑼　他社での使用実績も確認しておくとよい。

　通常は、前年までと同じ会場を選定し、同じ運営準備を行うことでよい。しかしながら、例えば、①前年との議決権株主数の増減、②株主総会の日時・場所、③お土産・株主懇談会等の有無、④その他会社固有のトピックの有無等により株主総会当日の来場株主は変動するため、前年と同じ席数では来場株主の全員を収容することができないケースが予見される場合には、座席数の増加が可能かどうか、第二会場等の予備会場の手当てが可能かどうか、より広い会場に変更するかどうか等の検討をすることになる。

2　レイアウト

　会場には、議長席、取締役・監査役の席（必要に応じて議長以外の答弁役員の回答席を設ける。また、執行役員の席を設ける会社もある）、株主席のほか通常、事務局席、新任取締役・監査役の

第1節　総会会場の運営準備

候補者席等を準備する。

　顧問弁護士には株主総会の運営や質問に対する法律的な見地からの助言を得るために事務局席に着席するのが適当である。また、万一出席を求める決議がされた場合に備え、監査法人を別室に待機させる会社もある。

　近年は、株主との親近感を考慮した雰囲気づくりが重視されている（必要に応じて安全確保のレイアウト、警備等の手配を検討する）。

　なお、前年比多数の株主の来場が予想される場合、座席数の増加、予備会場の手当てまたは会場変更等に応じて、受付係や案内係の人数を増やし、適正な配置を検討することが必要となる。

3　諸設備の準備

次の設備の要否について検討する。

(1)　掲示（数、位置、内容等）

(2)　専用エレベーター・エスカレーター

(3)　控室（役員用、株主用、事務局用等）

(4)　役員の名札

(5)　BGM

(6)　マイクの設置場所（議長席、回答者、質問者等）、ワイヤレス方式またはスタンドマイク方式、操作方法

(7)　電話〔内部連絡用（携帯）電話、株主が利用できる公衆電話〕、インカム等

(8)　記録用の録音・録画機器

(9)　（株主総会のビジュアル化を行う場合）映像機器等の設備

(10)　クローク、合札、傘立等

(11)　答弁席、質問席

(12)　（不測の停電等に備え）非常用電源、電池式マイク、メガホン、懐中電灯等

(13)　時計の取扱い（または正確な時計）

(14)　テーブルクロス

【Point】19　質問者用マイク（ワイヤレス方式とスタンドマイク方式）

　質問者用マイクをワイヤレス方式とするか、スタンドマイク方式とするかで株主総会の運営が異なる。

　ワイヤレスマイク方式の場合、会場係（マイク係）が議長の指名した発言株主にマイクを手渡し、発言終了時に回収する形となり、スタンドマイク方式の場合、会場係が議長の指名

第4章　株主総会の開催と準備

した発言株主をスタンドマイクの場所まで誘導し、発言終了後株主席に戻るよう案内する形
となる（スタンドマイクのある場所に質問者席を用意し回答が終了するまで着席させる場合
もある）。

　ワイヤレス方式の場合、発言株主の負担が少ない反面マイクを独占されるのを回避するた
め速やかにマイクを回収するよう心がけることになるが、スタンドマイク方式の場合、発言
終了後株主席に戻る間回答の準備ができる反面、移動に支障等がある株主の対応を考慮する
必要がある（例外的にマイクを持ち届けるかの判断が必要になる）。

　いずれにせよ発言株主がマイクを独占する場合に備えて、事務局側で音声をオフにできる
備えをしておくことが望ましい。

4　事務局の準備

審議、質問等に備え、次の書類等を準備しておく。

(1)　株主への送付書類（招集通知、株主通信等）

(2)　株主の閲覧等に供する書類等（附属明細書、株主総会議事録、決算短信、有価証券報告書、
　四半期報告書、臨時報告書、（証券取引所に提出した）コーポレート・ガバナンス報告書、独
　立役員届出書、適時開示資料（プレス・リリース）、役員退職慰労金規程（支給基準）、インター
　ネット開示事項およびウェブ修正事項

(3)　六法、社内規程（定款、株式取扱規則等）

(4)　想定問答集（機械的なシステムを設置する場合は同システム）

(5)　シナリオ（議事次第）、会場レイアウト図（役員の席等を記載）

(6)　筆記用具、電卓、その他事務用品

5　受付の準備

(1)　受付事務責任者の決定

　あらかじめ、責任者を決めておく。責任者は受付事務全体の総括的な管理に当たる。

(2)　責任者と受付メンバーとの打合せ

　責任者は、株主総会日の数日前までに受付メンバーと打合せを行い、次の事項を確認する必要がある。

a　株主総会当日の事務内容と役割分担（受付、集計、精査、索引、場外整理等）

b　株主総会当日の集合時間、集合場所

c　株主総会当日、事故発生時（到着時刻が遅れる等）の連絡方法

d　集計の締上げ回数、時刻

e　議決権行使書持参者の本人確認の取扱い、また株主が1人で複数枚の議決権行使書（委任状）用紙を提出した場合の取扱い、議決権行使書（委任状）用紙を持参しないで来場した株主の取扱い、代理人の取扱い等の対応

f　包括委任状、職務代行通知書の取扱い等の対応

g　上程議案の種類と定足数の確認

h　（お土産を出す場合）お土産の交付方法、株主が1人で複数枚の議決権行使書（委任状）用紙を持参した場合の取扱い等の対応

i　途中退場株主の管理

(3)　用具類の準備と点検

　当日使用する用具類を準備する。準備する主な用具類は次のとおりである。

a　株主出席票

b　総会受付票（議決権行使用紙を持参しない株主に対処するための書類）

c　集計用具・機器（株主情報CD-ROM・パソコンを含む）

d　筆記用具

e　株主一覧表（株主情報CD-ROM・パソコンを含む）

f　議決権行使書面提出済（電子行使採用の場合は、インターネット行使済）の株主一覧表

g　招集通知（インターネット開示・ウェブ修正事項を準備する場合を含む）

h　その他事務用品（ホッチキス、輪ゴム、クリップ等）

【Point】20　来場株主へのお土産の取扱い

　昨今の株主総会では、出席株主に対するお土産に対する関心が高まっており、お土産の受け取りのみのために来場する株主が少なくない。このため、従来は退場時にお土産を渡す取扱いが主流であったが、お土産のみを希望し入場はしない者や、入場後開会前に退場する者が増えてきたために、受付時に渡す対応が多くなっている（2017年版株主総会白書51頁によ

第4章　株主総会の開催と準備

ると55.5％）。

　受付時に渡す場合であっても、通常の受付でお土産を渡すのでは受付の混雑が予想されるのであれば、受付係とお土産を渡す係を別にすることも検討する必要がある。

　また、持参した議決権行使書用紙の枚数分のお土産の個数を希望される場合もあるが、それを認めるのか、来場者1名に対して1個にするかによって対応が異なるため、方針を定めてそれを励行することが重要となる。

　用意したお土産数を上回る来場者があった場合、お土産を渡すことができなかった来場株主に対してお土産を後で送付せざるをえないが、そのためには、該当する株主の氏名・住所を書き留めたり、株主出席票（【書式4－2－2】参照）を回収する等の方法で該当者を把握する必要がある。

　かかる状況を踏まえて、来場株主数が多い会社を中心にお土産を廃止する会社も増加している（2017年版株主総会白書48頁によると、お土産を出していない会社は全体で29.2％であるが、株主数が多いと考えられる資本金1,000億円超の会社では50.9％となっており、過半数の会社がお土産を出していない状況である。）。

■判　例■23　　第二会場と株主質問権の行使（大阪地裁　平10.3.18　資料版商事法務 No.169、111頁　判例39に同じ）

　第1号議案において被告会社は原告の質問権を侵害したかについては、①本件総会において株主が会場に入場する前に第一会場に出席して質問できることをあらかじめ文書ないし口頭で説明していないが、原告代表者を含め本件総会に出席した株主は被告会社の株主総会であることを認識して出席しているから、会社としては株主から質問の要求があれば直ちにそれに対応できるような態勢を整えておけば足り、被告会社は第二会場の株主についても質問の要求があれば第一会場に誘導して質問ができるような態勢を整え、原告代表者もそれに従って実際に質問をしているから、上記の説明等がないことをもって直ちに原告の質問権が侵害されたとはいえない、

　②被告会社は、第二会場に事務局係員を配置し、第二会場の株主から質問の要求があった場合、直ちに第一会場の事務局席に直通電話でその旨を連絡するとともに、質問のある株主を第一会場に誘導して質問ができるように配慮し、原告代表者もそれに従って第一会場に案内されて質問をしたこと、議長は、第二会場に質問者がいるとの連絡を受けるや直ちに議事を中断して原告代表者が第一会場に入場するのを待って原告代表者に質問の機会を与えているから、第一会場と第二

— 282 —

会場が分断され、質問の機会を逸するような一体性に欠けていたとまで認めることはできない、③議長は各議案の審議に入った後、各議案ごとに第一会場および第二会場の株主に質問がないかどうかを促していないが、議案の審議に入る前に全議案について一括して質問を受け付けることを第一会場または第二会場と議場を区別することなく議場に示し、暫時株主からの質問を待っていたし、議案の審議に入った後も株主からの質問があれば質問を受け付ける態勢をとり、現に質問を求めた原告代表者に質問の機会を与えているから、被告会社は第一会場のみならず第二会場の株主にも質問する機会を与えたものということができるとして、被告会社が株主の質問に対する配慮を怠っていたとはいえず、原告の質問権を侵害したとも認めがたいので、原告の主張は理由がない。

【Point】21　第二会場の運営方法

　株主数が増加したり、株主の関心が高い出来事が存在する等により、多数の株主の入場に対応するために、第二会場を用意する場合がある（2017年株主総会白書38頁によると予備会場（第三会場以降のものも含む）を用意した会社は21.6％）。

　第二会場を使用する場合、第一会場と第二会場の双方で質疑が可能であることが前提となるが、その方法としては、①第一会場と第二会場の相互で映像・音声を投影・伝達するテレビ機器を設置するものと、②第二会場にのみ第一会場の映像・音声を投影・伝達するテレビ機器を設置し、第二会場で発言を希望する株主は第一会場に誘導するものがある。

　②の方法は判例23に記載のとおりの手順を踏むことになるので、入念に準備する必要があるが、①の方法であっても、議長が第二会場の発言希望者を受付し難い点は否定できず、事前の準備はやはり必要である。これには、例えば、ひとしきり第一会場の発言希望者を指名、質疑をした後に、第二会場からの発言希望者を受け付ける対応が考えられる。議長が第二会場の発言希望者を認識できない場合も多いので、このような場合には、議長の指示のもと、第二会場の担当スタッフに、発言希望者の有無を確認させ、発言株主を指名させる等の対応が考えられる。

第4章　株主総会の開催と準備

【図表4－1－1】株主総会会場設営図

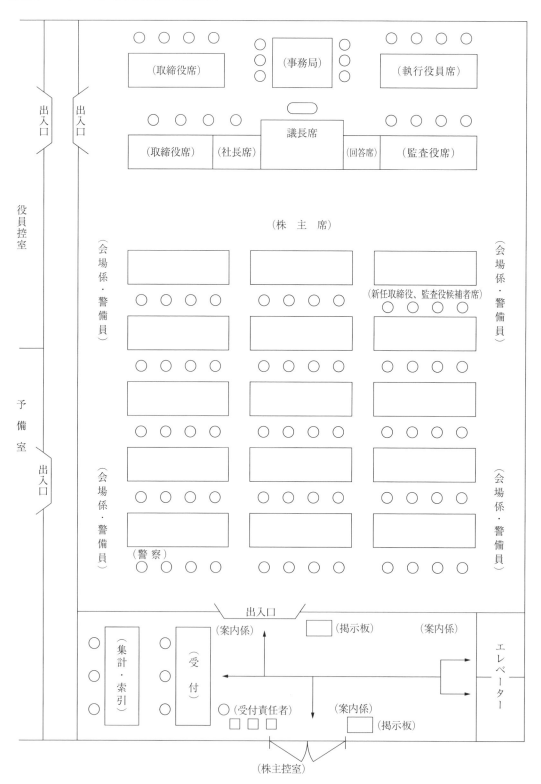

第2節　株主総会の受付事務

1　株主総会受付事務の概要

(1)　受付事務

　株主総会に出席して議決権を行使できる者は、通常一定日〔定時株主総会では基準日として定められている事業年度末日（決算期）、臨時総会では議決権を行使する株主を確定するための基準日〕現在の株主名簿に記載または記録された「議決権を有する株主」に限られる。

　このため、株主総会には受付を設置し、①出席資格の審査・確認、②議決権数の確認・集計、③出席状況の記録等を行う必要があり、これらを総称して受付事務という。

(2)　担当者の心構え

　株主総会の受付事務は厳正な取扱いが要求されるとともに誤りは許されない。しかも、受付は短時間に来場者が集中するため、迅速に行う必要がある。

　受付は来場者と当日最初に接する場所でもあり、その応接態度が会社のイメージともなり、ひいては株主総会そのものに影響を及ぼすことにもなりかねないので、毅然とした態度で臨みながらも明るく丁寧な応対が望まれる。ただし、臨機応変に応対することも、場合によっては必要である。

2　事前準備

　受付事務を行うに当たっては、出席が予想される株主数、議案の内容、会場、前年度の実績等を踏まえ、担当者数、事務機器等を1箇月程度前に決定しておくことが望ましい。

(1)　会場および受付窓口、集計、記録場所の確認

　受付の設置場所、議決権数の集計場所、出席株主の記録場所の確認を行い、レイアウト図を作成する。また、案内板の表示位置、トイレの位置、控室の場所、喫煙所、荷物置場（クローク・傘）、電源の位置、電話の位置および番号（受付担当者、責任者等が携帯電話を使用する場合、その使用の可否）、非常口の位置等も確認をしておく必要がある。

第4章　株主総会の開催と準備

⑵　担当者の職務分担

　レイアウト図（【図表4－1－1】株主総会会場設営図参照）を参考に案内係、出席資格の審査・確認係（以下「受付係」という）、議決権数の確認・集計係（以下「集計係」という）、出席株主の記録係（以下「記録係」という）等に分け人数を確定するとともに、担当者を決定する。この際、レイアウト図に担当者の配置を記入しておくとより明確になる。

　また、議決権行使書用紙を持参しない株主は後述の3⑵bのとおり、確認作業を要することから、議決権行使書用紙等を持参した株主と持参しない株主とで窓口を分けて、株主確認をスムーズに行うことを考慮する場合も多い。

⑶　配付物および事務用品等

a　受付係

⒜　出席株主に交付する物

①　株主出席票（入場票、発言票—後記【書式4－2－2】株主出席票例参照）……出席資格確認後に株主へ交付し、会場では発言番号票として使用する。出席する株主数を予想して、番号記入済のものを用意し、予備として番号未記入のものも準備しておく。ネックストラップ式の株主出席票を使用する会社もみられる。

②　招集通知……受付で配布する場合。受付で来場株主全員に配布しない場合には、受付あるいは会場内に設けた机の上などに平積みにする（必要に応じて③および④の書面とともに平積みにする）。

③　インターネット開示事項（ウェブ開示事項）を記載した書面……招集通知のインターネット開示を実施した場合に、インターネット開示した事項を記載した書面を受付で配布する場合

④　ウェブ修正事項を記載した書面……招集通知のウェブ修正を実施した場合に、ウェブ修正した事項を記載した書面を受付で配布する場合

⑤　お土産……配付する場合。なお、品物によっては袋を用意する。

⑥　預り品の確認札……大きな荷物、コート等を預かる場合

⑦　その他……各種注意事項を記載した書面、アンケート用紙、避難経路を記載した書面など。

⒝　係で使用する物

①　入場票（後記【書式4－2－2】入場票例参照）……議決権行使書用紙等を持参しなかった株主に氏名、住所および所有株式数等を記入してもらい、出席資格の確認手続に使用する。

②　株主一覧表……入場票と照合して、株主であることの確認に使用する。また、採決の際の議決権数の確認を要する場合等に使用する。なお、株主一覧表に代えて株主情報CD-ROM

第2節　株主総会の受付事務

等を使用する場合もある。

③　ホッチキス……株主出席票（控）を議決権行使書用紙等に添付する場合等に使用する。

④　筆記用具

b　集計係

(a)　集計機（パソコン、電卓等）……議決権数の集計に使用する。なお、パソコン等を使用する場合には故障等に備えてバックアップ体制をとる必要がある。

(b)　筆記用具

c　記録係

(a)　株主総会入場者リスト（後記【書式4－2－3】株主総会入場者リスト参照）

(b)　集計機（パソコン、電卓等）……集計に使用する。

(c)　書類整理物（袋、輪ゴム、ホッチキス、クリップ等）……提出された議決権行使書用紙（入場票・株主出席票）などの出席資格の確認書類の整理のために使用する。

(d)　筆記用具

d　その他

(a)　雨傘用ビニール袋または傘立て……雨天の場合

(b)　電話・インカム等……連絡用

⑷　その他

a　株主総会当日は遅くとも受付開始時刻の1時間から1時間30分前に到着するものとし、余裕をもって当日の準備にかかることが必要である。

b　当日到着時刻が遅れる等の事故が発生した場合には、責任者宛てに至急連絡を行う必要があるため、連絡方法は全員に徹底しておくとともに、交通ルートも把握しておく必要がある。

c　受付机上には余分なものは極力置かないことが望ましい。

3　受付事務

⑴　出席資格の審査・確認

株主総会に出席して議決権を行使できる者は、通常基準日現在の株主名簿に記載または記録された「議決権を有する株主」に限られる。しかし株主名簿は自動車の運転免許証や旅券の取扱いと異

第4章　株主総会の開催と準備

なり、年齢、性別が記載されているわけでもなく、まして株主の写真までが登録されているわけでもない。したがって、株主が少数の非上場会社はともかく、数百ないし数千名に及ぶ上場会社の出席株主について株主本人であるかを確認することは事実上不可能である。

　そこで、株主の届出住所に宛てて送付した招集通知や同封した議決権行使書（委任状）用紙に、当日出席の際は当該用紙を会場受付に提出すべき旨を記載し、当該用紙を提出して株主総会に出席する者は、株主本人と認めて差し支えないとされている（当然ながら、受付の際には議決権行使書（委任状）用紙が他社のものではないか、過去のものではないかという点については必ず確認する必要がある）。

　議決権行使書（委任状）用紙の提出がない場合の確認方法として、株主が積極的に運転免許証等の本人確認資料を呈示すれば確かであるが、一般的に会社からは積極的に呈示を求めず、あらかじめ用意した用紙（入場票、【書式4－2－2】入場票例参照）へ住所、氏名、所有株式数等の記入を依頼し、株主一覧表等との照合で確認しているのが通例である。

⑵　具体的な審査・確認方法

a　議決権行使書（または委任状）用紙の提出者

⒜　個人株主

　株主として入場を認める。ただし、持参者が他の事実によって株主でないことが明白である場合には入場を認めない。

⒝　特殊な取扱い

① 　異性名と考えられる用紙を持参した場合

　持参者から積極的に家族または他人のものであることを申出ない限り本人扱いとし、積極的な確認は行わず入場を認める取扱いが一般的である。

② 　株主が亡くなった旨申出た場合

　持参者が相続人であることが確認できる資料の提出を求め、確認できる場合には入場を認める。確認できない場合には原則として入場を認めない。

③ 　2通以上の議決権行使書用紙を持参した場合（議決権行使書採用会社）

　本人の行使書用紙の確認を行い入場を認める。他のものは出席扱いとしない。

④ 　2通以上の委任状用紙を持参した場合（委任状勧誘会社）

　本人の委任状用紙の確認を行い入場を認める。他のものは押印されているものに限り委任状による出席として集計する。

⑤ 　来場者が代理人である旨を申出て、本人の委任状を持参した場合

　多くの会社では、代理人は議決権を有する株主でなければならない旨定款に規定している。当該代理人がこの要件を充足していれば代理人としても入場を認め（代理人は株主としても入

場）、充足していない場合には入場を認めない。

(c) **法人の用紙持参者**

① 代表者本人が来場した場合

株主として入場を認める。

② 議決権行使書採用会社の場合で使用人である旨の申出があった場合

代理権を証明する書面【書式４－２－１】（包括委任状または職務代行通知書）を持参した場合、株主として入場を認める。

なお、①②にかかわらず、法人株主の場合は一律に名刺の提出を求め、確認する取扱いもある。（注）判例24参照。

③ 議決権行使書用紙のみを持参した場合

入場を認める（議決権行使書用紙をもって代理権を証明する書面として取扱うことについては消極的に解する考え方もあるが、実務的には入場を認めて差し支えないと考えられる。名刺、身分証明書の呈示を求めることも考えられる）。

④ 委任状勧誘会社の場合で使用人である旨の申出があった場合

代表者の押印ある委任状用紙または代理権を証明する書面を持参した場合、株主として入場を認める（なお、代表者の押印のない委任状用紙を持参した場合でも、名刺や身分証明書等の呈示を条件として入場を認める取扱いを行う例もみられる）。

⑤ １通の用紙に対し２人以上の代理人が来場した場合

１名のみ入場を認め他の入場は認めない。なお、誰が入場するかは代理人間で決めさせる。

(d) **実質株主から来場希望がある場合**

信託銀行等の名義で株式を保有する機関投資家等の実質株主から来場希望がある場合、株主名簿上の株主ではない等の理由により入場を認めない取扱いがまず考えられるが、あらかじめ名義株主の委任状および実質株主であることを確認できる資料の提出を受け、なおかつ、当該名義株主分の議決権行使がなされていないことが確認できる場合には、二重行使の危険はなく、株主として入場を認める判断もありうる。また、実質株主であることの確認はできるが、その分の名義株主の議決権行使がなされていないことが確認できない場合、傍聴者として入場を認める（株主としての発言・議決権行使は認めない）取扱いも考えられる。

ＣＧコード補充原則１－２⑤では、実質株主である機関投資家等が自ら議決権の行使等を行うことをあらかじめ希望する場合に対応するため、上場会社に、名義株主である信託銀行等と協議しつつ検討を行うことが求められている。かかる状況下、平成27年の政府の成長戦略である「『日本再興戦略』改訂2015」において関係団体によるガイダンスの策定が促されたことを受けて、同年11月13日に、全国株懇連合会から「グローバルな機関投資家等の株主総会への出席に関するガイドライン」（以下本節において「ガイドライン」という）が公表されている（全

第4章　株主総会の開催と準備

株懇モデルⅡ・337～363頁。東京株式懇話会ウェブサイトにて閲覧可能）。

【資料4－2－1】ガイドライン上の実質株主であるグローバル機関投資家等の出席方法

①　ルートＡ：株主総会の基準日時点で機関投資家等が自ら1単元以上の名義株主となり、信託銀行等の名義株式に係る代理権を当該機関投資家等に授与して総会に出席する方法
②　ルートＢ：会社側の合理的裁量に服した上で、株主総会の当日に株主総会を傍聴する方法
③　ルートＣ：以下の「特段の事情」を発行会社に証明した上で、信託銀行等の名義株主の代理人として総会に出席する方法 　　特段の事情…：機関投資家等による議決権の代理行使を認めても株主総会がかく乱され会社の利益が害されるおそれがなく、議決権の代理行使を認めなければ議決権行使が実質的に阻害されることとなる等、機関投資家等による議決権の代理行使を認めるべき「特段の事情」
④　ルートＤ：発行会社が定款規定を変更して、機関投資家等が名義株主である信託銀行等の代理人として総会に出席することを認める方法

（出所）　全株懇モデルⅡ・343～348頁を基にして作成。なお、各ルートの取扱いについては同352～356頁、ルートＤの定款規定の内容については同347頁参照。

　　全株懇調査14頁によると、実際の対応または採用した基本方針としては、①ルートＡ：8.1％、②ルートＢ：29.7％、③ルートＣ：4.2％、④ルートＤ：0.1％、⑤出席を認めないが、別室での傍聴を許可（ガイドライン以外の対応）：2.7％、⑥出席も別室での傍聴も認めない（ガイドライン以外の対応）：4.0％、⑦その他：2.5％、⑧基本方針を定めていない：54.8％となっている。⑧がもっとも多いが、実際事前申し出があることは少ないこと等によるものと思われる（全株懇調査14頁によると事前申し出ありは2.4％）。他方、採用された対応・方針の中では②が最も多いが、傍聴により実質株主の目的が達せられる場合があること、事前の確認負担が比較的少ないこと等が要因になっているものと考えられる。

第2節　株主総会の受付事務

【書式4－2－1】職務代行通知書等

⑴　法人株主が、その使用人を株主総会に出席させる場合の例

委　任　状

　私は、下記の者を代理人と定め、平成〇年〇月〇日開催の△△△△株式会社第〇回定時株主総会において株主としての権利を行使することを委任いたします。

記

　1　役　職　名　　当　社　〇　〇　部　長
　2　氏　　　名　　△　　△　　△　　△

　　平成〇年〇月〇日

株　主

〇〇〇〇株式会社
取締役社長　〇〇〇〇　　㊞

⑵　職務代行通知書

職　務　代　行　通　知　書

平成〇年〇月〇日

〇〇〇〇〇〇株式会社　御中

株主　〇〇〇〇株式会社
　　取締役社長　〇〇〇〇　　印

　平成〇年〇月〇日開催の〇〇〇〇株式会社第〇回定時株主総会（その延会または継続会を含む。）における下記議決権の行使にあたり、当社は、　　　　　　　　　　を職務代行者として派遣いたしますので、ここに通知いたします。

記

1．〇〇〇〇株式会社の第〇回定時株主総会の全議案につき、会社原案に賛成の議決権を行使すること。
2．修正案等が提出された場合は、上記1．の趣旨に沿って議決権を行使すること。
3．同総会における提案、動議の一切の件につき議決権を行使すること。

以　上

－ 291 －

第4章　株主総会の開催と準備

■判　例■24　株式会社が定款で株主総会における議決権行使の代理人資格を株主に限定している場合においても、株主である地方公共団体又は株式会社が職員又は従業員に議決権を行使させても右定款の規定に反しない（最高裁　昭51.12.24　民集30巻11号1076頁）。

■判　例■25　会社が定款をもって総会における議決権行使の代理人資格を株主に限る旨定めた場合においても当該会社の株主である株式会社が、その従業員を代理人として総会に出席させて議決権行使をさせることは、そのことによって総会が攪乱され、会社の利益が害されるおそれがあることなど特段の事情がない限り右定款の規定に反しないと解すべきところ、本件においては原告らの従業員が総会に出席して議決権を行使することにより、総会が攪乱され、被告会社の利益が害されるおそれが具体的にあったとは認められない。本件決議は原告の議決権行使の機会を事実上奪ったものと認められるから決議の方法は著しく不公正であったという外ない。……（東京高裁　昭61.7.30）（参考　最高裁　昭51.12.24）

■判　例■26　株主総会の不正入場が建造物侵入罪に当たるとされた事例（東京地裁　昭62.5.19）

　Ｎ社（東京証券取引所第一部上場）が昭和61年10月30日に開催した定時株主総会において、総会屋グループが会社から株主へ送付した議決権行使書用紙をグループの他の総会屋2名に渡し入場させ、自身は議決権行使書用紙を持参せず、署名によって入場し株主の名前を二重に使い不正に総会に出席した総会屋に対し建造物侵入罪（刑法130条）を適用した事案である。判旨は「本件犯行の意図が株主総会の議事進行を妨害するところにあったことは明らかであり、その犯行態様は事前に株主に郵送した議決権行使書を持参した者を株主として総会場への入場を許すほか、同行使書を持参しない者についても、受付で確認票に住所、氏名を記入させ、株主名簿と照合して合致した場合は入場を許すというシステムを悪用し、株主名義を二重に利用したり、他の総会屋グループの株主名義を利用して入場するなどしたものである。きわめて計画的かつ組織的なものであり、被告人は同様の方法により多数の株主総会場へ侵入を繰り返すなど悪質である。」とし

第2節　株主総会の受付事務

て建造物侵入罪を適用し懲役6月（執行猶予3年）とした。

■判　例■27　　株主でない弁護士の代理出席の拒絶と決議の違法性の有無（東京高裁　平22.11.24　資料版商事法務 No.322、（原審）東京地裁　平22.7.29　判例18に同じ）

　弁護士らの出席を拒絶したことが、議決権行使の態様を著しく不公正に制限するものであるのかを検討するに、一般に、弁護士は、社会的な信用が高く法律知識が豊富であるから違法、不当な行為をしない蓋然性が高いものであると信じられているところではある。しかし、控訴人がいうところの弁護士等のように、そのような高い信頼の下にある職種の者であって、具体的に株主総会をかく乱するおそれのない者については、株主でない者であっても代理人となることを許さなければならないとすれば、株式会社は、株主総会に株主ではない代理人が来場した際には、その都度その者の職種を確認し、株主総会をかく乱するおそれの有無について個別具体的に検討しなければならないことになるが、どのような職種の者であれば株主総会をかく乱するおそれがないと信頼することができるのか、また、そのような信頼すべきと考えられる職種に属していながらも、当該来場者に株主総会をかく乱するおそれがあると思料される場合に、どのような要件の下に出席を拒むことができるのかなど、明確な基準がないままに実質的な判断を迫られ、その結果、受付事務を混乱させ、円滑な株主総会の運営を阻害するおそれがある。しかも、正当な権利行使とかく乱の行為とが具体的事案において截然と区別することが難しいこともあるところ、実質的な判断基準を持ち込むことにより、経営陣に与する者の出席を許し、与しない者の出席を許さないなど恣意的運用の余地を与え、株主総会の混乱を増幅する可能性もある。そうすると、議決権行使の代理人資格を形式的に株主に限定する本件定款26条の定めは、一定の合理性を有するものであり、株主による議決権行使の態様を何ら不当ないし不公正に制限するものではない。そして、このような考慮は、控訴人が主張するように、あらかじめ会社にとって身元の明らかな弁護士が、議事をかく乱しない旨の誓約書を提出している場合であっても、なお当てはまるといえるから、控訴人が主張するような事情があっても、議決権行使の代理人資格を株主に限定することは許されるのであり、本件定款26条を濫用するものとはいえない。

— 293 —

第4章　株主総会の開催と準備

b　議決権行使書（委任状）用紙を持参しない者

⒜　株主である旨の申出があった場合

①　入場票により氏名、住所、所有株数等の記入を受け、株主一覧表により出席資格のある株主に該当することの確認を行う。

出席資格がある株主に該当する場合は入場を認める。なお、当該株主の議決権行使書（委任状）が集計済である場合には、原則として前日までに集計した議決権数より減算し、当日出席株主の議決権数へ加算する必要がある。

株主一覧表と照合しても該当者が見当たらない場合には、株主名簿管理人に電話で照会を行う等入念に調査を行う必要がある。

②　単元未満株主である旨の申出があった場合

単元株制度を採用している会社においては、単元未満株主は議決権がないため入場を認めない（念のため、株主一覧表と照合し確認する）。

⒝　特殊な取扱い（補助者の取扱い）

株主の介護人、通訳等の入場を認めるか否かは、代表取締役（株主総会開会後は議長）の裁量の問題となる。本来は、議決権を有する株主でない以上出席することはできないが、補助者（同伴者）として入場を認める会社もある。

⑶　出席資格確認後入場を認めた場合の処理

a　株主出席票に㊙票のある場合……（後記【書式4－2－2】株主出席票例―1、3参照）

株主出席票㊙を切り離し、回収した議決権行使書（委任状）用紙等にホッチキスで添付し、集計係に回付する。株主には株主出席票を交付する。

b　株主出席票に㊙票のない場合……（後記【書式4－2－2】株主出席票例―2参照）

回収した議決権行使書（委任状）用紙等に株主出席票の番号を記入し、集計係に回付する。株主には株主出席票を交付する。

⑷　退場・再入場株主の確認

株主総会が長時間にわたったり、食事時間にかかるような場合には、休憩・食事等のため議事を一時中断することも考えられる（ただし、長時間にわたっても、特段の事情のない限り、休憩をとらないのが通例である）。

この場合には、出席株主が会場から一時的に退場し再入場することがあり得るので、議決権数を常に把握するため、退場・再入場株主の確認を行う必要が生じる。

具体的な確認方法

 a 退場株主より再入場しない旨の申出があった場合

 株主出席票を回収し集計係に回付する。

 b 退場株主が何も申出ずに退場する場合

 株主出席票に㊙票のある場合……（後記【書式4－2－2】株主出席票例―1、2参照）

 退場時に㊙票を預り、再入場時に㊣票との確認を行う。

 株主出席票に㊙票のない場合……（後記【書式4－2－2】株主出席票例―3参照）

 退場時に出席番号を記録し、再入場時に㊣票との確認を行う。

 なお、株主出席票には退場および再入場の際、受付に呈示するよう依頼文言を記載しておく。

⑸　受付における申出事項に関する対応

 株主から種々の質問、苦情が出る場合を考慮し、ある程度想定される申出に対する回答を用意し、受付担当者に徹底を図ることが必要である。

 なお、申出に対し後日回答を行う必要がある場合には、申出株主の氏名、住所および電話番号等を記録しておくこととなるが、可能な限り、その場で完結させるべきである。

 a 招集通知等が未達および遅延の苦情があった場合

 ○月○日に○○郵便局から発送していること、いくつかの郵便局を経由して配達される旨回答する。

 b 氏名、住所、株式数に誤りがあるとの苦情があった場合

 早速調査し回答する旨の対応をする。なお、株式等振替制度（株券電子化制度）のもとでは、株主の氏名や住所など株主情報に使用する文字は、株式会社証券保管振替機構が定める範囲の文字および字形である統一文字集合（7,006文字）に限定されている。したがって、氏名や住所の字形が相違している旨の申出・苦情があった場合には、いわゆる外字が統一文字集合の範囲内の文字に置き換えられ、さらに置き換えが不可能なときは片仮名で表記されている可能性があることに留意する。

 c 議決権行使書を送付済の株主が当日出席し議決権行使書の返却を申し出た場合

 出席の確証として保管しておく必要があるので、返却には応じられない旨回答する。

 d 議決権行使書の返送先がなぜ株主名簿管理人宛となっているのか、との質問があった場合

 株主名簿管理事務委託契約に基づいて集計事務を株主名簿管理人が行うので、直接、議決権行使書の返送を受けるため記載している旨回答する。

 e 会社以外の者（株主名簿管理人の社員を指す）が受付を行っているがどうなのか、との質問があった場合

 株主名簿管理事務委託契約に基づいて株主名簿管理人の社員が受付事務に従事している旨回

第4章　株主総会の開催と準備

答する。

　f　その他質問があった場合

　　独自に判断することなく受付責任者に判断を求める。

⑹　株主総会関係者以外の入場

　株主総会は、議決権を有する株主が出席し、取締役および監査役が出席して報告事項および決議事項ならびにこれらに関する株主からの質問事項について説明審議するものである。そのため株主総会の運営上必要な要員は、株主でなくても議長の承認があれば出席が認められる。事務局を構成する総務・経理担当者、顧問弁護士、公認会計士および場内整理要員・警察官がこれに当たる。

⑺　携帯品の制限

　入場する株主の携帯品についても、議長は株主総会の秩序維持の権限から必要な措置をとることができる。例えば、ハンドマイク、旗竿や竹棒等の持込みを制限することができる。また、携帯電話等の使用を制限することもできる。

■判　例■28　決議取消訴訟（仙台地裁　平5.3.24　資料版商事法務 No.109）
　　本件総会の開催に当たって、被告は株主を円滑に入場させるために相当数の人員を配置したことが認められるが、原告ら株主を威迫するような過剰な警備がされたとは到底認めることはできない。また、秩序ある株主総会を運営すべき立場にある被告が、出席する全株主の協力を求める形でその手荷物検査をし、カメラ、テープレコーダー等を一時預かることは、被告の有する議事運営権の裁量の範囲に属すると解されるから、被告の行った前記手荷物検査及びその後の措置にも不当違法なところはないというべきである。

■判　例■29　株主総会にビデオカメラやマイク等を持ち込むことを禁止する仮処分決定が保全異議事件においても認可された事例（東京地裁決定　平20.6.25　判時 No.2024、45頁）
　　一部の株主が株主総会において自ら準備したマイクやスピーカーを自らの判断で使用し、また同じく自ら準備したビデオカメラやカメラで同総会における議事の状況を撮影する行為は、株主が有する議決権やその前提となる質疑討論を行う機会を保障するものとして必要不可欠なものでないばかりか、かえって他の株主

が有する同様の権利等を侵害するものであるといえる。

そうすると、本件についても、株式会社である債権者は、本件株主総会の議事を適正かつ円滑に運営する権利を保全するため、株主である債務者らに対し、同人らが自ら議場に持ち込んだマイクやスピーカーを利用する行為及びビデオカメラやカメラを用いて撮影する行為を排除する権利を有することの疎明があるものと解するのが相当である。

（編集者注）　本件は議長の制止を無視して、自ら持ち込んだマイク等を用いて不規則発言をするなど例年株主総会を混乱させていた株主を債務者として、会社である債権者がビデオカメラ、マイク、スピーカー等の持込みを禁止する仮処分命令を求める申立てをし、これが認められたことに対する保全異議事件である。

■判　例■30　　株式会社が同社の株主に対して株主総会に出席することの禁止を求めた仮処分申請を認容した仮処分決定が異議審において認可された事例（京都地裁第5民事部決定　平12.6.28　金判 No.1106、57頁以下、資料版商事法務 No.198、240頁以下、（原審）京都地裁決定　平12.6.23）

　　株式会社が同社の株主に対して株主総会に出席することの禁止を求めた仮処分申請を認容した仮処分決定は、当該株主が、同社の前年度の株主総会において、同社に対する抗議行動の一環として、議題とは無関係な言動で議事の円滑な進行を妨害し、その後も同社に対する抗議活動を続け、今年度の株主総会では、前年度以上に議事を混乱させる旨を宣言していることに照らすと、株式会社に認められる株主総会を混乱させることなく、議事を円滑に運営し、終了させる権限の行使に基づく必要な措置として、その被保全権利および被保全の必要性が認められるので、これを正当として認可すべきである。

4　集計事務

　株主総会において適法な決議がされるためには、法定の議決権数（定足数）を満たしているかどうか確認を要する。

　あらかじめ前日までに提出された議決権行使書（委任状）について議決権数および賛否別の数を集計しておき、議決権数は当日出席の議決権数を加えて、株主総会において行使された議決権の数とする。

　株主総会では次の事項の報告（実務上は、①・④・⑤を報告することが一般的）を行う。

① 議決権を有する株主数○,○○○名

　総株主の議決権数○○,○○○個

② 当日出席した株主数○○○名

　その議決権数○○,○○○個

③ 前日（期限）までの議決権行使書の提出（電子投票制度を採用した場合は「およびインターネットによる議決権行使」）株主数○,○○○名

　その議決権数○○,○○○個

④ 株主総会において議決権を行使する株主数○○○名（②＋③）

　その議決権数○○,○○○個（②＋③）

⑤ 議案について決議の成立に必要な定足数を満たしている旨

(1)　当日出席の議決権数の集計

審査・確認後入場した株主の議決権数および株主数の集計を行う。

(2)　前日（期限）までの議決権数および株主数の修正

前日（期限）までに議決権行使済の株主が当日出席した場合には、当日出席の議決権数となるので、原則として当日出席に加算し、前日（期限）までの議決権行使集計分から減算することとなる。

(3)　議決権数の締切り時刻

株主総会の冒頭において当日出席した株主の議決権数を報告する会社が多いが、この場合には開会時刻10分〜15分前に一旦集計を締め切り、その時点の結果を報告する。報告事項の報告後に報告するときは、開会時刻の集計結果で行う。その後も出席があれば継続して集計し、最終的な当日出席株主の議決権数を算出しておく。このいずれを議事録に記載するかについては、定足数を満たしていればいずれでもよい。実務上も、株主総会で報告した数を記載する例と、臨時報告書の議決権行使結果の記載と平仄を合わせること等から最終の数値を記載する例のどちらもみられる。

(4)　当日出席する役員、従業員等の議決権数の集計

役員である株主を当日出席の取扱いとする場合には、当日出席の有無を確認した上で集計に加える（事前に当日出席の役員が有する議決権数を集計しておくと事務処理がしやすい）。

臨時報告書における議決権行使結果の開示等にあたり、役員による議決権行使の内容を正確に把握したい場合には、あらかじめ賛否欄を記載した議決権行使書を提出してもらう等の方法がある。

(5)　**途中退場株主の管理**

　議案に対する賛否が拮抗している場合、あるいは臨時報告書で議決権行使結果を開示するに当たって議場集計により当日出席した株主全員の賛否等の意思を正確に確認する場合には、議案の採決時点における議決権数を把握する必要がある。採決時点までに退場する株主がいるときは、その有する議決権数を集計し、当日出席株主の有する議決権数から減算する。

5　記録・管理事務

(1)　出席状況の記録

　株主総会当日に出席した株主の株主名、議決権数を出席者持参の議決権行使書（委任状）用紙および入場票ならびに株主出席票を確認のうえ、入場者リスト（【書式4−2−3】株主総会入場者リスト参照）に記録し、同時に株主出席票番号も記録する方法のほか、出席者持参の議決権行使書（委任状）用紙および入場票ならびに株主出席票そのものを記録として保管する等の方法がある。

　当日出席する役員、従業員株主について、事前にリストを作成し、当日は出席の有無のみ確認し得る状態にしておくと便利である。

(2)　管　理

　議決権行使書（委任状）および代理権を証明する書面及び電磁的方法により提供された事項が記録された電磁的記録（電子投票制度を採用した場合）は株主総会の日から3カ月間本店に備置しなければならないので（310条6項、311条3項）、書類は厳格に取り扱う必要がある。

第4章　株主総会の開催と準備

【書式４－２－２】株主出席票例および入場票例

株主出席票例-1

No ＿＿＿＿＿＿＿＿＿＿＿　　正

第○○回定時株主総会

株主出席票

○○○○株式会社

◎この票は、株主総会終了までお持ちください。
◎ご発言の際は、お名前および上記番号をお申し出ください。
◎一旦ご退場後、再び入場されるときは、本票を受付にご提示ください。

株主出席票　　副

No ＿＿＿＿＿＿＿＿＿＿＿
　　　　　○○○○株式会社

株主出席票　　控

No ＿＿＿＿＿＿＿＿＿＿＿
　　　　　○○○○株式会社

株主出席票例-2

No ＿＿＿＿＿＿＿＿＿＿＿　　正

第○○回定時株主総会

株主出席票

○○○○株式会社

◎この票は、株主総会終了までお持ちください。
◎ご発言の際は、お名前および上記番号をお申し出ください。
◎一旦ご退場後、再び入場されるときは、本票を受付にご提示ください。

株主出席票　　副

No ＿＿＿＿＿＿＿＿＿＿＿
　　　　　○○○○株式会社

株主出席票例-3

No ＿＿＿＿＿＿＿＿＿＿＿　　正

第○○回定時株主総会

株主出席票

○○○○株式会社

◎この票は、株主総会終了までお持ちください。
◎ご発言の際は、お名前および上記番号をお申し出ください。
◎一旦ご退場後、再び入場されるときは、本票を受付にご提示ください。

株主出席票　　控

No ＿＿＿＿＿＿＿＿＿＿＿
　　　　　○○○○株式会社

控：受付の際に回収した議決権行使書用紙に添付

副：途中退場などに使用

入場票例

第○○回定時株主総会

ご入場票

お届出住所	
株　主　名	
議決権数	個
行使書提出	有　　　無
株主番号	
出席番号	
備　　考	確認印

○○○○株式会社

第 2 節　株主総会の受付事務

【書式 4 − 2 − 3】株主総会入場者リスト

入場票 No.	株　　主　　名	議決権数（個）	備　　　　考
01			
02			
03			
04			
05			
06			
07			
08			
09			
10			
11			
12			
13			
14			
15			
16			
17			
18			
19			
20			
21			
22			
23			
24			
25			

第5章

株主総会の運営

第5章　株主総会の運営

第1節　株主総会の議長

1　議長の選任方法

　会社法上、株主総会の議長の選任に関する規定は設けられていないが、会議体の運営に係る事項として当然に株主総会において選任できるほか、29条に基づく任意的記載事項として、株主総会の議長をあらかじめ定款に定めておくことができる。

　定款をもって、議長は、取締役社長がこれに当たり、取締役社長に事故あるときは、あらかじめ取締役会の定めた順序により他の取締役がこれに代わる旨を定めるのが通例である。

2　議長の職務権限

　議長は、株主総会運営の適正化を図ることを目的として、株主総会の秩序を維持し、議事を整理するとともに（315条1項）、議長の命令に従わない者その他株主総会の秩序を乱す者を退場させることができる（315条2項）。但し、株主の基本的な権利である議決権を奪うことになるため、退場命令権の行使にあたっては慎重な対応が必要である。

　最近1年間の上場会社の株主総会において、株主総会の秩序を乱すような事態が生じた会社は39社（全体の2.3％）で、その内訳は、そのような者がいたが特に警告せず退場を命じなかった会社が11社、警告を発したのみの会社が21社、警告を発した後に退場を命じた会社が7社、マイクを取り上げたまたはスイッチを切った会社が1社となっている（2017年版株主総会白書102頁）。

　議長は、建設的な双方向の会議を運営するのが職責であることから、単発の野次程度は無視するとしても、程度を超える行動を行う株主がいる場合は毅然と警告を発し、再三の警告に従わないなどの事情がある場合には、事務局、弁護士等と協議のうえ退場命令を発するべきであろう。

■判例■31　議長による出席株主の退場措置が不法行為を構成しないとされた事例（損害賠償請求事件　東京地裁　平8.10.17）

　原告は右説明に納得せず、不平不満を言い、不規則発言を続け、議長の発言中止命令にも従わず、さらに不規則発言を継続したものであり、しかも原告の言動は罵声、怒号、ヤジや悪口雑言を並べ立てるものであり、議長は、不規則発言を

第1節　株主総会の議長

中止しないと退場を命ずる旨再三警告したが、それでも原告は不規則発言を中止せず、その結果、本件株主総会を混乱に陥らせ、議事の進行を妨害したものである。そこで、議長は、原告が命令に従わず、本件株主総会の秩序を乱したものとして、商法237条ノ4第3項（現会社法315条2項）に基づき、原告に対し退場を命じたものであり、本件退場命令に権限濫用等の違法な点は存在しないというべきである。

【Point】22　議長の交代

議長である取締役社長が終結の時をもって退任する予定となっている株主総会で、議長自身が贈呈の対象となる退職慰労金に関する事項が会議の目的となっている場合でも、当該議案の審議に当たり、他の取締役と議長を交代する必要はない。

株主総会の議長は、株主総会の議事を整理するのがその職務であるから、仮に議長に関する事項が議題に付せられたからといって交代する必要はない。議長自身の問題については心情的に議事を進めにくいということから、当該議案の審議に関し議長の職を一時的に辞退するという考え方があったが、そのような事例は少ない。

定款に規定する事故ある場合には該当しないが、原則的には、議長は株主総会において選任するものと考えられるから、議長自身が一時その職を辞退して他の取締役を議長に推したい旨を述べて、議場もこれに異議がなければ、株主総会で議長を選任したのと同様の効果があり、定款違反となることはない。

3　議長と回答者

株主総会の議長には、定款の定めに基づき、取締役社長等が当たり、かつ、質問に対する回答者になる場合が比較的多い。広範囲にわたる多数の質問がなされる場合、議長は、議事整理に専念し、経営方針等会社の根幹に関するものについては自ら回答するが、個別の質問については、議長が議長権限により担当役員を回答者に指名し回答させる場合もある。経済環境の急変や大災害の発生等、通常よりも幅広い質問がなされる場合、従来の議長がすべて回答する方針を変更し、担当役員が回答を分担する方法がとられることがある。

執行役員を置いている会社にあっては、取締役を兼任していない執行役員を回答者に指名することも差し支えない。ただし、説明義務は、取締役および監査役にあるので、取締役から何らかの回

— 305 —

第5章　株主総会の運営

答をしたうえで、執行役員に補足説明をさせる方法が適切である。

このほか、事務局員等を指名して説明、回答させることも可能であるが、事例は少ない。

2017年版株主総会白書によれば、議長が主たる回答者となる会社（以下「議長主回答会社」という）の割合は54.3％、質問により回答者を分担する会社（以下「分担回答会社」という）の割合は45.7％であり、議長主回答会社のほうが多い。これをさらに会社の規模別でみると、資本金が50億円以下の会社では議長主回答会社は65.0％、分担回答会社は35.0％となる。一方、資本金が50億円超の会社では議長主回答会社は46.8％、分担回答会社は53.2％となり、大規模会社ほど議長と回答者の職務分担を行う傾向が高い（2017年版株主総会白書101頁。「質問がなかった」「無回答」の会社は控除して計算）。

執行役員制度を導入している会社のうち、執行役員（取締役兼任者を除く。以下同じ）の全員または一部の者が株主総会に出席する会社の割合は77.2％である。また、出席するにあたり役員席側に着席する会社は、その61.5％である。そして、執行役員が株主総会に出席する場合において回答者としての対応を行う会社（回答する方針としている会社も含む）は38.6％となっている（全株懇調査6頁）。

第2節　株主総会の運営と準備

第2節　株主総会の運営と準備

1　議事進行の順序

いわゆる個別審議方式（議案ごとに付議説明・審議・採決する方式）の議事進行の順序は、次のとおりである。

① 事務局からの定刻となった旨のアナウンス（合図）

② 社長のあいさつと議長就任宣言

③ 開会宣言

④ 議事進行についての注意、協力要請

⑤ 議決権を有する株主数および議決権総数ならびに当日出席の株主数およびその有する議決権数の報告（事務局または議長）

⑥ 定足数の充足宣言（定足数を要する議案がない場合不要）

⑦ 監査役の監査報告

⑧ 連結計算書類の監査結果の報告

⑨ 事業報告の内容、連結計算書類の内容および計算書類の内容報告（会計監査人設置会社であって計算規則135条の承認特則規定を充たす場合）

⑩ （事前質問状がある場合）事前質問状に対する回答（報告事項および議案に関するもの）

⑪ 報告事項に関する質疑応答

⑫ 各議案の付議説明・審議・採決

⑬ 閉会宣言

このうち、⑦の監査役の監査報告については、株主総会に提出される議案・書類等に法令・定款違反または著しく不当な事項があると認められるとき（384条）以外は、法律上要求されているものではないが、実務では昭和49年改正前の旧商法において意見を報告することとされていたことにより、以後慣行的に行われているものである。⑧については、連結計算書類を作成する会社において報告が義務付けられている（444条7項、【Point】23参照）。⑨のうち計算書類については、会計監査人設置会社以外の会社や会計監査人設置会社であっても計算規則135条の承認特則規定を充たさない場合、株主総会の承認を要するため（438条2項、439条）、決議事項となる。

⑩の事前質問状に対する回答については、一問一答方式で行う方法と一括回答方式で行う方法が

— 307 —

第5章　株主総会の運営

あるが、一括回答方式による例が多い。

　次いで、質問が多数なされる会社を中心に数多く採用されている一括審議方式（報告事項の報告に続けて全議案まとめて付議説明し、報告事項・決議事項を一括して審議した後は採決のみをする方法）の議事進行の順序は、次のとおりである（個別審議方式とは以下のうち⑩全議案の付議説明以降の流れが異なる）。

①　事務局からの定刻となった旨のアナウンス（合図）

②　社長のあいさつと議長就任宣言

③　開会宣言

④　議事進行についての注意、協力要請

⑤　議決権を有する株主数および議決権総数ならびに当日出席の株主数およびその有する議決権数の報告（事務局または議長）

⑥　定足数の充足宣言（定足数を要する議案がない場合不要）

⑦　監査役の監査報告

⑧　連結計算書類の監査結果の報告

⑨　事業報告の内容、連結計算書類の内容および計算書類の内容報告（会計監査人設置会社であって計算規則135条の承認特則規定を充たす場合）

⑩　全議案の付議説明

⑪　（事前質問状がある場合）事前質問状に対する回答（ここで、議長から一括審議方式を採用することについて議場に提案し採決する場合もある）

⑫　報告事項・決議事項に関するすべての質問・回答・審議

⑬　各議案の採決

⑭　閉会宣言

　個別審議方式は、現在審議している事項が明らかである反面、現在審議していない他の事項に対する質問が出された場合の対応を考慮する必要があり、逆に、一括審議方式は、現在どの事項を審議しているのかわかりにくい場合がある反面、どの事項かを意識することなく自由に質問し回答することができる。したがって、会議体の一般原則は個別審議方式であるが、一般株主から多数の錯綜した質問が出されるような株主総会においては、一括審議方式の方が議事運営をしやすい。一般に、２つの審議方式について、優劣はなく、各社の判断・事情に応じて採用されている（【Point】32参照）。

2 　開会と出席議決権数等の報告

⑴　開会宣言

　株主総会の開会は、議長の開会宣言による。定刻以前に開会宣言がなされるべきではなく、そのようなことがあれば決議取消しの事由となる。

　また、定刻時に開会宣言がなされなくても、開会を遅らせることに合理的な理由があり常識的な範囲であれば許される。

　一般的に株主総会の議長は、定款の定めによって、取締役社長が議長となる例が多く、この場合には社長がまず役職名と氏名を名乗り、「定款第○条の規定によって議長を務める」旨を述べ、そのうえで開会を宣言することが適当である。

⑵　出席議決権数等の報告

　開会宣言の後、議長または事務局員から、議決権を有する株主数および議決権総数ならびに当日出席の株主数およびその有する議決権数（出席議決権数等）を報告することが慣行となっている。

　出席議決権数等の報告は、定足数を要する議案についてこれを充足していることを確認することにあるので、必ずしも確定数字でなくても差し支えないと解される。出席株主数にもよるものの、開会時刻の10分前位に集計を締め切り、その数字を報告する例が多い。

　もっとも、出席議決権数等が報告された後でも、その後の議決権数等を継続して把握しておくことは必要である。

　なお、委任状提出による代理出席の場合、株主総会に出席しない株主から議決権行使書が提出されたりインターネット等の電磁的方法で議決権行使がなされた場合、それらの議決権数は、当日出席株主の議決権数に含めて報告する。

3 　監査役の監査報告

　前述のとおり、監査役の株主総会に対する監査報告は、法令上の義務ではないが（384条後段）、大部分の会社が報告を行っている。

　会計監査人設置会社では、取締役会を設置していること、会計監査人の監査報告書の内容が無限定適正意見であることおよび監査役または監査役会の監査報告書の内容として会計監査人の監査の方法または結果を相当でないと認める意見がないこと等の承認特則規定（計算規則135条）を充たす場合、計算書類について、株主総会での承認を求めることを要さず、その内容を報告すればよい

第5章　株主総会の運営

（439条）。そこで、計算書類の適法性および相当性を充足していることを監査役から報告することが適当である。

　また、監査役の監査報告をいつ行うかが問題となるが、監査役は株主総会に提出される議案・書類等を調査しなければならないから（384条前段）、取締役による報告事項の報告の前に、適法かつ相当である旨を報告しておくことが一般的である。

【Point】23　連結計算書類の監査報告

　連結計算書類を作成する会社については、取締役は定時株主総会において連結計算書類の内容を報告し、かつ連結計算書類の監査結果の報告を行う必要がある（444条7項）。これは、連結計算書類に係る監査報告書の招集通知への添付は任意とされていることによる〔実際には、監査を受け、取締役会の承認を受けた連結計算書類を招集通知に添付しなければならないため（444条4項～6項）、監査報告書も添付されるのが通例〕。この監査報告は取締役が行うこととされているが、前述のとおり計算書類の監査報告は監査役が行うのが実務慣行として定着しており、議長の指名により監査役が個別・連結併せて監査報告を行えば足りると考えられている。また連結計算書類に係る会計監査人の監査報告についても議長の指名により監査役が報告することでよい。

　詳細は「第6章　株主総会議事進行要領」参照。

4　質問状への説明回答

　株主が会社に対して株主総会の日より相当の期間前に株主総会の質問事項を通知する、いわゆる事前質問状（単に「質問状」ともいう）を提出する場合、書面または電磁的方法といった方法は法令上特定されていない（施行規則71条1号イ）。もっとも、会社が定款の定めによりまたは定款の定めによる委任に基づき定められる株式取扱規程等により、株主の請求の方法について合理的な制約を加えることは差し支えないと解されているので（相澤・論点解説127頁）、これにより通知の方法を特定することができる。

　質問状が提出された場合は、当該質問状の内容に係る質問が株主総会で出される場合に備えて十分な回答を用意し、場合によっては一括回答するなどの対応を行うことになる。

(1)　質問状の通数、質問項目が多い場合

　質問状の通数や質問項目が多く、かつ、質問状提出株主の出席が予想される場合には、株主総会

－ 310 －

で個別に質問を受け付け回答を行うとすると相当な時間を費やすこととなるので、これら質問状の質問事項を整理・統合して一括回答する。この場合、一括回答は、株主総会を合理的な時間内に終了させるために有益な方法と考えられる。なお、質問状提出株主の出席の有無にかかわらず一括回答を行う会社は多い。

質問状に基づき、株主が株主総会であらためてその内容を口頭で質問することが本来のあり方である。したがって、会社が一括回答を行った後であっても、株主からあらためて質問がなされればこれに応じざるを得ないが、質問の内容がすでに回答または説明済のものであるときは、これを理由に回答を拒否することができる。

(2) 質問状の通数等がそれほど多くない場合

質問状の全部について説明・回答しても株主総会が合理的な時間内に終了することが予想される場合には各質問状ごとに説明・回答を用意し、質問状提出者が質問をするのであれば、個別回答する。なお、質問状の通数等がそれほど多くない場合でも、一括回答を行う場合がある。

■判例■32　商法237条ノ3（現会社法314条）と一括回答の可否（最高裁　昭61.9.25、東京高裁　昭61.2.19、東京地裁　昭60.9.24）

1　被告の取締役は、予め提出された質問状について、会議の目的たる事項に関係ないもの、抽象的なもの、意味不明のものを除き、質問を整理分類して明らかにした項目毎に回答説明したこと、説明の程度は一応客観的に合理的と考えられる詳しさであること、株主の質問は質問状によるものに制限されたものではなく、控訴人ほかの株主から取締役等に対する質問があり説明が行われたことが認められる。

ところで、商法237条ノ3第1項（現会社法314条）の規定する取締役等の説明義務は総会において説明を求められて始めて生ずるものであることは右規定の文言から明らかであり、右規定の上からは、予め会社に質問状を提出しても、総会で質問をしない限り、取締役等がこれについて説明をしなければならないものではない。ただ、総会の運営を円滑に行うため、予め質問状の提出があったものについて、総会で改めて質問をまつことなく説明することは総会の運営方法の当否の問題として会社に委ねられているところというべきである。そしてまた、説明の方法について商法は特に規定を設けていないのであって、要は前記条項の趣旨に照らし、株主が会議の目的事項を合理的に判断するのに、客観的に必要な範囲の説明であれば足りるのであり、一括説明が直ちに違法となるものではない。更

第5章　株主総会の運営

に、たとい一括説明によっては右必要な範囲に不十分な点があったとすれば、それを補充する説明を求めれば足りることである。

　それゆえ右事実によれば、被告の取締役が一括回答という方法により説明をしたことが商法237条ノ3の規定に違反することは認められないから、この点に関する控訴人の主張は理由がない。

　2　本件決議の行われた株主総会において質問状の質問者は明らかにされなかったが、これを明らかにしない説明は、説明義務に違反するという控訴人の主張に対しては、質問者がその氏名を明らかにすることの要否と説明の範囲とは異別の問題であるとともに、説明は質問者に対しその求めた事項について行われるのであるから、説明の対象に質問者の氏名が含まれると解すべき余地のないことは明らかである。もっとも、多数の質問状に対し、質問者の氏名を明らかにすることなく一括説明をする場合は、個々の質問者において自己の質問状に対し説明があったかどうか必ずしも判然としないことが生じ得ないとも限らないが、そのときは前述のように改めて質問するのが相当であり、かつすれば足りることであり、本件において質問状の質問者を明らかにしなかったことは何ら説明義務を尽さなかったこととはならない。

　したがって、この点に関する控訴人の主張も理由がない。

　（本判例は東京地裁昭和60年9月24日判決の控訴審判決である）

■判 例■33　会社が質問事項を一方的に整理して一括回答のうえ質疑を打切っても取締役の説明義務違反とはならない（名古屋地裁岡崎支部　平9.6.12　資料版商事法務No.161、182頁）

　限られた時間に効率的に議事進行をはかるため、原告からの質問のように多岐にわたり、かつ、議案との関連性の少ない質問事項は、これを整理して一括回答するのはむしろ当然のことであり、これをもって議長による権利の乱用や説明義務懈怠による違法・不当があるとは到底いえないし、また、原告が納得していないからといって同じ質疑を徒に繰り返す要もなく、社会通念に従って相当とみることのできる時に質疑を打切ることも何ら差し支えないものというべく、この点にも違法・不当はないといわざるをえない。

5　取締役等の説明義務

　株主総会において、株主は株主総会の目的事項につき質問をする権利があり、これに対して取締役および監査役は回答する義務がある（314条）。

　取締役および監査役は、機関として説明する義務を負うものであり、また、議長は株主総会の議事を整理する権限を有するから、株主の質問に対しては自ら説明すべきか他の取締役等から説明させるべきかを判断して、適切な説明がなされるよう配慮しなければならない。

　取締役および監査役の株主総会出席義務は、株主総会における説明義務から間接的に生じるものである。株主から求められた特定の事項について適切な説明がなされるのであれば必ずしも取締役および監査役の全員が出席する必要はないが、欠席する場合には、相当の理由が必要であろう。

　説明の内容・程度については、客観的に合理的と考えられる程度であればよく、質問した株主が主観的に納得しなくてもやむを得ない。株主と説明者の双方において見解が一致し、納得するまで討論を続ける必要はない。

　会社法は、取締役等の説明義務を定めるとともに、次のとおり説明を拒むことができる事由を明定して、説明の限界を明らかにするとともに、株主による質問権の濫用を防止することを図っている（314条但書、施行規則71条）。

　①　株主総会の目的である事項に関しないものである場合

　株主総会の目的である事項に関しないものとは、報告事項および決議事項に関係しないものであるが、株主総会の成立や議事運営に関する事項については、説明義務の範囲に含まれるものと考えられる（酒巻俊雄ほか編『逐条解説会社法第4巻』（中央経済社、2008）164頁〔浜田道代〕）。一般論として、報告事項については、報告の内容を理解するために必要と考えられる情報の提供が求められ、決議事項については、議案の内容を理解して賛否の態度を決めるために合理的に必要な程度の説明が求められる。

　②　説明をすることにより株主の共同の利益を著しく害する場合

　先端技術、新製品の内容等の企業秘密に属する事項や、係属中の訴訟事件に関する事項等がこれに当たる。

　③　説明をするために調査をすることが必要である場合

　詳細にわたる事項についての説明が求められた場合に説明を拒むことができるが、それを調査しなければ説明できない場合であっても、相当の期間前に当該事項を会社に対して通知した場合（いわゆる質問状が提出された場合）のほか、当該事項について説明をするために必要な調査が著しく容易である場合は、説明を拒むことができない旨規定されている。会計帳簿を閲覧しないとわからないような詳細な数字にわたる事項等が、これに当たる（仮に調査を要せずその内容を

第5章　株主総会の運営

把握していても、少数株主権である会計帳簿閲覧権（433条）の対象であることを理由に拒否することもできる）。

④　説明をすることにより会社その他の者（説明を求めた株主を除く）の権利を侵害することとなる場合

顧客・取引先等との間で守秘義務のある場合や、プライバシーの侵害または名誉毀損等がこれに当たる。

⑤　株主が実質的に同一の事項について繰り返して説明を求める場合

株主の質問権の濫用に当たるため、議長の議事整理権により対応することができるが、回答を拒むことができる事由としても規定されている。

⑥　説明をしないことにつき正当な理由がある場合

インサイダー取引規制上の未公表の重要事実（企業秘密に該当する場合は②にも該当する）や、株主の質問権の行使が権利の濫用に当たる場合等がこの事由に当たり、説明を拒むことができる。

しかしながら、現実の株主総会では前述の説明を拒むことができる事由のうち「総会の目的事項に関しないもの」を厳格に運用することはせず、説明義務の有無にかかわらず幅広に回答することが行われている。例えば、株価への不満、株主優待関連、株主総会のお土産関連などは株主総会の目的事項に関しないため通常説明義務はないが、会社側は答えられる範囲内でできるだけ回答しているのが実態である。それは、株主総会を「年に一度の株主との対話の場」であると位置づけ、できるだけ株主が質問しやすい「開かれた総会」を各社とも指向しているためであると考えられる。したがって、インサイダー取引規制上の未公表の重要事実等は当然回答してはならないが、「総会の目的事項に関しないもの」については個人株主に対するやわらかい対応の一環として、答えられる範囲内でできるだけ回答することが実務上望ましい。

【Point】24　社外取締役を置くことが相当でない理由についての説明義務

事業年度の末日において監査役会設置会社（公開会社であり、かつ、大会社であるものに限る）であって金融商品取引法24条1項の規定によりその発行する株式について有価証券報告書を内閣総理大臣に提出しなければならないものが社外取締役を置いていない場合には、取締役は、当該事業年度に関する定時株主総会において、社外取締役を置くことが相当でない理由を説明しなければならない（327条の2）。

定時株主総会におけるこの説明義務は、取締役が、株主からの質問を待たずに「相当でない理由」を説明しなければならないこととするものである。「相当でない理由」の説明は、各会社において、その個別の事情に応じてすべきこととされ、社外取締役を置くことがかえってその会社にマイナスの影響を及ぼすというような事情を説明しなければならないものと解され

ている（坂本三郎ほか「平成二六年改正会社法の解説〔Ⅰ〕」商事法務2040号36頁）。したがって、「社外監査役が２名おり、しっかりと監査・監督してもらっている」とか「適任者がいない」といった理由だけでは、「相当でない理由」の説明として認められないであろう。

【Point】25　子会社についての説明義務の範囲

　連結情報は企業集団の状況を理解するためのもので、事業報告に記載された連結内容、連結計算書類については当然に説明義務の対象となる。そうすると連結計算書類の報告に関して、子会社についての説明義務の範囲が問題となる。子会社といえども別法人であるから、親会社の株主による子会社に対する質問には限度があり（説明義務を有するのは、親会社の役員ではなく、子会社の役員である）、個々の子会社の貸借対照表や損益計算書に関する詳細な質問は説明義務の範囲外と考えられる（親会社株主は裁判所の許可がなければ子会社の計算書類の閲覧はできない。442条４項）。その意味で連結計算書類の報告は、単体（自社）の計算書類と異なり「情報の提供」という位置付けといえる。したがって、事業報告に記載されている連結内容については説明義務があるものの、その内容が理解できる程度に説明すれば足りるとされている。例えば、質問が親会社に大きな影響を与える子会社に関するものであれば、その子会社の事業（直近の売上高・損益状況）や財務内容の概要、将来の見通しについても説明が必要と思われる。ただし、純粋持株会社の場合は、傘下の子会社の事業・財務内容の方がむしろ重要となるので、子会社に関する説明義務の範囲は広くなると思われる。また、連結計算書類に関しては、用語の説明、連結の範囲、会計方針、勘定科目の内訳などは説明を要する。

　なお、子会社（２条３号）は、金融商品取引法同様、対象を会社（外国会社を含む）、組合（外国における組合に相当するものを含む）その他これらに準ずる事業体（施行規則２条３項２号）とする実質支配基準（施行規則３条・４条）であることに注意が必要である。

第5章　株主総会の運営

6　想定問答の作成

　事前質問状が提出されておらず、細かい質問で即答が難しいものは、「調査を要する」として説明を拒むことができるが（314条、施行規則71条1号）、会社の重要な事項に関しては、ある程度資料を準備して回答できるようにしておくべきである。したがって、ほとんどの会社は想定問答集を作成している（300問までの会社が多い）。

　しかしながら、用意したとおりの質問が出るとは限らず、また、数問の複合した質問であったりするため、想定問答集に頼るのは危険である。

　近年の株主総会では、法令上の説明義務がある事項についてのみ回答するのではなく、IR・SRの観点から、差し支えのない範囲において幅広く説明する傾向にある。したがって、会社自らが開示した書類等（適時開示書類、決算短信、コーポレート・ガバナンスに関する報告書、会社ホームページ等）にまで範囲を広げて想定問題を作成する必要性が生じている。

　また、一般株主を重視する姿勢から、想定問答は読み上げるものではなく、想定される質問に対する回答を整理するものと位置付け、自然な印象を出すために、実際の回答は自分の言葉で簡潔に行うことが望ましい。

　⑴　作成の目的
　　⒜　株主総会での質問への対応
　　⒝　役員等の理解を深める
　　⒞　株主総会で想定される質問の整理
　　⒟　事務局の手許資料
　⑵　想定問答集の内容
　　⒜　会社独自の問題について各部門で洗出し
　　　1年間の経営の状況、業界の状況、抱えている問題、トラブル、マスコミ等で話題となった事柄等の洗出し。
　　⒝　各社共通の質問についての準備
　⑶　想定問答集作成のポイント
　　法律上の説明義務がある事項は当然として、幅広く回答するためには相応の内容とする必要がある。他方、企業秘密やインサイダー取引規制上の未公表の重要事実等、回答してはならない事項やその内容を把握しておくことも重要である。
　　⒜　回答の方針、回答の程度（どこまで答えるか）、関連質問への対応
　　⒝　質問、回答のほか参考事項（例えば法令条文、計数等）についても準備
　　⒞　専門用語は極力回避（平易な用語への置換え）

— 316 —

第2節　株主総会の運営と準備

【Point】26　想定問答の作り方・意義（位置付け）

　　①回答の方針、②回答の程度（どこまで答えるか）、③修正動議が出された場合の対応、④
関連質問への対応について、顧問弁護士、証券代行機関の協力を得てとりまとめ作成する。
また各社共通の質問事項と会社独自の質問事項について作成する。作成方針としては各部署
ごとに、この１年間の成果、抱えている問題、起こった事故、クレームなどあらゆる問題（必
ずしも総会の目的事項に関しない事項でも取り上げる）についてすべて提出させることが必要
である。すなわち、株主総会で質問としては出なかったとしても、想定問答の作成とは役員、
社員が会社の抱えている問題を共有することに役立つ意義の深いものであると位置付けるこ
とが必要である。

7　最近の質問の傾向

⑴　平成29年６月株主総会での質問

　質問の傾向については、昨年と比較して極端な変化はない。しかし、前年６月より日経平均株価
が25％以上上昇していたことから、株価動向よりも「本業の先行き」、「どの事業で利益を上げてい
くのか」というところが株主の興味の中心であった感がある。また１月に誕生した米国トランプ政
権の動向、大手企業の子会社の不適切会計などを反映した質問も多く見られた。加えて、大手企業
の労務問題や政府の提唱する「働き方改革」を受けて従業員の処遇、労働環境、教育といった「従
業員関連」の質問が増加した。

　三井住友トラスト・グループの受託会社を対象としたアンケート調査（平成29年６月総会会社
813社）によると、株主から質問があった会社の割合は76.8％（前年比＋3.3％）であった。質問項
目上位10位の内訳は、以下の表のとおりである。

【株主からの質問事項（上位10位）】

質問項目	社数(重複集計)	割合	前年比
①　経営政策・営業政策	483社	59.4％	＋3.3％
②　リストラ・人事・労務	206社	25.3％	＋3.2％
③　財務状況	201社	24.7％	△3.4％
④　配当政策・株主還元	186社	22.9％	△1.2％
⑤　内部統制状況・リスク管理体制	65社	8.0％	△3.5％

第5章　株主総会の運営

⑥	子会社・関連会社関係	63社	7.7%	＋1.3%
⑦	株価動向	61社	7.5%	△3.1%
⑧	株主総会の運営方法等	59社	7.3%	△1.4%
⑨	社外役員関係	39社	4.8%	△2.0%
⑩	役員報酬・賞与	35社	4.3%	△1.3%
	対象者数	813社	100.0%	

(2)　最近のトレンド

　最近のトレンドを踏まえた質問例は以下のとおりである。

＜経営政策・営業政策＞

　・中国事業の調子について。

　・北米、欧州、中国各地域の状況と今後の展開について。

　・ライバル社との違い、当社の強み、弱みについて。

　・中期経営計画は作成していないのか。作成していないのならそれはなぜか。

　・中期経営計画2年目で計画未達となっているが、中期経営計画は見直すのか。見直さないのな
　　らばそれはなぜか。

　（説明）

　「どの事業で利益を上げていくのか」という株主の興味が、各社の特性（業種、グローバル企業
かどうか等）に合わせた形で質問されるケースが多い。またCGコード原則3－1で経営計画の策
定・開示が求められ、補充原則4－1②で中期経営計画も株主に対するコミットメントであるとさ
れたことから、中期経営計画をホームページに開示する企業が増えており、それを受けて中期経営
計画という語句を使った質問が目立ちつつある。

＜リストラ・人事・労務＞

　・サービス残業はあるのか。また従業員の残業管理はどのようにやっているのか。

　・事業報告にある従業員の平均勤続年数が短い。労働環境に問題があるのではないか。

　・昨年何人入社して何人やめたのか。またどうしてそうなったのか。

　・従業員1人あたりの月平均残業時間はどのくらいか。また有給休暇は昨年どのくらい消化され
　　たのか。

　・従業員の採用、入社した後の教育・研修プログラムはどうなっているのか。

　・働き方改革として何をやっているか。またプレミアムフライデーへの対応はどうか。

　（説明）

　大手企業での労務問題や政府の提唱する働き方改革を受けて、従業員関連の質問が急増している。

第2節　株主総会の運営と準備

質問されたからといって、全ての数字を回答しなければならないわけではないが、会社として行っている具体的施策をしっかり回答することが重要である。

＜配当政策・株主還元＞

　・現預金がこんなにあるのだからもっと配当を出すべきだ。

　・株価が伸び悩んでいるうえに無配だ。せめて株主優待で埋め合わせしたらどうか。

　（説明）

　配当可能利益の計算にそもそも現預金は関係がないが、個人株主からこのタイプの質問は多い。配当については常に予想される質問であることから自社の配当政策の考え方をしっかり説明するべきである。また、株主優待については説明義務がない質問であることがほとんどであるが、「開かれた総会」の一環として自社の考え方を説明することになる。

＜内部統制状況・リスク管理体制＞

　・大手企業で不祥事が続いているが、御社は大丈夫か。

＜子会社・関連会社関係＞

　・子会社各社の個別の損益状況はどうか。

　・子会社が海外を含めて多いが、不祥事が起きないための施策は何をやっているのか

　・海外子会社が多いが、監査役は年にどのくらい実査に行くのか。

　（説明）

　大手企業の不祥事や子会社の不適切会計等のマスコミ報道を受け、近頃多い質問である。当該企業の株主総会である以上、子会社各社の損益状況については基本的には説明義務はないと考えられるが（注）、「開かれた総会」の一環として概略程度は回答することになろう。また、各社の不祥事を受けて質問が監査役に飛び火するのも最近の傾向である。その場合には監査役が自社の監査体制をしっかりと回答する。

　（注）純粋持株会社や子会社が本体に比して巨大である場合は当該子会社の説明は必要であると考えられる（【Point】25参照）。

＜株主総会の運営方法等＞

　・株主総会のお土産がない。金額の問題ではなく気持ちの問題だ。

　（説明）

　お土産目当ての個人株主も多く、このタイプの質問はよく出るが、しっかりと自社の考え方を説明するべきである。

＜社外役員関係＞

　・社外取締役から見て当社の取締役会はどうか。しっかり議論をしているのか。社外取締役から聞きたい。

　（説明）

第5章　株主総会の運営

CG コード導入後、急速に増加した社外取締役に対する質問である。個別の議論の内容は説明する必要はないが、「しっかり議論がなされている」など、概括的に回答することになる。

8　役員への説明、社内勉強会の開催

リハーサルに先立ち、直近の株主総会の状況を把握するとともに、議事運営上の留意点について確認するため、役員向け勉強会を開催する。

現在の株主総会は、一般株主・機関投資家を強く意識したものとなっており、勉強会の内容は、これを踏まえる必要がある。

顧問弁護士や証券代行機関などに講師を依頼すると有益であろう。

(1)　最近の株主総会の傾向や株主の動向把握

(2)　説明義務、議長の権限等株主総会運営の実務の再確認

(3)　直面する株主総会の特徴や留意点の把握

9　リハーサルの実施

株主総会の円滑な議事進行のためには事前のリハーサルが有用とされており（会社側の一方的な議事進行手順の確認ではない）、ほとんどの会社が実施している（新規上場会社、社長交替会社等は回数が多くなるが、通常は 1 ～ 3 回）。

(1)　シナリオの読み合わせ等進行手順、時間の割り振りの確認（シナリオのチェック）

(2)　議長・答弁役員の質疑応答等の対応、答弁役員への指名、事務局との連携練習、および社員株主の拍手の練習（発声でなく拍手が一般的）

(3)　動議対応の練習

（議長不信任、休憩、議案修正、議事進行）

「動議に賛成の方」あるいは「動議に反対の方」の対応に慣れる。

(4)　議長権限の行使など臨場感あふれるリハーサル

会社が抱えている問題等により、どの程度のリハーサルを行うかを決めておく。

【Point】27　リハーサル実施方法

株主総会のリハーサル実施に当たっては、事前にその目的をはっきりと役員、特に議長となる社長に徹底することが重要である。株式担当者が必要であると思っても、役員が必要であるという意識がなければ実施する意味は薄く効果も限定的なものとなってしまう。リハー

サルの実効は議長、担当役員（答弁役員）、事務局、社員株主の連携が重要なポイントとなる。どの程度のリハーサルを行うかは、会社の規模、社風、会社の抱えている問題、社長の考え方等により異なる。一般的には入場から閉会宣言までの間の役員の態度、シナリオのチェック、質疑応答、質疑打切りのタイミング、採決の方法、動議の諮り方、社員株主の役割などについてチェックをする。また総会場の設営（会場の広さ、株主席の座席数、役員席・事務局席の位置、音響、照明、空調など）についても適当かチェックをする。リハーサルの程度（内容）については、①質疑応答は省略し、シナリオの読み合わせまでとする、②質問はあらかじめ用意した想定問答集の中から選んだものを行う、③想定問答集にこだわらず質問内容は自由とする（社外の者にも依頼するか）、などあらかじめ決めておくことが必要である。リハーサルにおいては、質疑応答は正解を求めることを目的とするものではなく、あくまで質問の振り方など連携をチェックすることが目的である（答弁役員を口頭試問する場ではない）。なお、リハーサルの実施に当たっては、顧問弁護士や証券代行機関にも参加を要請することが望ましい。リハーサル終了後に講評してもらうことにより、有益なアドバイスが得られるであろう。

10　警察への臨場要請

警察の臨場があると、会場における暴力的行為に対する抑止効果が期待できる。上場会社のほとんどが警察への臨場要請をしており、株主総会の開催日時、場所が決定したら早めに所轄の警察へ臨場要請をしておくことが望ましい。

なお、会場の所在地を管轄する警察署と会社の本店所在地を管轄する警察署が異なる場合には、会場と会社の本店が著しく離れた場所でない限り、双方の警察署に臨場要請をする。

11　包括委任状

休憩動議等の手続的動議に関しては、書面投票・電子投票を除く出席株主の議決権の過半数により決せられるため、大株主の出席が得られない場合、事前に大株主から包括委任状の提出を得ることにより対応することになる（【書式3－5－2】議事運営上の動議に対応するための包括委任状参照）。

包括委任状の提出があった場合、あるいは会社が委任状勧誘を行い委任状が返送された場合、代理人を選定し、その代理人が株主総会に出席し議決権を行使する。受任者は、通常、職員、議長、子会社などの役員、弁護士等がなる（定款規定により株主に限る）。

第5章　株主総会の運営

12　前日の宿泊

　自宅から会場まで遠距離の役員、事務局員等については、万一交通機関の事故等が発生しても遅れることがないように、会場近くのホテル等に宿泊するのが望ましい。

　交通機関の事故等によって、出席株主がきわめて少ないことが予想されたり、取締役の出席が遅れたりするなどの合理的な理由によって、例えば、30分あるいは1時間程度の常識的な時間であれば開会を遅らせることは可能であるが、開会が2時間以上遅延する場合は、出席株主による延期の決議（317条）が必要であるとの見解が示されており（東京弁護士会会社法部編『新・株主総会ガイドライン〔第2版〕』（商事法務、2015）5頁）、特に、議長および答弁担当役員など議事に直接関係するような人の場合には注意が必要である。

13　株主の諸請求

(1)　書類の閲覧・謄写・交付の請求

　株主による書類の閲覧等の請求権は、株主の共益権といわれる。書類の閲覧等の請求権の大部分は、株主のほか会社の債権者にも認められているが、債権者とは、原材料の購入先、借入先である銀行などが主な対象である。株主による書類の閲覧等の請求は、株主総会の日よりも前に行われるのが通例である。

【図表5－2－1】株主から閲覧等請求があった書類

書　類　名	件数	備　　考
株主総会議事録	116	閲覧・謄写
株主名簿	74	閲覧・謄写
定款・株式取扱規則	79	閲覧・謄抄本交付
附属明細書	17	閲覧・謄抄本交付
取締役会議事録	10	閲覧・謄写（裁判所の許可要）
監査役会議事録	1	閲覧・謄写（裁判所の許可要）
取締役会規則	2	
監査役会規則	0	
役員退職慰労金内規	0	知ることができるようにするための適切な措置（閲覧が通例）

－ 322 －

その他	170	

（出所）全株懇調査33頁に基づき作成。

（注）　会社法では、株主名簿の閲覧・謄写請求権について、以下の拒絶事由が規定されている（会社法125条3項）。

① 権利の確保または行使に関する調査以外の目的で請求を行ったとき

② 会社の業務の遂行を妨げ、または株主の共同の利益を害する目的で請求を行ったとき

③ 閲覧または謄写によって知り得た事実を利益を得て第三者に通報するため請求を行ったとき

④ 過去2年以内において、閲覧または謄写によって知り得た事実を利益を得て第三者に通報したことがあるものであるとき

(2)　対応方針

株主から書類の閲覧等の請求があった場合には、CGコード補充原則1-1③において、上場会社は、株主の権利の重要性を踏まえ、その権利行使を事実上妨げることのないよう配慮すべきであるとされていることに留意する。

なお、閲覧・謄写の諾否、手数料徴収の有無等は、トラブルになりやすいため、社内でルールを取り決めておく必要がある（【書式5-2-2】法定書類閲覧謄写等取扱要領（例）参照）。

① 諾否判断は、「法律で規定」、「公表文書」等画一的な基準で処理する会社が多い。

② 手数料は、基本的には実費相当額を徴収すべきだがケースバイケースで判断する会社も多い。

14　株主総会のお土産

2017年版株主総会白書によると、株主総会においてお土産を出す会社は1,218社／1,724社で、その割合は70.6％である。最近では、お土産のみを目的とする株主が増加して弊害も出てきたことから、その割合は減少傾向である（前年比4.1％減）。お土産の内容を見ると、自社製品364社、他社製品898社となっている（複数回答）。金額的には、自社製品・他社製品にかかわらず、市価相当額で1,000円以下の会社が42.1％と最も多く、3,000円超の会社は4.2％と僅少である（2017年版株主総会白書50頁）。

お土産を渡すタイミングであるが、三井住友トラスト・グループの受託会社を対象としたアンケート調査（平成29年6月総会会社546社を対象）によると、株主総会前に渡す会社の割合は58.1％、株主総会後に渡す会社の割合は41.0％であった。なお、前年比では株主総会前に渡す会社の割合が3.3％増加している。最近は「お土産目当て」の個人株主が多く、総会後渡しだとトラブルになる可能性もあるためか、総会前渡しが増加している。

株主総会前にお土産を渡すメリット・デメリットとしては、閉会時の速やかな退出を可能とする反面、受付時の混雑の原因となる点が挙げられる。このため、株主総会前にお土産を渡す場合は、「交付しやすい品物をお土産に選ぶ」、「株主受付窓口を増やす」、「株主受付窓口とお土産交付窓口を分

第5章　株主総会の運営

ける」といった対応が行われることもある。

　入場時に家族名義等の議決権行使書用紙を複数枚提示する株主がいるが、この対応としては、持参枚数にかかわらず入場者1名につき1個のお土産を渡す会社の割合は60.8%（前年比 +2.6%）である（前掲三井住友トラスト・グループ調査）。この対応を行うことについて招集通知に記載する会社もある。

【Point】28　資料請求・閲覧・謄写請求に対する対応

　招集通知を発送すると、株主から会社に備え置いている法定書類につき閲覧・謄写または謄抄本の交付請求がなされることがある。こうした会社法上の法定書類の閲覧等請求権は、株主名簿に記録された株主に認められる権利であり（130条）、届出印の印鑑照合等により株主名簿上の株主であることを確認することが原則である。

　しかしながら、上場会社が発行する振替株式の場合、当該閲覧等請求権は基準日を定めて行使される権利以外の権利である少数株主権等に該当するため、株主名簿の記録に基づくのではなく、加入者（株主）が自らの口座を開設する口座管理機関または振替機関に対して申出をし、これを受けて、振替機関が会社に対して行う、当該申出株主の氏名・住所・関係する口座に記録された株式の数等の通知（個別株主通知）に基づき行使されることになる（社債株式振替法154条）。個別株主通知がされた後4週間が経過する日までの間に株主は権利行使を行わなければならない（社債株式振替154条2項、社債株式振替施行令40条）。すなわち、個別株主通知は会社に対する対抗要件となる。もっとも、すでにTDnetやEDINET等で開示されている定款等については、会社の判断により、個別株主通知を要することなく応じることも考えられる。このほか、請求者の氏名、住所および目的を確認するための請求書類の提出や、請求者が株主本人であることを確認するための運転免許証等の本人確認書類の提示を求めたり、交付手数料など株主から手数料を徴収することも考えられるので、これらについて社内規則であらかじめ定めておく必要がある。また、必ずしも本店に請求されるとは限らないので、支店に対して請求された場合に必ず本店の担当部署に連絡するよう社内ルールを取り決めておく必要もある。

■判例■34　　株主名簿閲覧・謄写が権利の濫用に当たるとされた事例（最高裁　平2.4.17
資料版商事法務 No.74、60頁）
　商法263条2項（旧商法263条3項、現会社法125条2項）によれば、株主は会社の営業時間内であれば、いつでも株主名簿の閲覧又は謄写を請求することができるが、株主の株主名簿の閲覧又は謄写の請求が、不当な意図・目的によ

— 324 —

るものであるなど、その権利を濫用するものと認められる場合には、会社は株主
の請求を拒絶することができると解するのが相当である。これを本件についてみ
ると原審の適法に確定したところによれば、（事実関係略）上告人の被上告人に
対する株主名簿の閲覧及び謄写請求は、株主としての権利の確保等のためではな
く、右新聞等の購読料名下の金員の支払いを再開、継続させる目的をもってされ
た嫌がらせであるか、あるいは右金員の支払いを打ち切ったことに対する報復と
して、されたものと推認することができる、というものである。

　右事実関係のもとにおいては、上告人の被上告人に対する株主名簿の閲覧及び
謄写請求は、その権利を濫用するものというべく、これが許されるべきものでな
いことは明らかである。

■判 例■35　　説明義務の範囲と決議の取消し（福岡地裁　平3.5.14　資料版商事法務 No.87、
69頁）

　取締役等の説明義務を定める商法237条ノ3第1項但書（現会社法314条但書）
において、「其ノ事項ガ会議ノ目的タル事項ニ関セザルトキ」は説明することを
要しない、と規定している。すなわち、質問が当該総会の目的事項に関連するも
のである場合に取締役等の説明義務が生ずるところ、総会の目的には、決議事項
のみならず報告事項も含まれるから、取締役等の説明義務は、右両事項に及ぶが、
説明義務違反の存否は、個々の目的事項と質問との関係で論ずるべきである。

　すなわち、ある目的事項について株主が賛否の態度を決定するために通常必要
な説明をすべき義務が尽くされなかったことにより、看過することのできない瑕
疵が目的事項の決議に及ぼされるがゆえに、当該目的事項の決議が取り消される
のであって、仮に報告事項について取締役等の説明義務違反があっても、それに
よって当該取締役等に過料の制裁が課せられるのは格別（商法498条1項17号ノ
2、現会社法976条9号）、説明義務違反という瑕疵がない別の目的事項の決議に
ついてまで、これを理由に決議を取り消すことはできないと解するのが相当であ
る。言い換えると、株主総会決議取消訴訟において、取締役等の説明義務違反が
問題となるのは、それを理由として取消しがもとめられている総会の目的事項で
ある決議事項に関連する質問にかぎられると解すべきである。

■判 例■36　　役員退職慰労金贈呈決議と取締役の説明義務（奈良地裁　平12.3.29　資料版商

第5章　株主総会の運営

事法務 No.193、198頁）

　株主は、株主総会において、取締役・監査役の報酬金額、その最高限度額又は具体的な金額等を一義的に算出しうる支給基準を決議しなければならない以上、その金額又は支給基準の内容について具体的に説明を求めることができるのは当然であり、説明を求められた取締役は、①会社に現実に一定の確定された基準が存在すること、②その基準は株主に公開されており周知のものであるか、又は株主が容易に知りうること、③その内容が前記のとおり支給額を一義的に算出できるものであること等について、説明すべき義務を負うと解するのが相当である。

【Point】29　株主総会における議長、役員および事務局の心得

1　議長の心得

⑴　議事進行の主導権を株主に渡さない。

⑵　報告事項等の報告終了まで（一括審議方式の場合は、全議案の付議説明まで）は、株主の発言を許さない。

⑶　質問者および回答者の指名は、議長の専権である。

⑷　質問者の質問の趣旨を確認してから、回答または回答者を指名する。

⑸　細かい議論に引き込まれない。

⑹　意見が長くなるときは中断させ、質問に移るよう促す。

⑺　仮定の質問には答えない。

⑻　一般的な法解釈の議論はしない。

⑼　常に冷静さを保ち、場合によっては毅然とした態度をとる。

　　（厳しい発言・大声であっても振り回されない）

⑽　1人の株主に長時間発言をさせず、できる限り多くの株主を指名する。

⑾　発言が長引いたときは、質問をまとめるよう促す。それでも続ける場合は途中で切り、「ご質問の趣旨は、わかりましたので……」と整理し、そこまでの分を説明する。

⑿　質問者は、質問が終わったらなるべくその都度着席させる。

⒀　指名した者以外には、質問させない。株主同士に話をさせない。

⒁　動議への対応を適切に行う。

⒂　質疑打切りのタイミングをはかる。

2　説明者・回答者（議長を含む）の心得

⑴　株主総会の目的事項に関しないものは回答を拒むことができるが、現在の一般株主重

視の傾向から、企業秘密やインサイダー取引規制上の未公表の重要事実等回答してはならないものを除き、目的事項に関しない質問にも、できる限り回答する。

⑵　説明義務の範囲は、添付書類・参考書類を含めた招集通知の内容を合理的に理解できる程度（計算書類であれば附属明細書レベル）である。

⑶　回答は丁寧かつ要領よく簡潔にする。

⑷　株主と議論しない。

　　（当社の方針・考え方、見解の相違として議論を打ち切る）

⑸　説明を終えたら「以上です」と言って、締めくくる（議長以外の役員は着席する）。

⑹　業績予測等の将来のことは約束しない。

⑺　説明・回答の仕方は、初めは広い観点から、必要により段々と細かくする。

3　事務局の心得

全体の流れを把握し議長の支援を行い、状況に応じ事前に用意したメモを議長に渡す。

【Point】30　株主総会リハーサルのチェックポイント

1　リハーサルの目的、出席者

☐　⑴　リハーサルの目的は明確になっているか。

☐　⑵　議長は出席しているか。

☐　⑶　主要役員（特に回答者役を務める役員）は出席しているか。

2　会場の設営

☐　⑴　会場の広さは適当か。

☐　⑵　株主席の座席数は適当か。

☐　⑶　音響・照明・空調は適当か。

☐　⑷　騒音は問題ないか。

☐　⑸　株主、役員の入退場の経路は適当か。

☐　⑹　会場係の配置、員数は適当か。

☐　⑺　会場係は株主席を向いているか。

☐　⑻　議長席と株主席が近すぎないか。

☐　⑼　事務局と議長席の間隔は適当か。

☐　⑽　議長席は十分な広さがあるか。

☐　⑾　役員席は、円滑な回答ができる席次となっているか。

☐　⑿　役員控室と、株主控室の位置は適当か。

第5章　株主総会の運営

- □　⒀　株主席のマイクは事務局等でコントロールできるか。
- □　⒁　役員席は足が隠れるようになっているか。
- □　⒂　議長席、各役員席に名札を置いているか。
- □　⒃　役員候補者の席は確保してあるか。
- □　⒄　社員株主の席は決めているか（席は分散しているか）。

3　入場

- □　⑴　役員の入場時間は適切か。

  ・開会の30秒から１分前に全員が着席し終わっているのが適当。

- □　⑵　役員の入場の順序は適当か。

  ・序列順、座席順

- □　⑶　席に着く時に整然と着席できるか。

  ・各役員は自分の席を認識しているか。

- □　⑷　総会場に入場する時、着席する時に株主席に一礼しているか。

4　冒頭～報告事項終了

- □　⑴　議長のシナリオを読む速さは適当か。

  ・読みにくさが感じられないか（文字の大きさ、改行を工夫）。

  ・読み間違いやすい箇所はないか（ルビをふる）。

  ・声の大きさは適当か。

- □　⑵　株主の不規則発言は無視する。しつこければ制止する。
- □　⑶　社員株主は自然な感じで拍手（必要であれば発声）ができているか。

  ・シナリオをみないでできるか。

- □　⑷　役員の態度はどうか。

  ・目をつむっていないか。

  ・腕組み、足組み、頬杖をしていないか。

  ・反り返っていないか。

  ・うつむいたままでいないか。

  ・スーツの上着のボタンは留めているか。

  ・社章は付けているか（付ける場合）。

  ・服装はふさわしいか。

  ・ポケットに手を入れていないか。

  ・新任役員の挨拶（一礼）は適当か。

5　質疑応答

- □　⑴　議長は発言の際のルールを徹底させているか。

・氏名と出席票番号を言わせる（番号のみとする場合もある）。

　　・発言が終ったら着席させる。

　　・指名した株主以外の発言は制止する。

☐　(2)　議長の発言者の指名の仕方は適当か。

　　・指で差さない。手のひらを上に向けて、手で指名すること。

　　・何人も手が挙がっているときは、明確に特定すること。

☐　(3)　回答者は回答のルールを守っているか。

　　・議長の指名により回答しているか。

　　・回答後、「以上、回答いたしました」「以上、ご説明いたしました」と、締めくくりの
　　　言葉をハッキリ発言しているか。

☐　(4)　議長も回答者も、株主に失礼のないような態度、言葉づかいであるか。

6　議案の審議・採決～閉会

☐　(1)　議長は議案の審議の際、質問・動議を見落とさないこと。

☐　(2)　議長は質疑応答の際に修正動議が出されていたときは、該当議案の審議の際に、修
　　　正動議の採決を忘れないこと。

☐　(3)　原案を採決した直後に、修正動議の否決宣言を忘れないこと。

☐　(4)　社員株主は、拍手（必要に応じて発声）により賛意を表しているか。

☐　(5)　役員は、議案が承認された時に、一礼をしているか。

☐　(6)　閉会時、役員全員が、そろって起立し一礼ができているか。

　　・議長は、役員全員が立ち上がったことを確認してから、最後の挨拶をするようにする。

7　事務局

☐　(1)　事務局は議長を適切にバックアップしているか。

☐　(2)　議長のシナリオの読み間違いをチェックし、適切に対応できているか。

☐　(3)　議長や回答役員に渡すメモやカード等が準備されているか。

8　動議の対応、質疑打切り

☐　(1)　取り上げるべき動議を取り上げているか。

☐　(2)　議場への諮り方は適当か。

☐　(3)　決議の結果を明言しているか。

☐　(4)　動議か意見か不明確な場合、確認しているか。

☐　(5)　質疑打切りのタイミングは適当か。

9　その他

☐　(1)　総会場への株主の誘導状況はどうか。

　　・会場案内の立看板等

第5章　株主総会の運営

・案内係の配置

□　(2)　会場係の配置は適当か。とっさのとき（株主が議長席に詰め寄るなどの場合）に行動できるか。

□　(3)　社員株主は社章や制服などを着用してこない。

□　(4)　社員株主は何時に集合するか周知徹底されているか。

□　(5)　当日、社員同士で親しげに会話しない。

□　(6)　社員株主の人数を合理的な範囲に限定し、会場前列を占拠させない。

（注）　リハーサルにおいては、一般株主の発言を封殺したり、質問する機会を奪うなど、一般株主の株主権行使を不当に阻害してはならないようチェックする必要がある（判例38参照）。

■判例■37　　株主の差別的な取扱いに関する損害賠償請求事件（最高裁　平8.11.12　資料版商事法務 No.153、171頁）

（前　略）

2　被上告会社は、昭和63年1月及び2月、原発反対派の者に本社ビルを取り囲まれたり、深夜数時間、ビルの一部を占拠されたことがあり、更に平成2年3月に結成された「未来を考える脱原発○○株主会」等の差出人から、本件株主総会の前に1,000項目を超える質問書の送付を受けていたことなどから、本件株主総会の議事進行が妨害されたり、議長席及び役員席を取り囲まれたりするといった事態が発生することをおそれ、被上告会社の株主である従業員ら（以下「従業員株主ら」という）にあらかじめ指示をし、本件株主総会当日、従業員株主らをして午前8時の受付開始時刻前に会場に入場させ株主席のうちの前方部分に着席させた。

3　会場には株主席として約230の椅子が並べられていたが、上告人（略）が会場に到着した時には従業員株主らが既に株主席の最前列から第5列目までのほとんど及び中央部付近の合計78席に着席していた。上告人（略）は、前から第6列目の中央部付近に着席した。

4　上告人（略）は、本件株主総会において、議長から指名を受けた上で動議を一度提出した。

二　上告人（略）の本件請求は、本件株主総会の会場において希望する座席を確保するために被上告会社本社ビルの近くに宿泊して本件株主総会当日に早朝から入場者の列に並んだが、被上告会社から従業員株主らとの間で前記の差別的取扱いを受けたことにより、希望する席を確保することができず、これによって精神

— 330 —

第2節　株主総会の運営と準備

的苦痛を被り、更に宿泊料相当の財産的損害を被ったと主張して、被上告会社に対し、不法行為に基づく損害賠償を求めるものである。

三　株式会社は、同じ株主総会に出席する株主に対しては合理的な理由のない限り、同一の取扱いをすべきである。本件において、被上告会社が前記一の2のとおり本件株主総会前の原発反対派の動向から本件株主総会の議事進行の妨害等の事態が発生するおそれがあると考えたことについては、やむを得ない面もあったということができるが、そのおそれのあることをもって、被上告会社が従業員株主らを他の株主よりも先に会場に入場させて株主席の前方に着席させる措置を採ることの合理的な理由に当たるものと解することはできず、被上告会社の右措置は、適切なものではなかったといわざるを得ない。しかしながら、上告人（略）は、希望する席に座る機会を失ったとはいえ、本件株主総会において、会場の中央部付近に着席した上、現に議長からの指名を受けて動議を提出しているのであって、具体的に株主の権利の行使を妨げられたということはできず、被上告会社の本件株主総会に関する措置によって上告人（略）の法的利益が侵害されたということはできない。そうすると、被上告会社が不法行為の責任を負わないとした原審の判断は、是認することができ、原判決に所論の違法はない。

■判　例■38　従業員株主による株主総会への関与（大阪高裁　平10.11.10、大阪地裁　平10.3.18　資料版商事法務 No.177、253頁、No.169、111頁）

　（二）　ところで、一般に、多数の株主が出席する大企業の株主総会において、円滑な議事進行が行われることは、会社ひいては株主にとって重要なことであり、特に、大企業の場合、いわゆる総会屋などによって株主総会の円滑な進行が阻害されることがあるなどの事情からすれば、会社が円滑な議事進行の確保のため、株主総会の開催に先立ってリハーサルを行うことは、取締役ないし取締役会に認められた業務執行権（商法260条1項、現会社法362条2項）の範囲内に属する行為であるということができる。

　しかし、リハーサルにおいて、従業員株主ら会社側の株主を出席させ、その株主らに議長の報告や付議に対し、「異議なし」、「了解」、「議事進行」、などと発言することを準備させ、これを株主総会において実行して一方的に議事を進行させた場合は、株主の提案権（商法232条ノ2、現会社法303条・305条）や取締役・監査役の説明義務（同法237条ノ3、現会社法314条）などの規定を設けて、株主総会の活性化を図ろうとした法の趣旨を損ない、本来法が予定した株主総会とは

— 331 —

第5章　株主総会の運営

異なるものになる危険性を有するばかりか、一般の株主から質問する機会を奪うことになりかねないところがあるなど、株主総会を形骸化させるおそれが大きいともいえる。

したがって、従業員株主らの協力を得て株主総会の議事を進行させる場合、一般の株主の利益について配慮することが不可欠であり、株主総会招集権者が、自ら意図する決議を成立させるために、右従業員株主に命じて、役員の発言に呼応して賛成の大声を上げたり、速やかな議事進行を促し、あるいは拍手するなどして、他の一般株主の発言を封殺したり、質問する機会を奪うなど、一般株主の株主権行使を不当に阻害する行為を行わせた場合は、取締役ないし取締役会に認められた業務執行権の範囲を越え、商法247条1項1号（現会社法831条1項1号）にいう法令に違反し又は決議の方法が著しく不公正な場合に該当するというべきである。

■判　例■39　説明義務違反の判断基準・議長の議事整理権の限界（東京地裁　平16.5.13　請求棄却（確定）　金判 No.1198、18頁以下）

1　株主総会における取締役等の説明義務の範囲と程度は、株主が会議の目的たる事項の合理的な理解および判断をするために客観的に必要と認められる事項に限定され、その判断基準については、株主の質問内容と決議事項との関連性や具体的になされた会社側の説明の内容にさらに質問した株主がすでに保有する判断資料の有無や程度を総合的に考慮して、審議全体の経過に照らし、平均的な株主が議案に対する合理的な理解および判断を行うことができる状態に達しているか否かにより、説明義務を尽くしたといえるかどうかが判断されるが、本件の事実関係のもとにおいては、被告側の説明について、説明義務違反があったとまで認めることはできない。

2　本件株主総会における被告の議長による議事運営方法が不公正であり適切さを欠いていたことは否定できないが、被告の議長がそのような議事運営方法をとったことについて、被告の経営状況についてすでに十分な知識、情報を得ており、本件の各決議事項について十分な情報を持っていると認められ、しかも事前に賛成の意向まで表明している原告の関係者からの質問が繰り返しなされた結果、被告の議長としては、一時的な混乱状態のもとで、すでに原告の関係者に対しては必要な説明がなされていると即断して、原告の関係者からなされた質問を打ち切りあるいは無視するといった措置をとるに至ったものであり、

原告の一括質問状に対する回答が行われ、本件各決議についての実質的関連事項の説明はそれぞれの決議の際にはすでになされているものと認められることをも併せ考慮すると、本件各決議に際しての被告の議長の議事運営方法が、決議取消を認めざるを得ないほど著しく不公正なものであったとまで認めることはできない。

（編集者注）　株主提案権行使がなされ株主総会検査役を選任した株主総会で、株主総会所要時間は３時間10分であった。

■判例■40　従業員株主による質問・事前質問に対する不適切な回答がなされたこと等に対する株主総会決議取消請求事件（東京高裁　平29.7.12、東京地裁　平28.12.15　金融・商事判例　№1524、8頁、№1517、38頁）

原判決の認定する従業員株主のヤラセ質問について、質疑に充てられた時間約１時間16分のうち一般株主の質疑応答の時間約53分が短時間に過ぎるということはできない上、質疑応答の後半部分で一般株主がした質問内容は、株主総会の報告事項または決議事項と関連性を有するとはいえない事項に関するものが続くようになっていたことなどに照らせば、一般株主の質疑応答に充てられた時間が不十分であったとまでは認められない。

個別ベースの役員賞与支給議案における個人別支給額を明らかにするよう求めた事前質問に対し、個別ベースでは増額しているにも関わらず、連結ベースで役員２名に限定したものであることを明らかにしないまま支給額は減額した旨回答したことについて、株主に対する説明として適切であったとは言い難いものの、あらかじめ役員賞与支給額の総額および支給の対象となる取締役および監査役の数が明らかにされており、そのことが招集通知において明らかにされていた上、議案の上程の際にもこの点が明らかにされていたのであって、株主が議案の内容自体について誤解する可能性はなく、そうした中で、殊更虚偽の説明をしたとまでは認められない。さらに、事前行使により既に既に過半数の賛成票を得ており、議案の正否自体に影響を与えたものとは認められない。

以上によれば、控訴人らの請求はいずれも理由がないから棄却すべきであり、これと同旨の原判決は相当である。

（編集者注）　控訴審も原審の判断を支持し棄却したが、原審判決において、会社が従業員に会社が準備した質問をさせることにより、一般株主の質疑応答に充

第5章　株主総会の運営

てられる時間が減少するような事態が生じることは、多数の一般株主を有する上場会社における適切な株主総会の議事運営とは言い難いものであり、事前質問に対する回答についても、株主は誤解をしたまま、議決権を行使した可能性が否定できないから、決議の方法には不公正な点があったとの判断はなされている点には注意は必要である。

【書式5－2－1】各種法定備置書類一覧表

①法定備置書類と株主の閲覧・謄写等の請求権一覧表

書類名 （電磁的記録に記録された事項を含む）	備置場所	備置期間	請求行為	請求権者 株主	請求権者 債権者※	請求権者 親会社社員＊	請求権者 その他	条文・その他 ＊裁判所の許可 ※新株予約権者を含む。
定款	本店・支店	常時	閲覧・謄抄本交付	○	○	○		31条
株式取扱規程	本店・支店	常時	閲覧・謄抄本交付	○	○	○		31条準用
株主名簿	本店（株主名簿管理人の営業所）	常時	閲覧・謄写	○	○	○		125条
新株予約権原簿	本店（株主名簿管理人の営業所）	常時	閲覧・謄写	○	○	○		252条
社債原簿	本店（社債原簿管理人の営業所）	常時	閲覧・謄写	○	○	○	☆	684条 施行規則167条 ☆社債権者および社員
代理権を証明する書面	本店	株主総会の日から3箇月間	閲覧・謄写	○☆				310条 ☆議決権ある株主
議決権行使書面	本店	株主総会の日から3箇月間	閲覧・謄写	○☆				311条，312条 ☆議決権ある株主
株主総会議事録 （書面決議・書面報告総会を含む）	本店・支店	株主総会の日から本店10年支店5年	閲覧・謄写	○	○	○		318条 施行規則72条
株主総会書面決議同意書面	本店	みなし決議日から10年	閲覧・謄写	○	○	○		319条
取締役会議事録 （書面決議・書面報告を含む）	本店	取締役会の日から10年	閲覧・謄写	○＊	○＊	○		371条 施行規則101条
取締役会書面決議同意書面	本店	みなし決議日から10年	閲覧・謄写	○＊	○＊	○		371条
監査役会議事録 （書面報告を含む）	本店	監査役会の日から10年	閲覧・謄写	○＊	○＊	○		394条 施行規則109条
監査等委員会議事録	本店	監査等委員会の日から10年	閲覧・謄写	○＊	○＊	○		会社法399条の11 施行規則110条の3
指名委員会等設置会社の各委員会議事録 （書面報告を含む）	本店	各委員会の日から10年	閲覧・謄写	○＊	○＊	○	☆	413条 施行規則111条 ☆取締役
社債権者集会議事録	本店	10年	閲覧・謄写				☆	731条 ☆社債管理者・社債権者
役員退職慰労金支給基準 （参考書類に記載があれば備置不要）	本店	招集通知発送後株主総会終結の時まで（または常時）	閲覧（当該基準を知ることができる適切な措置）	○☆				施行規則82条等 ☆議決権ある株主

（注）　書面決議・書面報告の場合の各議事録の備置期間の起算日は、「決議があった」「報告があった」または「報告を要しない」ものとみなされた日からである。

第2節　株主総会の運営と準備

①法定備置書類と株主の閲覧・謄写等の請求権一覧表

書類名 （電磁的記録に記録された事項を含む）	備置場所	備置期間	請求行為	請求権者				条文・その他 ＊裁判所の許可 ※新株予約権者を含む。
				株主	債権者※	親会社社員＊	その他	
会計帳簿・資料	備置に関する規定はない。	10年	閲覧・謄写	○☆		○☆		433条 ☆総株主の議決権または発行済株式の3％以上保有の株主（原則）
計算書類等 ・事業報告（附属明細書を含む） ・計算書類（附属明細書を含む） ・臨時計算書類 ・会計監査人監査報告 ・監査役および監査役会の監査報告	本店・支店	定時株主総会の日の2週間前から☆ 本店5年 支店3年	閲覧・謄抄本交付	○	○	○		442条 ☆臨時計算書類およびその監査報告は作成の日から

（注）　連結計算書類は、備置等の対象とはされていない。

②法定備置書類と株主の閲覧・謄写等の請求権一覧表（主な組織再編の事前・事後開示制度）

	主な組織再編区分 （開示書類名等は記載略）	備置場所	備置期間	請求行為	請求権者		条文
					株主	債権者	
事前開示	吸収合併消滅会社	本店	事前開示の開始日から効力発生日 (注1)	閲覧・謄抄本の交付請求	○	○	782条
	吸収分割会社		事前開示の開始日から効力発生日後6箇月 (注1)		○	○	
	株式交換完全子会社				○	新株予約権者	
	吸収合併存続会社・吸収分割承継会社・株式交換完全親会社	本店	事前開示の開始日から効力発生日後6箇月 (注1)	閲覧・謄抄本の交付請求	○	○ (注2)	794条
事後開示	吸収分割会社	本店	効力発生日から6箇月	閲覧・謄抄本の交付請求	○	債権者その他の利害関係人	791条
	株式交換完全子会社				○	新株予約権者であった者	
	吸収分割承継会社	本店	効力発生日から6箇月	閲覧・謄抄本の交付請求	○	債権者その他の利害関係人	801条
	吸収合併存続会社および株式交換完全親会社				○	○ (注2)	
事前開示	新設合併消滅会社	本店	事前開示の開始日から成立日 (注1)	閲覧・謄抄本の交付請求	○	○	803条
	新設分割会社		事前開示の開始日から成立日後6箇月 (注1)		○	○	
	株式移転完全子会社				○	新株予約権者	
事後開示	新設分割会社	本店	成立日から6箇月	閲覧・謄抄本の交付請求	○	債権者その他の利害関係人	811条
	株式移転完全子会社				○	新株予約権者であった者	
事後開示	新設合併設立会社	本店	成立日から6箇月	閲覧・謄抄本の交付請求	○	○	815条
	新設分割設立会社				○	債権者その他の利害関係人	
	株式移転設立完全親会社				○	新株予約権者	

— 335 —

第5章　株主総会の運営

(注１)　消滅会社等の事前開示の開始日は、次に掲げる日のいずれか早い日をいう（吸収合併存続会社、吸収分割承継会社、株式交換完全親会社は①②④のいずれか早い日）。
①　吸収合併契約等について株主総会の決議によってその承認を受けなければならないときは、当該株主総会の日の２週間前の日（319条１項の書面決議は、その提案があった日）
②　（反対株主の株式買取請求）効力発生日の20日前までに行う株主宛ての通知の日または公告の日のいずれか早い日
③　（新株予約権買取請求）効力発生日の20日前までに行う新株予約権者宛ての通知の日または公告の日のいずれか早い日
④　（債権者保護手続）公告または催告の日のいずれか早い日
⑤　上記①～④以外の場合には、吸収分割契約もしくは株式交換契約締結の日または新設分割計画の作成の日から２週間を経過した日
(注２)　株式交換完全子会社の株主に対して交付する金銭等が完全親会社の株式以外のものである場合には「株主」のみとなる。

③金融商品取引法による法定備置書類

書類名 （電磁的記録に記録された事項）	備置場所	備置期間	請求行為	請求権者	条文
有価証券届出書	本店・主たる事務所・主要支店および財務局 証券取引所 日本証券業協会	受理した日から５年を経過する日まで	縦覧	公衆	金商法25条１項１号・２項・３項 開示府令21条・22条・23条（以下同25条１項12号まで同じ）
参照方式による有価証券届出書		受理した日から１年を経過する日まで	縦覧	公衆	金商法25条１項２号・２項・３項
発行登録書		受理した日から発行登録が効力を失うまでの間	縦覧	公衆	金商法25条１項３号・２項・３項
発行登録追補書類		受理した日から発行登録が効力を失うまでの間	縦覧	公衆	金商法25条１項３号・２項・３項
有価証券報告書		受理した日から５年を経過する日まで	縦覧	公衆	金商法25条１項４号・２項・３項
確認書		受理した日から５年を経過する日まで	縦覧	公衆	金商法25条１項５号
内部統制報告書		受理した日から５年を経過する日まで	縦覧	公衆	金商法25条１項６号
四半期報告書		受理した日から３年を経過する日まで	縦覧	公衆	金商法25条１項７号
半期報告書		受理した日から３年を経過する日まで	縦覧	公衆	金商法25条１項８号・２項・３項
臨時報告書		受理した日から１年を経過する日まで	縦覧	公衆	金商法25条１項10号・２項・３項
自己株券買付状況報告書		受理した日から１年を経過する日まで	縦覧	公衆	金商法25条１項11号・２項・３項
親会社等状況報告書 ※	※提出子会社および財務局等	受理した日から５年を経過する日まで	縦覧	公衆	金商法25条１項12号・２項・３項
大量保有報告書 同変更報告書 同訂正報告書	提出者・発行会社の本店等を管轄する財務局 証券取引所 日本証券業協会	受理した日から５年	縦覧	公衆	金商法27条の28 株券等の大量保有の状況の開示に関する内閣府令20条・21条

— 336 —

第2節　株主総会の運営と準備

【書式5－2－2】法定書類閲覧謄写等取扱要領（例）

法定書類閲覧謄写等取扱要領

第1条（目的）　当会社の会社法に定める法定備置書類の閲覧もしくは謄写または謄抄本の交付請求は、この要領の定めるところによる。

第2条（手続）　法定備置書類の閲覧もしくは謄写を行い、または謄抄本の交付を受けようとする者は、当会社所定の「法定書類　閲覧・謄写・謄抄本交付 請求書」（以下「請求書」という）に必要事項を記入して署名または記名押印のうえ、請求しなければならない。

2．　前項の請求を行う者が株主であるときは、請求書に個別株主通知の受付票[注1]を添付し、かつ、株主本人であることを証明する書類を添付または提供しなければならない。なお、当該請求は当会社に個別株主通知が到達した日から4週間以内になされたものでない場合には、当会社は当該請求を拒否することができる。

3．　第1項の請求を行う者が債権者であるときは、請求書に債権者であることを証明する書類を添付し、かつ、債権者本人であることを証明する書類を添付または提供しなければならない。

第3条（手数料）　謄写または謄抄本の交付については、以下に掲げる費用または実費および消費税を申し受けることができる。

　　① 　謄写　　1枚　○○円　　謄本・抄本　1枚　○○円

　　② 　郵送料　実費

　　③ 　消費税　請求ごとに計算し、円未満の端数は切り捨てるものとする。

第4条（閲覧等請求書類）　当会社の株主または債権者の閲覧等請求権者は、会社法に定める期間内に限り、営業時間内はいつでも、所定の手続を経て以下に掲げる書類（債権者については③の書類を除く）の閲覧または謄写の請求をすることができる。ただし、当該請求の目的が会社法に定める拒否事由に該当する場合その他閲覧等請求権の濫用等に該当する場合は、当会社は当該請求に応じることを拒否することができる。

　　① 　株主総会議事録

　　② 　株主名簿

　　③ 　株主総会委任状または議決権行使書面

2．　当会社の株主または債権者は、裁判所の許可を得て、以下に掲げる議事録の閲覧または謄写を請求することができる。

　　① 　取締役会議事録

　　② 　監査役会議事録

第5章　株主総会の運営

第5条（計算書類等の閲覧等）　当会社の株主または債権者は、会社法の定めに従い、営業時間内はいつでも、以下に掲げる書類の閲覧を請求し、または第3条に定める手数料を支払って謄抄本の交付を請求することができる。なお、株主から以下に掲げる書類について閲覧または謄抄本の交付請求があった場合には、第2条第2項の定めにかかわらず、個別株主通知の受付票の添付を要しないこととすることができる^{(注2)(注3)}。

① 事業報告

② 同附属明細書

③ 計算書類（貸借対照表、損益計算書、株主資本等変動計算書、個別注記表）

④ 同附属明細書

⑤ 監査報告書（会計監査人・監査役会・監査役）

⑥ 定款

⑦ 株式取扱規則

第6条（役員退職慰労金規程の閲覧）　取締役または監査役の退職慰労金に関する株主総会の議案が一定の基準に従い退職慰労金の額を決定することを取締役会または監査役その他の第三者に一任するものであるときは、当該株主総会において議決権を有する株主は、役員退職慰労金規程の閲覧を請求することができる。なお、この場合は、第2条第2項の定めにかかわらず、個別株主通知の受付票の添付を要しないものとする^{(注4)(注5)}。

2．当会社が前項の請求に応じる期間は、取締役または監査役の退職慰労金に関する議案が株主総会に付議される場合において、株主総会招集通知の発送の時から当該株主総会の終結の時までとする。

第7条（本要領規定以外の事項）　この要領に定めのない事項については、会社法その他の法令の定めるところによる。

（注1）　株式取扱規則（規程）等において、少数株主権等の行使に当たって受付票の添付を要求していない発行会社では、「請求書に個別株主通知の受付票を添付し、かつ、」の箇所は不要である。

（注2）　事業報告、計算書類および定款等については、証券取引所のウェブサイトやEDINETで閲覧することができ、かつ、インターネット上の自社ウェブサイトに掲載している発行会社も多いことから、個別株主通知を要しないとすることができる。

（注3）　株式取扱規則（規程）等において、少数株主権等の行使に当たって受付票の添付を要求していない発行会社では、なお書き中「の受付票の添付」の箇所は不要である。

（注4）　既に役員退職慰労金制度を廃止し、かつ、株主総会で役員退職慰労金の打切り支給を決議された発行会社および当初から役員退職慰労金制度のない発行会社では、本条は不要である。

（注5）　役員退職慰労金規程は株主総会参考書類への記載が求められるが、株主が当該規程の内容を知ることができる適切な措置を講じていれば、株主総会参考書類への記載を省略することが認められる（施行規則82条2項・84条2項等）。すなわち、役員退職慰労金規程の閲覧は、個別株主通知の要否の問題ではなく、株主総会参考書類への記載を省略することができるかどうかの問題であるため（中村直人「本年の株主総会の振り返りと今後の課題（講演録）」東京株式懇話会会報第

第2節　株主総会の運営と準備

685号26頁）、発行会社は、株主名簿の記録に基づき閲覧請求者が議決権を有する株主であるかどうかを確認したうえで、閲覧請求に応じればよいと考えられる。

【書式5－2－3】法定書類の閲覧・謄写・謄抄本交付請求書ひな型

法定書類　閲覧・謄写・謄抄本交付　請求書

平成　年　月　日

○○○○株式会社　御中

　私は、以下の請求書類の閲覧または謄写もしくは謄抄本の交付（謄抄本の交付請求は定款、株式取扱規則および計算書類等に限られます。）を請求いたします。

請求者	(氏名)　　　　　　　　　　　　　　　　　　㊞ 　　　　　　　　　　　　　　　　　（届出印または実印） (住所)　　　　　　　　　　　　電話	
資格 （○印で表示）	株主	債権者
参考事項	（ご所有株式数） 　　　　　　　　　　　　　　株	債権種類 債権額
請求書類		
請求目的 または理由		
請求日時	平成　年　月　日	午前　　　　　　　午前 　　　時から　　　　時まで 午後　　　　　　　午後

ご注意：本請求により取得した「個人情報」を請求の目的または理由以外には使用しないでください。

（社用欄）
1．特別口座株主は届出印、一般口座株主および債権者は原則実印を押印し印鑑登録証明書を添付
2．代理人による場合は代理権を証明する書面および代理人の本人確認資料を添付
3．手数料（実費）　　　　　　　　　　　円

第5章　株主総会の運営

第3節　議案の審議等

1　議案の上程と議事の進行

　議案の上程とは、株主総会においてその目的事項を審議の手続にのせることを意味する。議案の上程は議長の権限であり、議長がその旨を宣言してはじめて手続が開始される。

　株主総会の議事は、あらかじめ招集通知に記載された順序により上程されることになる。これは、株主総会に付議する議案等が、あらかじめ取締役会において議案の内容、審議の便、会社の従来の慣行等を考慮して「株主総会の目的事項」として、その付議順序を決定しているためであり、株主総会の議事もこの順序に従って議長から逐次上程されることになる。

　仮に、この順序を変更する場合は、議長の提案もしくは株主の動議により株主総会の承認を得て行われるのが適当である。

　上程順序変更の例としては、株主提案がなされたとき、招集通知の目的事項は、会社提案、株主提案の順に記載されるのが通例であるが、議案の上程に当たっては株主提案、会社提案の順序とする例や、競合する会社提案と株主提案を一括して上程する例もある。

　これは会社提案と株主提案とが競合した場合、招集通知記載の順序に従って、会社提出議案を先議・可決してしまうと株主提案の審議の機会がなく、実質上株主提案議案を無視する結果となることを避けるためであり、妥当な取扱いといえる。

■判　例■41　会議の目的事項の審議順序の変更（岡山地裁　昭34.8.22　下民集10－8－1740）

　本件総会におけるがごとく、会議の目的たる事項が第1号議案（計算書類の承認）、第2号議案（取締役選任）、第3号議案（監査役選任）と順序付けられたものとして株主に通知されている場合には、同時に総会における議事日程もそのように定めて通知したものというべきであるから、議長は通常その議事日程に拘束され、それに従って議事を進行すべきものであるが、会議の目的たる事項が性質上不可分の関係にあるものでない限り、総会の決議によりこれを変更し、例えば第2号議案、第3号議案を先に審議決定し、第1号議案は審議未了として、継続

－ 340 －

会において審議するがごとき措置をとることを妨げないものと解するを相当とし、この理は少数株主が裁判所の許可を得て招集する総会においても同様と解すべきである（新商事判例集第2巻26頁）。

2　報告事項の報告と議案の審議

(1)　報告事項の報告

　事業報告については、その記載事項が定められ（施行規則117条〜126条）、その内容は多岐にわたっている。一般的にはこれらの記載事項のうち事業の経過および成果ならびに対処すべき課題を中心に株主に対して説明することが多い。

　連結計算書類および計算書類の内容のうち、貸借対照表については、各勘定項目ごとにその数字を全部読み上げる必要はなく、流動資産、固定資産、流動負債、固定負債の主な科目について前期との比較において増減を説明し、大きな変動のあった科目を取り上げて変動の理由を説明する。損益計算書および株主資本等変動計算書についても貸借対照表と同様に主要項目について報告がなされるのが通例である。注記表については、説明を省略する（招集通知添付書類○頁に記載のとおりの旨報告する）ことが多い。なお、監査報告については、第2節3に記載のとおりである。

【Point】31　事業報告等のビジュアル化

　事業報告等のビジュアル化が一段と普及してきている。これは「開かれた株主総会」を演出する一手法として広まってきたもので、2017年版株主総会白書53頁によると「実施」が1,510社で、上場会社（新興市場を除く）の87.4％もの会社で実施されている。

　その内容は、主に事業報告、連結計算書類・計算書類を対象にして、IR的要素を付加したもので、中には、質疑中の答弁役員の姿を映すなどの事例も見受けられる。

　ビジュアル化の主なメリットとしては、株主にわかりやすい説明ができ、説得力が増す、企業のイメージアップにつながる、さらには、副次的な効果として音声付の場合には議長の負担が軽減されることなどが挙げられる。

　問題点あるいは導入に躊躇する理由としては、ふさわしい会場の確保が困難、高額の費用が嵩む、機器類の故障が心配などとなっている。

　導入に際して最も重視すべき事項は、ふさわしい会場を確保できるかどうかであろう。劇場

第5章　株主総会の運営

型の会場は別として、フラットな会場の場合には、後方着席の株主には画面が見づらいため、数箇所にスクリーンを設置するなどの配慮が必要であろう。また、グラフなども遠くから見えないものは不適切である。画面の見えない説明ではかえって株主から不興を買い、逆効果となろう。

　「説明」方法も重要なポイントである。ナレーション付の映像であれば、画面と音声のタイミング等の問題は生じないが、画面を見ながらの口頭説明は、議長の手元原稿の活用難、画面操作担当との連携などが留意事項となる。また、質問の際、スライドの再映を求められたとき、再映できるような状態にしておく必要があるといえよう。

(2)　議案の審議

　各議案については、参考書類に記載されて株主に送付されているから、記載された議案の内容を補足するための説明あるいは提案の趣旨等について、出席株主のより一層の理解を得られるよう説明を行い、また、質問があれば回答することになる。

【Point】32　審議方式（個別審議方式と一括審議方式）

　議案の審議方式は、個別審議方式と一括審議方式に大別される。個別審議方式とは招集通知に記載された順序に従って、報告事項の報告の後に報告事項関連の質疑応答、その後個別に議案を上程し審議していく方式である。一括審議方式とは、報告事項の報告に引き続き決議事項として全議案を上程、説明のうえ、報告事項および決議事項に関する質疑応答を行い、質疑応答終了後には採決のみを行う方式である。個別審議方式を採用する会社の割合は35.7％であり、一括審議方式を採用する会社の割合は62.8％である。一括審議方式を採用する会社が近時増加傾向であり、本年度の調査でも前年比3.0％の増加となった（2017年版株主総会白書109頁）。

　会議体の一般原則としては個別審議方式が本筋であると考えられるが、一括審議方式は株主の発言箇所が一箇所に絞られていることから、会社にとって運営がしやすく、所要時間も把握可能等利点がある。質問希望者が多数で質疑打ち切りをする場合でも1回でよく、タイミングも計りやすい。個別審議方式の場合、報告事項の報告後の質疑応答で議案の質問が出された場合の対応を考えておかねばならないが、一括審議方式ではそういうこともない。また株主にとっても、質疑応答が1回しかないのでわかりやすく、自由に発言しやすいというメリットがある。一括審議方式の増加傾向は、来場株主から見た「わかりやすさ」を重視する傾向

の表れであると言える。

3　質疑打ち切り

　株主総会における質疑応答において、発言を希望する株主が多数に上っているときに、すべての株主から発言を受けなければならないわけではない。同様に、特定の株主が多数の質問を用意しているときに、それらすべての質問を受けなければならないわけでもない。株主総会も会議体である以上、合理的な時間に終了することが望まれる。このため、議場の株主が報告事項の内容について理解し、決議事項である議案に対して賛否の意思表示をするために必要な審議が尽くされたと判断するときは、議長は質疑を打ち切ることができる。

　質疑打ち切りは議長の議事整理権（315条1項）に基づく権限であるが、議長が公正・丁寧に議事を進めている雰囲気を醸成するために、質疑を打ち切ることについて議場に諮ることも考えられる。また、発言を希望する株主が多数に上るときは、質疑打ち切りを円滑に進めるために、議長が「ご発言はあと○名の株主さまからお受けすることとし、その後は質疑を打ち切り、議案の採決に移らせていただきます」（一括審議方式の場合）などと述べて、質疑打ち切りの予告をしたうえで打ち切りを実行することも検討に値する。

　なお、質疑打ち切りに当たっては、議長は事務局（弁護士）に確認のうえ、あるいは事務局（弁護士）からの指示に基づき実行すべきであろう。株主が報告事項の内容について理解し、議案に対して賛否の意思を表明するために、必要かつ十分な審議が尽くされないまま質疑を打ち切ってしまうことは、決議の方法が法令に違反し、または著しく不公正なとき（831条1項1号）にあたるとして、総会決議の取消事由となりうる。

第5章　株主総会の運営

4　議案の採決

　提出された議案について、提案理由および議案に関する説明が主として議長によって行われ、株主が求めた事項について議長、取締役または監査役から必要かつ十分な説明がなされれば、議長はその議案について採決を行う。採決の方法としては、株主の拍手や発声（「賛成」等）、挙手、起立、投票等が挙げられるが、いずれの方法によるかは議場における審議の状況、議決権行使書または会社が代理人を選定した委任状に記載された賛否の数、会社と協力関係にある大株主の出席状況を勘案して議長が判断する。上場会社においては、通常、書面投票・電子投票または委任状によって会社提出議案については可決に必要な賛成が得られているから、議場で出席株主が賛成の意思表示としての拍手をするか、あるいは、「賛成」等といえば、それで可決されたとして差し支えない。

　上記の方法により採決の結果を確認後、議長は、その内容を報告し、その結果を宣言する。

　採決方法として投票方式を選択した場合には、役員や包括委任状受任者も投票する（判例43参照）。

　なお、株主提案にかかる議案および修正動議による修正議案が総株主の議決権の10分の1以上の賛成を得られなかったときは、その後3年間は実質的に同一の議案を提案することができない（304条、305条4項）ため、総株主の議決権の10分の1以上の賛成があったか否かを確認することが考えられる。しかしながら、実質的に同一の議案であるかどうかの判断には困難を伴うこと、また、賛成が10分の1に達していないことを証明するためには議場での集計が必要となることから、上場会社の総会では、一般的に10分の1以上の賛成があったかどうかの確認は行っていない。

■判 例■42　　総会の決議の成立と議長による採決手続を経ることの要否（最高裁　昭42.7.25 民集21-6-1669）

　株主総会における議事の方式については、法律に特別の指定がないから、定款に定めをしていない限り、総会の討議の過程を通じて、その最終段階にいたって、議案に対する各株主の確定的な賛否の態度がおのずから明らかとなって、その議案に対する賛成の議決権数がその総会の決議に必要な議決権数に達したことが明白となった以上、その時において決議が成立したものと解するのが相当であり、したがって、議長が改めてその議案について株主に対して、挙手、起立、投票など採決の手続をとらなかったとしても、その総会の決議が成立しないということはいえない。

— 344 —

第3節　議案の審議等

【Point】33　採決の方法

　　株主総会の決議において、圧倒的多数で可決されることが予測されている場合に、株主が投票によるべきことを主張したときは、議長はその必要がないことを述べてそのまま採決に入ってよいが、採決に関する動議（裁量的動議）が提出されたものとして、その動議の採択を議場に諮り、動議が否決されてから議案について採決することも考えられる。また、議長が可決を宣言した後に、株主が投票によって確認せよと主張した場合には、議長は、可決を宣言した理由（議決権行使書等の賛否の数、出席した大株主の議決権数によって圧倒的多数の賛成と認めたものである）を述べればよい。

　　採決の方法および議案に対する賛否の個数の確認は、議長の議事整理権（会社法315条1項）に基づく裁量に委ねられている。

■判　例■43　　決議の方法が法令違反に当たるとされた事例（大阪地裁　平16.2.4　請求認容（控訴）　資料版商事法務 No. 240、104頁以下）

　　決議方法の法令違反または著しい不公正があるかについては、議長が投票という表決方法を選択した以上、投票によって意思を表明しない者の議決権を、その者の内心を推測して当該議案に賛成する旨投票したものとして扱うことは許されないと解するのが相当であり、たとえ、議長において当該株主の当該議案についての賛否の意思を明確に認識していたからといって、投票したのと同様に議決権を行使したものと扱うことは許されない。裁量棄却の可否については、議長が行使されなかった議決権を賛成に算入して、正しくは否決された議案について可決したとして宣言したものであるところ、この瑕疵がなかったとすれば、すなわち、行使されなかった議決権を賛成に算入しなかったとすれば、各議案についてはいずれも否決されたことになるので、上記瑕疵は決議に影響を及ぼさないとはいえないことは明らかである。よって、被告の主張はいずれも理由がなく、各決議をいずれも取り消すとした。

　（編集者注）　被告会社は判決を不服として控訴したが、平成16年11月26日大阪高裁は、再決議により訴えの利益を欠くとして原判決を取り消し、原告らの訴えは却下された（資料版商事法務 No.250、181頁以下）。

— 345 —

第5章　株主総会の運営

5　閉会宣言

　株主総会の目的事項につき、すべての報告がなされ、かつ、決議が行われたときは、実質的に株主総会の終結となるが、議長が閉会の宣言を行うことで、形式的にも株主総会は終結する。閉会の宣言は議長の専権事項である。

■判　例■44　　議長の閉会宣言後に一部株主による決議は法律上存在するものとは認められない（東京地裁　昭35.2.19）。

【Point】34　株主懇談会の開催

　定時株主総会は、事業報告、連結計算書類および計算書類の報告ならびに付議議案の承認を求める場であって、収益の見通しなどは、説明義務の範囲外となる場合もある（314条、施行規則71条）。

　しかしながら、株主としてはその所有する株式につき、長期保有、売却、買増しの判断を行うため、それらの情報を是非知りたいと思うのは当然である。そのニーズに応えるため、株主懇談会を開催する会社が相当数ある。

　CGコード基本原則5において、上場会社は、その持続的な成長と中長期的な企業価値の向上に資するため、株主総会の場以外においても、株主との間で建設的な対話を行うべきとされており、株主懇談会の開催は、株主との対話の一還であると言えよう。

　この「株主懇談会」は、2017年版株主総会白書51頁によると、308社（17.8％）が開催している。株主懇談会の主な内容は、「経営報告」、「質疑応答」、「立食パーティー」、「自社商品展示」などとなっている。

　株主懇談会は、できるだけ多くの株主に参加してもらう意図もあって、集中日を外した総会日、あるいは、数は少ないものの株主総会開催時間を午後とするなどの会社もあり、さらには、コンサートとセットにする、あるいは、人気キャラクターを登場させるなどイベント化する事例もある。

　なお、運営上気掛かりな面があれば、当然にそれらを考慮した実施内容とする必要があるし、また、懇談時には、未公表の重要事実を開示してはならないことも当然である。

第4節　動議の取扱い

1　総　説

⑴　株主総会に出席する株主および代理人は、株主総会の議場において、株主総会の目的である事項（その株主が議決権を行使することができる事項に限る）についての議案（修正動議）を提出できる。この権利は、単独株主権とされ、議決権保有要件や継続保有要件は不要とされている（304条）。

　　株主総会に出席する株主および代理人は、上記の議案に関する動議ほか、議事運営に関する手続的な動議も提出することができる。

⑵　上記⑴のとおり、動議は、議事運営に関する手続的な動議と議案に関する実質的な動議とに分かれる。

⑶　動議は先議するのが原則とされている。また、一事不再理の原則（ある動議が否決された後、事情変更もないのに同内容の動議が提出された場合には、議長は却下できる）が働く。

　　しかし、修正動議の場合、元々原案（会社提出議案）の一部修正であることから原案と修正案を併せて一括審議することができる（一括審議しないと否決しても後で別の修正案が出され非効率な面もある）。また、上場会社においては通常、書面投票等により可決に十分な賛成が確保されているので、修正動議を一つ一つ審議する合理性はなく（当然、原案のみを採決することは決議取消事由になる）、原案と修正案を一括して審議した場合、議長は原案から先に採決することができるとされている（東京弁護士会会社法部編「新・株主総会ガイドライン〔第2版〕」242～243頁）。判例も、議決権行使により原案可決の可能性が高い場合は、株主総会に諮って原案先議とすることは差し支えないとするもの（仙台地裁　平5.3.24　資料版商事法務 No.109　64頁）や原案と修正案のどちらを先に採決するかについては議長の議事整理権の範囲内とするもの（東京地裁　平19.10.31　金融・商事判例1281号64頁）があり、賛成多数が見込まれる中での原案先議は問題がないと考えられる。

　　また、修正動議が出た場合の対応として修正動議を先議した場合には、株主総会後に提出する臨時報告書（第7章第6節　臨時報告書による議決権行使結果の開示　参照）に当該修正動議の採決の結果（賛成、反対、棄権の個数および賛成率または反対率と決議結果（否決等））を記載することとなるので、原案の可決が明らかであるときは原案先議とするのが実務上適当である

— 347 —

第5章　株主総会の運営

（原案が可決されれば、修正動議の議決権の数の集計は不要である）。

2　手続的な動議

手続的な動議とは、株主総会の運営や議事進行に関する動議をいい、次のものが挙げられる。

(1)　動議の種類

ア　議長の不信任（信任または交代）

イ　株主総会の延期・続行（317条）

ウ　休憩

エ　議案審議順序の変更

オ　資料等調査者の選任（316条）

カ　会計監査人の出席（398条2項）

キ　取締役等選任の場合の個別審議

ク　質疑打切り、続行

ケ　採決方法

コ　質疑時間の制限または延長

(2)　動議の取扱い

ア　手続的動議には株主総会の議場に諮らなければならないものと、議長の裁量によって決せられるものがある。前者に属するものは、株主総会の延期・続行、会計監査人の出席要求、資料等調査者の選任および議長不信任の動議である。後者に属するものとして、休憩動議などがある。

　そのほか、取締役等複数選任の場合の個別審議を求める動議や質疑打切りの動議についても、問題となる場合がある。

　ここで、取締役等複数選任の場合の個別審議を求める動議とは、会社側が提案する当該取締役等複数の一括審議について、候補者ごとに審議するよう株主から動議が提出されることをいう。このような動議が提出された場合、議事進行の原則的な方法の採用を求める動議と考えられること、かつ、議決権行使書では候補者ごとに賛否の意思表示をすることができることから、議場に諮るべきである。

イ　議決権行使書は議案についての賛否の意思表示であり、会社法によって出席した株主の議決権の数に算入するとされているにすぎない（311条2項）。

　したがって、これら手続的動議については、株主総会に現実に出席した者の議決権数によっ

— 348 —

第4節　動議の取扱い

て決することとなる。

3　実質的な動議

　実質的な動議とは、議案に関する動議をいう。株主総会で株主が提出できる動議は、招集通知に記載された議題に関する議案の修正である。

　この議案の修正は、無制限に提出できるわけではなく、招集通知に記載された株主総会の目的事項たる事項から一般的に予見し得る範囲を超えることはできない（大隈＝今井　会社法中111頁）。

⑴　動議が提出され得る議案

　修正動議として提出され得る主なものとして、次の議題についての議案の修正が挙げられる（ただし、これらに限定されない）。

　ア　剰余金の処分

　イ　定款変更

　ウ　取締役、監査役の選任

　エ　取締役、監査役の報酬額改定

　オ　取締役、監査役の退職慰労金贈呈

⑵　動議の取扱い

　修正動議が明らかに不適法であれば、議長の権限においてこれを拒否することができる。

　具体的な動議の取扱いについては、以下に記載したものが考えられる。もっとも後記【図表5－4－1】に示した考え方の中にも相反する考え方があり、これら以外の考え方もあり得るところである。したがって、実際の動議の処理については、状況に即して事務局に同席する弁護士等の意見を得つつ個別に判断するものであることは言うまでもない。このため、適否の判断がつかない場合もあり得、そのような場合、実務上、念のため取り上げて否決してしまうことも行われている（【Point】35参照）。

　　①　剰余金の処分の変更

　　剰余金の処分については、配当の増額・減額いずれも修正動議の対象となる。

　　②　定款の変更

　　定款変更について提出された議案と関係しない部分の定款変更は、株主側にとって利益であろうとも、修正動議を提出することはできない。

　　提案された議案の一部修正あるいは字句の修正の範囲などに限られる。例えば、取締役の員数規定については5名増員の提案に対し6名増員に修正することはできないが、4名に減員する修

— 349 —

第5章　株主総会の運営

正は可能である。

③　取締役・監査役の選任の変更

取締役の選任議案につき提案された候補者以外の者を修正動議として提案することはできるが、議題に員数を表示しているときは、この員数の範囲内で可能となる。

④　取締役・監査役の報酬の変更

招集通知または参考書類に記載した報酬額の変更は、記載された最高限度額（枠）の範囲内での減額修正は許される。増額の修正は許されない。

⑤　取締役・監査役の退職慰労金贈呈の変更

退職慰労金の金額を明示している場合は、前記報酬の取扱いと同様である。具体的金額を示さず、一定基準に従い取締役会（監査役の場合は監査役の協議）に一任する場合が通例であるが、具体的な金額を株主総会で決議せよとの動議は許される。

⑥　役員賞与支給議案の変更

増額は、一般的には予見できることではなく許されない（多数説）。

【図表5－4－1】動議の取扱い

議題（議案） （会社提案）	修　正　提　案	適否	備考（主な考え方）
剰余金の処分の件	配当金額の減額または増額	○	
取締役A選任の件	AをBに変更する。	×	議題の変更となるため許されない。
取締役5名選任の件 （候補者ABCDE）	候補者イロハニホまたはABCDイに修正	○	会社提案員数の範囲内での候補者修正は許される。
	議題の5名を4名に、候補者ABCDに修正	○	
	候補者ABCDEにイを追加し、この6名のうちから5名を選任	○	候補者別に議決することが必要であり、賛成議決権数確定のため投票によることが必要な場合もある。
	候補者ABCDEにイを追加し、6名を選任	×	員数を増加する提案は許されない。
定款一部変更の件 1. 商号A（株式会社）をB（株式会社）に変更	B（株式会社）ではなくC（株式会社）に修正	×	個々の変更案がそれぞれ議案となる。 議案の同一性を失うため許されない。
2. 本店の所在地をAに変更	AではなくBに変更することに修正	×	
3. 事業目的にABCを追加	AおよびBのみの追加とすることに修正	○	
	会社原案にDを追加することに修正	×	
	A、BおよびDを追加することに修正	×	
4.「会社が発行する株式の総数」を法定限度内の一定の株数に変更	提案株式数以下の一定株式数への変更	○	
	提案株式数以上の一定株式数（法定限度内）への変更	×	

— 350 —

5. 定款の規定する取締役（または監査役）の員数			
5名以内から10名以内に増員	5名以内から9名以内に増員	○	提案内容が数量的増減であれば、その増減幅内の修正は許される。
	5名以内から11名以内に増員	×	
	5名以内のままに据え置く	×	議案反対の意思表示にすぎない。
	4名以内に減員	×	議案の同一性を失うため許されない（提案権行使によってのみ可）。
6. 定款10条、11条、12条の規定についての変更	12条については変更不要	○	12条を変更しないことにより他の規定の変更案が変わる場合は議案全部の修正動議となる場合がある。
	13条についても変更	×	議案の同一性を失う（提案権行使によってのみ可能）。
	10～12条の字句の一部修正	○	意味の同一性を失わない限り可（変更前の原文、会社提案変更案のいずれとも意味の同一性を害するときは議案の同一性を失い、提案権行使によってのみ可）。
取締役（または監査役）報酬額（枠）を改定			
2,000万円を2,500万円に増額	2,300万円へ増額	○	改定額の範囲内の増減修正のみ許される。
	2,800万円へ増額	×	
	1,800万円へ減額	×	
退任取締役（または監査役）に退職慰労金贈呈の件			
一定基準に従い取締役会（または監査役の協議）に一任	具体的金額を総会で決議	○	一定基準の範囲を超える額の場合は、取り上げられないとの判断もありうる。
	2,000万円以内と決議	○	
	支給の時期、方法を総会で決議	○	
役員賞与支給の件	役員賞与の減額	○	
	役員賞与の増額	×	

⑶　議決権行使書の取扱い

　原案に対して賛成の表示のある議決権行使書は、その修正案に対しては反対として取扱うことができる見解（多数説）と棄権として取扱うとする見解に分かれるが、棄権は実質的には反対と同じ結果となる。

　原案に対して反対の表示のある議決権行使書は、その修正案に対しては棄権として取扱うことになる。

4　実際の傾向

　最近1年間に開催された上場会社の株主総会において動議提出があった会社は26社であり、その割合は1.5％である（2017年版株主総会白書102頁。複数回答）。

第 5 章　株主総会の運営

　動議の内訳を見ると、「議長不信任」が 7 件、「議案の修正」が15件、「議事進行」が 7 件、「休憩」が 2 件、「会計監査人の出席要求」が 1 件、「その他」が 2 件となっている。

　議長不信任動議については、大株主の出席や委任状の提出により否決できることが明らかであるのなら、採り上げる手間を惜しむより、とりあえず議場に諮り否決してしまうのが、後日に問題を残さない実務的な対応である。

　動議が提出される可能性自体は高くないが、リハーサルで動議への対応練習を行う会社は多い。「議長不信任動議への対応練習」を行う会社は465社（28.1％）、「修正動議への対応練習」を行う会社は897社（54.2％）、「休憩動議への対応練習」を行う会社は112社（6.8％）、であり、過半数の会社において動議への対応練習が行われている（2017年版株主総会白書42頁。重複して行う会社もある）。これは、動議への対応を誤ると、決議の方法が法令もしくは定款に違反し、または著しく不公正なときに該当するものとして決議取消事由となることから（831条 1 項 1 号）、動議への対応について、入念に確認を行っているものと考えられる。

【Point】35　総会場における動議の取扱い

　総会場で株主から提出される動議には、さまざまなものが想定される。この動議の中には、本来、株主提案権の行使によってのみ、取り上げられるべきものなど不適法な動議もある（取締役、監査役の解任等）。不適法な動議については、当然に議長権限によって却下できる。

　動議が提出され、その内容について議長がとっさに適法、不適法の判断をすることが、困難な場合も考えられる。その場合、深入りせず、議長はこれを議場に諮って否決してしまうことも考えられるが、まずは議事を一時中断し、事務局（弁護士等）と対応について協議することが無難である。なお、手続的な動議の成否については、臨時報告書による議決権行使結果として開示する必要はない。

■判 例■45　　議長不信任の動議を取り上げなかったことによる株主総会決議の瑕疵の有無（東京地裁民事 8 部判決　平22.7.29、東京高裁　平22.11.24　控訴棄却・確定　資料版商事法務№322、185頁）

　議長不信任の動議については、議長としての適格性を問うというその動議の性質上、権利の濫用に当たるなどの合理性を欠いたものであることが、一見して明白なものであるといった事情のない限り、これを議場に諮る必要があるというべきであり、仮に合理性を欠くものであることが一見して明白であっても、一度はこれを議場に諮ることが望ましいことはいうまでもない。

第4節　動議の取扱い

　なお、議長不信任の動議を提出するに際し、議長を交替しなければならない具体的事情の存在や、動議提出者による理由の説明が求められるものではないことは、控訴人の主張するとおりであるが、議長不信任の動議が権利の濫用に当たるなどの合理性を欠いたものであることが一見して明白なものであるときに、自らに対する不信任動議を提出された議長において、当該動議が権利の濫用に当たるなどの合理性を欠いたものであることが一見して明白なものであると認め、それに故に当該動議を議場に諮らないとしても、裁量権の逸脱、濫用に当たらないと解すべきである。

　他方、被控訴人は、そもそも特別決議で定められた定款の規定に基づいて議長の選任がされている場合、定款の効力の解釈として、定款の定めが議長不信任の動議に優先し、議長不信任の動議を議場に諮る必要がない旨主張するが、定款において議長と定められた者について議長としての適格性を欠く事情があるときであっても、定款の定めにより議長不信任の動議が許されないとするのは不合理であり、実際にも議長の議事進行いかんにより株主総会決議の内容に影響があり得ることに照らすと、議長としての適格性が争われる場合にまで定款の効力が及ぶとする被控訴人の主張を採用することはできない。また、被控訴人は、書面による議決権行使が株主総会における議決権行使の多くを占める場合に、議長不信任の動議を議場に諮らなければならないとすれば、僅かな出席株主の議決権でもって議長の交替がされてしまう弊害が生ずると主張するが、あらかじめそのような動議が提出されることに備えた手当てをすれば足りるというべきであり、権利の濫用に当たるなどの合理性を欠いたものであることが一見して明白でないにもかかわらず、議長不信任の動議を議場に諮らなくてよい理由とはならないと解する。

— 353 —

第5章　株主総会の運営

```
┌─────────────────────────────────────────┐
│                                         │
│        第5節　延会と継続会               │
│                                         │
└─────────────────────────────────────────┘
```

　従来は、株主総会の延期・続行がなされる場合としては、会場の収容人員をはるかに超える株主の出席により適正に議事進行ができない場合や審議があまりにも長引いて会日に終了できない場合等が想定されていた。近年は、上場会社において会計処理に問題があり、会計監査人の監査が終了せず監査報告が入手できない等の理由により、計算書類の承認または報告を審議未了として継続会を開催する事例が散見される。

1　延会・継続会とは

　株主総会において、延期または続行を決議することができる。この決議があった場合は、株主総会の招集決定（298条）および招集の通知（299条）が不要である（317条）。
　延期とは、株主総会を開会した後議事に入らないで会議を後日に変更することをいい、延期の決議に基づいて後日開催される株主総会を延会という。続行とは、議事に入った後審議未了のまま会議を一時中止して後日に審議を継続することをいい、続行の決議に基づいて後日に開催される株主総会を継続会という。
　延会・継続会は、いずれも当初の株主総会と議題は同一であり、あらためて招集手続をとる必要はない。したがって、そこでの議題は当初の株主総会における議題に限られ、当初の招集通知に記載のない議題の審議はできないことになる。

2　延期・続行の決議・手続

　株主総会の延期・続行を行うためには当初の株主総会でその旨の決議（当日出席した株主による普通決議）をする必要がある。この決議においては、後日の株主総会の日時・場所を定めることが必要である。後日の株主総会の日時・場所のいずれかを定めなかった場合には、延期・続行の決議があったとはいえない。ただし、後日の日時・場所を定めず議長にその決定を一任するとの決議をし、のちに議長がこれを定めたうえで株主に通知する場合には、延期・続行の決議として有効である。
　この日時については、延会・継続会が当初の株主総会と同一性を有するというためには相当の期間内に開かれなければならない。この相当の期間とは、延会・継続会の性質と招集手続の省略の趣

旨に鑑みれば、2週間以内と解するのが通説である（岩原紳作編『会社法コンメンタール7―機関（1）』（商事法務、2013）289頁〔前田重行〕）。この期間を超える場合（会計監査人の監査には日数を要する場合がある）または期間内でも招集手続を行う時間的余裕があれば、あらためて招集手続をとり、多くの株主に出席の機会を与えることが考えられる。また、特別決議の定足数不足により延会・継続会となった場合は、招集手続を行い定足数の確保（欠席株主の出席、議決権行使書・委任状提出のお願い）に努める必要が生じる。

3　延会・継続会の議事手続

　延会・継続会は、当初の株主総会と同一性を有する株主総会であることから、議決権を有する株主も当初の株主総会において権利行使し得る株主となる（総会日が基準日から3箇月以上経過していたとしても、基準日現在の株主）。

　当初の株主総会で提出された委任状・議決権行使書（電子投票を含む。以下同じ）は、延会・継続会が当初の株主総会と同一性を有することから、延会・継続会においても有効である（議決権行使書または委任状に「…株主総会（延会または継続会を含む）に出席して、…」という記載文言がなくても延会・継続会に有効である）。

　当初の株主総会には出席できなかった株主が、延会・継続会に出席することは可能であり、また当初の株主総会には出席したものの延会・継続会には出席できない株主が、議決権行使書・委任状を提出することもできる。

　ただし、当初の株主総会に出席した株主は手元に議決権行使書がないため、延会・継続会に出席しない限り議決権を行使する手段が失われてしまうことになる（当日出席時の議決権行使書用紙は、株主総会への出席票であり賛否の集計対象ではない）。したがって、この場合には、当初の株主総会に出席した株主のみに対し、議決権行使書を再発行して送付することが考えられる。

　議決権行使書を提出した株主も、延会・継続会に出席し、議決権行使することができる。当初の株主総会では、未提出であった議決権行使書を延会・継続会の前日までに提出することにより議決権行使ができる。ここで招集手続をとらない場合は、当日出席株主の資格審査が生じる。議決権行使書用紙や継続会の案内等の送付状を持参しないため、出席した全株主について株主の住所・氏名により株主確認を行うことになる（通常の株主総会における議決権行使書用紙を持参しない場合の株主確認方法と同じ）。

4　最近の傾向（計算書類の修正）

　前述のとおり、最近では会計監査人の監査が終了せず監査報告が入手できない、計算書類が確定

第5章　株主総会の運営

できない等の理由による延期・続行の事例が散見される。従来型の延期・続行が議案の内容に関わりのない理由によるものであるのに対し、この傾向は議案の内容が確定できない等明らかに性質の異なる延期・続行といえる。

　例えば、計算書類の承認議案がある株主総会において、会計監査人の監査により招集通知上の計算書類の数字が変更となるため延期・続行とした場合、当初の株主総会に提出された計算書類の承認議案と後日の株主総会における計算書類の承認議案は議題こそ同一であるが、議案の内容は修正されており、その場合、当初の株主総会に提出された議決権行使書の取扱いに問題が生じる。当初の株主総会に提出された議案が原案であり、延会・継続会に提出された議案は修正案であると考えられる。そうだとすると、原案に賛成の指示のある議決権行使書は、その修正案には反対または棄権、原案に反対の指示のある議決権行使書は棄権と取扱うことになると思われる。したがって、議決権行使書による事前行使分を除き、当日出席株主だけで過半数の賛成を得られる場合であればともかく、議決権行使書の再送付など招集手続が、あらためて必要な場合が生じる。

　やむを得ない理由で株主総会の延期・続行を行ったとしても、前述のとおり法的には招集手続は省略できるものの、実務上は後日の株主総会の日時・場所を当日出席していない株主にも知らしめ、より多くの株主の出席を促し、また、議案の内容を周知し、再度の議決権行使を株主に要請する意味からも「定時株主総会継続会のご案内」等の文書送付および議決権行使書面の再送付を行う（報告事項のみの継続会であれば出席票の送付を行う）ことが望ましく、併せてホームページ掲載等の方法をとることがより丁寧な取扱いといえる。

　なお、有価証券報告書は事業年度経過後3箇月以内に提出しなければならないが、やむを得ない理由により3箇月以内に提出できないと認められる場合には、あらかじめ内閣総理大臣の承認を受けた期間まで提出期限を延長することが認められている（金商法24条1項、開示府令15条の2）。監査手続未了のため定時株主総会について継続会を開催したことにより、3箇月以内に提出できない場合は、これに該当する。

5　議事録

　当初の株主総会議事録のほか延会・継続会についても議事録を作成する必要があるが、延会・継続会であることを明らかにしておくことが必要である。当初の株主総会議事録と延会・継続会の議事録を併せて1つの株主総会議事録となる。

第6章
株主総会議事進行要領

第6章　株主総会議事進行要領

株主総会議事進行要領

株主総会議事進行要領作成上の留意点

　株主総会の議事進行要領（以下本章において「シナリオ」という）は、最初の議長の挨拶から、最後の閉会宣言まで、議長等の必要なセリフや、事前に寄せられた質問（いわゆる質問状）への一括回答、株主の発言時期の指定などのほか、役員が一礼するタイミング、起立するタイミングなどのト書きも含めて記載されるのが通例である。このように、法令上及び実務上必要な事項が記載されていることから、株主総会のシナリオに従って進めていくことにより、適法な株主総会運営が可能となる。

　株主総会のシナリオは、各社の個別事情を踏まえて作成されるべきものであるが、大別すると、「個別審議方式」と「一括審議方式」の二つの方式がある。

　個別審議方式とは、従来広く行われていた方法であり、報告事項の報告終了後に報告事項に関する質疑応答を行い、その後、決議事項について、各議案ごとに審議と採決を行っていく方式である。一括審議方式は、近時採用が増加している方式であり、報告事項の報告終了後に、決議事項である各議案を上程・説明した上で、報告事項と決議事項についての質疑応答（動議を含む）を一括して行い、質疑応答終了後は、各議案について採決のみを行う方式である。一括審議方式が増加してきた背景として、一般個人株主の分かりやすさを重視するような総会運営方針とする傾向となっている状況がある。

　さらに、一般個人株主の分かりやすさを重視するような総会運営方針とする傾向から、近時は、事業報告部分等をPC利用のプロジェクターにより、文章のほか写真やグラフなどを投影して議長が画面に合わせて口頭で説明する等といった、総会のビジュアル化を実施する会社も多くなってきている。さらに、議長が説明するのではなく、動画とナレーションにより説明する事例もあり、各社各様の工夫が凝らされるようになってきている（ビジュアル化については、第5章【Point】31参照）。

　以下に、シナリオ作成上の留意点について説明する。

1．一般的な留意点

　⑴　適正な総会運営は、議長や関係者がシナリオに沿って議事を進めることが必要となる。この

ため、シナリオは、個別審議方式と一括審議方式あるいはその他の方式のいずれを採用するか、あらかじめ社内のコンセンサスを得て作成するべきである。

(2) シナリオは、議長が立って読みやすいように、たて書、よこ書、行の間隔、数字の書き方、位取り、字の大きさや言葉づかいなど、議長とよく打ち合わせて作成すること。

(3) 事前質問状を提出した株主の出席の有無に応じて、一括回答を行うか否かの、２種類のシナリオを作成することもある。

(4) 動議が提出された場合のシナリオや議長が急病等で交替した場合のシナリオ、その他災害時の緊急シナリオなどもあらかじめ用意しておくことが望ましい。

(5) 事業報告をビジュアル化して音声付とした場合、「対処すべき課題」から議長の口頭説明に切り換える例が多い。これは、総会進行の主体を円滑に議長に引き渡すことと、「対処すべき課題」は議長である社長が説明するにふさわしいと思われること、を考慮したものである。

(6) 株主総会当日社長（議長）がやむを得ない事情により、欠席した場合に備え、第２順位の取締役（副社長など）も、シナリオをチェックする必要がある。

(7) その他

a 頁を入れる（順序の確認等）。

b 役員の欠席などで急に差し替えることもあり得るので頁の切れ目をよくする。

c 句読点は議長の息つぎを考えて多めにする。

d 読みにくい字（特に固有名詞や法律用語、会計用語など）には、ふり仮名を付ける。

e 一つの単語または数字で、行が分かれるのを避ける。

f 議長の発言とその他（株主の発声、ト書き）は、議長が誤って読んでしまわないように欄を分けるか、カッコでくくること。

g 事業報告等の分量は時間を考えて決めること。

２．株主提案があった場合のシナリオ作成上の留意点

株主提案は、その提案内容によって会社提案議案と競合しない「議案の追加」と、競合する「修正提案」があり、それぞれ議案の審議方法は異なる。また、役員選任議案の場合において、定款の役員員数枠を超える候補者となる場合には、その審議・採決の方法は極めて複雑なものとなる。

そのため、株主総会シナリオは、事案に沿って作成する必要があることから、本書では、株主提案のあった場合のシナリオは掲載せず、主な留意事項を示すに止める。

(1) 議案の審議の順序

次の３通りの方法が考えられる。

a 会社提案議案を先に審議採決する。

b 株主提案を先に審議採決する。

第6章　株主総会議事進行要領

　　c　会社提案議案と共通性を有する株主提案議題をそれぞれ対応させて審議採決する。

(2)　議案の説明

　提案株主に提案の趣旨について説明を求めるのが妥当と考えられる。次いで、議長から、取締役会の意見としては当該議案に反対である旨を説明し、議案の審議を行う。

(3)　採決の方法等

　賛否が拮抗している場合には議場投票を行うことになる。その方法は、電子投票も考えられるが、一般的には、受付の際に配布した投票用紙を投票箱に投じる方法が多い。その方法をとる場合は、投票方法を株主に十二分に理解してもらうための説明をシナリオに組み込むことが必要となる。さらに、検査役が選任されている場合は、株主総会場において投票時等に検査役の立ち合いがあること、投票および投票後の集計に時間を要すること、採決結果の発表予定時間およびその間の株主の待ち時間の発生と待機場所等を株主に説明する必要があるので、これらをシナリオに組み込むことになる。

　なお、投票方式を採用した場合には、会社役員や包括委任状受任者も投票するのが無難な取扱いである（判例43参照）。

　また、採決の結果の報告に併せて、提案議案に対する株主の賛成議決権個数が10分の1に達しているか否かその数を確認することも必要となる。

【Point】36　ビジュアル化を導入する場合のシナリオ作成上の留意点

　ビジュアル化を行う場合、映像等を投影するため会場を暗くすることもあり、シナリオ上この点の手当てが必要になる（「映像を使用してご説明いたしますので、その間照明を暗くいたします。ご了承ください」等）。

　また、ビジュアル化の一例として、動画とナレーションで報告を行い、議長はその間着席するような運営もある。この場合、シナリオ上、「報告事項の報告は、動画によりご報告させて頂きます。前方のスクリーンをご覧ください。なお、報告の間、議長は着席させて頂きます。」等の手当てが必要となる。

　なお、株主総会直近において修正すべき事項が生じても、あらかじめナレーションを含めた動画ファイルが作成済みであることから、特にナレーション部分の修正が時間的に難しいこともある。その他、機器の不具合等が生じる可能性もあるので、その場合のシナリオも用意しておく必要がある（議長の口頭による報告事項報告のシナリオに切り替える）。

株主総会議事進行要領

【資料 6 － 1】 シナリオ 1 （個別審議方式）

シ ナ リ オ			備 考
1	開 会 宣 言	〈役員入場〉	・役員は定刻 1 ～ 2 分前に入場する方がよい。あまり早く入場すると株主から無用の質問を受けることになる。 ・入場と着席に際しては、株主席に向かって軽く黙礼する。 ・着席中は、頰杖・腕組み等は避け、また回答のため起立するときに備え、上着のボタンはあらかじめはめておく方がよい。
	事 務 局	お待たせしました。定刻になりましたので、社長お願いします。 〈社長が議長席に着く〉	・事務局の司会なしに、定刻に社長が議長席に着き、 「（議長）皆様、おはようございます。 　（株主）おはようございます。 　（議長）私は、取締役社長の○○○でございます。 　　　　株主の皆様には……」 とする例もある。
	社 長	おはようございます。	
	株 主	おはようございます。	・社員株主は自然な声で挨拶を返す。
	社 長	私は、社長の○○○○でございます。株主の皆様には、ご多用中のところご出席いただきましてまことにありがとうございます。定款第○条の定めによりまして、私が議長を務めさせていただきますのでよろしくお願い申しあげます。	・この挨拶および議長を務める旨の発言は、議長席を避け社長席でする方がよいという考え方もあるが、最初から議長席に着いて述べて問題はない。議長として議事整理権を行使するためには、早めに議長就任の宣言を済ませる方がよい。 〈社長が事故により議長を務めることができない場合〉 　おはようございます。私は、副社長の○○○○でございます。本日の株主総会の議長は社長の○○○○が務めるところでございますが、○○社長は○○○のため本日は欠席いたしております。 　社長に事故ある場合の株主総会の議長は定款第○条の定めにより、あらかじめ取締役会の決議で、その順序を定めておりますので、それに従い、本日は、私が議長を務めさせていただきます。なにとぞよろしくお願い申しあげます。
		〈役員が欠席する場合〉 なお、本日の株主総会には取締役の○○○○氏は、海外出張のため、また監査役の○○○○氏は、病気のため、やむを得ず欠	・役員が欠席した場合は、説明義務（314条）との関連で、その旨報告しておいた方がよい。 ・新規上場後の最初の株主総会の場合「……ご出席くださいましてまことにありがとうございます。」の次に「開会に先立ち、一言ご挨拶申しあげます。当

— 361 —

第6章　株主総会議事進行要領

シナリオ	備考
席いたしておりますが、なにとぞご了承賜わりますようお願い申しあげます。 〈執行役員を出席させた場合〉 また、本日の株主総会には株主の皆様のご質問に十分にお答えいたすため、執行役員を出席させておりますので、ご了承願います。	社は、平成○年○月○日○○証券取引所第○部に上場させていただきました。上場に際しましては、株主の皆様には一方ならぬご支援をいただき、まことにありがとうございました。上場を機に決意を新たにして社業の発展に全力を尽す所存でございます。株主の皆様方におかれましても、よろしく、ご支援ご鞭撻の程、お願い申しあげます。」等と挨拶し「定款第○条の定めによりまして、私が議長……。」とする例が多い。 ・執行役員を回答補助者として回答させる例もある。 　（ただし説明義務を負っているのは取締役） 〈ウェブ修正をした旨断わる場合〉 「なお、招集通知に一部記載の誤りがあり、すでに修正後の内容を当社ウェブサイトに掲載いたしておりますが、その内容は、本日配布いたしましたとおりでございます。ご了承賜りますようお願い申しあげます。」 〈招集通知に添付すべき事項を一部ウェブサイトに掲載した旨断わる場合〉 ①株主総会当日に書面を配布する場合 「なお、招集通知に添付すべき事項の一部を、当社ウェブサイトに掲載しておりますが、その内容は、本日配布いたしました書類に記載のとおりでございます。ご了承賜りますようお願い申しあげます。」 ②株主総会当日に画面に示す場合 「なお、招集通知に添付すべき事項の一部を、当社ウェブサイトに掲載しておりますが、その内容につきましては、本日のご説明の折に画面に示させていただきます。ご了承賜りますようお願い申しあげます。」 ・社員株主は、議長の議場に同意を求める発言に対しては、拍手または「了解」・「異議なし」・「賛成」等の発声により議事運営をサポートすることもあるが、最近は、この場面では何も言わない事例が多くなってきている。
議　長　それでは、ただいまから○○株式会社第○回定時株主総会を開会いたします。 本株主総会の議事の運営につきましては、議長である私の指示	・株主総会の秩序を維持し、議事を整理するのは議長権限である（315条）。この権限に基づいて、冒頭において、株主総会の開会を宣し、議事整理方針を述べる。 ・この発言は、単なる儀礼的・慣例的なお願いではな

		シ ナ リ オ	備 考
		に従っていただきますよう、ご出席の皆様のご理解とご協力を賜りたく、よろしくお願い申しあげます。 また、報告事項についての質問は報告事項の終了後に、議案についての質問は議案を上呈した後にお受けしますので、ご了承賜りたく、よろしくお願い申しあげます。	く、議長の本株主総会における具体的な議事整理方針の宣言である。したがって、議長は、以後の議事整理に当たっては、 　＊書面質問への回答終了までは、質問はもちろん動議についても、株主の発言は許さない。 など、自らが宣言したルールを実践すべきである。 ・株主総会冒頭での不規則発言への不用意な対応は、無意味な総会の混乱、長時間化の原因になることが多い。事前質問の回答終了まで株主の発言を受け付けないとすることは、その意味で効果が大きい。なお、「発言を受け付けない」ということは、原則として発言を無視するということでよいが、不規則発言が続くような場合は、適宜「先程申しあげましたように、ご質問は事前質問に対する回答の終了後にお受けしますので、ご静粛にお願いします」などと述べて進行する方が、発言を無視することへの反感が緩和される。 ・議長の議事整理方針に対する議場の支持表明の意味で、「了解」等の発声を行うこともあるが、最近は、この場面では何もいわない事例が多くなってきている。
2	出席状況の 　報　　告		
	議　　　長	それでは、まず本株主総会の決議につきまして、株主数および議決権数をご報告申しあげます。	・議決権数は参考書類の記載事項ではないが、賛否を決する重要な計数であることから、報告するのが通例である。 ・株主の出席状況については、議長が直接報告する例と事務局司会者等に報告させる例があるが、事務局等が報告する例の方が多い。2017年版株主総会白書103頁によれば、議長が行うもの33.4％、事務局を含む職員が行うもの63.8％、議長以外の役員が行うもの1.5％である。 〈事務局から報告させる場合〉 まず、本株主総会の決議につきまして、株主数および議決権数を事務局からご報告いたします。 (事務局)　（「議長の命により」と入れる例もある） 　　　　　ご報告申しあげます。 　　　　　本株主総会において……（議長が報告する

第6章　株主総会議事進行要領

シ　ナ　リ　オ	備　　　　考
本株主総会において議決権を有する株主数は○○○名、その議決権数は○○○個でございます。本日、ただいままでにご出席の株主様は、議決権行使書をご提出くださいました方を含めまして○○○名、その議決権数は○○○個であります。 したがいまして、本株主総会の定足数を必要とする第2号議案、第3号議案、第4号議案および第5号議案の決議に必要な定足数を満たしておりますことをご報告申しあげます。	場合と同文） （議長）　　したがいまして、本株主総会の定足数を必要とする……（シナリオと同文） ・議決権を有する株主数およびその議決権数について報告する例が多い。また、当日議決権を行使する株主数およびその議決権数の内訳として、出席株主数とその議決権数、提出された議決権行使書の株主数とその議決権数を報告する例も多いが、当日出席の株主数には、委任状による出席者、株主である役員も含まれるので、出席株主数として報告する数と実際の株主席の株主数とが明らかに異なることも考えられる。質問があれば説明すればよいことであり、内訳を明らかにする必然性もないので、ここでは単に合計の株主数とその議決権数を報告するだけにとどめている。 ・議決権行使書による議決権行使の内訳を報告する必要はないが、採決の基礎となる計数であるから、議長は、手許に数字を用意しておく必要がある。 〈委任状勧誘による場合〉 　本株主総会において議決権を有する株主数は○○○名、その議決権数は○○○個でございます。ただいままでにご出席の株主数は、委任状による代理出席を含めまして○○○名、その議決権数は○○○個でございます。 〈定足数の基準について詳細に述べる場合〉 　したがいまして、第2号議案、第3号議案、第4号議案および第5議案につきましては、総株主の議決権の3分の1以上を有する株主のご出席をそれぞれ必要といたしますが、いずれにつきましても適法にご決議願えますことをご報告申しあげます。 （注）定款に特別決議の定足数を「3分の1以上」と定めた会社の表現である。 〈定足数について、最も簡単に触れる場合〉 　したがいまして、本株主総会は、決議に必要な定足数を満たしておりますことをご報告申しあげます。 ・なお、定足数を排除している普通決議事項のみの議事には、「したがいまして、本株主総会の定足数を必要とする……」という表現は使用しないこと。

		シ　ナ　リ　オ	備　　考
			〈電子投票を採用する会社の例〉
			……本日、ただいままでにご出席の株主様は、議決権行使書およびインターネットによる議決権行使を含めまして……（略）……。
			〈電子行使プラットフォームを採用する会社の例〉
			議決権行使書およびインターネット等による議決権行使を含めまして……（略）……。
3	監査役の監査報告		・第5章第2節3「監査役の監査報告」参照。
	議　　長	それでは、本日の報告事項の報告および議案の審議に先立ちまして、監査役から当社の監査報告をお願いします。引き続き、連結計算書類に係る会計監査人および監査役会の監査結果についても監査役から報告をお願いします。 それでは、監査役、お願いします。	・監査役はそれぞれ独立した機関であり、議長はたんに「監査役から」として、報告する監査役を指名しないのが通例である。 ・連結計算書類に係る会計監査人と監査役会の監査結果は、取締役が報告するとされる（444条7項）。ただし、監査役に委ねることも許されると考えられている。 ・左記モデルは、連結計算書類に係る監査役会・会計監査人の監査結果を監査役が報告するもの。
		【監査役会の連結計算書類監査報告のみを監査役に委ねるとき】 それでは、本日の報告事項の報告および議案の審議に先立ちまして、監査役から当社の監査報告をお願いします。併せて、連結計算書類の監査結果についても監査役から報告をお願いします。 なお、連結計算書類に係る会計監査人の監査結果につきましては、お手許の会計監査人の監査報告書謄本に記載のとおり、我が国において一般に公正妥当と認められる企業会計の基準に準拠して、当社および連結子会社からなる企業集団の財産および損益の状況	

第6章　株主総会議事進行要領

シ　ナ　リ　オ		備　　　　考
	をすべての重要な点において適正に表示しているとの報告を受けております。 　それでは、監査役、お願いします。	
監　査　役 ・単体の監 　査報告	私は、常勤監査役の○○○○でございます。各監査役が作成した監査報告書に基づいて、監査役会において協議いたしました結果につきまして、私からご報告申しあげます。 　まず、当社第○期事業年度における取締役の職務執行全般について監査を行ってまいりましたが、お手許の監査役会の監査報告書謄本に記載のとおり、事業報告は、法令、定款に従い会社の状況を正しく示しているものと認めます。会計に関しましては、会計監査人○○監査法人の監査の方法および結果は相当であり、会計以外の業務につきましても、不正の行為または法令、定款に違反する重大な事実は認められません。また、各監査役は本株主総会に提出されるすべての議案および書類を調査いたしましたが、法令、定款に違反する事項および不当な事実はございません。	・平成5年の商法改正で大会社の監査報告書は監査役会が作成機関とされたことから、この監査報告も、監査役会として報告すべきとの考え方もあるが、株主総会で監査報告をすることを求められるのは、法的には個々の監査役であるから、監査役会が作成した監査報告書を引用して、監査役のうちの1人（通常は常勤監査役になろう）が監査報告を行うことでよいと考えられる。 ・監査役の報告内容については、監査報告書に記載されている内容に限って報告し、株主総会に提出される議案については言及しない例も多い。2017年版株主総会白書106頁によれば、監査報告書に記載された範囲の事項に限る報告が67.9％、株主総会提出の議案等についても言及する報告が31.5％である。 ・言及される場合の議案は取締役の提出議案に限られ、株主の提出議案は含まれない（384条）。
・連結計算 　書類に係 　る監査報 　告	次に、連結計算書類の監査でございますが、お手許の会計監査人および監査役会の監査報告書謄本に記載のとおり、会計監査人○○監査法人からは我が国において一般に公正妥当と認められる企業会計の基準に準拠し	

— 366 —

シナリオ	備考
て、当社および連結子会社からなる企業集団の財産および損益の状況をすべての重要な点において適正に表示しているとの報告を受けており、監査役会としては、会計監査人の監査の方法および結果は相当であると認めます。 以上ご報告申しあげます。 【監査役会の連結計算書類監査報告のみを監査役に委ねるとき】 次に、連結計算書類の監査でございますが、お手許の監査役会の監査報告書謄本に記載のとおり、会計監査人○○監査法人の監査の方法および結果は相当であると認めます。 以上ご報告申しあげます。	
議　　　　長　連結計算書類の監査結果は、以上の報告のとおりであります。	・監査報告は取締役がなすべきこととされていることから、議長が追認的に発言する。 ・株主：「了解」発言はしない。
4　報　告　事　項	
議　　　　長　それでは、本日の報告事項のうち、第○期事業報告、連結計算書類ならびに当社の計算書類の内容につきましてご報告申しあげます。 事業報告、連結計算書類および当社の計算書類の内容につきましては、お手許の書類に記載のとおりでございますが、その概要をご報告いたしたいと存じます。まず事業の概況でございま	〈報告する項目〉 ①企業集団の事業の経過および成果 ②企業集団の対処すべき課題 ③企業集団の設備投資 　・説明を省略する例が多い。 ④企業集団の資金調達 　・説明を省略する例が多い。 ⑤企業集団の事業成績および財産の状況の推移 　・説明を省略する例が多い。 ⑥会社の概況 　・簡単に説明する。 ⑦会社の体制および方針 　・内部統制システム、買収防衛策等を説明。

第6章　株主総会議事進行要領

	シ　ナ　リ　オ	備　　　考
	すが、……（略）……。	⑧社外取締役を置くことが相当でない理由 ⑨連結計算書類※ ⑩当社の計算書類※ 　※企業集団の事業の経過および成果等が連結ベースでの報告となっているので、⑨⑩の報告順序としている（連結計算書類の報告が先）。
	以上で、第○期事業報告、連結計算書類および当社の計算書類の内容のご報告を終了いたします。	・報告事項の報告をビジュアル化する事例が多くなってきている。 2017年版株主総会白書53頁によれば「1,510社」となっている。 　対象①事業報告　　　　　　　　1,435社（95.0%） 　　　②個別B/S、P/L　　　　　　 993社（65.8%） 　　　③連結計算書類の内容　　　1,262社（83.6%） 　　　④議案の内容　　　　　　　 825社（54.6%） 　　　⑤連結決算の数値（③以外）　 70社（ 4.6%） 　　　⑥将来の目標・計画　　　　 504社（33.4%） 　　　⑦自社製品・サービスの紹介　392社（26.0%）
議　　　長	〈事前に書面等での質問があり一括回答する場合〉 それでは、ただいまから報告事項につきましてご質問をお受けいたしますが、その前に、あらかじめご質問をいただいておりますので、まず最初に、このご質問につきまして整理分類のうえお答えいたします。 　なお、ご質問をいただいております事項のうち、個別取引にかかわるもの、抽象的なもの、株主総会の目的に関しないもの、説明することにより株主共同の利益を著しく害するものと認められるもの、お手許の書類にすでに記載のあるもの、会社の会計帳簿等を見なければお答えできない詳細な事項につきましては、恐縮ながら割愛させていただきますのでご了承くださいま	・第5章第2節4「質問状への説明回答」参照。 ・事前質問の提出があるときには、一括回答をする例が多く、この場合は、報告事項の報告の終了後に引き続き行うのが通例である。 ・事前質問を提出した株主が株主総会に出席しないときは、その株主からの事前質問に係る一括回答は不要になるが、提出株主の一部の出欠に応じて一括回答の内容を変えると、株主総会のシナリオが複雑になることも考えられる。そこで、株主総会シナリオとしては、提出株主が1人でも出席すればすべての事前質問を対象にした一括回答をするシナリオと、提出株主すべてが欠席したため一括回答を省略するシナリオの2通りだけを用意する例もある。一方、提出株主の出席の有無を確認すると、出席していた場合、そのまま一問一答に入られてしまうおそれもあるため、提出株主の出席の有無は確認せず、一律一括回答するシナリオだけを用意する例も多い。 〈事前質問提出株主のうち出席者に限定して一括回答する場合〉 　それでは、事前に質問状をお出しの方でご出席の方

— 368 —

	シ　ナ　リ　オ	備　　　　考
	すようお願い申しあげます。 回答は、○○常務取締役から、また監査役に対するご質問は○○常勤監査役からいたします。 それでは、○○常務取締役お願いします。	は、おいでになりますでしょうか。 （挙手等により出席を確認） 大変恐縮でございますが、お名前と出席票番号をお知らせいただきたいと存じます。 （氏名と出席票番号を確認） それでは、あらかじめご質問いただきました事項につきまして○○常務取締役から、また、監査役に対するご質問は○○常勤監査役から、お答えいたします。
取　締　役	常務取締役の○○でございます。議長の指名により、取締役に対するご質問につき、私よりご回答をさせていただきます。 〈一括回答〉 以上ご説明申しあげました。	取締役に対する事前質問への一括回答は、議長がそのまま当たる例もある。
議　　　長	それでは、続きまして○○常勤監査役お願いします。	
監　査　役	常勤監査役の○○でございます。監査役に対するご質問につき、私よりご回答をさせていただきます。 〈一括回答〉 以上ご説明申しあげました。	
議　　　長	以上で事前ご質問に対するご説明を終わらせていただきます。	
5　報告事項の 　質疑応答		・第5章第2節5「取締役等の説明義務」参照。
議　　　長	それでは、報告事項につきまして、ご質問をお受けいたしたいと存じます。ご質問をいただくに当たっては挙手をされ、私が指名いたしましたらご自分の出席票番号とお名前をおっしゃっていただいたうえで、要点を簡潔にまとめてご質問くださいますようお願い申しあげます。	・ここでは、決議事項に関する質疑応答は議案上程後に行うことを予定しているが、現実の場面では、決議事項関係の質問が行われることも多い。その分決議事項の審議が短縮されるはずであり、また手続的にも簡明になるので、取り上げて回答することでよい。 ・一括回答を終えると報告事項について個別質問（一問一答）に入るのが通例であるが、報告事項の報告に、引き続き決議事項についての上程、説明も済ませておき、その後、報告事項についての質問のみならず、決議事項についての質問を受け付けて、議案の審議も終了させる例もある。⇒後記「一括審議方

第6章　株主総会議事進行要領

シ　ナ　リ　オ	備　　　考
	式」を参照。
株　主　A　（挙手）　議長、質問	・株主の発言は、挙手によって議長が指名し、出席票番号と名前を述べた株主に質問を許可し、それ以外の株主の不規則発言は許さない。
	・株主による回答者の指名があっても、それにはとらわれず、議長が適切と思う者を回答に当たらせる。
議　　長　どうぞ	・指、鉛筆などで指し示すのではなく、手のひらを上に向けて指し示す方が感じがよい。また、発言希望者が複数いるときは「そちらのグレーの背広の株主様、どうぞ」などと、指名する株主を特定する言葉をそえるとよい。
株　主　A　○番の○○○○です。……の件について質問します。……。	〈番号、名前をいわないとき〉　番号とお名前をおっしゃってください。
	・出席票番号と名前を明確にすることは、株主総会議事録を作成するうえでも必要になる。
	〈番号だけ言い、名前をいわないとき〉　お名前をお願いします。
	・どうしても名前をいわないときは、出席票番号のみをいってもらい、そのまま質問をさせることでよい。
議　　長　ただいまの株主○○様のご質問につきご説明申しあげます。……の件につきましては……。以上ご説明申しあげました。	・株主の質問には、社長でもある議長が回答するのが望ましいといえるが、適法、適切な議事の進行・整理に心掛けることは、それだけでも負担が重いので、質問によっては、適宜他の担当役員を回答に当たらせる例も多い。不慣れなとき、株主総会混乱の懸念があるときなどは、議長は議長の役割に専念する方がよい。
	〈担当役員に説明させるとき〉　ただいまのご質問につきましては、（○○担当の）○○常務取締役からご説明申しあげます。　（○○常務取締役）　私は、常務取締役の○○○○でございます。議長の指名によりまして、ただいまご質問がございました「……の件」につきましてご説明申しあげます。……。以上ご説明申しあげました。
議　　長　ほかにご質問はございませんか。	
株　主　B　（挙手）　議長、質問	
議　　長　どうぞ	
株　主　B　○番の○○○○です。……の件について質問します。……。	

— 370 —

シナリオ	備考
議　　長　ただいまの株主○○様のご質問は、本日の株主総会の目的事項に関係ないものと考えますので、答弁は差し控えたいと存じます。なにとぞご了承ください。	・最近は IR 的観点から回答の範囲を広げ、株主総会の目的事項以外の事項でも積極的に回答している。（回答することで支障が生じる事項以外の事項を回答） 回答できない事項についても、単に拒否するのではなく、回答しない理由を説明する、ないし概要を回答したうえで、「これ以上の回答は差し控えさせていただく。」旨丁寧に回答している事例が多い。 ・取締役および監査役は、株主総会で株主から質問された事項について説明する義務があるが、企業機密、顧客の秘密、未公表の重要事実等の314条、施行規則71条に規定する事項については説明する必要はない。 ・株主総会は会社の重要な事項を決定する会議ではあるが、それなりの合理的な会議の時間というものがある。議長は、株主総会が無意味な長時間にわたることがないように、適切な議事運営に努める義務があるともいえる。そのためには次の点に留意する。 ①議事進行は議長主導で行い、株主にイニシアティブを握られないこと。 　＊質問者は議長が指名し、回答者も議長が指名する。議長が許可した発言者以外の発言は不規則発言であるから制止する。このことを明確にするため、回答に当たった取締役等も含め、発言を終えた発言者は、必ず着席させるようにする。 　＊議長の指示に従わない者、議場の秩序を乱す者については、場合によっては、退場命令を発することを辞さない厳しい態度も必要である。ただし、退場命令は強行手段であるから、暴力を振るうような場合を除き、事前に何度か警告を発してから発動するのが望ましい。 ②無用な長時間発言は許さないこと。 　＊必要に応じて、「ご質問の要点を簡潔にお願いします」とか、「他の株主様のご質問をお受けしたいと存じますので、あと１問（あと３分）にしてください」などの発言を差しはさんで適宜牽制する。また、議論が噛み合わず水掛け論になったときは、「見解の相違です」としてそ

第6章　株主総会議事進行要領

		シ　ナ　リ　オ	備　　考
			れ以上の議論は切り上げることも必要である。
			③株主総会に関する細かな手続を問題とする議論に引きずり込まれないこと。
			＊出席株主の議決権の有無、委任状の有効性、社員株主の出席の状況、法人株主の持株数の状況などは、本来、株主が関与すべきことではなく、必要があれば、株主総会検査役を選任（306条）して行うべきことである。
			・質問者がまだいても、十分な質疑応答がなされ、客観的に通常の株主が報告事項の内容を理解し、または、決議事項の採決の機が熟した時は、質疑打切りできるとする判例がある。特定の株主だけから細々した質問、同じような質問が長々と続くようなときは、事務局にいる弁護士等と相談のうえ、質疑打切りをして議事進行を図るのも議長の責任といえる。
	議　　　長	ほかにご質問はございませんか。	・会場全体を見渡し、質問の有無を確認する。
	議　　　長	ご質問がないようでございますので、報告事項の質疑を打ち切り、引き続きまして、議案の審議に入らせていただきます。	
6	議案の審議	第1号議案　剰余金の処分の件	
	議　　　長	それでは、第1号議案「剰余金の処分の件」を付議いたします。議案の内容につきましては、お手許の書類〇頁に記載のとおりでございますが、これにつきご説明申しあげます。……。以上のとおりでございまして、期末配当金は前期と同様、1株につき〇円とさせていただきたいと存じます。	・施行規則において、期末配当の方針を記載すべきこととはされていないが、株主にとって重大関心事でもあるため、「参考となると認める事項」（施行規則73条2項）として、参考書類に記載し、配当についての考え方を明らかにすることが望ましい。
		本議案について何かご質問等はございませんか。	・会場全体を見渡し、質問の有無を確認する。このため、少し間をおく。
		ご質問等がございませんので、採決に入らせていただきます。本議案につきまして、ご賛成の株主様は拍手をお願いします。	

	シナリオ	備　　考
株　　主 議　　長	（拍　手） ありがとうございました。 議決権行使書によるご賛成を合わせ、過半数のご賛成でございますので、第1号議案「剰余金の処分の件」は、原案どおり承認可決されました。	・以降、採決結果の宣言に際しては、着席のままでよいので議長以外の取締役と監査役も黙礼すると株主に対して印象が良くなる。 　黙礼のタイミングとしては、議長より「ありがとうございました」と発言した時と「原案どおり承認可決されました」と発言した時の2通りがある。
株　　主	（拍　手）	〈電子投票を採用する会社の例〉 　ありがとうございました。 　議決権行使書およびインターネットによる議決権行使を含めまして……（略）……。（以下、各決議時において同じ） 〈電子行使プラットフォームを採用する会社の例〉 　議決権行使書およびインターネット等による議決権行使を含めまして……（略）……。（以下、各決議において同じ）
議　　長	第2号議案　定款一部変更の件 それでは、次に第2号議案「定款一部変更の件」を付議いたします。提案の理由およびその内容は、お手許の書類○頁から○頁に記載のとおりでございますが、新規事業への進出を図るため、定款第○条の事業目的に「……」を加え、併せて経営陣の強化のため、取締役の員数を○名増加し、定款第○条の「当会社に取締役○名以内を置く」とする規定を、「当会社に取締役△名以内を置く」とそれぞれ変更いたしたいと存じます。 本議案について何かご質問等はございませんか。 ご質問等がございませんので、採決に入らせていただきます。本議案につきまして、ご賛成の	・取締役の責任軽減、責任限定契約の定めについては、各監査役の同意が必要であり（426条2項、427条3項）、その旨を招集通知に記載して、株主総会席上でもその旨説明するのが通例である。 ・会場全体を見渡し、質問の有無を確認する。このため、少し間をおく。

— 373 —

第6章　株主総会議事進行要領

	シ　ナ　リ　オ	備　　　　　考
株　　　主	株主様は拍手をお願いします。 （拍　手）	
議　　　長	ありがとうございました。 議決権行使書によるご賛成を合わせ、本株主総会の議決権の3分の2以上に当たる多数をもって、第2号議案「定款一部変更の件」は、原案どおり承認可決されました。	・登記の実務では、特別決議を必要とする登記事項について、「3分の2」以上の多数による承認決議がなされたことが確認できる株主総会議事録の添付が求められる。したがって、議長はその旨を明らかに宣言しておくべきである。
株　　　主	（拍　手） 　　第3号議案　取締役○名選任の 　　　　　　　　　件	
議　　　長	引き続きまして、第3号議案「取締役○名選任の件」を付議いたします。 本株主総会終結の時をもって取締役8名全員が任期満了となります。先程、取締役の員数に関する定款規定の変更をご承認いただきましたので、経営陣を一層強化するため2名を増員することとし、改選と併せて取締役○名の選任をお願いするものであります。 つきましては、お手許の書類○頁から○頁に記載の候補者○名を一括して取締役に選任することにいたしたいと存じます。 なお、○○○氏は、社外取締役の候補者であり、社外取締役候補者として開示すべき事項はお手許の書類○頁に記載のとおりであります。 本議案について何かご質問等はございませんか。 ご質問等がございませんので、採決に入らせていただきます。	・候補者の読み上げは、 　①議案の説明と選任された際の両方で行う。 　②議案説明の際は単に「参考書類に記載されている候補者○名を取締役に選任したい」旨にとどめ、選任された際に行う。 　③議案説明の際のみ行い、選任の際には行わない。 　の3通りの例がある。候補者の数にもよるが②の方法でよいと思われる。 ・複数の取締役または監査役を選任する場合は、 　①候補者ごとに個別に賛否を問う方法 　②候補者全員について一括して賛否を問う方法 　があるが、議決権行使書および委任状によって、全候補者の選任に圧倒的多数の賛成が得られている場合には、議長の判断で一括して選任することにしてもよい。一般的には一括して選任している。 ・社外取締役を置いていない会社が社外取締役の候補者を含まない取締役の選任議案を提出する場合は、「社外取締役を置くことが相当でない理由」の記載を要する（施行規則74条の2）。 ・会場全体を見渡し、質問の有無を確認する。このため、少し間をおく。 〈一括して選任する旨を総会場にはかる場合〉 （議長）　選任の方法につきましては、お手許の書類○ 　　　　　頁から○頁に記載の○名の候補者を一括して取

— 374 —

シナリオ	備　　考
	締役に選任することといたしたいと存じますが、ご賛成の株主様は拍手をお願いします。 （株主）（拍　手）多数 （議長）ありがとうございました。 　　　　それでは、お手許の書類に記載の候補者○名を一括して取締役に選任することをお願いいたします。いかがでしょうか。
株　　　　主　本議案につきまして、ご賛成の株主様は拍手をお願いします。	
議　　　　長　ありがとうございました。 　議決権行使書によるご賛成を合わせ、過半数のご賛成でございますので、第3号議案「取締役○名選任の件」につきましては、原案どおり○○○○、……、……の○氏が取締役に選任されました。	
株　　　　主　（拍　手）	
議　　　　長　ただいま選任されました取締役につきましては、本株主総会終了後にご紹介申しあげます。	・選任された役員の紹介は総会の議事終了後に行う例も多い。閉会宣言後とする例もある。 〈選任された役員をここで紹介する場合〉 　それでは、ただいま選任されました取締役をご紹介申しあげます。 　　　　　　○○○○氏でございます。 　　　　　　　　　　　⋮ 　　　　　　○○○○氏でございます。 ・紹介された取締役は、起立して挨拶する。 〈新任の取締役のみここで紹介する場合〉 　それでは、新たに取締役に選任されました○○○○、○○○○の両氏をご紹介申しあげます。
株　　　　主　（拍　手） 　　　　　　第4号議案　監査役○名選任の件	
議　　　　長　引き続きまして、第4号議案「監査役○名選任の件」を付議いたします。	・施行規則では、取締役および監査役の選任議案には、候補者の氏名、生年月日、略歴、就任の承諾を得ていないときはその旨、その有する会社の株式の数

第6章　株主総会議事進行要領

	シナリオ	備　　考
	本株主総会終結の時をもって監査役○名全員が任期満了となりますので、監査役○名の選任をお願いするものであります。 つきましては、お手許の書類○頁から○頁に記載の候補者4名を一括して監査役に選任することにいたしたいと存じます。なお○○○氏および○○○氏は、社外監査役の候補者であり、社外監査役候補者として開示すべき事項はお手許の書類の○○頁から○○頁に記載のとおりであります。	（公開会社）、重要な兼職に該当する事実があることとなるときは、その事実（公開会社）、会社との間に特別の利害関係があるときはその事実の概要ほか社外役員に関する事項を記載すべきとされている（施行規則74条・76条）。
	また、本議案につきましては、監査役会の同意を得ております。本議案について何かご質問等はございませんか。	・監査役会非設置会社では監査役の「過半数の同意」、監査役会設置会社では「監査役会の同意」を得ることとされている（343条1項・3項）。議案提出の法律上の要件ではあるが、議長がその旨を述べるか否かは任意である。
	ご質問等がございませんので、採決に入らせていただきます。本議案につきまして、ご賛成の株主様は拍手をお願いします。	・会場全体を見渡し、質問の有無を確認する。このため、少し間をおく。
株　主 議　長	(拍　手) ありがとうございました。議決権行使書によるご賛成を合わせ、過半数のご賛成でございますので、第4号議案「監査役○名選任の件」につきましては、原案どおり○○○○、……、……、の○氏が監査役に選任されました。	・選任された監査役の紹介についての考え方は、取締役の場合と同様である。
株　主 議　長	(拍　手) ただいま選任されました監査役につきましては、本株主総会終了後にご紹介申しあげます。 　　第5号議案　補欠監査役1名選 　　　　　　　任の件	・ここで紹介する例もある。

— 376 —

		シ　ナ　リ　オ	備　　　考
議	長	次に第5号議案「補欠監査役1名選任の件」を付議いたします。監査役の員数を欠くことになる場合に備え、補欠監査役1名の選任をお願いするものであります。 つきましては、お手許の書類○頁に記載の候補者○○○○氏を補欠監査役として選任することをお願いいたしたいと存じます。 なお、本議案につきましては、監査役会の同意を得ております。本議案について何かご質問等はございませんか。 ご質問等がございませんので、採決に入らせていただきます。本議案につきまして、ご賛成の株主様は拍手をお願いします。	・施行規則では、①当該候補者が補欠の監査役である旨、②当該候補者を補欠の社外監査役として選任するときは、その旨、③当該候補者を1人または2人以上の特定の監査役の補欠の監査役として選任するときは、その旨および当該特定の監査役の氏名、③2人以上の補欠の監査役を選任するときは、当該補欠の監査役相互間の優先順位、④補欠監査役の就任前にその選任の取消しを行う場合があるときは、その旨および取消しを行うための手続を決定すべきとされている（施行規則96条2項）。 ・このほか、監査役選任議案の記載事項（施行規則76条）も記載する必要がある。 ・会場全体を見渡し、質問の有無を確認する。このため、少し間をおく。
株	主	（拍　手）	
議	長	ありがとうございました。 議決権行使書によるご賛成を合わせ、過半数のご賛成でございますので、第5号議案「補欠監査役1名選任の件」は原案どおり○○○○氏が補欠監査役として選任されました。	
株	主	（拍　手） 第6号議案　取締役および監査役の報酬額改定の件	・施行規則では、報酬額算定の基準または改定の理由を記載すべきとされ、議案が取締役または監査役の報酬を総額をもって定めるものであるときは、取締役または監査役の員数をも記載すべきとされる（施行規則82条1項・84条1項）。
議	長	次に第6号議案「取締役および監査役の報酬額改定の件」を付議いたします。 現在の取締役および監査役の報酬額は、平成○年○月○日開催の第○回定時株主総会におきまして、取締役の報酬額は月額○	

第6章　株主総会議事進行要領

	シ　ナ　リ　オ	備　　　　　考
	○○万円以内、監査役の報酬額は月額○○○万円以内としてご承認いただいて今日に至っておりますが、その後の経済情勢の変化および今回の取締役の増員など諸般の事情を考慮いたしまして、取締役の報酬総額を年額○○○万円以内、うち、社外取締役○○○万円以内、監査役の報酬額を年額○○○万円以内と改定することのご承認をお願いするものであります。 なお、この取締役の報酬額には、従来どおり使用人兼務取締役の使用人の職務に対する給与は含まれておりませんのでご了承くださるようお願い申しあげます。 なお、第2号議案および第3議案が承認されましたので、取締役の員数は○○名、監査役の員数は○名となっております。よろしくご審議をお願い申しあげます。 本議案について何かご質問等はございませんか。	
株　　　主 議　　　長	ご質問等がございませんので、採決に入らせていただきます。 本議案につきまして、ご賛成の株主様は拍手をお願いします。 (拍　手) ありがとうございました。 議決権行使書による賛成を合わせ、過半数のご賛成でございますので、第6号議案「取締役および監査役の報酬額改定の件」は、原案どおり承認可決されました。	・会場全体を見渡し、質問の有無を確認する。このため、少し間をおく。

		シナリオ	備考
7	株　　主 閉 会 宣 言	（拍　手）	
	議　　長	それでは、本株主総会の議事は、これをもってすべて終了いたしましたので、本総会を閉会いたします。	・議長のこの閉会宣言で株主総会は終了する。
		株主の皆様には熱心にご審議をいただきまして、まことにありがとうございました。	・取締役および監査役も全員起立して黙礼する。
	株　　主	（拍　手）	・株主総会が混乱のうちに終了したときなどは、取締役および監査役は、すみやかに退場する方がよい。 〈議事終了後に新任役員を紹介する場合〉 （議長）　以上をもちまして、本株主総会の議事をすべて終了いたしました。 　　　なお、議事の終了後でまことに恐縮でございますが、先程、新たに選任されました取締役を株主の皆様にご紹介させていただきたいと存じます。 （議長）　取締役の○○○○です。 （取締役）　○○○○でございます。 （株主）　（拍　手） （議長）　これをもちまして、本株主総会を閉会いたします。株主様には、熱心にご審議いただきまして、まことにありがとうございました。 （株主）　（拍　手）
1	動議の採決 議 案 修 正 動　　議	第1号議案　剰余金の処分の件	・修正動議の対応として修正動議先議方式による場合は、臨時報告書に当該修正動議の採決の結果（可決または否決のほか、賛成、反対、棄権の個数および賛成または反対率）を記載することとなるので、原案（会社提案議案）先議方式を採用する会社が一般的である（原案が可決されれば、修正動議による提案の議決権数の集計は不要となる）。したがって、採決するのは原案だけであるので、通常どおり、「原案にご賛成の株主の皆様は拍手をお願いします」という採決方法でよい。 ・左記モデルは、原案を先に審議する方法だが、ほかに、動議を先に審議する方法もある（臨時報告書に修正動議の行使結果の開示が必要となる）。

第6章　株主総会議事進行要領

シナリオ	備　考
	（株主）　○番の○○○○です。本議案の修正動議を提出します。原案を修正し、期末配当金を1株につき○円とするよう修正する動議を提出します。その理由は……。
	（議長）　ただいま、○○様より1株につき○円の配当を○円に増配する旨の議案修正の動議が提出されました。
株　　　主　○○番の○○です。本議案の修正動議を提出します。原案を修正し、期末配当金を1株につき○円とするよう修正する動議を提出します。その理由は……。	つきましては、後程、議案の採決の際にお諮りさせていただきます。 　　ほかにご質問はございませんか。
議　　　長　ただいま、株主様より期末配当金を1株につき○円とするよう議案修正の動議が提出されました。 　　つきましては、後程、議案の採決の際にお諮りさせていただきます。 　　ほかにご質問等はございませんか。	（議長）　ご質問がないようでございますので、議案の採決に入らせていただきます。 　　本議案は、先程、期末配当金を1株につき○円の配当を○円に増配するよう議案修正の動議が提出されております。 　　つきましては、第1号議案「剰余金の処分の件」について、会社提案の原案の採決に先立ち、株主様からの本議案に対する修正提案から採決いたしたいと存じます。 　　修正提案に反対の株主様は拍手をお願いします。
	（株主）　（拍　手）多数
議　　　長　ご質問等がないようでございますので、議案の採決に入らせていただきます。 　　本議案は、先程、期末配当金を1株につき○円とするよう議案修正の動議が提出されております。 　　議長といたしましては、第1号議案「剰余金の処分の件」について、原案である会社提案から先にお諮りいたしたいと存じますが、ご賛成の株主様は拍手をお願いします。	（議長）　ありがとうございました。 　　賛成が過半数に達しておりませんので、修正提案は可決されませんでした（提案株主が一般株主である場合、その心情に配慮して、「少数」とか「否決」という否定的な言葉は使わないという考え方である。なお、臨時報告書では「否決」ということでよい）。 　　それでは、続きまして、第1号議案につき、会社提案についてお諮りいたします。 　　会社提案にご賛成の株主の皆様は拍手をお願いします。
	（株主）　（拍　手）多数
	（議長）　ありがとうございました。
株　　　主　（拍　手）多数 議　　　長　ありがとうございます。 　　過半数のご賛成でございますの	議決権行使書を合わせ過半数のご賛成でございますので、第1号議案「剰余金の処分の件」は、原案のとおり承認可決されました。

— 380 —

		シ　ナ　リ　オ	備　　　　考
		で、原案から先にお諮りいたします。	
		それでは、原案につきまして、ご賛成の株主様は、拍手をお願いします。	
	株　　　主	（拍　手）　多数	
	議　　　長	ありがとうございます。	
		議決権行使書による賛成を合わせ、過半数のご賛成でございますので、第1号議案「剰余金の処分の件」は、原案どおり承認可決されました。	
		したがいまして、先程の修正提案は、否決されたものと取扱わさせていただきます。	
2	議事運営に関する動議	〈議長不信任動議〉	
	株　　　主	議長、○番の○○○○です。	
		議長の議事運営は公正さを欠いているので、不信任の動議を提出します。	
	議　　　長	ただいま、株主様より議長不信任の動議が提出されました。	
		私は、定款の定めるところにより議長を務め、公正に議事を進めておりまして、ただいまご指摘のようなことは全くないものと考えておりますが、ただいまの動議につきましてお諮りいたします。	
		私がこのまま議長を務めることにご賛成の株主様は拍手をお願いします。	
	株　　　主	（拍　手）　多数	
	議　　　長	ありがとうございました。	
		過半数のご賛成でございますので、議長不信任の動議は否決されたものと認め、私がこのまま	

第6章　株主総会議事進行要領

		シ　ナ　リ　オ	備　　考
3		議長を務めさせていただきます。	
	株　　主 議案の審議 に関する 動　　議	（拍　手）　多数	
		〈質疑打切りの動議〉	・質疑打切りの動議は、株主が提出する場合と議長が
	議　　長	相当時間を経過し、十分質疑を尽くしたと思いますので、これをもって質疑を打ち切り、議案の審議に入りたいと思います。ご賛成の株主様は拍手をお願いします。	議事進行上の提案として提出する場合の2通りの方法がある。議事進行の状況をみて判断することになるが、議長が提出する（事務局の弁護士と相談等）のが適当である。 ・質疑打切りのとき、また質問を希望する株主が存在する場合には、株主の質問を拒否したという印象を避けるため「まだ挙手をされている株主様もいらっ
	株　　主	（拍　手）　多数	しゃいますが、相当時間も経過いたしましたし、十分質疑も尽くされたと思いますので、ご質問はあと
	議　　長	ありがとうございました。それでは、第1号議案「剰余金の処分の件」を付議いたします。	お1人（2人）とさせていただきます。それでは、そちらの株主様どうぞ。」と打切りを予告し、あと〇人と決める取扱いも考えられる。 ・質疑応答にどの程度時間をかければ十分な審議が尽くされたと考えるかは画一的な基準がないため、株主総会運営上の難しい問題の一つとなっている。 会社が抱えている問題、質問の内容、程度、質問株主の人数、一括回答での説明充足度等により一概にはいえないが、株主総会を合理的な時間内に終結させるという大局的な見地からも具体的な審議打切りの時間の目安を立てておくことは必要である。

【資料6－2】退職慰労金議案を付議する場合（個別審議方式の場合）

	シ　ナ　リ　オ	備　　考
	第7号議案　退任取締役および退任監査役に対し退職慰労金贈呈の件	
議　　長	次に第7号議案「退任取締役および退任監査役に対し退職慰労金贈呈の件」を付議いたします。本株主総会終結の時をもって、辞任されます取締役〇〇〇〇、〇〇〇〇の両氏および任期満了により退任されます取締役〇〇〇〇、監査役〇〇〇〇の両氏に	・議長自身に対する退職慰労金贈呈議案が付議される場合であっても、そのまま議長を続けて何ら問題はないが、心情的なこともあり、議長を交代する例がある。 〈議長を交代する場合〉 （議長）　次の第7号議案でございますが、この議案には私に対する退職慰労金が含まれておりますので、本議案につきましては、議長を〇〇副社

— 382 —

シナリオ	備考
対し、その在任中の労に報いるため、当社の定める一定の基準に従い、相当額の範囲内で退職慰労金を贈呈いたしたいと存じます。 ○○○○氏は平成○年○月に取締役に就任以降、常務取締役および専務取締役を歴任され、○○○○氏は平成○年○月、○○○○氏は平成○年○月に取締役に就任されそれぞれ現在に至っております。各氏には当社の発展のため格別のご尽力をいただいてまいりました。また、○○○○氏は平成○年○月監査役に就任されて以来、当社業務に多大な貢献をされてまいりました。贈呈いたします退職慰労金の具体的な金額、支払の時期および方法等は、取締役につきましては取締役会、監査役につきましては監査役の協議にそれぞれご一任いただきたいと存じます。 本議案について何かご質問等はございませんか。	長に交代させていただきたいと存じます。ご了承くださるようお願い申しあげます。 (株主) 了解、異議なし。(拍 手) (議長) ありがとうございます。それでは交代させていただきます。 〈○○副社長が議長席に着く〉 (議長) 私は副社長の○○○○でございます。 第7号議案のご審議をいただくにつきまして、私が議長を務めさせていただきます。なにとぞよろしくお願い申しあげます。 それでは第7号議案、退任取締役および……。 ・各退任者別の略歴は、「退任者別の略歴は参考書類に記載のとおりである」旨述べる場合と、簡単にこれを紹介する場合とがある。また退任者の功労の内容を簡単に紹介する例もある。 ・施行規則では、取締役または監査役の略歴を記載すべきとされ、また、議案が一定の基準に従い退職慰労金の額を決定することを取締役、監査役その他第三者に一任するものであるときは、その基準の内容も記載すべきとされる。ただし、各株主が当該基準を知ることができるようにするための適切な措置を講じている場合はその必要はない（施行規則82条2項・84条2項）。
ご質問等がございませんので、採決に入らせていただきます。 本議案につきまして、ご賛成の株主様は拍手をお願いします。	・会場全体を見渡し、質問の有無を確認する。このため、少し間をおく。
株主 議長 (拍 手) ありがとうございました。 議決権行使書によるご賛成を合わせ、過半数のご賛成でございますので、第7号議案「退任取締役および退任監査役に対し退職慰労金贈呈の件」は、原案どおり承認可決されました。	
株主 (拍 手)	

第6章　株主総会議事進行要領

【資料6−3】シナリオ2（一括審議方式）

（注）　各項目の説明等は、シナリオ1（個別審議方式）を参照。

		シ　ナ　リ　オ
1	開 会 宣 言	
	事　務　局	お待たせしました。定刻になりましたので、社長お願いします。
		〈社長が議長席に着く〉
	社　　　長	おはようございます。
	株　　　主	おはようございます。
	社　　　長	私は、社長の○○○○でございます。株主の皆様には、ご多用中のところご出席いただきましてまことにありがとうございます。定款第○条の定めによりまして、私が議長を務めさせていただきますのでよろしくお願い申しあげます。
	議　　　長	それでは、ただいまから○○株式会社第○回定時株主総会を開会いたします。 本株主総会の議事の運営につきましては、議長である私の指示に従っていただきますよう、ご出席の皆様のご理解とご協力を賜りたく、よろしくお願い申しあげます。 また、ご質問等は、報告事項の報告および決議事項の上程ならびに事前質問に対する回答終了後にお受けしますので、ご了承賜りたく、よろしくお願い申しあげます。
2	出席状況の 報　　　告	
	議　　　長	それでは、まず本株主総会の決議につきまして、株主数および議決権数をご報告申しあげます。 本株主総会において議決権を有する株主数は○○○名、その議決権数は○○○個でございます。 本日、ただいままでにご出席の株主様は、議決権行使書をご提出くださいました方を含めまして○○○名、その議決権数は○○○個であります。 したがいまして、本株主総会の定足数を必要とする第2号議案、第3号議案、第4号議案および第5号議案の決議に必要な定足数を満たしておりますことをご報告申しあげます。
3	監 査 役 の 監 査 報 告	
	議　　　長	それでは、本日の報告事項の報告および議案の審議に先立ちまして、監査役から当社の監査報告をお願いします。引き続き、連結計算書類に係る会計監査人および監査役会の監査結果についても監査役から報告をお願いします。 それでは、監査役、お願いします。 【監査役会の連結監査報告のみを監査役に委ねるとき】 　それでは、本日の報告事項の報告および議案の審議に先立ちまして、監査役から当社の監査報告をお願いします。併せて、連結計算書類の監査結果についても監査役から

― 384 ―

		シ ナ リ オ
		報告をお願いします。
		なお、連結計算書類に係る会計監査人の監査結果につきましては、お手許の会計監査人の監査報告書謄本に記載のとおり、我が国において一般に公正妥当と認められる企業会計の基準に準拠して、当社および連結子会社からなる企業集団の財産および損益の状況をすべての重要な点において適正に表示しているとの報告を受けております。
		それでは、監査役、お願いします。
監 査 役		私は、常勤監査役の○○○○でございます。各監査役が作成した監査報告書に基づいて、監査役会において協議いたしました結果につきまして、私からご報告申しあげます。
		まず、当社第○期事業年度における取締役の職務執行全般について監査を行ってまいりましたが、お手許の監査役会の監査報告書謄本に記載のとおり、事業報告は、法令、定款に従い会社の状況を正しく示しているものと認めます。会計に関しましては、会計監査人○○監査法人の監査の方法および結果は相当であり、会計以外の業務につきましても、不正の行為または法令、定款に違反する重大な事実は認められません。また、各監査役は本株主総会に提出されるすべての議案および書類を調査いたしましたが、法令、定款に違反する事項および不当な事実はございません。
・連結計算 書類に係 る監査報 告		次に、連結計算書類の監査でございますが、お手許の会計監査人および監査役会の監査報告書謄本に記載のとおり、会計監査人○○監査法人からは我が国において一般に公正妥当と認められる企業会計の基準に準拠して、当社および連結子会社からなる企業集団の財産および損益の状況をすべての重要な点において適正に表示しているとの報告を受けており、監査役会としては、会計監査人の監査の方法および結果は相当であると認めます。
		以上ご報告申しあげます。
		【監査役会の連結計算書類監査報告のみを監査役に委ねるとき】 次に、連結計算書類の監査でございますが、お手許の監査役会の監査報告書謄本に記載のとおり、会計監査人○○監査法人の監査の方法および結果は相当であると認めます。 以上ご報告申しあげます。
	議　　　長	連結計算書類の監査結果は、以上の報告のとおりであります。
4 報告事項	議　　　長	それでは、本日の報告事項のうち、第○期事業報告、連結計算書類ならびに当社の計算書類の内容につきましてご報告申しあげます。
		事業報告、連結計算書類および当社の計算書類の内容につきましては、お手許の書類に記載のとおりでございますが、その概要をご報告いたしたいと存じます。まず事業の概況でございますが、……（略）……。
		以上で、第○期事業報告、連結計算書類および当社の計算書類の内容のご報告を終了い

第6章　株主総会議事進行要領

		シ　ナ　リ　オ
5	決議事項の 上　　程	たします。
	議　　長	引き続きまして、第1号議案から第6号議案までの各議案を上程させていただきますとともに、その内容につきましてあらかじめご説明申しあげます。 　まず、第1号議案「剰余金の処分の件」の内容でございますが、お手許の書類○頁に記載のとおり……。 　以上のとおり提案申しあげます。次の第2号議案「定款一部変更の件」でございますが、本議案の内容はお手許の書類○頁から○頁に記載のとおりであり…… 　以上のとおり提案申しあげます。次の第3号議案「取締役○名選任の件」でございますが、本議案の内容はお手許の書類○頁に記載のとおり……。 　なお、○○○氏は、社外取締役の候補者であり、社外取締役候補者として開示すべき事項はお手許の書類○頁に記載のとおりであります。 　以上のとおり提案申しあげます。次に第4号議案「監査役○名選任の件」でございますが、本議案の内容はお手許の書類○頁に記載のとおり……。 　なお、○○○氏は、社外監査役の候補者であり、社外監査役候補者として開示すべき事項はお手許の書類○頁に記載のとおりであります。 　以上のとおり提案申しあげます。次の第5号議案「補欠監査役○名選任の件」でございますが、本議案の内容はお手許の書類○頁に記載のとおり……。 　以上のとおり提案申しあげます。 　以上のとおり提案申しあげます。次に第6号議案「取締役および監査役の報酬額改定の件」でございますが、本議案の内容はお手許の書類○頁に記載のとおり……。 　以上のとおり提案申しあげます。 〈事前に書面等での質問があり一括回答する場合〉
	議　　長	それでは、報告事項および決議事項に関し、あらかじめご質問をいただいておりますのでお答えいたします。 　なお、ご質問をいただいております事項のうち、個別取引にかかわるもの、抽象的なもの、株主総会の目的に関しないもの、説明することにより株主共同の利益を著しく害するものと認められるもの、お手許の書類にすでに記載のあるもの、会社の会計帳簿等をみなければお答えできない詳細な事項につきましては、恐縮ながら割愛させていただきますのでご了承くださいますようお願い申しあげます。 　回答は、○○常務取締役から、また、監査役に対するご質問は○○常勤監査役からいたします。 　それでは、○○常務取締役、お願いします。
	取　締　役	常務取締役の○○でございます。議長の指名により、取締役に対するご質問につき、私よりご回答をさせていただきます。 〈一括回答〉 　以上ご説明申しあげました。

株主総会議事進行要領

		シ ナ リ オ
	議　　　長	それでは、続きまして○○常勤監査役、お願いします。
	監　査　役	常勤監査役の○○でございます。議長の指名により、監査役に対するご質問につき、私よりご回答をさせていただきます。
		〈一括回答〉
		以上ご説明申しあげました。
	議　　　長	以上で事前ご質問に対するご説明を終わらせていただきます。
6	報告事項および決議事項に関する審　　　議	
	議　　　長	それでは、報告事項および決議事項に関する質問ならびに動議を含めた審議に関するご発言をお受けし、その後、各議案につきまして、採決をとらせていただきたいと存じます。なお、ご発言に際しては、挙手をしていただき、私が指名いたしましたら、ご自分の出席票番号とお名前をおっしゃっていただいたうえで、要点を簡潔にまとめてご発言くださいますようお願い申しあげます。
		それではどなたかいらっしゃいますか。
		【一括審議方式を採用することにつき念のため議場に諮る場合】
		議長　それでは、報告事項および決議事項に関する質問ならびに動議を含めた審議に関するご発言をお受けし、その後、各議案につきまして、採決をとらせていただく方法といたしたいと存じますが、ご賛成の株主様は拍手をお願いします。
		株主　（拍　手）
		議長　ありがとうございました。過半数のご賛成でございますので、この方法で行うこととといたします。
		それでは、ご質問等をお受けしますが、ご発言に際しては、挙手をしていただき、……。
	株　主　○	議長　質問
	議　　　長	どうぞ
	株　主　○	○番の○○○○です。……の件について質問します。
	議　　　長	（回　答）
	議　　　長	他にご質問等はございませんでしょうか。
		ご質問等がないようでございますので議案の採決に入らせていただきます。
7	議案の採決	
		〈第1号議案〉
	議　　　長	それでは、第1号議案「剰余金の処分の件」を採決します。
		本議案の内容は先程ご説明したとおりでございます。
		本議案につきまして、ご賛成の株主様は拍手をお願いします。

第6章　株主総会議事進行要領

	シ　ナ　リ　オ
株　　　主	（拍　手）
議　　　長	ありがとうございました。
	議決権行使書によるご賛成を合わせ、過半数のご賛成でございますので、第1号議案は原案どおり承認可決されました。
株　　　主	（拍　手）
	〈第2号議案〉
議　　　長	それでは、次に第2号議案「定款一部変更の件」を採決します。本議案の内容は先程ご説明したとおりでございます。
	本議案につきまして、ご賛成の株主様は拍手をお願いします。
株　　　主	（拍　手）
議　　　長	ありがとうございました。
	議決権行使書によるご賛成を合わせ、本総会の議決権の3分の2以上のご賛成ですので、第2号議案は原案どおり承認可決されました。
株　　　主	（拍　手）
	以下、〈第3号議案〉から〈第6号議案〉まで記載省略。
8　閉　会　宣　言	
議　　　長	それでは本株主総会の議事は、これをもってすべて終了いたしましたので、本株主総会を閉会いたします。株主様には熱心にご審議をいただきまして、まことにありがとうございました。
株　　　主	（拍　手）

【資料6－4】一括審議方式の場合の修正動議対応例

修正動議提出は、一括審議時になされ、採決時には会社提案とともに修正動議について採決のみがなされる。したがって、その対応シナリオは次のとおりとなる。

		（一括審議時）
株　　　主		○○番の○○です。第1号議案の修正動議を提出します。原案を修正し、期末配当金を1株につき○円とするよう修正する動議を提出します。その理由は・・・・・。
議　　　長		ただいま、株主様より期末配当金を1株につき○円とするよう議案修正の動議が提出されました。
		つきましては、後程、議案の採決の際にお諮りさせていただきます。
		ほかにご質問等はございませんか。
		（中略）
議　　　長		ご質問等がないようでございますので、議案の採決に入らせていただきます。
		（採決時）
議　　　長		それでは、第1号議案「剰余金の処分の件」を採決いたします。
		本議案は、先程、期末配当金を1株につき○円とするよう議案修正の動議が提出されております。

— 388 —

		議長といたしましては、第1号議案「剰余金の処分の件」について、原案である会社提案から先にお諮りいたしたいと存じますが、ご賛成の株主様は拍手をお願いします。
株	主	(拍　手)　多数
議	長	ありがとうございます。
		過半数のご賛成でございますので、原案から先にお諮りいたします。
		それでは、原案につきまして、ご賛成の株主様は、拍手をお願いします。
株	主	(拍　手)　多数
議	長	ありがとうございます。
		議決権行使書による賛成を合わせ、過半数のご賛成でございますので、第1号議案「剰余金の処分の件」は、原案どおり承認可決されました。
		したがいまして、先程の修正提案は、否決されたものと取扱わさせていただきます。

一括審議方式の場合の動議先議方式および「議長不信任動議」、「質疑打切動議」は、個別審議方式を参照。

第7章
株主総会の事後処理

第7章　株主総会の事後処理

第1節　株主総会議事録

1　株主総会議事録の作成

(1)　議事録の作成義務者

　株式会社は、株主総会の議事については、法務省令で定めるところにより、議事録を作成しなければならないとされている（318条1項）。この株主総会議事録の作成義務者は、取締役である（施行規則72条3項6号）。代表取締役である必要はない。これは、株主総会議事録の作成および備置については、業務執行ではなく、取締役の職務と解されているからである（相澤・論点解説495頁）。

(2)　記載事項

　株主総会議事録の記載事項は法務省令に定められており（施行規則72条3項）、以下の事項を記載する。

　a　日時および場所（当該場所に存しない取締役（監査等委員会設置会社にあっては、監査等委員である取締役又はその以外の取締役。以下(2)の（※）において同じ。）、執行役、会計参与、監査役、会計監査人または株主が株主総会に出席した場合における当該出席の方法を含む）

　b　株主総会の議事の経過の要領およびその結果

　c　会社法の規定により一定の事項について株主総会において述べられた意見または発言があるときは、その意見または発言の内容の概要

　d　株主総会に出席した取締役（※）、執行役、会計参与、監査役または会計監査人の氏名または名称

　e　株主総会の議長が存するときは、議長の氏名

　f　議事録の作成に係る職務を行った取締役の氏名

　g　上記の法定記載事項のほか、実務上の任意的記載事項

　aの「当該場所に存しない取締役（※）、執行役、会計参与、監査役、会計監査人または株主が株主総会に出席した場合における当該出席の方法」は、テレビ会議や電話会議等のように情報の双方向性と即時性が確保できる方式で株主総会に出席できることを前提とした規定である。例えば、

海外在勤の会社役員や、遠隔地に居住する株主が、前述の方式に則って出席するようなことが想定される。しかし、「株主総会が開催された場所」との規定振りから、「物理的な株主総会の開催場所を観念できない完全にヴァーチャルな株主総会では、株主総会が開催されたとは会社法上評価できないと解するのが自然であろう」また、「テレビ会議や電話会議で参加した株主等が所在する場所は、「株主総会が開催された場所」ではないと解すべきことになろう」とされる（弥永・コンメ施規361頁）。また、会社が、別の場所に参集した株主に対して株主総会を中継しているにすぎない場合（質問や採決への参加ができない状況）は双方向性があるとはいえず、株主総会への出席には該当しない。

　ｂの「議事の経過の要領およびその結果」については、株主総会のシナリオに沿った記載をし、質疑応答や動議があった場合は、これらも追記する。法的に重要なのは、株主総会に提案された各議案が適法に承認可決されたという結果が明確に記載されていることである。ただし、議長として決議要件を充足していることを確認していれば、賛否の数を記載することなく、普通決議であれば「過半数の賛成をもって承認可決された。」という記載でよい。特別決議については「３分の２以上の賛成をもって承認可決された。」と特別決議の要件を充足したことを明記しないと、当該議事録を添付書類とする登記申請が受理されないとされている。

　質疑応答や動議の記載は、説明義務の履行や株主総会の公正な運営が問題となった場合の証拠となることを念頭に置き、記載すべきである。

　「要領」とされているので、質問と回答については、すべて記載するのではなく、重要なものだけを選別し、その要旨を記載することでよい。株主が自己の質問を議事録に記載することを要求したとしても、議事録への記載内容およびその程度は議事録作成者の裁量による。

　動議については、原則すべて記載する。ただし、同一株主から同一の動議が繰り返される等明らかに違法な動議であって、議長が却下し、取り上げられていない場合、記載は不要である。取り上げた動議については、動議の要旨と採決の結果を記載する。

　反対株主の株式買取請求権行使の要件として、株主総会において反対の議決権行使が必要となる議案（組織再編等）については、株主総会前に反対の意思を会社に通知し、かつ株主総会に出席して反対の議決権行使を行わなければならない（797条２項１号イ等）。したがって、反対の議決権行使をした株主を確認し、その氏名等を議事録に記載することで、その後の買取請求に備えることが考えられる。

　また、株主からの提案議案については、総株主の議決権の10分の１以上の賛成を得られなかった日から３年を経過していない場合には、実質的に同一の議案の提案をすることができないことから（305条４項）、10分の１未満であったことを確認し、その賛成の議決権数を議事録に明記しておくことが考えられる。議案の修正動議についても、同じことがいえる（304条但書）。

　株主総会の開会時刻・閉会時刻については、「議事の経過」の中で記載する事例もある。

　ｃは、辞任した監査役が株主総会で理由を述べた場合（345条４項）、監査役が株主総会に提出

第7章　株主総会の事後処理

された議案や書類等についての調査結果を株主総会に報告した場合（384条）などが該当する。

　fの「議事録の作成に係る職務を行った取締役の氏名」については、氏名の記載だけで署名または押印は不要である。「作成に係る職務を行った」とは、原則として議事録に最終的な決裁をしたことをいうと解される。したがって、議事録の原案を使用人が作成し取締役総務部長の決裁で確定すれば、「職務を行った取締役」は取締役総務部長となり、社長決裁であれば社長である。

　gとしては、

(a)　議事録のタイトルとして、「第○回　定時株主総会」、「平成○年○月○日臨時株主総会」等と記載する。

(b)　議決権を有する株主数、総株主の議決権個数、当日出席した株主数とその議決権個数が一般的に記載される。「当日出席した株主数とその議決権個数」については、当日発表した数字（書面投票による株主数・議決権個数に当日開会直前までに入場した株主の人数・議決権個数を加算した数字）を記載する例が多いが、開会後の入場株主についても加算した最終的な数字を記載する方法も行われている。

(c)　出席取締役等の氏名または名称は法定記載事項であるが、取締役の署名または押印は要求されていない。しかし、任意に、または、定款に株主総会議事録に出席した取締役が記名押印する旨の規定を設けたうえで、議事録に記名押印する会社も多いと思われる。実務としては、株主総会議事録への押印者として出席取締役全員が45.7％、議長のみが31.2％、議事録を作成した取締役のみが22.5％となっている（2017年版株主総会白書136頁）。出席取締役による記名押印の実施は、任意のものであれ定款の規定に基づくものであれ、株主総会議事録の真正性を担保するためと考えられる。

2　議事録の備置

　株主総会議事録は、株主総会の日から10年間本店に、その写しを5年間支店に備え置かなければならない（318条2項・3項）。議事録の備置期間は、株主総会の日の翌日から起算されるが（民法140条）、これは株主総会の日の翌日からの備置きを必須とする趣旨ではないと考えられる。議事録の作成には、一定の時間を要することは当然予想されるし、出席取締役の記名押印を求める会社では、さらに時間を要することもある。実務的には、株主総会の議事録は、株主総会の終了後可及的速やかに作成し、作成の完了次第、備え置くことでよいと考えられる（松井秀樹『会社議事録の作り方〔第2版〕』（中央経済社、2016）71頁）。

　支店に備え置くべき議事録の写しについては、認証を要する旨の明文上の規定はないが、写しである旨を記載して代表取締役が記名押印しておくことが適当であろう。

— 394 —

第1節　株主総会議事録

　また、備置開始日を記載しておくと事務処理上の都合がよい。

【書式7－1－1】 定時株主総会議事録記載例（個別審議方式の場合）

第○回（期）定時株主総会議事録

1．開催日時　平成○年○月○日（○曜日）午前○時
2．開催場所　東京都○○区○○町○丁目○番○号　当社本店○階会議室^(注1)
3．出席株主数および議決権数^(注2)
　　議決権を行使することができる株主の数　　　　　　　　　○,○○○名
　　その議決権数　　　　　　　　　　　　　　　　　　　　○○○,○○○個
　　本日出席の株主数（議決権行使書によるものを含む）　　　○,○○○名
　　その議決権数　　　　　　　　　　　　　　　　　　　　○○○,○○○個
4．出席した取締役および監査役
　　出席取締役　　　　　　○○○○、○○○○、○○○○、……および○○○○の○名
　　出席監査役　　　　　　○○○○、○○○○、○○○○、……および○○○○の○名
5．株主総会の議長　代表取締役社長○○○○
6．議事の経過の要領およびその結果
　　定刻、取締役社長○○○○は、定款第○条の定めに基づき議長席に着き開会を宣した。
　　議長は、出席株主数および議決権数について事務局から報告させ^(注3)、本総会の各議案
　の決議に必要な定足数を満たしている旨を述べた。

　報告事項
　1．第○期（平成○年○月○日から平成○年○月○日まで）事業報告の内容、連結計算書類
　　の内容ならびに会計監査人および監査役会の連結計算書類監査結果報告の件
　2．第○期（平成○年○月○日から平成○年○月○日まで）計算書類の内容報告の件

　　議長が連結計算書類の監査結果を含め監査役に監査報告を求めたところ、常勤監査役○○
　○○から、当事業年度の監査結果は別添の「第○回定時株主総会招集ご通知」○頁の監査役
　会の監査報告書謄本に記載のとおりである旨の報告がなされた。^(注4)また、連結計算書類
　の監査結果について、同じく○頁から○頁の会計監査人および監査役会の監査報告書謄本に
　記載のとおりである旨の報告がなされた。
　　続いて、議長から、事業報告、連結計算書類および計算書類の内容について別添の「第○
　回定時株主総会招集ご通知」○頁から○頁に基づき報告がなされた。^(注5)

　　次いで、議長は報告事項について出席株主に質問を求めたところ、株主○○○○氏から
　……の件について質問があり、議長から、……の回答がなされた。
　　以上をもって報告事項に関する質疑が終了したので、各議案の審議に入った。

　決議事項
　第1号議案　剰余金の処分の件
　　議長から、経営体質の強化と今後の事業展開等を勘案して、内部留保にも意を用い、当社

― 395 ―

第7章　株主総会の事後処理

をとりまく環境が依然として厳しい折から、期末配当を、普通株式1株につき金○円、総額○○○円、配当の効力発生日を平成○年○月○日とするとともに、将来の積極的な事業展開に備えた経営基盤の強化を図るため、繰越利益剰余金を○○○円取り崩し、同額を別途積立金に振り替えたい旨を説明し、議場に諮った。株主△△氏から、……の点につき質問があり、議長から……との説明がなされた。質疑を尽くした後に、採決を求めたところ、出席株主の議決権の過半数の賛成をもって原案どおり承認可決された（注6）。

第2号議案　定款一部変更の件
　議長から、新規事業への進出を図るため定款第○条所定の事業目的に「○○○○……」を追加したい旨を説明し、議場に諮ったところ、出席株主の議決権の3分の2以上の賛成をもって原案どおり承認可決された。

第3号議案　取締役○名選任の件
　議長から、取締役○名全員は本総会終結の時をもって任期満了となるので、新たに「第○回定時株主総会招集ご通知」○頁から○頁に記載の取締役候補者○名を取締役に選任したい旨を説明し、議場に諮ったところ、出席株主の議決権の過半数の賛成をもって○○○○、○○○○、○○○○、………および○○○○の○名が取締役に選任された。（注7）

第4号議案　監査役○名選任の件
　議長から、監査役○○○○および○○○○は本総会終結の時をもって任期満了となるので、新たに「第○回定時株主総会招集ご通知」○頁から○頁に記載の監査役候補者○○○○および○○○○を監査役に選任したい旨および本議案の提出には監査役会の同意を得ている旨を説明し、議場に諮ったところ、出席株主の議決権の過半数の賛成をもって○○○○および○○○○の○名が監査役に選任された。（注7）

第5号議案　補欠監査役○名選任の件
　議長から、監査役の員数を欠くことになる場合に備え、「第○回定時株主総会招集ご通知」○頁に記載の補欠監査役候補者○○○○を補欠監査役に選任したい旨および本議案の提出には監査役会の同意を得ている旨を説明し、議場に諮ったところ、出席株主の議決権の過半数の賛成をもって○○○○が補欠監査役に選任された。

第6号議案　取締役および監査役の報酬額改定の件
　議長から、取締役および監査役の報酬額は、平成○年○月○日開催の第○回定時株主総会において、取締役報酬額を年額○○○円以内、監査役報酬額を年額○○○円以内とそれぞれ承認され現在に至っているが、経済情勢の変化その他諸般の事情を考慮して取締役報酬額を年額○○○円以内（うち社外取締役分は年額○○○円以内）、監査役報酬額を年額○○○円以内に改定したい旨を述べ、取締役の報酬額には、従来どおり使用人兼務取締役の使用人分給与は含まない旨を説明し、議場に諮ったところ、出席株主の議決権の過半数の賛成をもって原案どおり承認可決された。

　以上をもって、報告事項および決議事項のすべてが終了したので、議長は午前○時○分閉会を宣した。

第1節　株主総会議事録

　　　ここに議事の経過の要領およびその結果を明確にするため、本議事録を作成する。

平成○年○月○日

　　　　　　　　　　　　　　　　　　　　○　○　○　○　株　式　会　社
　　　　　　　　　　　　　　　　　議事録の作成に係る職務を行った取締役
　　　　　　　　　　　　　　　　　　代表取締役社長○○○○　　㊞（注8）

　　　　　　　　　　　　　　　　　　　　　　　　　　　　　　　　以　上

（注1）　当該場所に存しない取締役（監査等委員会設置会社にあっては、監査等委員である取締役又は
　　　　それ以外の取締役。）、執行役、会計参与、監査役、会計監査人または株主が出席した場合、当該
　　　　出席の方法を記載する必要があり、その場合には、情報伝達の即時性と双方向性の確認の事実を
　　　　盛り込むことが望ましいとの見解もあるので（松井信憲『商業登記ハンドブック〔第3版〕』（商
　　　　事法務、2015）148頁）、その旨を付加する場合、例えば、次のように記載することが考えられる。
　　　　　「なお、○○県○○市○○町○丁目○番○号当社○○支店会議室における株主も、テレビ会議シス
　　　　テムにより本総会に出席し、当該出席者の発言が即時に株主総会会場の出席者に伝わり、一堂
　　　　に会するのと同等の意見表明が、互いにできる状態であることが確認された。」
（注2）　内訳を記載する場合は、次のように記載する。

> 　3．議決権を行使することができる株主の状況　　　○,○○○名　　○○○,○○○個
> 　4．出席株主の状況
> 　　　本人出席株主　　　　　　　　　　　　　　　　○,○○○名　　○○○,○○○個
> 　　　委任状提出株主　　　　　　　　　　　　　　　　　　○○名　　　○,○○○個
> 　　　議決権行使書提出株主　　　　　　　　　　　　○,○○○名　　○○○,○○○個
> 　　　合　　　計　　　　　　　　　　　　　　　　　○,○○○名　　○○○,○○○個
> 　　　なお、議決権行使書による議決権の行使の状況は別添集計表のとおり。

（注3）　議長自ら報告する場合には、「…出席株主数および議決権数について報告し」等となる。
（注4）　本総会に提出される議案および書類について報告する場合は、「…監査役会の監査報告書謄本に
　　　　記載のとおりであり、本総会に提出される議案および書類はいずれも法令および定款に適合し、
　　　　不当な事項は認められない」等となる。
（注5）　株主からの事前質問状に対して一括回答を行う場合は、例えば、次のように記載する。
　　　　　「次に、議長の指名により、○○に関し株主からあらかじめ提出されている質問状について、専
　　　　務取締役○○○○から、……と説明した。」
（注6）　個別審議方式では、各議案ごとに説明後質疑を行うので、第2号から第6号議案についても、
　　　　質問があった場合は、この要領で記載する。
（注7）　取締役および監査役選任議案の採決時の株主総会議事録の内容として、「被選任者は、就任を承
　　　　諾した。」等と記載することにより、取締役等の就任の登記申請時に必要な就任承諾をしたことを
　　　　証する書面として利用することが行われている。
　　　　　しかし、平成27年（2015年）2月27日から施行された商業登記規則の改正によって、再任を除
　　　　く就任の登記の申請書に印鑑証明書を添付することとなる場合を除き、就任承諾書に記載した住
　　　　所・氏名を確認するために住民票の写し、運転免許証の写し等の添付が必要となった（商業登記
　　　　規則61条7項）。
　　　　　これにより、就任承諾をしたことを証する書面として株主総会議事録を援用する場合には、そ
　　　　の株主総会議事録に取締役等の住所の記載が必要となり、同議事録に住所の記載がない場合には、
　　　　別途、住所を記載し、記名押印した就任承諾書添付が必要となるので、注意が必要である。第8
　　　　節も参照。
（注8）　法令上、押印は義務付けられていないが、実務上押印する場合が多い。

第7章　株主総会の事後処理

【書式７－１－２】定時株主総会議事録記載例（一括審議方式の場合）

第○回（期）定時株主総会議事録

1．開催日時　平成○年○月○日（○曜日）午前○時
2．開催場所　東京都○○区○○町○丁目○番○号　当社本店○階会議室^(注1)
3．出席株主数および議決権数^(注2)

　　議決権を行使することができる株主の数　　　　　　　○,○○○名
　　その議決権数　　　　　　　　　　　　　　　　　　　○○○,○○○個
　　本日出席の株主数（議決権行使書によるものを含む）　○,○○○名
　　その議決権数　　　　　　　　　　　　　　　　　　　○○○,○○○個

4．出席した取締役および監査役

　　出席取締役　　　　　○○○○、○○○○、○○○○、……および○○○○の○名
　　出席監査役　　　　　○○○○、○○○○、○○○○、……および○○○○の○名

5．株主総会の議長　代表取締役社長○○○○
6．議事の経過の要領およびその結果

　　定刻、取締役社長○○○○は、定款第○条の定めに基づき議長席に着き開会を宣した後、議長は、株主の発言は報告事項の報告および決議事項の上程が終了した後に受け付ける旨述べた。^(注3)

　　その後、議長は、出席株主数および議決権数について事務局から報告させ^(注4)、本総会の各議案の決議に必要な定足数を満たしている旨を述べた。

報告事項
1．第○期（平成○年○月○日から平成○年○月○日まで）事業報告の内容、連結計算書類の内容ならびに会計監査人および監査役会の連結計算書類監査結果報告の件
2．第○期（平成○年○月○日から平成○年○月○日まで）計算書類の内容報告の件

　　議長が連結計算書類の監査結果を含め監査役に監査報告を求めたところ、常勤監査役○○○○から、当事業年度の監査結果は別添の「第○回定時株主総会招集ご通知」○頁の監査役会の監査報告書謄本に記載のとおりである旨の報告がなされた。^(注5)また、連結計算書類の監査結果について、同じく○頁から○頁の会計監査人および監査役会の監査報告書謄本に記載のとおりである旨の報告がなされた。

　　続いて、議長から、事業報告、連結計算書類および計算書類の内容について別添の「第○回定時株主総会招集ご通知」○頁から○頁に基づき報告し、引き続き、各議案の上程およびその内容の説明に入った。

決議事項
第1号議案　剰余金の処分の件
　　議長から、経営体質の強化と今後の事業展開等を勘案して、内部留保にも意を用い、当社をとりまく環境が依然として厳しい折から、期末配当を、普通株式1株につき金○円、総額○○○円、配当の効力発生日を平成○年○月○日とするとともに、将来の積極的な事業展開に備えた経営基盤の強化を図るため、繰越利益剰余金を○○○円取り崩し、同額を別途積立金に振り替えたい旨を説明した。

— 398 —

第1節　株主総会議事録

第2号議案　定款一部変更の件
　議長から、新規事業への進出を図るため定款第○条所定の事業目的に「○○○○……」を追加したい旨を説明した。

第3号議案　取締役○名選任の件
　議長から、取締役○名全員は本総会終結の時をもって任期満了となるので、新たに「第○回定時株主総会招集ご通知」○頁から○頁に記載の取締役候補者○名を取締役に選任したい旨を説明した。

第4号議案　監査役○名選任の件
　議長から、監査役○○○○氏および○○○○氏は本総会終結の時をもって任期満了となるので、新たに「第○回定時株主総会招集ご通知」○頁から○頁に記載の監査役候補者○○○○および○○○○を監査役に選任したい旨および本議案の提出には監査役会の同意を得ている旨を説明した。

第5号議案　補欠監査役○名選任の件
　議長から、監査役の員数を欠くことになる場合に備え、「第○回定時株主総会招集ご通知」○頁に記載の補欠監査役候補者○○○○を選任したい旨および本議案の提出には監査役会の同意を得ている旨を説明した。

第6号議案　取締役および監査役の報酬額改定の件
　議長から、取締役および監査役の報酬額は、平成○年○月○日開催の第○回定時株主総会において、取締役報酬額を年額○○○円以内、監査役報酬額を年額○○○円以内とそれぞれ承認され現在に至っているが、経済情勢の変化その他諸般の事情を考慮して取締役報酬額を年額○○○円以内（うち社外取締役分は年額○○○円以内）、監査役報酬額を年額○○○円以内に改定したい旨を述べ、取締役の報酬額には、従来どおり使用人兼務取締役の使用人分給与は含まない旨を説明した。

　(注6) 次いで、議長は本日の株主総会の運営方法としては、報告事項および決議事項についての審議を一括して行うことを説明した後 (注7)、出席株主に質問を求めたところ、株主○○○○氏から……の件について質問があり、議長から、……の回答がなされた。その他に質問はなかったので、以上をもって報告事項および決議事項についての質疑を終了し、各議案の採決に入った。

第1号議案　剰余金の処分の件
　議長は、本議案につき採決を求め賛否を諮ったところ、出席株主の議決権の過半数の賛成をもって原案どおり承認可決された。

第2号議案　定款一部変更の件
　議長は、本議案につき採決を求め賛否を諮ったところ、出席株主の議決権の3分の2以上の賛成があったので、本議案は原案どおり承認可決された。

第3号議案　取締役○名選任の件

― 399 ―

第7章　株主総会の事後処理

　　議長は、本議案につき採決を求め賛否を諮ったところ、出席株主の議決権の過半数の賛成
をもって原案どおり承認可決された。^(注8)

　第4号議案　監査役○名選任の件
　　議長は、本議案につき採決を求め賛否を諮ったところ、出席株主の議決権の過半数の賛成
をもって原案どおり承認可決された。^(注8)

　第5号議案　補欠監査役○名選任の件
　　議長は、本議案につき採決を求め賛否を諮ったところ、出席株主の議決権の過半数の賛成
をもって原案どおり承認可決された。

　第6号議案　取締役および監査役の報酬額改定の件
　　議長は、本議案につき採決を求め賛否を諮ったところ、出席株主の議決権の過半数の賛成
をもって原案どおり承認可決された。
　　以上をもって、報告事項および決議事項のすべてが終了したので、議長は午前○時○分閉
会を宣した。
　　ここに議事の経過の要領およびその結果を明確にするため、本議事録を作成する。

平成○年○月○日

　　　　　　　　　　　　　　　○　○　○　○　株　式　会　社
　　　　　　　　　　　　　　　議事録の作成に係る職務を行った取締役
　　　　　　　　　　　　　　　代表取締役社長○○○○　　㊞^(注9)

（注1）～（注2）【書式7-1-1】定時株主総会議事録記載例（個別審議方式の場合）の（注1）～（注
　　　　2）を参照。
（注3）　株主からの事前質問状に対して一括回答を行う場合は、「議長は、株主の発言は報告事項の報告
　　　　および決議事項の上程ならびに事前質問に対する回答が終了した後に受け付ける旨述べた。」など
　　　　と記載する。
（注4）～（注6）【書式7-1-1】定時株主総会議事録記載例（個別審議方式の場合）の（注3）～（注
　　　　5）を参照。
（注7）　株主からの事前質問状に対して一括回答を行う場合は、「次いで、議長は本日の株主総会の運営
　　　　方法としては、報告事項および決議事項ならびに事前質問に対する回答についての審議を一括し
　　　　て行うことを説明した後」などと記載する。
（注8）～（注9）【書式7-1-1】定時株主総会議事録記載例（個別審議方式の場合）の（注7）～（注
　　　　8）を参照。

－ 400 －

第2節　決議通知の発送

1　決議通知の意義

　上場会社では、原則として株主総会終結後に株主総会の決議通知を株主に送付する。決議通知は、法律上これを発すべきことが定められているわけではないが、株主総会における報告事項の報告および決議結果等を通知するために、長年の慣行として多くの会社で送付している（2017年版株主総会白書146頁によると61.0％の会社で送付、前年調査比8.9％減）。

　株主総会に出席する株主はごく一部であり、招集通知が送付されていない単元未満株主を含め決議通知の送付は株主総会の決議事項の周知のほか、後述3⑵の報告書等を同封することにより、株主に対し会社に対する理解を得る一つの手段となり得る。

　なお、有価証券報告書を提出する場合、計算書類および事業報告を添付しなければならないが（開示府令17条1項1号ロ）、その際、①株主総会招集通知およびその添付書類の末尾余白に定時株主総会で報告し承認を受けた趣旨の文面を記載して提出する方法、②株主総会招集通知およびその添付書類のほか、株主総会決議通知を添付する方法が適当とされている（企財審査LETTER第15-2号「有価証券報告書の作成・提出に際しての留意事項について（平成15年3月期版）」）。

2　決議通知の記載事項

　株主総会決議通知には株主総会における報告事項の報告および決議結果等を記載する。

　株主総会招集通知が送付されていない単元未満株主等にもある程度わかるように、決議事項と決議内容および決議結果の要旨（1株当たりの配当金額や選任された会社役員の氏名等）を記載する。

　また、株主総会後に開催された取締役会または監査役会における、代表取締役、役付取締役および常勤監査役の選定内容ならびに配当金の受取方法を記載することが多い（【書式7－2－1】株主総会決議通知記載例参照）。

第7章　株主総会の事後処理

【書式7－2－1】株主総会決議通知記載例

平成○年○月○日

株　主　各　位

東京都○○区○丁目○○番○○号

○○○○株式会社

取締役社長　　○○○○ （注1）

第○回定時株主総会決議ご通知 （注2）

　拝啓　平素は格別のご高配を賜り厚く御礼申しあげます。

　さて、本日開催の当社第○回定時株主総会において、下記のとおり報告ならびに決議されましたのでご通知申しあげます。

敬　具

記

報告事項　1．第○期（平成○年○月○日から平成○年○月○日まで）事業報告の内容、連結計算書類の内容ならびに会計監査人および監査役会の連結計算書類監査結果報告の件

　　　　　　　　本件は、上記事業報告の内容、連結計算書類の内容およびその監査結果を報告いたしました。（注3）

　　　　　2．第○期（平成○年○月○日から平成○年○月○日まで）計算書類の内容報告の件

　　　　　　　　本件は、上記計算書類の内容を報告いたしました。

決議事項

第1号議案　剰余金の処分の件

　　　　　　本件は、原案どおり承認可決され、期末配当金につきましては、当社普通株式1株当たり金○円○銭、総額○○○円、その効力が生じる日を平成○年○月○日とすることに決定されました。

第2号議案　定款一部変更の件

　　　　　　本件は、原案どおり定款第○条（目的）に……………………を追加することに可決されました。（注4）

第3号議案　取締役○名選任の件

　　　　　　本件は、原案どおり○○○○、………………………の○名が選任され、それぞ

－ 402 －

第2節　決議通知の発送

れ就任いたしました。(注5)

第4号議案　監査役○名選任の件

　　　本件は、原案どおり○○○○氏および○○○○氏の両名が選任され、それぞれ就任いたしました。(注5)

第5号議案　補欠監査役○名選任の件

　　　本件は、原案どおり○○○○氏が選任されました。

第6号議案　取締役および監査役の報酬額改定の件

　　　本件は、原案どおり取締役の報酬額を年額○○万円以内（うち社外取締役分は年額○○万円以内）、監査役の報酬額を年額○○万円以内に改定することに承認可決されました。(注6)

　　　なお、取締役の報酬額には従来どおり使用人兼務取締役の使用人分給与は含まないものといたします。

以　上

　本総会終了後に開催されました取締役会において、代表取締役社長に○○○○、専務取締役に○○○○、常務取締役に○○○○の各氏が選定され、それぞれ就任いたしました。

　また、本総会終了後に開催されました監査役会において、常勤監査役に○○○○が選定され、就任いたしました。(注7)

配当金のお支払いについて(注7)

　第○期期末配当金（1株につき○円）は、同封の「第○期期末配当金領収証」によりお支払いいたしますので、払渡し期間中（平成○年○月○日から平成○年○月○日まで）に、最寄りのゆうちょ銀行または郵便局でお受け取りください。

　また、銀行預金口座振込みご指定の方は「配当金計算書」および「お振込先について」を、株式数比例配分方式をご指定の方には「配当金計算書」および「配当金のお受け取り方法について」を同封いたしましたので、ご確認ください。

以　上

（注1）株主総会終了後、社長交代があった場合は、通知者は新任社長とするのが通例である。この場合は、後任社長の選任に関する取締役会の決議内容を付記することになろう。

（注2）標題の「第○回」は「第○期」に、また、単に「定時株主総会決議ご通知」とする方法もあり、招集通知の表記に合わせる。

（注3）報告および議案の内容説明の各冒頭の「本件は」は省略する例もある。

（注4）第2号議案

－ 403 －

第7章　株主総会の事後処理

変更前と変更後の「新旧対照表」を記載している例もある。
（注5）　第3号議案・第4号議案
　　　再任および新任の別を明示するため、「本件は、○○○○、…………の○名が再任され、新たに
　○○○○、…………の○名が選任され、それぞれ就任いたしました。」とする例もある。
（注6）　第6号議案
　　　公開会社で社外取締役があるときは、社外取締役の報酬額を区分して記載する。
（注7）　決議通知には、株主総会における報告ならびに決議事項を記載するほか、配当金の支払案内（す
　でに支払われている場合も含む）、代表取締役の選定、常勤監査役の選定等役員の異動に関する事
　項を付記する例が多い。

【Point】37　株主総会関係の情報についてのインターネット公開

　インターネットの浸透に伴い、会社ホームページに株主総会関係の情報を掲載することも広
く行われている。株主総会関係の情報としては、日時、場所および会議の目的事項等を会社ホー
ムページ上で案内するほか、招集通知の早期開示の要請に伴い、招集通知を発送前に掲載する
ことも一般的である。また、招集通知とともにウェブ開示やウェブ修正に関する情報も掲載
することとなる。この流れで、決議結果を案内するために決議通知の内容を掲載する会社も
少なくない（全株懇調査31頁によると71.6％）。配当権限を取締役会に委譲し（会社法459条）、
招集通知に配当関連書類（配当金領収証、お振込先について、配当金計算書）を同封する会社、
ないしは無配会社の場合、必ずしも株主総会終了後に株主に郵送する必要がないため、決議
通知の郵送を行わない会社もある（同10.4％）。

　このほか、会社ホームページ上で、株主総会当日に使用したスライド等の資料や、株主総
会の質疑内容（要旨）を掲載したり、議事の内容を映像で公開している会社も一部にある（同
31頁によると株主総会のネット公開実施先は3.7％）。

3　その他同封書類

⑴　配当金関係書類

　配当を行う場合は、配当関係書類として、銀行窓口で資金化できる「配当金領収証」または、配当金の振込口座に関する「お振込先について」のほか、税法上送付が義務付けられている「配当金計算書」も同封されるのが通例である。

　また、平成25年1月以降支払いの配当金については「復興特別所得税」（注）が課税されることとなっているが、平成26年1月より軽減税率が廃止され、本則（所得税15％、住民税5％）が適用されている。税率等を周知するため同封する報告書等において記載すること例もある。

　なお、社会保障・税番号制度に関する番号法（「行政手続における特定の個人を識別するための番号の利用等に関する法律（平成25年法律第27号）」）が平成27年10月5日に施行され、平成28年1月から法定調書（配当の支払調書）等への記載等、個人番号の利用が開始されている。ただし、支払調書への個人番号の記載は、平成28年1月1日から3年を経過した日以後の最初の金銭等の支払等の時までの間に行うことができるという猶予規定が設けられていることから、会社は、この猶予期間中、株主に対し個人番号を届出てもらうよう、株主宛通知物に利用目的等を明示した案内を同封したり、同封する報告書等においてその旨を記載することが考えられる。

　　（注）　平成23年12月公布の「東日本大震災からの復興のための施策を実施するために必要な財源の確保に関する特別措置法」（平成23年法律第117号）により、平成25年1月以降25年間の所得に関して、その所得税の2.1％が「復興特別所得税」として課税されるもの。そのため、上場株式等の配当金の源泉徴収税率は、平成25年10.147％（所得税7.147％・住民税3％）、軽減税率終了後の平成26年～平成49年（2037年）の間は20.315％（所得税15.315％・住民税5％）となる。

⑵　報告書等

　上場会社では、決議通知に招集通知に添付した事業報告に対応する「報告書」「株主通信」および「○○レポート」等の名称の書類を同封することが長年の実務慣行として定着している。

　その内容は、会社の業種、規模、考え方により様々であり、招集通知に添付した計算書類および事業報告の要旨が中心であるが、招集通知の事業報告と異なり法律上の制約がない。

　最近ではカラー化し、会社製品のPRを含め、IR的な観点から見やすさ、理解しやすさを志向し、積極的に企業内容の開示を行う会社も多く、加えて、株主優待券や株主向けアンケートを同封する場合もある。

　決議通知に同封される報告書等には、株主メモとして、事業年度や基準日、株主名簿管理人など

第7章　株主総会の事後処理

を記載している例が多い（【書式7－2－2】株主メモ欄の記載例参照）。

【書式7－2－2】株主メモ欄の記載例

事業年度	毎年○月○日から翌年○月○日まで
定時株主総会	毎年○月
基準日　定時株主総会 　　　　期末配当 　　　　中間配当	毎年○月○日 毎年○月○日 毎年○月○日
株主名簿管理人　および 特別口座の口座管理機関 株 主 名 簿 管 理 人 事 務 取 扱 場 所	東京都千代田区丸の内○丁目○番○号 ○○○○信託銀行株式会社 東京都千代田区丸の内○丁目○番○号 ○○○○信託銀行株式会社　証券代行部
郵 便 物 送 付 先 電 話 照 会 先 イ ン タ ー ネ ッ ト ホ ー ム ペ ー ジ Ｕ Ｒ Ｌ	〒168-××××　東京都杉並区和泉○丁目○番○号 ○○○○信託銀行株式会社　証券代行部 電話　0120-×××-×××（フリーダイヤル） http://www.××××/index.html
【株式に関する住所変更等のお手続きについてのご照会】 　証券会社の口座をご利用の株主様は、○○○○信託銀行株式会社ではお手続ができませんので、取引証券会社へご照会ください。 　証券会社の口座をご利用でない株主様は、上記電話照会先までご連絡ください。	

第3節　議決権行使書等の備置

　株主総会終結の日から3箇月間株主から提出された議決権行使書面（電磁的方法による議決権行使の記録を含む）および代理権を証明する書面（委任状および職務代行通知書等）を本店に備え置かなければならず、株主は営業時間内いつでも閲覧または謄写を求めることができる（310条6項・7項、311条3項・4項、312条4項・5項）。

　この議決権行使書面または委任状は、株主総会前日までに送付された議決権行使書面および株主総会開会までに提出された委任状である。ただし、実務上、当日出席した株主が受付で提出した議決権行使書用紙（出席票）または委任状用紙（出席票）等のいずれもともに備置される例も少なくない。

　また、総会決議取消等の訴訟が提起されたときは、証拠書類との観点から裁判の終結まで保存しておくことが必要である。

　なお、株主からの謄写・閲覧請求は、少数株主権等（社債株式振替147条）の行使に当たることから、原則として個別株主通知の手続が必要となる（社債株式振替154条）。ただし、個別株主通知は、会社が、当該株主が少数株主権等の行使要件を備えているか否かを確認できるようにする（江頭・株式会社法200頁）ものであることから、本人確認の結果、請求者が当該株主総会の基準日株主であることが確認できれば、個別株主通知を要することなく請求に応じる取扱いも考えられる。

第7章　株主総会の事後処理

第4節　決算公告

　株式会社は、法務省令で定めるところにより、定時株主総会の終結後遅滞なく、貸借対照表（大会社にあっては、貸借対照表および損益計算書）を公告しなければならず（440条1項）、実務上、当該公告を決算公告と称している。

　ただし、金融商品取引法24条1項の規定により有価証券報告書を内閣総理大臣に提出しなければならない株式会社については、当該公告の規定は適用されない（440条4項）ので、上場会社にあっては決算公告は不要となる。これは電子開示手続により、決算公告より詳しい有価証券報告書の提出が義務付けられている（金商法27条の30の2）ことによる。

　なお、有価証券報告書提出会社でない会社の場合、決算公告は以下のいずれかの方法により行う。

① 　定款上公告方法を電子公告としている場合、所定のウェブサイトに5年間継続して貸借対照表の内容を掲載（911条3項27号・28号、939条1項3号、940条1項2号）

② 　定款上公告方法を官報もしくは日刊新聞紙としている場合（定款上公告方法を定めていない会社は官報が公告方法）、定款所定の官報もしくは日刊新聞紙に「貸借対照表の要旨」を公告（440条2項、911条3項27号・29号、計算規則137条）

③ 　定款上の公告方法は官報もしくは日刊新聞紙であるが、貸借対照表の内容を電磁的方法により公示するためのアドレスを登記している場合、所定のウェブサイトに5年間継続して貸借対照表の内容を掲載（440条3項、911条3項26号、施行規則220条1項1号、計算規則147条）

— 408 —

第5節　金融商品取引法および金融商品取引所規則による開示書類の提出

1　有価証券報告書および確認書

　金融商品取引法令上、上場会社等は事業年度経過後3箇月以内に、有価証券報告書を内閣総理大臣（実際には権限の委任を受けた財務局長等）に提出しなければならないとされるが（金商法24条1項、開示府令15条以下）、この提出は電子開示手続（EDINETシステムを通じて提出を行うこと）によることが義務付けられる（金商法27条の30の2以下）。電子開示手続による提出は、これらの手続を文書をもって行うものと規定した金融商品取引法令上、文書をもって行われたものとみなされ（金商法27条の30の3第4項）、また証券取引所への同報告書の写しの提出は不要とされる（金商法27条の30の6）。また、有価証券報告書の提出に併せ、その記載内容が金融商品取引法等に基づき適正であることを会社の代表者が確認した旨を記載した「確認書」の提出も必要である（金商法24条の4の2第1項）。

　この有価証券報告書の提出に際して、取締役会の承認を得るべきかという問題がある。会社法上特段の規定はなく、法的に義務付けられたものではないが、実務的には取締役の重要な職務執行の一環として取締役会に付議する会社が漸増しており、2017年に日本監査役協会が実施したアンケートの結果によれば、決議事項として付議している会社は55.6%、報告事項としているのは19.8%であった（日本監査役協会「役員等の構成の変化などに関する第17回インターネット・アンケート集計結果（監査役（会）設置会社版）」（平成29年5月10日）52頁）。

　なお、2009年12月の企業内容開示府令の改正により、株主総会前に有価証券報告書を提出することが可能となっている（開示府令17条1項1号ロカッコ書）。しかし、実際に株主総会前に有価証券報告書を提出した会社は僅か2.8%という低い割合にとどまっている（2017年版株主総会白書144頁）。

2　内部統制報告書

　有価証券報告書提出会社は、事業年度ごとに、当該会社の属する企業集団および当該会社に係る財務計算に関する書類その他の情報の適正性を確保するために必要なものとして内閣府令に定める体制について評価した報告書（内部統制報告書）を有価証券報告書と併せて提出しなければならな

— 409 —

第 7 章　株主総会の事後処理

い（金商法24条の 4 の 4 第 1 項、財務計算に関する書類その他の情報の適正性を確保するための体制に関する内閣府令 4 条以下）。

3　議決権行使結果の開示に関する臨時報告書

上場会社の株主総会において決議事項が決議された場合は、当該決議の結果等について記載した臨時報告書を遅滞なく提出しなければならない（開示府令19条 2 項 9 号の 2 ）。詳細については、第 6 節を参照されたい。

4　コーポレート・ガバナンスに関する報告書

(1)　概要

　上場会社は、証券取引所に提出したコーポレート・ガバナンスに関する報告書の内容に変更が生じた場合には、遅滞なく変更後の報告書を提出する必要がある（上場規程419条 1 項）。この場合、当該変更の内容が資本構成および企業属性に関する事項等であるときには、当該変更が生じた後最初に到来する定時株主総会の日以後遅滞なく変更後の報告書の提出を行うことができる（上場規程419条 2 項、上場規程施行規則415条 2 項）。

(2)　コーポレートガバナンス・コードの適用開始

　a　概要

　　平成27年 6 月 1 日から、証券取引所は CG コードを取り入れた上場規程を施行している。CG コードは、基本原則、原則および補充原則の三つの階層構造で構成され、全体で73の原則を規定している。

　　まず、企業行動規範の望まれる事項の中で、上場会社は CG コードの趣旨・精神を尊重してコーポレートガバナンスの充実に取り組むよう努めるものとするとの規定が置かれた（上場規程445条の 3 ）。

　　次に、企業行動規範の遵守すべき事項の中で、一部・二部上場会社は、73の原則について、マザーズ・JASDAQ 上場会社には、 5 つの基本原則について「コンプライ・オア・エクスプレイン」の考え方により、原則を実施するか、実施しない場合の理由の開示が求められる（上場規程436条の 3 ）。各社の方針・基準等の開示が求められる11の原則については、一部・二部上場会社のみに適用される。

　　これらの実施しない場合の理由や、方針・基準等の開示の媒体として、コーポレートガバナンス報告書が中心的な役割を果たすこととなる。

　b　コーポレートガバナンス報告書の様式の新設項目

第5節　金融商品取引法および金融商品取引所規則

(a)　CG コードの各原則を実施しない場合の理由の説明のため、コーポレートガバナンス報告書にその理由の記載欄を新設し、実施しない場合は同報告書にその理由の記載をしなければならない（上場規程436条の３、上場規程施行規則211条４項等）。

(b)　CG コードの各原則のうちの開示すべき項目の開示のため、コーポレートガバナンス報告書に、開示すべき項目の記載欄を新設し、開示すべき項目を開示することができる。この開示すべき項目については、各社は同報告書以外の他の公開手段により開示することもでき、その場合は、その内容を参照すべき旨と閲覧方法（各社のウェブサイトの URL など）を、コーポレートガバナンス報告書に記載することとされている。

c　CG コードの各原則の内容

　　CG コードは、73の原則からなりその内容も多岐にわたる。それらのうち、特に株主総会に関連すると思われる項目については、本書の各章・各節において適宜取り上げているので、参考にされたい。

(3)　コーポレートガバナンス・コードへの対応内容の変更

　　前述のとおり、 CG コードの施行に伴い、73原則へのコンプライ・オア・エクスプレインや、開示すべき項目がコーポレート・ガバナンス報告書の記載事項となった。

　　提出済みのコーポレート・ガバナンス報告書の内容に変更が生じた場合には、遅滞なく変更後の報告書を提出するのが原則であるが、 CG コードに関する上記のb(a)および(b)の事項の変更に関しては、当該変更が生じた後最初に到来する定時株主総会の日以後遅滞なく変更後の報告書の提出を行うことでよいとされる（上場規程419条２項、上場規程施行規則415条２項）。

(4)　相談役・顧問等の開示に関する記載要領の改訂について

　　証券取引所は、平成29年８月２日、コーポレートガバナンス報告書の記載要領の改訂を行い、相談役・顧問制度に関して「代表取締役社長等を退任した者の状況」についての開示を平成30年１月１日以降に提出するコーポレートガバナンス報告書から求めている。記載する内容は、相談役・顧問などの存廃に係る状況（「すでに廃止済み」、「制度はあるが現在は対象者がいない」など）や、代表取締役社長等であった者が、相談役・顧問などの役職に就任している場合には、それぞれの者ごとに氏名や役職・地位、業務内容、勤務形態・条件（常勤・非常勤、報酬有無等）及び代表取締役社長等の退任日、相談役・顧問等としての任期を記載するとともに、その合計人数を記載する。

　　これは、平成29年３月、経済産業省により『コーポレート・ガバナンス・システムに関する実務指針（CGS ガイドライン）』が策定され、「相談役・顧問の役割は、各社によって様々であり、社長・CEO 経験者を相談役・顧問とすることが一律に良い・悪いというものではないこと」を前提とし、「社長・CEO 経験者を相談役・顧問として会社に置く場合には、自主的に、社長・CEO 経験者で相談役・顧問に就任している者の人数、役割、処遇等について外部に情報発信す

— 411 —

第7章　株主総会の事後処理

ることは意義がある。産業界がこうした取組を積極的に行うことが期待される」と提言されている。また、政府は『未来投資戦略2017』において、「コーポレート・ガバナンスに関する透明性向上の観点から、退任した社長・CEOが就任する相談役、顧問について、氏名、役職・地位、業務内容等を開示する制度を株式会社東京証券取引所において本年夏頃を目途に創設し、来年初頭を目途に実施する」との方針を示した。こうした一連の取組みを踏まえ、記載要領の一部改定を行ったものである。

第6節　臨時報告書による議決権行使結果の開示

第6節　臨時報告書による議決権行使結果の開示

1　臨時報告書による議決権行使結果の開示

　株主総会において決議事項が決議された場合は、当該決議の結果等について記載した臨時報告書を提出しなければならない（開示府令19条2項9号の2）。なお、会社法上の株主総会決議事項でない（法定決議事項でも定款自治による決議事項でもない）、いわゆる勧告的決議についても、実際に株主総会で採決した以上は臨時報告書の記載対象とされている。

　提出義務者は、上場株式の発行会社に限定されている（開示府令19条2項9号の2カッコ書）。

2　臨時報告書の記載事項

　臨時報告書の記載事項は下記イ〜ニである。以下、各々の項目ごとに記載内容を説明する。

イ　当該株主総会が開催された年月日

ロ　当該決議事項の内容

ハ　当該決議事項（役員の選任又は解任に関する決議事項である場合は、当該選任又は解任の対象とする者ごとの決議事項）に対する賛成、反対及び棄権の意思の表示に係る議決権の数、当該決議事項が可決されるための要件並びに当該決議の結果

ニ　ハの議決権の数に株主総会に出席した株主の議決権の数（株主の代理人による代理行使に係る議決権の数並びに会社法第311条第2項及び第312条第3項の規定により出席した株主の議決権の数に算入する議決権の数を含む。）の一部を加算しなかった場合には、その理由

⑴　株主総会が開催された年月日

　株主総会は、定時株主総会に限られず、臨時株主総会や種類株主総会も含まれる。開催された年月日は、通常は問題とならないが、株主総会の延期または続行の決議（317条）がなされた場合は問題となる。この場合、延期または続行の決議をした旨を記載し、当該決議をした当初の株主総会開催年月日と延会または継続会が開催された年月日の双方を記載することが考えられる。

— 413 —

第7章　株主総会の事後処理

(2)　決議事項の内容

　決議事項の内容は、対象とする株主総会のどの議案に係る議決権行使結果であるのかを明らかにする趣旨であるとされ、基本的には議題で足りるとされている。ただし、議題の記載だけでは他の議題と区別がつかなくなる場合には、当該他の議題と明確に区別ができる記載を行うことが必要であるとされている。

　a　役員選任または解任の議案

　　　一般的な役員選任議案の場合は、「取締役○名選任の件」といった議題のほか、候補者氏名の記載が必要となり、対象者ごとに決議結果を記載することとなっている。候補者が1名の場合も氏名の記載が必要となる。

　b　剰余金配当議案

　　　「剰余金配当の件」であれば、議題だけで足りると考えられるが、「1株につき○円とする」旨を記載しておくのが適当である。また、配当金について修正動議が出された場合も区別するために1株当たり配当金額を記載することが必要となる。

　　　議題を「剰余金処分の件」としている場合は、剰余金配当議案であることを明確にするために「1株につき○円」等の記載が必要となる。剰余金配当議案のほかに剰余金の項目の振替等も決議する場合は、これに加えて「繰越利益剰余金○○円を減少し、任意積立金○○円を増加する」旨の記載も必要となる。

　c　退職慰労金支給議案

　　　支給対象の員数や支給対象者の氏名を記載することも考えられるが、議題だけでもよいと考えられる。

(3)　決議の結果等

　a　賛成、反対、棄権の数

　　　賛成、反対、棄権の数の記載については、決議要件を充足したことの根拠を示す趣旨である。このため、議決権の大半が、書面投票（議決権行使書による行使。311条1項）や電子投票（ウェブ行使。312条1項）により株主総会前日までに行使されており、この前日までに把握した賛否の個数によって可決要件が充足されている場合は、この個数を開示することでも足りる。また、株主総会前日までに可決要件が充足されていない場合にあっても、当日出席した大株主の分の賛成の議決権数を集計した結果、可決要件が充足されれば、その個数を開示すれば足りる。ただし、いずれの場合であっても、当日出席の株主の議決権の一部を加算していないこととなるので、加算をしなかった理由を臨時報告書に記載しなければならない（開示府令19条2項9号の2ニ・後出「(4)　出席株主の議決権数の一部を加算しなかった理由」参照）。役員の選任・

— 414 —

解任議案については、選任・解任対象者ごとに決議の結果や賛成・反対・棄権の個数について記載が必要である（開示府令19条2項9号の2ハカッコ書）。

b　当該決議事項が可決されるための要件

可決要件については、原則議案ごとに記載することになるが、役員選任・解任議案については、各候補者（解任対象者）ごとに要件は同じであるから、各々に記載するほか、「第○号議案取締役○名選任の件」としてまとめて記載することもできると考えられる。

可決要件の記載については、定足数を要する議案の場合は、定足数も記載する必要があるとされている。可決要件および定足数の記載方法として、会社法上の要件を記載する方法、すなわち「議決権を行使することができる株主の議決権の3分の1以上を有する株主が出席し、その出席した株主の議決権の3分の2以上の賛成」（309条2項の特別決議において定款で定足数が緩和されている場合）等の記述による方法のほか、定足数の議決権個数と可決要件の議決権個数（○○個以上）を記載する方法が考えられる。

c　決議の結果

決議の結果としては、原則として「可決」、「否決」を記載する。定足数不足により採決できなかった場合は、「定足数不足により採決にいたらなかった」旨を記載するとされている。議案を撤回した場合は、採決行為がなされていないので、「第○号議案○○の件は、撤回されました」という記載をする。

なお、企業内容開示府令19条2項9号の2ハの「当該決議の結果」には、可決・否決のほか、その根拠となる賛成または反対の意思表示に係る議決権数の割合を記載することとされている（開示ガイドライン24の5－30）。株主提案議案があり、それが否決された場合は、議決権行使書等による反対の議決権行使が過半数等に達していることを確認して否決を宣言する実務に則り、賛成割合ではなく反対割合を記載することでよい。

この賛成または反対の割合を算定する分母となる議決権個数は、出席株主の議決権個数（議決権行使書により行使された議決権個数と当日出席した株主の議決権個数の合計）であるが、当日出席株主の議決権個数については、途中退場等は勘案しなくてもよいとされている。なお、議決権の不統一行使や無効分があることから、議案毎に分母の議決権個数は異なる場合も想定される。

⑷　出席株主の議決権数の一部を加算しなかった理由

一般に、議案の可決または否決は、前日までの議決権行使書等の集計により株主総会前に確定していることがほとんどであり、しかも、会社提案議案については、可決される例が多い。そこで、株主総会当日は、総会場に出席している株主の個々の意思を確認するような投票等は行われず、発声や拍手等で採決し（場合によっては、当日出席している大株主の賛成の意思表示を確認して）、

第7章　株主総会の事後処理

議長から「議決権行使書による賛成を含め、可決要件を満たす賛成があった」ことを発表し、可決を宣言する取扱いである。したがって、出席株主の議決権数の一部を加算しなかった理由としては、「会社として確認できた賛成の議決権個数により可決要件を充足し、決議が成立したことから議決権の一部を集計しなかった。」等の記載が考えられる。

　また、株主提案議案について反対割合を記載する場合については、「本総会前日までの議決権行使書等の議決権行使により、本議案は反対過半数により否決されることが明らかになったため、本総会当日出席の株主の賛成、反対および棄権に係る議決権数は加算しておりません。」と記載することが考えられる。

(5)　修正動議等の取扱い

　304条により、株主総会当日に株主から議案が提案された場合、臨時報告書に記載すべきかどうかが問題となる。会社が提案した原案と両立しない修正動議が提出された場合は、一般的には、原案を先議し、原案が可決されればこれと両立しない修正動議は、採決の手続をとるまでもなく自動的に否決されたものとみなす取扱いである。

　したがって、このような取扱いであれば修正動議は採決されていないので、臨時報告書には、修正動議の内容と当該修正動議が否決された旨を記載すれば足り、賛成・反対・棄権の議決権個数や賛成の割合（または反対の割合）を記載する必要はないと考えられる。このとき、原案可決により修正動議は否決されたとみなされたので、議決権数は集計していない旨を記載（注記）することとなる。なお、修正動議と原案を区別するため、例えば剰余金配当議案に修正動議が提出されたのであれば、当該修正動議に係る1株当たりの配当金額等を記載する。

(6)　株主総会当日の採決

　株主総会の実際の議事として挙手や拍手等で採決が確定したとしても、なお事後的に当日出席の株主の賛否の意思を確認する例もある。これは、確認票等の名称で、株主総会終了後、各株主が退場する際に賛否の意思表示をした書面を回収し、これを集計する方法である。ただし、当日出席した株主全員から確認票が回収できるとは限らないし、回収できたものも株主が採決時に示した賛否の意思表示と同一かどうかの確認はできない。そこで、このような方法で集計した当日の株主の賛成・反対の個数をどのように臨時報告書の記載に反映させるかが問題となる。このような、事後的に確認できた賛否の集計結果を、臨時報告書の賛成・反対の個数に加算することは差し支えないとされているが、一部が確認できない等、前提条件を明記した上で記載すべきであろう（場合によっては、「参考事項」として区別することが考えられる）。

3　臨時報告書の提出時期

　臨時報告書は、提出すべき事項が生じた場合、遅滞なく提出しなければならない（金商法24条の5第4項）。この「遅滞なく」とは、臨時報告書作成に要する実務的に合理的な時間内に提出されれば足りるとされている。なお、「遅滞なく」の起算時点（提出すべき事項の発生時点）は、株主総会終結時となるものと考えられ、投票等の特段の事情がなければ、一般的には株主総会日の翌営業日か、翌々営業日には提出することができると思われる。

　議決権行使結果に関する臨時報告書の提出日は、株主総会当日3.6％、株主総会翌日40.6％、3日目36.9％と、大多数が株主総会当日を含める3営業日以内に提出されている（2017年版株主総会白書140頁）。

　なお、第三号様式（有価証券報告書）の記載上の注意(57) a では、「…（有価証券）報告書提出日までの間において、（金融商品取引）法第25条第1項各号に掲げる書類を提出した場合には、その書類名および提出年月日を記載すること」とされており、同 b では「臨時報告書が当該書類に含まれている場合には、その提出理由について、（開示府令）第19条第2項各号若しくは第3項又は第19条の2のうちいずれの規定に基づいて提出したのかを併せて記載すること」とされているので、有価証券報告書の提出日までに臨時報告書を提出する場合(有価証券報告書の提出日と同日を含む)には、有価証券報告書にその旨の記載が必要となることに注意が必要である。

第7章　株主総会の事後処理

【書式7－6－1】（参考）臨時報告書記載例

〈作成上の注意〉

・本臨時報告書記載例は、全国株懇連合会で提示されている記載例を参考にしたものであり、開示府令で開示が求められている事項を最低限記載するという考え方で作成している。

・また、本記載例は、会社提案議案に対して修正動議（304条）が提出された場合や株主提案権（303条、305条）が行使された場合、さらには会社提案議案の一部について撤回する場合等想定し得るケースを網羅しているが、該当する事項がない場合には、当然ながら、これらの記載は不要である。

【表紙】

【提出書類】	臨時報告書
【提出先】	関東財務局長
【提出日】	平成〇年〇月〇日
【会社名】	〇〇〇〇株式会社
【英訳名】	〇〇〇〇 . Co. Ltd.
【代表者の役職氏名】	取締役社長〇〇〇〇
【本店の所在の場所】	東京都〇〇区〇〇町〇丁目〇番〇号
【電話番号】	03（〇〇〇〇）〇〇〇〇（直通）
【事務連絡者氏名】	取締役経営企画部長〇〇〇〇
【最寄りの連絡場所】	東京都〇〇区〇〇町〇丁目〇番〇号
【電話番号】	03（〇〇〇〇）〇〇〇〇（直通）
【事務連絡者氏名】	取締役経営企画部長〇〇〇〇
【縦覧に供する場所】	株式会社東京証券取引所
	（東京都中央区日本橋兜町2番1号）

第6節　臨時報告書による議決権行使結果の開示

1　【提出理由】

　平成○年○月○日開催の当社第○回定時株主総会において決議事項が決議されましたので、金融商品取引法第24条の5第4項および企業内容等の開示に関する内閣府令第19条第2項第9号の2に基づき、本臨時報告書を提出するものであります。

2　【報告内容】

　⑴　当該株主総会が開催された年月日

　　　平成○年○月○日

　⑵　当該決議事項の内容

〈会社提案（第1号議案から第5号議案まで）〉

　　第1号議案　剰余金の処分の件

　　　1　剰余金の処分に関する事項

　　　　⑴　減少する剰余金の項目およびその額

　　　　　　○○積立金　　　○○○円

　　　　⑵　増加する剰余金の項目およびその額

　　　　　　○○積立金　　　○○○円

　　　2　期末配当に関する事項

　　　　当社普通株式1株につき金○円○銭

　　第1号議案に対する修正動議　【修正動議が提出された場合の記載例】

　　　株主より、期末配当を上記原案に対し、1株につき○○円にするよう修正動議が提出された。

　　第2号議案　定款一部変更の件

　　第3号議案　取締役5名選任の件

　　　取締役として、○○○○、○○○○、○○○○、○○○○および○○○○を選任する。

　　第4号議案　監査役3名選任の件

　　　監査役として、○○○○、○○○○および○○○○を選任する。

　⑶　平成○年○月○日開催の当社取締役会決議に基づき、第5号議案「退任取締役に対し退職慰

— 419 —

第7章　株主総会の事後処理

　　　労金贈呈の件」は撤回いたしました。【議案を撤回した場合の記載例】

〈株主提案（第6号議案から第7号議案まで）〉

　　　第6号議案　取締役1名選任の件

　　　　取締役として、○○○○を選任する。

　　　第7号議案　取締役○○○○解任の件

(3)　当該決議事項に対する賛成、反対および棄権の意思の表示に係る議決権の数、当該決議
　　事項が可決されるための要件ならびに当該決議の結果

〈会社提案（第1号議案から第5号議案まで）〉

議案	賛成	反対	棄権	賛成率	決議結果
第1号議案	＊＊＊,＊＊＊個	＊,＊＊＊個	＊＊＊個	＊＊％	可決
第1号議案の修正動議	－	－	－	－	否決
第2号議案	＊＊＊,＊＊＊個	＊,＊＊＊個	＊＊＊個	＊＊％	可決
第3号議案					
○○○○	＊＊＊,＊＊＊個	＊,＊＊＊個	＊＊＊個	＊＊％	可決
○○○○	＊＊＊,＊＊＊個	＊,＊＊＊個	＊＊＊個	＊＊％	可決
○○○○	＊＊＊,＊＊＊個	＊,＊＊＊個	＊＊＊個	＊＊％	可決
○○○○	＊＊＊,＊＊＊個	＊,＊＊＊個	＊＊＊個	＊＊％	可決
○○○○	＊＊＊,＊＊＊個	＊,＊＊＊個	＊＊＊個	＊＊％	可決
第4号議案					
○○○○	＊＊＊,＊＊＊個	＊,＊＊＊個	＊＊＊個	＊＊％	可決
○○○○	＊＊＊,＊＊＊個	＊,＊＊＊個	＊＊＊個	＊＊％	可決
○○○○	＊＊＊,＊＊＊個	＊,＊＊＊個	＊＊＊個	＊＊％	可決
第5号議案	－	－	－	－	撤回

（注）　1　各議案の可決要件は次のとおりです。

　　　　・第1号議案は、出席した株主の議決権の過半数の賛成です。

　　　　・第2号議案は、議決権を行使することができる株主の議決権の3分の1以上を有する株
　　　　　主の出席および出席した当該株主の議決権の3分の2以上の賛成です。

　　　　・第3号議案および第4号議案は、議決権を行使することができる株主の議決権の3分の
　　　　　1以上を有する株主の出席および出席した当該株主の議決権の過半数の賛成です。

　　　　2　第1号議案につきましては、修正動議が提出されましたが、原案が会社法上適法な決議
　　　　　として成立し、修正動議が成立する余地がなくなったため、議決権数は集計しておりません。

　　　　3　第5号議案につきましては、議案の上程を撤回したため、議決権数は集計しておりません。

〈株主提案（第6号議案から第7号議案まで）〉

議案	賛成	反対	棄権	反対率	決議結果
第6号議案					
○○○○	＊＊＊個	＊＊＊,＊＊＊個	＊＊＊個	＊＊％	否決
第7号議案					
○○○○	＊＊＊個	＊＊＊,＊＊＊個	＊＊＊個	＊＊％	否決

（注）　各議案の可決要件は次のとおりです。

　　　・第6号議案は、議決権を行使することができる株主の議決権の3分の1以上を有する株主の出席および出席した当該株主の議決権の過半数の賛成です。

　　　・第7号議案は、議決権を行使することができる株主の議決権の過半数を有する株主の出席および出席した当該株主の議決権の過半数の賛成です。

⑷　議決権の数に株主総会に出席した株主の議決権数の一部を加算しなかった理由

【記載例1：事前行使分のみの場合】

　本総会前日までの事前行使分により、各議案の可決要件を満たし、会社法上適法に決議が成立したため、本総会当日出席の株主の賛成、反対および棄権に係る議決権数は加算しておりません。

【記載例2：事前行使分に当日出席の大株主および役員の議決権数を加算する場合】

　本総会前日までの事前行使分および当日出席の一部の株主から各議案の賛否に関して確認できたものを合計したことにより可決要件を満たし、会社法上適法に決議が成立したため、本総会当日出席の株主のうち、賛成、反対および棄権の確認ができていない議決権数は加算しておりません。

【記載例3：委任状勧誘制度採用会社の場合】

　委任状の提出による代理行使分の確認により、各議案の可決要件を満たし、会社法上適法に決議が成立したため、本総会当日出席の株主のうち、賛成、反対および棄権の確認ができていない議決権数は加算しておりません。

（出所）全国株懇連合会編『全株懇モデル〔新訂3版〕』（商事法務、2011）245頁以下を参考にして作成。

第7章　株主総会の事後処理

第7節　取締役会・監査役会（監査役の協議）

1　定時株主総会後の取締役会

株主総会での役員選任議案等の承認を受けて、取締役会で決定すべき事項もあることから、定時株主総会終結後には取締役会を開催することが通例である。取締役会の招集手続およびその決議事項等は下記(1)～(3)のとおりである。

(1)　取締役会の招集

取締役会の招集権者を代表取締役等と定めている場合、取締役全員が任期満了となる場合は、取締役会において代表取締役が選定されるまでは招集権者が不在となる。この場合、株主総会終了後に、取締役および監査役の全員の同意（監査役設置会社の場合）の下、特段の招集手続を行わずに取締役会を開催することが可能であり（368条2項）、実際に招集手続を経ない実務も考えられる。

(2)　取締役会の議長

定款に規定している取締役会の議長が株主総会終結の時をもって任期満了となった場合は、再任された場合にも、あらためて取締役会の議事の中で議長を選出することが必要となる。

(3)　取締役会の主な決議事項

取締役会の主な決議事項は次の a ～ g のとおりである（【書式7－7－1】定時株主総会による取締役全員改選後の取締役会議事録記載例参照）。

 a 代表取締役、業務執行取締役および役付取締役の選定（362条3項、363条1項）

 b 株主総会および取締役会の議長および招集権者の職務代行者を定めることとしている場合はその決議

 c 特別取締役を定めることとしている場合はその選定（373条1項）

— 422 —

第7節　取締役会・監査役会（監査役の協議）

d　取締役会規程等に基づき、取締役会の決議によって特定取締役を定めることとしている場合はその選定（施行規則132条4項、計算規則124条4項・130条4項）

e　支配人その他重要な使用人の選任（362条4項3号）

f　取締役の報酬等の配分の決定（株主総会議案の可決に係る賞与、退職慰労金またはストック・オプションの発行がある場合はそれを含む）

g　その他

(a)　取締役就任により競業関係や利益相反関係を生じる場合の承認手続（365条1項）

(b)　役員賠償責任保険付保の同意、取締役（業務執行取締役等であるものを除く）および監査役との責任限定契約の締結

(c)　本店移転の場合の具体的な移転先とその時期

(d)　買収防衛策の第三者委員会の委員の選任（選任の必要がある場合）

(e)　会計監査人が選任された場合の監査契約の締結

【書式7－7－1】定時株主総会による取締役全員改選後の取締役会議事録記載例

取 締 役 会 議 事 録

1．日　　　時　　平成○年○月○日

2．場　　　所　　東京都○○区○○町○番○号　当社本店○階会議室

3．出　席　者　　○○○○、○○○○、○○○○、○○○○、……および○○
　　　　　　　　○○の全取締役
　　　　　　　　○○○○、○○○○、○○○○および○○○○の全監査役

4．議　　　事
出席取締役の互選により○○○○氏が議長となり開会を宣し議事に入った。

決議事項
第1号議案　代表取締役選定の件
　議長から、本日開催の第○期定時株主総会において取締役全員の任期満了により改選が行われたことに伴い、代表取締役を選定する必要がある旨の報告があった。△△取締役より、○○○○取締役を候補者に推薦したい旨の提案があり、全員に諮ったところ、出席取締役全員異議なくこれを承認し、被選定者は就任を承諾した。

第2号議案　役付取締役選定の件
　議長から、本日開催の定時株主総会において取締役全員任期満了により改選の結果、取締

第7章　株主総会の事後処理

役○名の選任があったので、定款第○条の規定に基づき、取締役社長に○○○○、取締役副社長に○○○○、専務取締役に○○○○ならびに常務取締役に○○○○および○○○○の両名を選定したい旨を諮ったところ、出席取締役の全員は異議なくこれに賛成し、被選定者はいずれも就任を承諾した。

第3号議案　職務代行順位決定の件

　議長から、定款第○条および第○条の規定に基づき、取締役社長に事故あるときの株主総会の招集権者および議長、ならびに取締役会の招集権者および議長の職務代行順位を以下のとおり決定したい旨を諮ったところ、出席取締役全員異議なくこれを承認可決した。

　　第1順位　専務取締役　○○○○
　　第2順位　常務取締役　○○○○

第4号議案　業務執行取締役選定の件

　議長から、本日開催の第○期定時株主総会の終結の時をもって取締役全員の任期が満了しその改選が行われたため、以下のとおり業務執行取締役を選定したい旨を諮ったところ、出席取締役全員異議なくこれを承認可決した。

地　位	氏　名	担　当
専務取締役	○○○○	経営企画担当
常務取締役	○○○○	人事・総務担当
取　締　役	○○○○	財務担当
取　締　役	○○○○	営業担当

第5号議案　取締役の報酬額決定の件

　議長から、本日開催の第○期定時株主総会において取締役の報酬額改定の件として承認可決された年額報酬の範囲内で、平成○○年○月以降の各取締役の報酬額の具体的金額につき決定したい旨を述べたところ、△△取締役から具体的金額の決定については報酬諮問委員会の意見を徴することを条件に取締役社長に一任したい旨提案があり、出席取締役全員異議なくこれを承認可決した。(注1)(注2)

報告事項　常勤監査役選定の件

　監査役○○○○から、監査役会において監査役○○○○が常勤監査役に選定された旨が報告された。(注3)

　以上をもって、議案の審議を終了したので議長は午前○時○分閉会を宣した。
　ここに議事の経過の要領および結果を記載し、出席した取締役および監査役は記名押印する。

　　　平成○年○月○日

　　　　　　　　　　　　　　　　　　○○○○株式会社　取締役会
　　　　　　　　　　　　　　　　　　議長　代表取締役社長○○○○　㊞
　　　　　　　　　　　　　　　　　　　　　専務取締役○○○○　㊞

第7節　取締役会・監査役会（監査役の協議）

常務取締役○○○○　㊞

取締役○○○○　㊞

取締役○○○○　㊞

取締役○○○○　㊞

常勤監査役○○○○　㊞

監査役○○○○　㊞

監査役○○○○　㊞

（注1）　CGコードは、情報開示の充実の一つとして、「取締役会が経営陣幹部・取締役の報酬を決定するに当たっての方針と手続（原則3−1(ⅲ)）」の開示を求めている。例示として、「任意の諮問委員会を設置することなどにより、報酬などの特に重要な事項に関する検討に当たり独立社外取締役の適切な関与・助言を得るべきである」とも言っている（補充原則4−10①）。このような観点からは、従来、広く行われていたであろう各取締役の報酬の決定を取締役会から代表取締役社長へ一任するような決議は、方針と手続の開示に窮したり、報酬決定の透明性を欠くとの批判を受けざるを得ない。今後は、CGコードの趣旨を踏まえた報酬決定の手続が求められるので、ここでは、任意の報酬諮問委員会の意見を徴する記載例としている。

（注2）　役員退職慰労金議案または役員賞与支給議案を付議している場合は次のように記載する。

> 第5号議案　退任取締役に対する退職慰労金贈呈の件
>
> 　議長から、退任取締役○○○○氏に対する退職慰労金贈呈の件につき、本日開催の定時株主総会において、一定の基準に従って贈呈すること、かつ、その具体的金額、贈呈の時期および方法については取締役会に一任することに承認可決されたので、これらを決定したい旨を述べたところ、○○○○取締役から、「退職慰労金支給規定」に従い、報酬諮問委員会の意見を徴することを条件に取締役社長の裁定に一任したい旨の提案があり、出席取締役全員異議なくこれを承認可決した。(注1)
>
> 第6号議案　取締役に対する賞与配分の件
>
> 　議長から、本日開催の定時株主総会において役員賞与支給議案として承認された取締役に対する賞与金の配分につき決定したい旨を述べたところ、△△取締役から具体的金額の決定については報酬諮問委員会の意見を徴することを条件に取締役社長に一任したい旨提案があり、出席取締役全員異議なくこれを承認可決した。(注1)

（注3）　取締役会の後に監査役会が開催されている場合は当該報告を行うことができないので、別途代表取締役に通知することになる（【書式7−7−3】常勤監査役選定通知書参照）。

2　定時株主総会後の監査役会

⑴　監査役会の招集

　監査役会の招集は、各監査役にその権限がある（391条）。実務上は監査役会規則等で、常勤監査役が招集権者である旨の定めや監査役会において招集権者を定めることが考えられるが任意的なものにすぎない。なお、招集手続なしに監査役会を開催することもできる（392条2項）。

第 7 章　株主総会の事後処理

(2)　監査役会の議長

　監査役会の議長については、監査役会規則等で常勤監査役が議長となる旨の定めを置くことや監査役会において議長を定めることが考えられる。なお、議長を定めた場合は、監査役会の議事録にその旨を記載する（施行規則109条 3 項 5 号）。

(3)　監査役会の主な決議事項

　監査役会設置会社における、監査役会の主な決議事項は下記 a ～ e のとおりである（【書式 7 － 7 － 2 】定時株主総会終結後の監査役会議事録記載例参照）。

　a　常勤監査役の選定（390条 3 項）

　すでに常勤監査役が選定済である場合、仮に他の監査役が交代しまたは増員となったとしても、その都度の常勤監査役の選定は不要である〔稲葉威雄ほか編『実務相談株式会社法 4 〔新訂版〕』（商事法務研究会、1992）91頁〕。また、社外監査役であっても、常勤監査役となることは可能である（相澤・論点解説403頁）。

　b　特定監査役を定めることとしている場合はその選定（施行規則132条 5 項 2 号、計算規則124条 5 項 2 号・130条 5 項 2 号）

　c　報酬等の配分の協議（387条 2 項）

　本来は監査役の協議によるものであるが、全員一致の決議であれば監査役会にて行うことも可能と解される。この内容には、株主総会議案の可決に係る賞与および退職慰労金がある場合も該当する。この場合、監査役会の議事録に協議によることを明記しておくことが望ましい。

　d　監査の方針および監査計画、監査方法、監査業務の分担等の決定（390条 2 項 3 号）

　e　監査会議長または招集権者の決定

　なお、監査役会決議に伴う協議書または選定（通知）書のひな型は、【書式 7 － 7 － 3 】から【書式 7 － 7 － 7 】を参照。

— 426 —

第7節　取締役会・監査役会（監査役の協議）

【書式7－7－2】 定時株主総会終結後の監査役会議事録記載例

監　査　役　会　議　事　録

1．日　　　時　　平成○年○月○日（○曜日）午前○時
2．場　　　所　　東京都○○区○○町○丁目○番○号　当社本店○階会議室
3．出　席　者　　常勤監査役○○○○、監査役○○○○および○○○○の全員
4．議　　　事

　出席監査役全員の一致により、○○○○監査役を監査役会の議長に推挙したところ、○○○○監査役は就任を承諾し、議長として開会を宣し議事に入った。(注1)

　決議事項

　　第1号議案　常勤監査役選定の件

　　　議長から、常勤監査役の選定したい旨を諮ったところ、○○○○監査役を常勤監査役に選定することに全員が賛成し、被選定者は就任を承諾した。

　　第2号議案　監査役の職務分担決定の件

　　　議長から、第○期事業年度に係る監査に関する各監査役の職務の分担について、別紙のとおり決定したい旨の説明がなされた。その内容につき、慎重に協議した結果、別紙のとおりとすることに全員異議なく承認可決された。

　　第3号議案　特定監査役を定める件

　　　議長より、会社法施行規則第132条第5項第2号および会社計算規則第130条第5項第2号に規定する特定監査役を定めたい旨説明し、全員に諮ったところ、○○○○常勤監査役を特定監査役として定めることに全員が賛成し、被選定者は就任を承諾した。(注2)

　協議事項

　　議案　監査役報酬の配分の件

　　　議長から、監査役報酬の各監査役への配分の件につき、その協議を本監査役会において行いたい旨を諮ったところ、全員同意し、協議の結果、全員の合意により各監査役への配分額を決定し、別紙協議書を作成した。(注3)

－ 427 －

第7章　株主総会の事後処理

　　　以上をもって、本日の議事を終了したので議長は午後○時○分閉会を宣した。

　　　ここに議事の経過の要領および結果を記載し、出席した監査役は記名押印する。

　　　　平成○年○月○日

　　　　　　　　　　　　　　　　　　　○○○○株式会社　監査役会

　　　　　　　　　　　　　　　　　　　議長　常勤監査役　○○○○　㊞

　　　　　　　　　　　　　　　　　　　　　　　監査役　○○○○　㊞

　　　　　　　　　　　　　　　　　　　　　　　監査役　○○○○　㊞

（注１）　監査役が全員改選した場合等、議長を務める監査役が存在しない場合の記載例。なお、議長となる監査役が存在する場合には、次のように記載する。

　　　　　　○○○○常勤監査役は議長となり開会を宣し議事に入った。

（注２）　特定監査役とは、監査手続において、会計監査報告の内容の通知の受領、会計監査人・特定取締役に対する計算書類・附属明細書・連結計算書類の監査報告の内容の通知、特定取締役に対する事業報告・附属明細書の監査報告の内容の通知、および特定取締役・会計監査人との間での監査期間の合意を行うもの。特定監査役を定めない場合は本議案は不要であり、その場合すべての監査役が特定監査役となる（施行規則132条５項２号ロ、計算規則130条５項２号ロ）。

　　　　　　しかし、例えば、監査役会規則等において、常勤監査役を特定監査役とする旨が定められていれば、この決議は不要である（日本監査役協会の監査役会規則（ひな型７条２項参照））。

（注３）　監査役に対して役員退職慰労金議案または役員賞与支給議案を付議している場合は次のように記載する。

　　　協議事項

　　　第１号議案　退任監査役に対する退職慰労金贈呈の件

　　　　議長から、退任監査役○○○○氏に対する退職慰労金贈呈の件につき、本日開催の定時株主総会において、当社所定の一定の基準に従って贈呈すること、かつ、その具体的金額、贈呈の時期および方法については監査役の協議に一任することに承認可決されたので、その協議を本監査役会において行いたい旨を諮ったところ、全員同意し、協議の結果、全員の合意によりその金額、贈呈の時期および方法を決定し、別紙協議書を作成した。

　　　第２号議案　監査役賞与の配分の件

　　　　議長から、本日開催の定時株主総会において承認された監査役賞与の各監査役への配分の件につき、その協議を本監査役会において行いたい旨を諮ったところ、全員同意し、協議の結果、全員の合意により各監査役への配分額を決定し、別紙協議書を作成した。

第7節　取締役会・監査役会（監査役の協議）

【書式7－7－3】常勤監査役選定通知書

平成○年○月○日

○○○○株式会社
　　取締役社長　　○○○○殿

○　○　○　○　株　式　会　社
監　　査　　役　　会
常勤監査役　　○○○○　㊞
監査役　　○○○○　㊞
監査役　　○○○○　㊞

常 勤 監 査 役 選 定 通 知 書

　会社法第390条第3項（および当社定款第○条）に基づき、平成○年○月○日開催の監査
役会において下記のとおり常勤監査役を選定しましたので通知します。

記

1．常 勤 監 査 役　　　　　○　○　○　○
　　　　　　　　　　　　　　　○　○　○　○

2．就 任 日　　　　　　　平成○年○月○日

以　上

【書式7－7－4】特定監査役選定通知書

平成○年○月○日

○○○○株式会社
　　取締役社長　　○○○○殿

○　○　○　○　株　式　会　社
監　　査　　役　　会
常勤監査役　　○○○○　㊞
監査役　　○○○○　㊞
監査役　　○○○○　㊞

特 定 監 査 役 選 定 通 知 書

　会社法施行規則第132条第5項第2号および会社計算規則第130条第5項第2号に規定す
る特定監査役について、平成○年○月○日開催の監査役会において下記のとおり選定しま
したので通知します。

記

1．特 定 監 査 役　　　　　○　○　○　○
　　　　　　　　　　　　　　　○　○　○　○

2．就 任 日　　　　　　　平成○年○月○日

以　上

（注）特定監査役を監査役会で選定した場合の通知書例。428頁（注2）参照。

第7章　株主総会の事後処理

【書式7－7－5】退職慰労金協議書

平成○年○月○日

○○○○株式会社
　取締役社長　　○○○○殿

常勤監査役　○○○○　㊞
監査役　○○○○　㊞
監査役　○○○○　㊞

退 職 慰 労 金 協 議 書

　私ども監査役は、平成○年○月○日開催の第○回定時株主総会における退任監査役に対する退職慰労金贈呈の承認決議および当社監査役退職慰労金規程に基づき、退職慰労金の額、贈呈の時期および方法について協議した結果、下記のとおり決定しました。

記

　1．退任監査役○○○○氏に対する退職慰労金額
　　　　金　　　　　　　　　　　　円

　2．贈呈の時期および方法
　　　○月○日までに、当社監査役退職慰労金規程に従って贈呈する。

以　上

（注）株主総会に退職慰労金の贈呈議案が付議され承認された場合

【書式7－7－6】賞与支給額協議書

平成○年○月○日

○○○○株式会社
　取締役社長　　○○○○殿

常勤監査役　○○○○　㊞
監査役　○○○○　㊞
監査役　○○○○　㊞

賞 与 支 給 額 協 議 書

　私ども監査役は、平成○年○月○日開催の第○回定時株主総会における役員賞与支給の承認決議に基づき、各監査役の受けるべき賞与支給額について会社法第387条第2項の規定に基づき協議した結果、下記のとおり決定しました。

記

　　監査役　○○○○　　　　　　　　円
　　監査役　○○○○　　　　　　　　円
　　監査役　○○○○　　　　　　　　円
　　　　計　　　　　　　　　　　　円

以　上

（注）株主総会に監査役への賞与支給議案が付議され承認された場合

第7節　取締役会・監査役会（監査役の協議）

【書式7－7－7】報酬額協議書

平成○年○月○日

○○○○株式会社
　　取締役社長　　○○○○殿

常勤監査役　　○○○○　　㊞
監査役　　○○○○　　㊞
監査役　　○○○○　　㊞

報 酬 額 協 議 書

　私ども監査役は、各監査役の受けるべき報酬額について会社法第387条第2項の規定に基づき協議した結果、下記のとおり決定しました。

記

　1．　各監査役の受けるべき月額報酬額
　　　　　　監査役　　○○○○　　　　　　　　　　　　円
　　　　　　監査役　　○○○○　　　　　　　　　　　　円
　　　　　　監査役　　○○○○　　　　　　　　　　　　円
　　　　　　計　　　　　　　　　　　　　　　　　　　円

　　ただし、平成○年○月○日開催の第○回定時株主総会において決議された監査役の報酬額　月額　　万円以内

　2．　実施時期
　　　　　　平成○年○月分から実施する。

以　上

－ 431 －

第7章　株主総会の事後処理

第8節　変更登記

1　株主総会の決議事項と登記事項

　第2章第1節の1に述べたように、株主総会の決議事項は多岐にわたり、その決議により会社の登記事項に変更を生ずるものは多い。それらのうち、毎年のように発生するものは、取締役、監査役、会計監査人の変更（重任、新任、退任）である。

　そこで、ここでは、主に、取締役、監査役、会計監査人の変更、および、株主総会の決議事項ではないが、取締役の変更に伴い発生することの多い代表取締役の変更について、主なポイントを解説する。

2　役員等の変更登記

⑴　株主総会議事録・取締役会議事録

　取締役、監査役、会計監査人は、株主総会での決議により株主総会の終結の時に退任、就任することが一般的である。この場合には、登記事項の変更として本店所在地において、変更の生じた日（通常は、株主総会の日）から2週間以内に変更登記をしなければならない（915条1項）。

　取締役、監査役、会計監査人の選任のように、株主総会の決議を要するときは、登記申請書には、その選任がされた株主総会の議事録を添付しなければならない（329条1項、商業登記法46条2項）。

　また、代表取締役の変更は取締役会の決議によるので、その変更登記の申請には、取締役会議事録の添付が必要となる（362条3項、商業登記法46条2項）。

　なお、登記すべき事項につき、株主総会決議を要する場合で、株主総会議事録を添付する登記申請に当たっては、平成28年（2016年）10月1日から、後述のように「株主リスト」の添付が求められている（商業登記規則61条3項）。

⑵　就任を承諾したことを証する書面

　取締役、監査役、会計監査人の就任による変更の登記については、その就任を承諾したことを証

― 432 ―

する書面を添付しなければならないが（商業登記法54条1項・2項1号）、株主総会議事録に就任を承諾した旨が記載されていれば、当該議事録の記載をもって、承諾を証する書面とすることができる。

ただし、取締役および監査役の就任（再任を除く。）の登記申請について、当該登記の申請書に印鑑証明書を添付することとなる場合を除き、就任承諾書に記載した住所・氏名を確認するために住民票の写し、運転免許証の写し等の添付が必要となる（商業登記規則61条7項）。そこで、就任承諾をしたことを証する書面として株主総会議事録を援用する場合には、株主総会議事録に住所の記載が必要となり、同議事録に住所の記載がない場合には、別途、住所を記載し、記名押印した就任承諾書の添付が必要となる（就任承諾書例は【書式7−8−1】）。

なお、会計監査人の就任登記においても、就任を承諾したことを証する書面が必要であるが、定時株主総会で別段の決議がなされないことにより再任されたとみなされる場合（338条2項）の重任の登記申請に際しては、就任を承諾したことを証する書面の添付は不要とされている（商業登記基本通達第2部第3の9(2)イ(ア)b）。

(3) 社外取締役および社外監査役の登記

社外取締役、社外監査役である旨の登記が必要とされるのは、以下の場合に限られる。
① 監査役会設置会社である場合の、監査役のうちの社外監査役であるものにつきその旨（911条3項18号）
② 特別取締役による議決の定めがある場合の、取締役のうち社外取締役であるものにつきその旨911条3項21号）
③ 監査等委員会設置会社である場合、取締役のうち社外取締役であるものにつきその旨（911条3項22号）
④ 指名委員会等設置会社である場合の、取締役のうち社外取締役であるものにつきその旨（911条3項23号）

(4) 監査役の監査の範囲を会計に関するものに限定する旨の登記

非公開会社に限られるが、監査役の監査の範囲を会計に関するものに限定する旨の定款の定めがある場合には（389条1項）、その旨が登記事項となる（911条3項17号）。

第 7 章　株主総会の事後処理

⑸　旧姓の登記

　役員等の就任または氏の変更の登記と同時に申し出ることにより、婚姻により氏を改めた役員等について、現在の氏のほか、婚姻前の氏をも登記するよう申し出ることができる（商業登記規則81条の 2 ）。

　この申出には、婚姻前の氏を証する書面として、戸籍抄本等の添付が必要である。

⑹　株主リストの添付

　取締役等の就任のように、株主総会の決議を要する登記事項であって、登記申請にあたり、株主総会議事録を添付する場合には、同時に「株主リスト」の添付も必要となった。

　株主リストには、以下の事項を記載し、会社の代表者が登記所届出印を押印して証明する（商業登記規則61条 3 項）。

　その趣旨は、虚偽の内容の株主総会議事録を元に，真実でない登記がされることを防ぐことにある。なお、「株主リスト」は、略称であって、添付書類としての名称は「株主の氏名又は名称、住所及び議決権数等を証する書面（株主リスト）」とされている。

　　＜株主リストに記載すべき事項＞

　「議決権数上位10名の株主」、または、「議決権割合が 3 分の 2 に達するまでの株主」のいずれか少ない方の株主についての次の事項。

①　株主の氏名または名称

②　株主の住所

③　株主の保有株式数

④　その議決権数

⑤　その議決権割合

　そして、上記の点を会社の代表者が登記所に届け出た印の押印をもって証明する。

　（注）種類株主総会の決議を要する場合も同様（商業登記規則61条 3 項）。また、株主全員の同意を要する場合には、株主全員の記載が必要（商業登記規則61条 2 項）。

⑺　登記簿の附属書類の閲覧請求手続き

　登記申請にあたり登記所に提出された「株主リスト」は、登記所において、登記簿の附属書類と

— 434 —

して利害関係者による閲覧の対象となる。そこで、個人情報等の厳格な取扱いを図る上から、株主リストを含む「登記簿の附属書類」の閲覧請求に係る要件・手続きを明確化、厳格化する改正も行われている（商業登記規則21条）。

第7章　株主総会の事後処理

【書式7－8－1】就任承諾書

就 任 承 諾 書

平成○年○月○日

○○○○株式会社
　　取締役社長　　○○○○殿

東京都○○区○○町○丁目○番○号
　　　　　　　○　○　○　○　㊞

　平成○年○月○日開催の貴社第○回定時株主総会において取締役に選任されました際には就任を承諾します。

以　上

（注1）　株主総会当日、株主総会に出席し就任承諾する場合、就任承諾書に代えて株主総会議事録を添付することで就任登記を行うことができる。ただし、397頁（注7）参照。
（注2）　株主総会での選任後に就任を承諾する場合は次のように記載することが考えられる。この場合、株主総会参考書類に就任の承諾を得ていない旨の記載を要する（施行規則74条1項2号）。
　　　　「平成○年○月○日開催の貴社第○回定時株主総会において取締役に選任されましたので就任を承諾します。」

【書式7－8－2】辞任届

辞 任 届

平成○年○月○日

○○○○株式会社
　　取締役社長　　○○○○殿

東京都○○区○○町○丁目○番○号
　　　　　　　○　○　○　○　㊞

　私は、一身上の都合により平成○年○月○日付をもって取締役（または監査役）を辞任いたしたく、この旨お届けいたします。

以　上

（注1）　取締役社長自身が辞任する場合の宛先は、「○○○○株式会社御中」とする。
（注2）　定時総会終結の時をもって辞任する場合には、議案決定に係る取締役会開催日の前日までに提出することが望ましい。
（注3）　登記所に印鑑を届け出ている代表取締役等の辞任届は、実印押印（印鑑証明書添付）または登記所への届出印押印が必要となる（商業登記規則61条8項）。

— 436 —

第8節　変更登記

【図表 7 − 8 − 1】　役員等の変更登記と添付書類

Ⅰ　就任の登記

①　取締役・監査役の新任	(1)　株主総会議事録 (2)　株主リスト (3)　就任の承諾を証する書面。株主総会議事録に被選任者が就任を承諾した旨の記載があれば、議事録がこの書面となる。ただし、391頁（注6）参照。住民票添付または実印押印（印鑑証明書添付）。 (4)　委任状（司法書士などの代理人によって登記申請する場合に必要） ※他の項も同じ。
②　代表取締役の新任	(1)　取締役会議事録 (2)　取締役会議事録に記名押印した者の印鑑証明書 　　ただし、前任の代表取締役が取締役等として残留し、その取締役会に出席して登記所に届出済の印鑑を議事録に押印した場合や代表取締役の増員決議に現在の代表取締役が関与し、議事録に押印した印鑑が登記所に届出済の印鑑と同一であれば、他の押印者の印鑑証明書は不要。この場合、他の出席者の押印は認印でよい。 (3)　就任の承諾を証する書面。ただし、取締役会議事録に被選任者が就任を承諾した旨の記載があれば、議事録がこの書面となる。 (4)　代表取締役の印鑑証明書 　　就任承諾書の印鑑または就任承諾の旨を取締役会議事録の記載をもって援用する場合は、その議事録に押印された代表取締役の印鑑につき、印鑑証明書が必要。
③　取締役・監査役・代表取締役の再任	新任の場合に同じ。ただし、代表取締役の再任の場合、就任の承諾を証する書面に、印鑑証明書は不要。取締役、監査役の再任の場合、住民票等の本人確認証明書の添付は不要。

Ⅱ　退任の登記

④ 取締役・監査役・代表取締役の退任	任 期 満 了	任期満了の時期が登記簿上明らかなときは、添付書類は不要。ただし、定款に任期伸長規定がある場合には（332条2項）、定款または株主総会議事録が、会社の機関設計の変更による任期満了の場合には（332条7項、336条4項等）、当該定款変更を決議した株主総会の議事録および株主リストの添付が必要。
	辞 　 任	辞任届。ただし、株主総会議事録（取締役、監査役）、取締役会議事録（代表取締役）に出席した者から辞任の申出があった旨の記載があれば議事録でもよい。登記所に印鑑を届け出ている代表取締役等は、実印押印（印鑑証明書添付）または登記所への届出印押印。
	解 　 任 解 　 職	株主総会議事録（取締役、監査役）、株主リスト 取締役会議事録（代表取締役）
	死 亡 退 任	戸籍謄本、死亡診断書等
	欠格事由該当	資格喪失の事由を証する書面

— 437 —

第7章　株主総会の事後処理

（注）　社外取締役である旨が登記すべき事項となるのは、特別取締役による議決の定めがあるとき、監査等委員会設置会社または指名委員会等設置会社であるときに限る（911条3項21号・22号・23号）。社外監査役である旨が登記すべき事項となるのは、監査役会設置会社であるときに限る（911条3項18号）。

Ⅲ　会計監査人に関する登記

①　初めてする会計監査人就任の登記	(1)　株主総会議事録（会計監査人設置会社の定めの設定に係る定款変更、会計監査人の選任）
	(2)　株主リスト
	(3)　就任の承諾を証する書面
	(4)　法人であるときは当該法人の登記事項証明書（ただし、当該登記所の管轄区域内に当該法人の主たる事務所がある場合を除く）^(注1)
	(5)　法人でないときは公認会計士であることを証する書面
②　会計監査人の変更登記	(1)　株主総会議事録（現会計監査人の不再任、新会計監査人の選任）
	(2)　株主リスト
	(3)　就任の承諾を証する書面
	(4)　法人であるときは当該法人の登記事項証明書（ただし、当該登記所の管轄区域内に当該法人の主たる事務所がある場合を除く）^(注1)
	(5)　法人でないときは公認会計士であることを証する書面
③　再任されたとみなされる場合の重任登記^(注2)	(1)　定時株主総会議事録（重任の年月日の確認）^(注3)
	(2)　法人であるときは当該法人の登記事項証明書（ただし、当該登記所の管轄区域内に当該法人の主たる事務所がある場合を除く）^(注1)
	(3)　法人でないときは公認会計士であることを証する書面
④　退任による変更登記	取締役・監査役とほぼ同じ。監査役（監査役会・監査委員会・監査等委員会）による解任の場合（340条）、監査役（監査委員・監査等委員）全員の同意書。

（注1）　登記申請書に会社法人等番号を記載した場合にも、登記事項証明書は不要である（商業登記法19条の3）。

（注2）　会計監査人の任期は、選任後1年以内に終了する最終の事業年度に関する定時株主総会終結の時までとされ、定時株主総会で別段の決議がなされないときは再任されたものとみなされる（338条1項・2項）。したがって、会計監査人設置会社は毎年会計監査人の変更登記が必要となる。

（注3）　この場合は、株主総会での会計監査人に関する議案はないため、株主リストの添付は不要とされている。

— 438 —

《編　者》
三井住友信託銀行　証券代行コンサルティング部

〈執筆者〉
加藤　方久
川瀬　裕司
木田　茂実
木村　敢二
倉持　直
斎藤　誠
更家　亮
島田　康史
須磨　美月
谷野　耕司
寺岡　隆樹
中村　崇彦
浪波　健二
丹羽　翔一
藤田　大介
茂木　美樹
矢田　一穂
吉田　好美

［平成30年版］株主総会のポイント

平成 9 年 4 月 1 日　初 版 発 行
平成30 年 3 月14 日　平成30年版発行

　　　　　　　編 著 者　　三 井 住 友 信 託 銀 行
　　　　　　　　　　　　　証券代行コンサルティング部
　　　　　　　発 行 者　　宮 本 弘 明

　　　発 行 所　　株式会社 財 経 詳 報 社
　　〒103-0013　東京都中央区日本橋人形町 1－7－10
　　　　　　　　　電 話　03（3661）5266（代）
　　　　　　　　　Fax　03（3661）5268
　　　　　　　　　http://www.zaik.jp
Printed in Japan ©2018　　振替口座00170-8-26500

乱丁、落丁はお取り換えいたします。　　印刷・製本　図書印刷株式会社

ISBN　978-4-88177-543-1